Antiquorum
EDITIONS

IHCA
Genève

International Horological
Consultants Association
Geneva

SWATCHISSIMO

{1981-1991}

NOTE DE L'EDITEUR:
Afin d'éviter toute confusion dans l'esprit du lecteur, nous tenons à préciser que le présent ouvrage a été réalisé indépendamment de tout concours de la part de SWATCH SA.

NOTA DELL'EDITORE:
Al fine di evitare ogni possibile confusione, ci preme sottolineare che la presente opera è edita indipendentemente da qualsiasi apporto di SWATCH SA.

NOTE FROM THE EDITOR:
In order to avaoid any confusion, we wish to emphasize that this book has been edited independently of any assistance given by SWATCH SA.

ROLAND CARRERA

L'EXTRAORDINAIRE AVENTURE SWATCH
LA STRAORDINARIA AVVENTURA SWATCH
THE EXTRAORDINARY SWATCH ADVENTURE

Antiquorum
EDITIONS

SWATCHISSIMO

1981 1991

L'AUTEUR ET LES COLLABORATEURS
L'AUTORE E I COLLABORATORI
AUTHOR AND COLLABORATORS

Texte	*Roland Carrera, Journaliste et historien de l'horlogerie, Neuchâtel*
Introduction	*François Hainard, Sociologue, Professeur à l'Université de Neuchâtel*
Avant Propos	*I.H.C.A.*
Design	*Marlyse Schmid*
	Bernard Müller
Photographe	*Jean Marc Baumberger, Antiquorum*
Consultants	*Hans Arnold, Expert.*
	Roberto Grimoldi, Expert
	Osvaldo Patrizzi, Expert, Antiquorum, I.H.C.A.
	Madeleine Patrizzi, Expert, Antiquorum
	Simon Bull, Expert, Antiquorum, I.H.C.A.
	Jean-Claude Sabrier, Expert, Antiquorum, I.H.C.A.
	Arnaud Tellier, Expert, Antiquorum
	Mimma Viglezio, Marketing, Antiquorum
Traduction Italienne	*Diana Maresia-Motta*
Traduction Anglaise	*Marc Woodward, Intercongress, Genève*
	Simon Bull

SOMMAIRE   SOMMARIO   CONTENTS   *p.*

PRÉFACE

MAGIE, RUPTURE, PARADOXE, SIGNE, SENS...

"Swatch"... phonème, selon la manière dont on le prononce, qui évoque tour à tour la bulle qui éclate, la course d'un piston , la respiration d'une locomotive à vapeur, l'impact du projectile, et bien d'autres choses encore. Magie du nom puisqu'il suggère, insinue, sous-entend, au-delà de l'objet qu'il dénomme, à la fois l'éphémérité, le mouvement systématique, la force tranquille ou la violence d'un choc.

Mais sous (ou avec) ce vocable merveilleux se cache le phénomène «Swatch», né de la rencontre d'un dérapage de la culture horlogère et d'un engouement consommatoire de masse.

Dérapage de la culture horlogère tout d'abord au niveau des mentalités. Il faut dire que cette montre trouve son souffle dans le désordre et la rupture. Désordre économique puisqu'elle émerge dans une période certainement parmi les plus troublées de l'histoire horlogère helvétique; elle éclate alors comme une parade, un traitement palliatif au chaos ambiant et à la Bérézina des horlogers de l'arc jurassien. C'est que le contexte de turbulences est favorable à l'innovation; il stimule les idées, fait vaciller habitudes et certitudes, permet la remise en question des pratiques et de certains savoir-faire, sème le doute et libère les imaginations. Il y a soudainement place pour penser différemment, pour sortir de l'ornière des manières de faire et d'appréhender la montre.

Le culte de la conformité et la reproduction des logiques laissent place à l'audace et au risque. C'est dans ce terreau opportun que prendra la bouture Swatch, avec son concert d'innovations technologiques et de transformations des idées.

Car en filigrane des prouesses techniques il y a la rupture culturelle, la soudaine absence de garde-fous, l'espace de liberté indispensable au délire créatif. Sans renoncer à la précision, leitmotiv obsessionnel de l'horlogerie, Swatch signifie alors ni plus ni moins persister dans l'affichage analogique alors que la vogue était au digital, oser recourir au synthétique, manière batarde par excellence, alors que l'histoire horlogère s'est construite et mue dans les matériaux et métaux nobles, oser parier sur une montre à vie écourtée et non réparable, alors que la tradition s'est toujours nourrie de la durée et du service de réparation après-vente, autant de décalages, de volte-face et de dérives dans la démarche qui démontrent, si cela était encore nécessaire, combien l'innovation découle de la capacité et de la posssibilité de s'écarter de la norme dominante.

Avec ces dérapages d'esprit et de savoir-faire traditionnels, avec la responsabilité soudaine de se voir jouer le rôle de thérapie collective et de catharsis de l'arc jurassien horloger en état de choc, nous disposons là du premier élément essentiel du phénomène

PREFAZIONE

MAGIA, ROTTURA, PARADOSSO, SEGNO, SENSO...

"Swatch"... fonema che, secondo la maniera con cui lo si pronuncia, ora evoca una bolla di sapone che scoppia, ora la corsa di un pistone, ora il fischio di una locomotiva a vapore, l'impatto di un proiettile e molte altre cose ancora. Magia del nome, poichè suggerisce, insinua, sottintende contemporaneamente, al di là dell'oggetto che nomina, l'effimero, il movimento regolare, la forza tranquilla o la violenza di un urto.

E' in questo vocabolo meraviglioso che si nasconde il significato del fenomeno "Swatch", nato dall'incontro tra una cultura orologiera che ha cambiato direzione e l'infatuazione di una società dei consumi.

Cambiamento innanzitutto a livello di mentalità. Infatti questo orologio trova il soffio vitale nel disordine e nella rottura. Disordine economico poichè emerge in un momento tra i piu' agitati della storia orologiera svizzera: lo Swatch scoppia come un fuoco d'artificio, una cura ricostituente nel disastro della Beresina orologiera del Giura. Si sa che i periodi di turbe sono favorevoli all'innovazione: stimolano le idee, fanno vacillare abitudini e regole del mestiere, seminano il dubbio e liberano l'immaginazione. Improvvisamente si fa spazio a un modo oì pensare alternativo, si esce dalla carreggiata per prendere in considerazione un modo nuovo di concepire e fare un orologio.

Il culto della fedeltà alla tradizione e l'adesione alle stesse idee che si ripetono all'infinito lasciano il posto all'audacia e al rischio. In questo terreno concimato attecchirà la pianta Swatch, con il suo accompagnamento di novità tecnologiche e di concetto.

Perché al di là di tutto questo, c'è proprio la rottura culturale, l'improvvisa assenza di parapetti, lo spazio di libertà indispensabile al delirio creativo, beninteso senza alcuna rinuncia alla precisione, ritornello ossessivo nell'ambiente orologiero. Swatch significa allora "affichage" analogico anche se la moda vuole il digitale, ricorso al sintetico, materiale bastardo per eccellenza, mentre la storia dell'orologio si è costruita e mossa sempre in mezzo ai materiali nobili, scommessa su un orologio a vita effimera, per di piu' non riparabile, mentre la tradizione si è nutrita della parola "durata" e si è sempre basata sul servizio assistenza alla clientela. Tutti voltafaccia, deviazioni nella procedura che dimostrano, se ancora necessario, come l'innovazione derivi dalla capacità e dalla possibilità di allontanarsi dalla norma.

L'elemento essenziale del fenomeno Swatch consiste proprio in questo cambiamento di mentalità e di tecniche tradizionali, con in piu' la responsabilità di un ruolo terapeutico e di rigenerazione dell'universo orologiero giurassiano in stato di choc. L'impor-

FOREWORD

ILLUSION, ANOMALY, PARADOX, SYMBOL, SENSATION...

"Swatch"......a phonetic sound; the very way in which the word is pronounced conjures up images of a bursting bubble, a running piston, the sounds of a steam engine, or the impact of an artillery shell, to name but a few. A magic name which suggests, implies and hints at more than the object it actually describes, at once something transitory, organised, a reserve of tranquil strength or a powerful explosion. The magic in the name is suggestive, insinuant and implicatory beyond the definition of the object itself; at once ephemeral, systematic, restrained and violent.

But within and around this exemplary word is hidden the phenomenon of the "Swatch", born of an encounter between a disgression in the culture of horology and an infatuation by the public, a disgression from the culture of horology when viewed in the context of the heretofore accepted mentality. It must be said that this watch drew its first breath in a period of disarray and chaos. Economic cisarray for its appeared at a time that can certainly be counted as amongst the most troubled for the Swiss horological industry; t burst forth like a fanfare and a soothing remedy for the enveloping chaos and Bérézina of the watchmakers from the Jura. But difficult times favour the innovative; they stimulate ideas, break conventions and obsessions, allow for the questioning of established practice and previously indisputable fact, sow the seeds of doubt and liberate the imagination. Suddenly there is room for novel thinking, a way to get out of the rut of preconceived ideas about the conception and purpose of the watch. The cult of conformity and enslavement to logic gave way to boldness and risk. It provided a medium, both fertile and opportune, onto which the Swatch could be grafted, with its concept of technological innovations and radical ideas, and growing inside this latticework of technical advance was a cultural split, a sudden lack of pre-ordained rules and room to exercise the freedom so indispensible for the flavering of creativity. Although still conscious of the importance attached to precision, an obsession throughout the world of horology, Swatch signaled in c earest terms their intention to persist with an analogue display, when digital was entirely the vogue, dared to resort to plastic - a supremely bastard material - when the entire history of watchmaking had evolved and developed around the use of noble metals and materials, and proposed a watch with a limited life expectation and ur repairable to boot, when tradition had always nourished the concept of longevity and everlasting service after sale. Such a change in direction, such an about face and departure from accepted principles, is clear proof, if indeed it were necessary, of the capacity and possibility that exists for innovation outside the dominant norm.

With these departures from traditional attitudes and practices, there arose the sudden responsibility of being the therapist and catharsistic

Swatch. Parallèlement à l'importance de la novation technique, se conjugue l'ampleur du phénomène de masse. Plusieurs variables se combinent pour expliquer cette stupéfiante réussite commerciale. Avant-gardiste dans son concept, sans doute pour la première fois de son histoire la montre va devenir un véritable raz-de-marée de consommation.

Deux conditions-clés sont réunies pour cela: le prix, bien sûr, qui va en autoriser l'achat à n'importe quelle bourse du monde occidental et, peut-être plus déterminant encore, la capacité de faire entrer l'acheteur dans l'idée que l'on acquiert plus une montre pour la vie ou presque. Cette nouvelle image marque la transition d'une conception et d'une époque où la montre n'est plus remise dévotement lors des grandes étapes du cycle de vie (communion, examen, fêtes rituelles…), vers celles d'une montre parmi d'autres et de surcroît éphémère. C'est le dépassement de la montre-emblème/montre-patrimoine pour l'avènement d'une montre-mode/montre-de-saison. Ce sont ces deux caractéristiques, mode et éphémérité, certes par essence indissociables mais révolutionnaires lorsque réunies et acceptées collectivement pour un tel produit, qui vont vraiment faire de la Swatch un fantastique objet de consommation de masse.

Pour la première fois l'idée est adoptée qu'une montre puisse être rapidement jetable, devienne déchet non récupérable ou, tout simplement abandonnée, écartée à la faveur d'autres, plus récentes, plus attractives, plus «in», combinaison de la fantaisie et du caprice. C'est le surgissement d'une montre fugitive qui se perpétue, d'une montre-fleur/montre-papillon à espérance de vie précaire.

En réalité, elle est mode et dé-mode! Changements et permanences! Dans sa forme et son contenu, la Swatch est immuable, pérenne. Par la conformité de son design de base, elle est reconnaissable au premier coup d'œil. Paradoxalement cette constance est une de ses forces car l'identification est aisée; sa silhouette dit de quoi il s'agit. Mais sur cette structure qui transcende les années, se greffent d'ondoyants fantasques qui font qu'elle n'est jamais la même, jamais définitive et limitée. De là elle incarne l'insolite et l'étonnement, l'anticonformisme et l'action, la joie de vivre et la provocation, l'humour et l'ironie.

Triptyque comestible (montre-tranche-de-lard, tomate et concombre), poilue ou fourrée, œuvre d'art (Folon, Keith Harring, Kiki Picasso…), odorante (parfumée menthe, banane ou framboise), elle séduit ou agresse, charme ou repousse, interpelle certes, mais jamais n'indiffère. Puits d'abstraction et de suggestion, bien qu'article de masse, elle personnalise pourtant. Transclassiste enfin, elle distingue, car elle sait véhiculer du signe et apporter du sens…

François Hainard
Sociologue

tanza dell'innovazione tecnica va di pari passo con l'ampiezza del fenomeno di massa. Per spiegare questa stupefacente riuscita commerciale ci sono voluti molti parametri combinati. All'avanguardia nella sua concezione, senza dubbio per la prima volta nella storia dell'orologio, lo Swatch provoca nel mondo dei consumi un vero maremoto.

Due condizioni chiave sono riunite per questo: il prezzo, naturalmente, che ne permette l'acquisto a chiunque, nel mondo occidentale, e, forse ancora più importante, il suggerimento implicito che non si compra più un orologio per tutta la vita. Si assiste a un passaggio da un'epoca in cui si concepiva l'orologio come un dono offerto nelle occasioni importanti (comunione, esami, festività varie) a un'epoca in cui l'orologio è un oggetto come tanti e per di più di poca durata. E' superato il concetto dell'orologio-emblema, dell'orologio investimento patrimoniale a favore dell'avvento dell'orologio alla moda che dura una stagione. Queste due caratteristiche, moda e caducità, che sono certo indissociabili ma rivoluzionarie quando sono riunite e accettate dalla collettività per un tale prodotto, fanno veramente dello Swatch un fantastico oggetto di consumo di massa.

Per la prima volta si accetta l'idea che un orologio si possa buttare via, come un rifiuto non recuperabile o che si possa lasciare in fondo a un cassetto, messo in disparte a favore di altre novità più attraenti, più "in", più capricciose. E' l'apparizione di un modello d'orologio che passa presto, che si rinnova continuamente, di un orologio fiore o farfalla dalla vita precaria.

In realtà lo Swatch è alla moda e, al contempo, al di là della moda. Cambiamento e permanenza. Nella forma e contenuto è perenne, immutabile, immediatamente riconoscibile. Paradossalmente questa persistenza di caratteri è la sua grande forza perché facilita l'identificazione: la sua sagoma dice subito di che si tratta. Ma su questa struttura che trascende il tempo, si innestano fantasie straordinarie, per cui non è mai lo stesso, mai definitivo, al contrario insolito, stupefacente, anticonformista, incarnazione della vitalità, della gioia di vivere, provocante e ironico.

Trittico commestibile (orologio fetta di lardo, pomodoro, cetriolo) peloso o foderato, opera d'arte (Folon, Keith Haring, Kiki Picasso...) profumato (menta, banana, lampone...) seduce o aggredisce, affascina o respinge ma non lascia mai indifferenti. Certo che è un articolo di massa, ma anche un pozzo di suggerimenti e di assurdità che esalta la personalità di chi lo porta. Al di là di ogni distinzione di classe, permette la diffrenza perché portatore di significato, di un messaggio.

François Hainard
Sociologo

influence on the world of horology throughout the Jura, which was already in a state of shock, and it is here that the first essential ingredient of the Swatch phenomenon may be found.

Running in parallel with the major technical innovations was the enormous importance of mass appeal, and it is this combination of several variables that explain the almost stupefying commercial success. Avant-gardiste in its concept, it was without doubt the first time in history that a watch was to launch a rentable flood tide of consumption. Two key elements were responsible: the price, most certainly, which was pitched at a level well within the reach of any 'pocket' in the western world, and perhaps of even greater significance, a realisation by the potential buyers that it was quite possible - and acceptable - to acquire more than one watch in a life time. The latter signalled the final transition from what had been a long held view, the end of an era where the purchase of a watch had usually marked a significant point in the cycle of life for an individual (confirmation, graduation, anniversaries.....), to the acceptance of the notion that a watch could be an ephemeral possession, and as such one of several. Out went the idea of the watch as a 'symbol', a 'patrimonial' possession; enter the watch as 'fashion' accessory, 'seasonal' attire. It was these two characteristics, ephemerality and fashion, certainly associated by their very nature, but when united together in such a product as the Swatch, created an object perfectly suited to mass consumption. For the first time it was accepted that a watch could be a throw-away item, end its life as nothing more than waste material, be simply abandoned and brushed aside to be replaced by others, more up to date, more attractive, more 'in': a combination of fantasy and caprice. It was the birth of the 'perenial' watch - reproducing itself like a rose or a butterfly - with a precarious expectation of life.

In reality, it is both 'in' and 'out' of fashion at one and the same time ! Changing yet permanent ! In its shape and mechanics the Swatch is eternal. Judged by the continuity of its basic design, it is instantly recognisable. Paradoxically, perhaps, this constancy has become a major asset, as it makes for ease of recognition; the shape tells all. But onto this structure, which has survived the passage of time, is grafted an abundance of fantasy which has created an object that is never the same, never defineable or limited. As such, it incarnates the unusual and the astonishing, the anticonformist and the active, the spirit of life and defiance, humour and irony.

Be it an 'edible' triptych (bacon-and-egg, pepperoni and gerkin), hairy or furry, work of art (Folon, Keith Haring, Kiki Picasso...), scented (mint, banana or raspberry), the Swatch seduces and provokes, charms and repels, challenges, most certainly - but never leaves a feeling of indifference. A joint of the abstract and the suggestive, as well as an object of mass appeal, it nevertheless inspires on an individual level. In the final analysis, it is marked out for distinction, for it recognises no limits, yet stands as a symbol and carries a message...

François Hainard
Sociologist

INTRODUCTION

Ancienne ou moderne, en métal précieux ou en plastique, la montre fascine et la Swatch, à sa manière certes, ne fait pas exception. Elle ne peut laisser indifférent l'historien de l'horlogerie, que ce soit pour sa résonance commerciale (100 millions de pièces à la fin de 1991), sa technologie ou le phénomène de masse qu'elle incarne.

La passion de la montre (pour ne pas dire parfois l'obsession), l'amour de l'objet, de l'oeuvre d'art, de la pièce de collection n'empêchent pas l'intérêt pour la grande série. Mais cette passion ne doit pas effacer la réalité de ceux qui pensent l'objet et le fabriquent, de la personne qui se trouve derrière l'établi, la planche à dessin ou la chaîne de montage; car sous le produit couvent toujours le travail et le génie de l'homme.

Du maître horloger, à la fois inventeur, ingénieur, promoteur, commerçant et si nécessaire réparateur, la Swatch fait basculer le monde de l'horlogerie dans une dimension qui touche au gigantisme: chaînes de fabrication et de montage, marketing, distribution. L'organisation et l'infrastructure sont à la mesure du succès et du phénomène commercial. Comme cela est souvent le cas à l'origine des grandes réussites, il y a non seulement des promoteurs, mais aussi des innovateurs. L naissance de la Swatch n'est pas le produit du mérite d'une seule personne; elle est l'oeuvre de tout un groupe, celui de "la première génération des créateurs de la Swatch".

A cette poignée d'homme et de femmes protagonistes de cette aventure, nous dédions ce livre. Il faut dire qu'ils se sont battus avec ténacité et ont parfois souffert pour faire naître leur "création" dans l'immobilisme ambiant et la torpeur d'une direction qui, alors, avait perdu la bataille commerciale contre les"Samouraï" de l'Empire du soleil levant. Peu à peu, avec l'innovation du produit, la philosophie de Swatch s'est imposée et a conduit à une véritable révolution de palais.

Après avoir fait le vide autour d'eux, les créateurs de la seconde génération ont su imposer la loi inéluctable de la fabrication de masse. Aujourd'hui, rares sont ceux du début qui font encore partie de l'aventure. Seuls les plus forts et les plus imaginatifs on su garder le rythme et s'imposer face à la gestion des administrateurs et des finan-

INTRODUZIONE

Antico o moderno, prezioso o di plastica, l'orologio affascina e lo Swatch, a modo suo, non può fare eccezione. La sua forza commerciale (100 milioni di pezzi alla fine del 1991), la sua tecnologia o il fenomeno di massa che ne deriva, non possono lasciare indifferente lo storico dell'orologeria

La passione dell'orologio, per non dire l'ossessione, l'amore per l'oggetto, per l'opera d'arte, per il pezzo da collezione, non escludono l'interesse per la produzione di massa. Questa passione non deve tuttavia cancellare la realtà di coloro che pensano l'oggetto e lo producono, di colui che sta dietro il banco dell'orologiaio, il tavolo da disegno o la catena di montaggio, perchè dietro ogni prodotto resta pur sempre il lavoro e l'ingegno dell'uomo.

A partire dal maestro orologiaio, allo stesso tempo inventore, ingegnere, promotore, commerciante e, se necessario, riparatore, lo Swatch rivoluziona il mondo dell'orologeria portandolo a una dimensione di gigantismo: catene di fabbricazione e di montaggio, marketing, distribuzione; l'organizzazione e l'infrastruttura sono proporzionali al successo e al fenomeno commerciale. Come quasi sempre accade con gli straordinari successi commerciali, si ha a che fare non solo con i promotori, ma anche con gli innovatori. La nascita dello Swatch non è merito d'una sola persona, è l'opera d'un gruppo, di quella che chiameremo la "prima generazione" dei suoi creatori.

E' ai protagonisti di quest'avventura, uomini e donne, che vogliamo dedicare questo libro. Va detto che si sono battuti tenacemente e hanno a volte sofferto per dar vita al loro prodotto scontrandosi con l'immobilismo e la sonnolenza di una struttura che, allora, aveva appena perso la sua battaglia contro i Samurai dell'Impero del sol levante. A poco a poco, con il rinnovamento del prodotto, la filosofia Swatch si è imposta e ha portato a una vera e propria rivoluzione a palazzo.

Dopo essersi creati il vuoto attorno, i creatori della seconda generazione hanno imposto l'ineluttabile legge della fabbricazione di massa. Oggi sono rari i personaggi della prima generazione che ancora fanno parte dell'avventura. Solo i più forti e i più creativi hanno saputo mantenere il ritmo e imporsi di fronte alla gestione degli

INTRODUCTION

Antique or modern, in precious metal or plastic, the 'watch' has attained an almost bewitching status in our lives, and in its own way, the Swatch is certainly no exception. As such it cannot be ignored by historians of horology, not only for its commercial impact (100 million will have been sold by the end of 1991), but also on account of its technological innovation and the phenomenon that has grown up around the very name.

A passion for the watch (if not to say obsession) as an object, work of art or collectors item, in no way excludes an interest in those made by mass production. But it should be remembered that behind this fascination on the past of the collector, exists the reality of those who actually created and produced the object - at the work bench, the drawing board and on the assembly line - and the success of any complex project ultimately relies on the skills and talents of the men involved.

When compared to the traditional view of the master watchmaker - a man who was at once inventor, maker, promoter, salesman and, if necessary restorer - the impact of the Swatch on the world of horology verged on the unbelievable: an endless chain of manufacturing, assembly, marketing and distribution. Indeed, organisation and infrastructure are now behind the phenomenal commercial success of the product. But, as is often the case, to get any successful venture under way is not just a question of promotion, but also one of innovation, and the birth of the Swatch was not the result of a solitary effort, it was a work of an entire team: 'The first generation of Swatch creators', as they might be termed.

It is to this small group of men and women that the book is dedicated. They fought hard and on occasion suffered in the course of bringing to life their creation, against a background of inertia and atrophy on the part of an industry which, at the time, had lost the battle against the commercial 'Samurai' from the Empire of the Rising Sun But gradually, as the project developed, the philosophy behind the Swatch was accepted and led to a genuine revolution at the 'palace'.

The 'second generation of Swatch' are now in place, having replaced the original team of innovators, and adhere to the rules that must inevitably apply to the business of mass-production. Rare are those who survive from the early years of the story, for only the toughest and most determined could adapt and maintain

ciers. L'histoire nous enseigne que souvent le produit évolue plus rapidement que ses créateurs: les exigences de modernité de la Swatch sont là pour confirmer cette règle.

Le texte de Roland Carrera est divisé en deux parties: la première se veut un reportage qui raconte pas à pas les étapes successives qui ont conduit à la réalisation en Suisse du projet Swatch depuis son origine en 1981 jusqu'à nos jours.

La seconde partie est vouée à l'histoire de ces homme et femmes qui , séduits par l'esprit Swatch, sont parvenus grâce à leur génie et leur persévérance à faire aboutir leur projet. Il est évident que tous les "Pères et Parrains" de la Swatch ne sont pas mentionnés ici. Dans l'impossibilité de rendre justice à tous, seuls les principaux animateurs de cette épopée figurent dans ce livre. Nous sommes persuadés que la multitude d'autres personnes dont l'apport a été vital pour la réalisation de ce projet, sauront se reconnaître aussi dans cet ouvrage.

Ce livre a un objectif unique: raconter et décrire pour mieux faire connaître les acteurs, les événements et les éléments détonateurs du boom Swatch qui ont permis cette grande aventure.

Cet ouvrage a été conçu et réalisé par Antiquorum édition. Nous souhaitons préciser que les instances de Swatch SA ne sont intervenu en aucune manière dans sa mise en oeuvre.

I.H.C.A.

amministratori e dei finanzieri. La storia ci insegna che a volte il prodotto evolve più in fretta dei suoi creatori: le esigenze di modernità dello Swatch ce ne danno conferma.

Il testo di Roland Carrera è diviso in due parti: la prima è una sorta di reportage che racconta, passo dopo passo, le tappe successive che hanno condotto alla realizzazione dello Swatch dalle origini, nel 1981, fino ai nostri giorni.

La seconda è dedicata alla storia di quegli uomini e donne che, sedotti dallo spirito Swatch, sono riusciti, grazie al loro ingegno e alla loro perseveranza , a dar buon esito al loro progetto. Non citiamo qui tutti i "padri e padrini" dello Swatch. Non ci è possibile accontentarli tutti, per questo solamente i personaggi principali di quest'epopea figurano in questo libro. Siamo certi che la moltitudine di persone che hanno reso possibile questo progetto tramite il loro contributo essenziale, potranno riconoscersi fra le righe di questo volume.

Questo libro ha un unico obbiettivo: far conoscere al pubblico, attraverso il racconto, gli attori, i fatti e gli elementi detonatori del "boom" Swatch che hanno permesso lo svolgimento di questa grande avventura.

Il libro è concepito e realizzato da Antiquorum Editions. Teniamo a precisare che Swatch SA non è coinvolta in nessun modo nella sua produzione.

I.H.C.A.

their position as the stewardship passed increasingly into the hands of administrators and financiers. History shows that a product often evolves more rapidly than its creators, and Swatch has proved to be no exception to the rule.

The text written by Roland Carrera is divided in two parts: the first is a basically factual account of the history of the Swatch project in Switzerland since its inception in 1981, up to the present day.

The second part is devoted to the story of the men and women who, seduced by an almost romantic ideal succeeded, by a combination of genius ans perseverance, in actually carrying through the initial development. It is clear that not all the names of those who contributed have received due mention, and as such it does not render justice to all; therefore only a number of the principle collaborators are mentioned in this book. However, the others whose participation was also vital to the realisation of the project will surely recognise here their part in the story.

This book has a simple objective: to describe and record the events, and particularly the innovations that formed part of what was certainly a supreme event in the history of modern horology and has subsequently become the Swatch 'boom' !

This book is edited and published by Antiquorum Editions. We wish to make it clear that it is not in any way an official publication of Swatch SA, nor were they involved in its production.

I.H.C.A

REMERCIEMENTS RINGRAZIAMENTI ACKNOWL-EDGEMENTS

Nous tenons à remercier tous ceux qui nous ont autorisé à utiliser leurs documents, nous ont communiqué des informations et nous ont assisté pour la production de cet ouvrage.

Siamo grati a tutti coloro che ci hanno permesso di utilizzare i loro documenti, che ci hanno fornito delle informazioni o ci hanno assistiti nella produzione di questo libro.

We gratefully acknowledge the following who have kindly granted permission for the use of material, or provided information that has assisted in the production of this volume.

Hans & Ica Arnold
Sullivan Arrighi
Robert Bucchere
Heidi Eggler
Peter Erni
Peter Früh
Franco Giorgetti
Grimoldi, Milano
Daniel J. Komar
Bernard Müller
Eric Perez
Corinne peverelly
Mathias Pingel
Marlyse Schmid
Peter Stenz
Arnaud Tellier
Kurt Wache

Les Editions de l'Amateur, Paris, qui nous a aimablement autorisé à utiliser les textes des Guidargus de la Peinture de Gérard Churr.

Le Edizioni "Amateur" di Parigi che ci hanno cortesemente concesso di utilizzare il loro "Guidargus de la Peinture" di Gérard Churr.

The Editions de l'Amateur, Paris, who have kindly permitted us to reproduce texts from the "Guidargus de la Peinture" by Gérard Churr.

PARTIE I

L'EXTRAORDINAIRE AVENTURE SWATCH
LA STRAORDINARIA AVVENTURA SWATCH
THE EXTRAORDINARY SWATCH ADVENTURE

par Roland Carrera, journaliste et historien, Neuchâtel
di Roland Carrera, giornalista e storico, Neuchâtel
by Roland Carrera, journalist and historian Neuchâtel

PÈRES ET PARRAINS · PADRI E PADRINI · FATHERS & GODFATHERS

A.	Armellino	E.	Gunzinger	A.	Scheidegger
A.	Bally	Y.	Guérin	M.B.	Schmid-Müller (externe)
	Baumann	U.	Giger	H.	Schneider
G.	Baumgartner	D.	Graspoz	T.	Schonenberger
Ch.	Besançon	W.	Hügli	B.	Spahr
M.	Bieri	U.	Kampfer	F.	Sprecher
P.	Bischof	F.	Kauffungen	E.	Thomke
E.	Favre	P.	Marchand	P.	Triebold
R.	Feuz	P.A.	Meister	E.	Weber
H.	Fink	E.	Mock	H.	Widmer
O.	Frank	J.	Müller	H.	Zaugg (externe)
	Friche	K.	Renfer	H.	Zimmermann
F.	Füllemann	W.	Salathé	G.	Zoppelletto
K.	Gerzner	H.	Sollberger	G.	Zubler
H.	Gribi	J.-C.	Schaffner		

Les réalisateurs principaux du projet Swatch sont:

Ernst Thomke, responsable du projet Swatch.
Jacques Müller, constructeur du moteur.
Elmar Mock, constructeur et réalisateur de la partie plastique
Marlyse Schmid et Bernard Müller, Stylistes.
Franz Sprecher, conception marketing

A partir de là, il est difficile d'estimer qui a contribué de façon majeure à l'élaboration et à la réalisation de la Swatch. De ce fait, nous publions la liste des noms les plus importants.

Questi sono i realizzatori principali del progetto Swatch:

Ernest Thomke, responsabile del progetto Swatch.
Jacques Müller, costruttore del motore.
Elmar Mock, costruttore e realizzatore di tutto quello che è plastica.
Marlyse Schmid e Bernard Müller, stilisti.
Franz Sprecher per la concezione Marketing.

A parte questi è difficile stimare chi ha portato il contributo maggiore per l'elaborazione e la realizzazione dello Swatch, per cui pubblichiamo questa lista con i nomi più importanti.

The principle collaborators behind the original project to create the Swatch were the following:
Ernst Thomke, responsible for the entire Swatch project.
Jacques Müller, designer of the motor and mechanical parts.
Elmar Mock, design engineer for the plastic components.
Marlyse Schmid and Bernard Müller, stylists.
Franz Sprecher, marketing consultants.

Apart from the above, it is difficult to clearly define the contribution made by the many others involved in the initial development of the Swatch. However, the names listed include many of the most important.

PREMIER CHAPITRE

CAPITOLO PRIMO

FIRST CHAPTER

Evolution d'une idée

La montre Swatch, aboutissement de plus d'un siècle de recherches horlogères, connaît un véritable triomphe. Depuis son lancement, 75 millions de pièces avaient déjà été vendues à la fin de 1990, le chiffre de 100 millions sera atteint rapidement. Une performance jamais vue dans l'horlogerie suisse et rarissime dans l'industrie mondiale.

Le succès de cette montre populaire a permis à l'industrie horlogère helvétique de reconquérir sa place sur les marchés des économiques, et surtout de reprendre confiance en elle-même dans une période de doute. A tel point que l'on parle d'un phénomène Swatch.

Ce phénomène tient à plusieurs éléments: somme d'innovation technique, de créativité esthétique, concept marketing sans précédent, puisque jusqu'ici la montre économique était réservée aux consommateurs à faible pouvoir d'achat, tandis que la Swatch a été jusqu'à enthousiasmer une clientèle attachée aux marques de prestige. L'une d'entre elles a pu écrire: Les hommes qui président aux destinées du monde portent une R. Chose extraordinaire, ils portent aussi une Swatch;

L'élément humain, probablement le plus important, a joué un rôle immense dans ce succès, bien qu'à l'instar de tous les progrès réalisés au cours de l'histoire de la montre économique, de Roskopf, il y a plus d'un siècle, à la Swatch aujourd'hui, ces pionniers ont invariablement été contestés au départ par une industrie très traditionaliste, pour être encensés par la suite. La Swatch au départ est bien plus l'affaire de quelques hommes que celle d'une industrie. Lors de la mise en œuvre, le cahier des charges élaboré par le patron de ETA et son chef marketing, précisait: Oubliez tout ce qui a été fait jusqu'ici, tout en restant classique. Le roman de la Swatch, inséré dans cent trente ans d'histoire des montres économiques suisses, suit le même chemin il raconte dans ses premiers chapitres pourquoi et comment est née l'idée de la Swatch, et de quelle manière elle a été développée, aussi bien dans ses aspects techniques révolutionnaires que dans son apparence esthétique, dans le secret, parfois dans l'intimité du foyer de quelques jeunes gens, qui ont vécu une aventure aussi unique que leur montre.

Evoluzione di un'idea.

L'orologio Swatch, conclusione di oltre un secolo di ricerche orologiere, ha avuto un'accoglienza che non esito a definire trionfale. Da quando è stato lanciato sul mercato ne sono già stati venduti 75 milioni e prima della fine del 1991 si raggiungeranno i 100 milioni. Un risultato mai ottenuto prima dall'industria orologiera e molto ma molto raramente dall'industria mondiale.

Il successo di questo orologio dal prezzo popolare ha permesso all'industria orologera elvetica di riconquistare il suo posto sui mercati economici, e soprattutto le ha ridato fiducia in un momento di crisi, tanto è vero che si parla di un "fenomeno" Swatch.

I motivi sono vari: un insieme di novità tecniche, di fantasia e di buon gusto, una politica di mercato senza precedenti, poiché finora l'orologio economico era destinato a consumatori con un debole potere d'acquisto, mentre lo Swatch è riuscito ad entusiasmare una clientela affezionata alle marche di prestigio. Il portavoce di una di queste ha affermato: "Gli uomini che reggono il destino del mondo portano un "R". È vero ancora oggi, ma, fatto straordinario, portano anche uno Swatch.

La componente fondamentale di questo successo è dovuta senz'altro all'elemento umano, benché, come dimostrano le tappe successive della storia dell'orologio economico, dal Roskopf di oltre un secolo fa allo Swatch oggi, questi pionieri siano stati invariabilmente contrastati all'inizio, per essere osannati solamente in seguito. Il trionfo dello Swatch è dovuto più alle capacità di pochi uomini che alle risorse di un'industria. Al momento della realizzazione del progetto, il capitolato elaborato dal "grande capo" dell'ETA insieme al direttore del marketing, precisava: "Dimenticate tutto quanto è stato fatto fino ad oggi, purché si resti nel classico." Il romanzo dello Swatch, inserito nei cento anni di storia degli orologi economici di produzione svizzera, segue la stessa linea di condotta: racconta nei primi capitoli come e perché è nata l'idea dello Swatch, in che modo si è perfezionata, sia negli aspetti tecnici rivoluzionari sia nella forma esteriore, nel segreto e, direi quasi, nell'intimità della famiglia di questi giovani ingegni, che hanno vissuto un'avventura tanto straordinaria quanto lo è il loro orologio.

Evolution of an idea.

The spectacular success of the Swatch is the outcome of more than a century of research within the watchmaking industry. Since its launch, 75 million units have been sold and the 100 million mark will have been reached by the end of 1991, a performance practically unheard of in the world of industry, and certainly a first ever for the Swiss watchmaking sector.

In the event, the popularity of the Swatch has not only enabled Swiss watchmakers to reclaim their position in the lower cost section of the market but also - and perhaps more importantly - to regain self-confidence in a period of economic uncertainty, to the point where there now exists a "Swatch phenomenon".

The success of the watch stems from a combination of various elements-technical innovation, aesthetic creativity and unprecedented marketing concepts. So-called 'economical watches' have in the past customarily been designed for consumers with a low purchasing power; the Swatch has managed to reverse this trend, enthusing a clientele by tradition attracted almost exclusively to the prestigious brands. Such catch-phrases as "Men who preside over world destiny wear an R." certainly still apply, but the extraordinary fact is that they wear Swatches too!

The human element is probably as important as any, having played a major part in this phenomenal success. But in keeping with almost every example of progress achieved in the history of the economical watch - from the precursory Roskopf more than a century ago to the Swatch today - the work of the pioneers was at first seriously questioned by an industry traditionalist in the extreme, before being praised to the skies. In its beginnings, the Swatch saga is more the story of a few men than that of an entire industry, and the schedule of conditions drawn up by ETA's chief executive and marketing manager spelt out the course to be followed in no uncertain terms: "Forget all that has been done up until now, but retain a sense of the classical". This account, itself a mere chapter inserted in the one hundred and thirty years of the history of Swiss economical watches, follows the same path. It first describes the birth and development of the Swatch idea, examining not only the revolutionary technical features of the watch and its aesthetic evolution, but also the contribution made by a group of young people who themselves embarked upon an adventure as unique as the watch, and often shrouded in secrecy.

On passe ensuite à la philosophie marketing qui en a assuré le succès, à la technique de la Swatch et à sa philosophie très proche de celle du génial Roskopf, et cela nous amène à dire deux mots de la montre Roskopf, des débuts de la Prolétaire en 1860, puis de la première montre en plastique du monde: l'Astrolon de Tissot.

Passeremo in seguito a esporre la complessa attività di marketing che ne ha reso possibile il successo, a descriverne la parte tecnica, a illustrare il ragionamento filosofico simile a quello del geniale Roskopf; e qui parleremo del suo primo modello di "proletario" del 1860, e del primo esemplare in plastica del mondo: l'Astrolon di Tissot.

Further chapters detail the marketing philosophy which led to successful commercialisation, the technique of the Swatch and its philosophy - not dissimilar to that of the inspired Roskopf-and there follows a short section on the Roskopf watch, tracing the history from the early days of the "Proletarian" in 1860 to the world's first plastic watch, Tissot's "Astrolon".

La Genèse

La Swatch est à l'image des plus fameuses productions des célèbres Beatles: on a beaucoup de peine à identifier le rôle de chacun des musiciens, de chacun des acteurs, concepteurs et constructeurs.

La moisson du hasard, à travers les vicissitudes de la conjoncture économique en général et horlogère en particulier, a amené des personnages d'horizons fort divers, à constituer sans le vouloir vraiment une petite équipe dont chaque membre aura un effet synergétique sur les autres. L'éclosion des idées en sera favorisée, l'intérêt du travail renforcé.

Au départ de la réalisation pratique définitive, il y a la rencontre de deux ingénieurs, Jacques Müller et Elmar Mock, l'établissement d'un constant échange, de discussions d'ordre général et philosophique, qui les porteront un jour à refaire l'horlogerie. Un peu comme on refait le monde au Café du Commerce, sans doute, mais avec cette différence fondamentale: ils disposaient d'un potentiel technique et personnel suffisant à influencer valablement les options des décideurs; Et surtout ils allaient dans le sens d'options choisies antérieurement.

Ce qui est aussi intéressant dans le phénomène Swatch, ce n'est pas d'emblée l'abord technique; il revêtira par la suite l'importance que l'on sait. C'est plutôt l'approche quasi philosophique de l'attente des consommateurs face au produit terminé. Plus étrange encore, dans cet authentique roman industriel, porteur de leçons et de beaucoup d'espoir pour qui désire réellement réaliser quelque chose de nouveau, d'original: la passion du travail, les défis à relever, les résultats à obtenir, en équipe, le film des événements, la gestation, l'évolution du produit, ont été vécus différemment par chacun.

Chaque personnage attaché à la concrétisation d'une performance technique qui devait mener à produire mieux et

La Genesi

Lo Swatch si potrebbe paragonare alle più famose produzioni dei celebri Beatles: è impossibile distinguere nella storia del loro successo la parte svolta da ciascuno dei musicisti, degli attori, degli ideatori e degli esecutori.

Un insieme di circostanze casuali, attraverso le vicissitudini della congiuntura economica in generale ed orologera in particolare, ha portato alcune persone di diversissima formazione, a costituire, senza volerlo, una squadra di lavoro in cui ogni membro avrà un'influenza sinergica su tutti gli altri, che favorirà il moltiplicarsi delle idee e renderà il lavoro appassionante.

All'inizio, quando si tratta di realizzare il progetto definitivo, c'è l'incontro di due ingegneri, Jacques Muller e Elmar Mock, seguito da un continuo scambio di idee e discussioni di ordine generale e filosofico, che li porterà un giorno a rifare il mondo dell'orologeria, proprio così, come si fa al bar, dove i clienti non parlano solo del più o del meno ma anche di argomenti estremamente seri, ma... senza conseguenze. Qui c'è una differenza fondamentale: questi due uomini disponevano di tali personalità e competenze tecniche, da influire con la loro autorità sulle scelte dei responsabili, soprattutto in quanto le loro proposte concordavano con quelle dei dirigenti.

Quello che è interessante nel fenomeno Swatch non è solo l'approccio tecnico, come si potrebbe credere in un primo tempo, quanto piuttosto quello, oserei dire, filosofico che concerne l'attesa dei consumatori di fronte al prodotto finito. Fatto ancora più impressionante in quello che si può definire un vero romanzo industriale, carico di insegnamenti e di ottimismo per tutti coloro che ambiscono realizzare qualcosa di originale: la passione per il lavoro, la sfida da cogliere, i risultati da ottenere, in un gruppo compatto, solidale. Lo svolgimento degli avvenimenti, la gestazione, l'evoluzione del prodotto sono invece stati vissuti in modo diverso da ciascuno dei protagonisti.

Noi andremo alla scoperta, attraverso le lotte, i problemi, le frustrazioni, di ognuno di questi personaggi, preposti alla realizza-

The Genesis.

The Swatch phenomenon is in a way not unlike some of the musical hits produced by a popular group such as the Beatles: it is almost impossible to quantify exactly the role of each musician, or to isolate the contribution of one man from that of his colleagues.

A twist of fate, uncertainties in the general economic situation and specifically the watchmaking industry, saw people from very different backgrounds almost unintentionally brought together for the Swatch project. As it turned out, each participant was to have a significant effect on the success of the team as a whole, stimulating creativity and unquestionably strengthening interest in the project.

In this capacity, and particularly in the lead up to final production, two engineers played key roles: Jacques Müller and Elmar Mock, whose close working relationship, and continual interchange of both general and philosophical ideas, were going to fundamentally reshape a section of the watchmaking industry- at times, it must have been akin to rewriting a section of history! However, their extensive technical and personal expertise, enabled them to provide valuable guidance to the company's decision-makers, whilst being careful not to deviate from the previously established guidelines.

In the history of the Swatch it is not just the technical aspect, later to take on so much importance, that is fascinating; it is as much the quasi-philosophical approach of the consumer to the finished product. Equally striking is the fact that although this chronicle of industrial progress charts the lessons and great hopes of those striving to create something genuinely original, it also reveals that each team member held a different and personal view of the challenges to be met and results to be obtained by the team, as well as the actual course of events during the development period.

Clearly, each individual involved in a project aimed at achieving a level of technical excellence that would result in a better and

moins cher que la concurrence, reste à découvrir à travers ses luttes et ses problèmes, parfois ses frustrations. Même le stade simple et primitif d'où dérive tout être vivant, œuf, embryon, plantule ou spore, suppose l'existence d'une graine. On a souvent prétendu que l'idée de la Swatch avait germé à partir de la Délirium, la célèbre montre en or la plus plate du monde, lancée en janvier 1979 et dont le fond du boîtier constituait déjà le support des éléments constitutifs de la montre, en lieu et place de la platine d'un mouvement ordinaire.

L'histoire de la Swatch a donc, en principe, une préhistoire. De fait, durant l'année 1979, la Direction de ETA a essayé à plusieurs reprises de formuler l'essence d'un nouveau produit qui serait dérivé de la Délirium. Ce type de recherches et de projets portaient le nom de code Délirium Vulgaris. Diverses orientations sont explorées, concept avec affichage à cristaux liquides, ou analogique genre Roskopf, sans que rien en somme ne soit définitivement et clairement retenu.

En janvier 1980 enfin, Ernst Thomke dicte à Anton Bally une spécification pour ce nouveau projet Délirium Vulgaris. Pratiquement toutes les spécifications qui seraient propres à la Swatch sont déjà formulées par écrit, dans cet Arbeitspapier für die Sitzung von 11. Marz 1980 in Vaumarcus Vertraulich (Notes de travail pour la séance du 11 mars 1980 à Vaumarcus Confidentiel). A partir de là, les opinions divergent quant à la valeur réelle, essentielle de la graine Délirium pour la Swatch. Pour d'aucuns, nous citons ici la remarque d'un ingénieur constructeur de ETA: La ressemblance s'arrête à celle qui existe entre l'avion et le poisson rouge: une forme générale similaire du fuselage...

Autre témoignage: La première confusion vient d'un rêve. Après que la Direction technique d'Ebauches SA, animée par André Beyner, a construit la Délirium, l'idée de faire un modèle économique en métal commun, ce point est à souligner, avait été émise et certains plans déjà exécutés... En l'occurrence, le témoin manque de mémoire et c'est la raison pour laquelle nous ne citons pas son nom. Ce qui est à souligner c'est que presque simultanément au lancement de la Délirium, le 19 janvier 1979, une note interne et confidentielle d'Ebauches SA Neuchâtel, signée André Beyner, présentait les détails d'un projet Deltrem sous l'angle de ses possibilités d'améliorations, de complément, évaluation des approches nouvelles.

Et que voyons-nous sur cette note? Qu'en 1979 déjà même la Tissot Two Timer était déjà imaginée, le dessin inclus en fait foi, avec une décennie d'avance. Tout comme les: approches métalliques approches en technologies mixtes surmoulées approche plastique, bien sûr, prévue en point C. Les quelques extraits mentionnés plus haut ne sont de loin pas exhaustifs,

zione di un prodotto tecnico eccezionale che avrebbe sfidato qualsiasi concorrenza. Tutti sanno che lo stadio primitivo da cui deriva qualsiasi essere vivente suppone l'esistenza di un seme. Si è sentito spesso affermare che l'idea dello Swatch era nata a partire dal Delirium, il famoso orologio d'oro più piatto del mondo e la cui cassa costituiva già il supporto degli altri elementi costitutivi, al posto della platina di un movimento ordinario.

La storia dello Swatch ha dunque, in principio, una preistoria. Infatti, nel 1979, la direzione dell'ETA ha prospettato parecchie volte l'essenza di una nuova creazione derivata dal Delirium. Il progetto e gli studi attinenti portavano il nome di codice di Delirium Vulgaris. Si fanno ricerche in varie direzioni (quadrante a cristalli liquidi o analogico) senza prendere in considerazione alcuna soluzione.

Finalmente nel gennaio 1980, Ernst Thomke detta a Anton Bally una descrizione particolareggiata concernente il nuovo progetto Delirium Vulgaris. Possiamo proprio dire che tutti i dettagli caratteristici dello Swatch sono già stati formulati per iscritto in questi "Appunti di lavoro per la riunione dell'11 marzo 1980 a Vaumarcus" - (Confidenziale). A partire da quel momento non si sa più quale importanza attribuire al "seme Delirium", poiché per molti, e qui citiamo l'osservazione di un ingegnere di produzione dell'ETA, "La somiglianza si limita alla forma comune della fusoliera, come possono somigliare un aereo e un pesce rosso."

Secondo un altro testimone, la confusione è nata dal fatto che si inseguiva un sogno. "Dopo che la Direzione Tecnica d'Ebauches S.A. animata da André Beyner, ha costruito il Delirium, si è pensato subito all'idea di fare un modello economico in metallo comune, questo è da tener ben presente, tanto è vero che furono perfino eseguiti alcuni disegni..." Si da il caso che il testimone abbia perso la memoria, per cui non citeremo il suo nome. Bisogna invece sottolineare che quasi in simultanea con il lancio del Delirium, il 19 gennaio 1979, una nota interna e confidenziale d'Ebauches S.A. di Neuchâtel, firmata André Beyner, presentava i dettagli di un progetto "Deltrem", enumerando le possibilità di miglioramento, complemento e valutazione .

E che cosa leggiamo su questa "nota?" Che nel 1979 perfino il Tissot "Two Timer" era già stato ideato e ne fa fede il disegno qui accluso, con un decennio di anticipo così pure i pezzi di prova metallici, quelli a tecnologia mista stampati e uno in plastica, naturalmente (vedi punto C). Queste poche annotazioni non dicono molto e del resto furono in seguito arricchite nella comu-

cheaper product than that manufactured by the competition, would be bound to interpret differently the many difficulties, trials and frustrations that litter the road to success. Even the most primitive stage in the evolution of a living being- be t egg, embryo, or spore - presupposes the existence of a seed. It has often been claimed that the Swatch idea germinated out of the 'Delirium'. the famous gold watch launched in January 1979 and hailed as the flattest in the world Engineers had fitted the fundamental components of the watch to the bottom of the case, foregoing the traditional plate of an ordinary movement.

The history of the Swatch therefore has a prehistory, a fact that was plainly illustrated in 1979 when the ETA management endeavoured to formulate the essential features of a new product which would be derived from the 'Delirium'. Research and associated projects carried the code name "Delirium Vulgaris". Numerous different possibilities were examined including a liquid crystal display and an analogue watch on the Roskopf concept; as it turned out, none was actually retained in the end.

In January 1980, Ernst Thomke drew up a specification for the new project Delirium Vulgaris, which he forwarded to Anton Bally. Almost all the technical criteria pertaining to the future Swatch appears in writing in this "Arbeitspapier für die Sitzung von 11. März 1980 in Vaumarcus -Vertraulich" (Work notes for the session of 11th of March 1980 in Vaumarcus - Confidential). From thereon, opinions differ as to the true significance of the Delirium "seed" for the Swatch. One of ETA's construction engineers expressed the following opinion: 'The similarities don't go beyond those which exist between an aeroplane and a goldfish: a general likeness in the shape of the tail..."

Another commented: "The initial confusion originates from another conceptual idea. After the construction of the Delirium by the technical management of Ebauches SA - under the leadership of André Beyner - the possibility of manufacturing an economical model in plain metal had been raised and certain plans produced..." In this instance, the witness' name is not quoted as his recollections are somewhat incomplete But what should be stressed is that, contemporaneous with the launching of the Delirium on 19th of January 1979, a confidential memorandum signed by André Beyner, from Ebauches SA, Neuchâtel, put forward details of a project called "Deltrem" with a view to "possible improvements, additions and an appraisal of new approaches".

This memorandum also indicates that in 1979 - ten years before it saw the light of day - Tissot's "Two Timer" was already imagined, as witnessed by the drawing attached to the document. Other sections refer to potential new technologies:-the metallic approach, a mixed technology part-moulded approach, and significantly, the plastic approach. The above-mentioned extracts are by no means

les premières propositions furent du reste enrichies par les récipiendaires de la note[1] dans le cadre d'un programme d'action commune devait être défini pour le 1er février 1979: savoir qui allait faire quoi et dans quel délai?

Il est nécessaire de verser ici une pièce au dossier: il s'agit de notes d'André Beyner, ingénieur-conseil de ETA, médaille d'or de la Société suisse de chronométrie, ex-directeur technique d'Ebauches SA (future ETA), sur les possibles relations de la Délirium et le développement de la Swatch: J'ai repris mes cahiers de laboratoire de 1978 et de 1979 d'une part et mes agendas. Je n'ai pas fait d'autres recherches d'archives dans les dossiers spécifiques qui sont toujours à la Direction d'Asulab[2] à Neuchâtel.

Tout d'abord mes souvenirs sur la Délirium.

Un article écrit par M. Bally et qui s'intitule ESA ETA calibre quartz 999, une plaquette d'or fin qui indique l'heure, relate bien toute cette histoire. On peut donc s'y référer, ce que je mentionne maintenant sont peut-être quelques points-clés de ce projet. L'esquisse du concept technique qui devait permettre de réaliser une montre à quartz dont l'épaisseur totale devait être inférieure à 2 mm, se trouve dans mon cahier de laboratoire No 13. Cette esquisse est datée du 26 juillet 1978. Nous étions quelques-uns à Neuchâtel à assurer une permanence durant les vacances et autour de ces premières idées on discutait, MM. Maurice Grimm, Rémy Grandjean, Claude Lassère et moi-même[3]. Nous nous sommes très vite emballés sur cette idée et nous avons cherché à apporter des preuves de faisabilités de cette idée. Tout cela tournait essentiellement autour des possibilités de faire une pile très petite, un moteur très petit, d'utiliser un quartz qui existait déjà sur le marché et une puce qui également existait chez Marin[4]. Notre conviction a été faite assez vite qu'en intégrant l'ensemble des composants dans un bâtifond, en mettant tous ces composants aussi à l'extérieur que possible, de façon à pouvoir faire tourner les aiguilles dans une sorte de cavité et en coiffant le tout par une carrure et une glace saphir très mince, on arriverait au résultat. Ce projet a été baptisé par Maurice Grimm Délirium très mince. Ce nom de baptême vient de lui.

J'ai mentionné ce projet en séance de Direction générale le 21 août. Le 24 août, nous en discutions avec la direction de ETA, qui décidait de faire équipe avec les ingénieurs de la Direction technique pour sa réalisation. Le 29 août, M. Renggli[5] était informé. En septembre et en octobre, nous

nicazione del 1 febbraio 1979 dove, nel quadro di un programma di azione comune si trattava di decidere a chi affidare l'esecuzione e di stabilire il tempo necessario alla realizzazione[1].

A questo punto bisogna aggiungere che si tratta di appunti di André Beyner (ingegnere orologiero, medaglia d'oro della Società Svizzera di Cronometria, ex-direttore tecnico di Ebauches S.A. (futura ETA) sulle relazioni possibili tra il Delirium e l'evoluzione dello Swatch. "Ho riletto - ci scrive il signor Beyner - i miei quaderni di laboratorio del 1978 e 79 e anche le agende, senza fare altre ricerche d'archivio per i documenti specifici che sono sempre presso la Direzione di Asulab[2] a Neuchâtel.

Questi sono innanzi tutto i miei ricordi personali sul Delirium."

Possiamo tranquillamente fare riferimento a questo articolo del signor Bally. dal titolo "ESA ETA calibro quarzo 999, una targhetta di oro puro che indica l'ora", e riporta con precisione tutta la storia, con i punti chiave di questo progetto. Lo schizzo tecnico che doveva permettere di realizzare un orologio a quarzo di uno spessore totale inferiore ai 2 mm., si trova nel mio quaderno n. 13. E' datato 26 luglio 1978. Eravamo rimasti in pochi a Neuchâtel per assicurare il servizio permanente durante le vacanze e si discuteva animatamente intorno a questo vago progetto, il signor Maurice Grimm, Remy Grandjean, Claude Lassère ed io[3]. Noi ci siamo entusiasmati subito per quest'idea e abbiamo voluto dimostrare che la si poteva realizzare. In fondo le difficoltà maggiori consistevano nel fare una pila piccolissima, un motore altrettanto piccolo, nell'utilizzare un quarzo che esisteva già sul mercato e un circuito integrato "pulce" disponibile presso Marin.[4] Abbiamo intuito immediatamente che integrando tutti questi elementi in una cassa monoblocco che funge da supporto per il quadrante e il motore, collocandoli il più possibile verso il fondo, coprendo poi il tutto con la carrure e un vetro sottilissimo di zaffiro, saremmo riusciti nel nostro intento. Questo progetto fu battezzato da Maurice Grimm "Delirium sottilissimo" E' stato proprio lui a dargli questo nome di battesimo.

Io ho accennato a questo progetto durante la riunione della Direzione generale il 21 agosto. Il 24 ne parlavamo già con la Direzione di ETA che decideva di collaborare con gli ingegneri della Direzione Tecnica per la fabbricazione. Il 29 agosto informammmo il signor Renggli.[5] In settembre e

exhaustive, and the initial proposals were indeed re-worked by the recipients of the memorandum into the framework of a program of joint action -effective 1st of February 1979 - which would specify both tasks and deadlines[1]. At this point, it is important to add another item to the file: the notes of André Beyner, the engineer who was awarded a gold medal by the Swiss Chronometry Society, ex-technical manager of Ebauches SA, and today an adviser to ETA. They describe the possible link between the Delirium project and the development of the Swatch: ''I went back to my lab notes of 1978 and 1979 and to my diaries, although I didn't undertake further archive research in specific files which are still held at Asulab's headquarters in Neuchâtel[2].

First of all, my memories of the Delirium.

An article written by Mr. Bally entitled ESA ETA calibre quartz 999 - a plate of fine gold indicating the time - aptly recounts the whole story, and one may therefore refer to it. What I mention now are some of the project's key points. In my lab notebook No 13, there is a sketch - dated 26th of July 1978 - of the technical concept which led to the production of a quartz watch with a total thickness inferior to 2 mm. A few of us had remained in Neuchâtel to man the premises during the holidays: Messrs Maurice Grimm, Rémy Grandjean, Claude Lassère and myself[3]. Discussions were centered around some preliminary ideas. Very quickly though, we became quite carried away with the concept and embarked on a feasibility study. In actual fact, everything revolved around the possibility of creating a very small battery and a minute motor, but using a quartz which already existed on the market and a chip we knew Marin manufactured[4]. We soon became convinced that we could achieve the intended result by integrating all the components onto an interior plate, and de-centralising them as much as possible so that we could position the hands to turn in a sort of recess. The mechanism would be held in place by a band and capped by a very thin sheet of sapphire glass. This project was christened "Ultra-thin Delirium" by Maurice Grimm - which became its given name.

I mentioned it on a number of occasions: on 21st of August, during a session with the general management and on 24th of August, with ETA management, who decided to form a team with the engineers of the technical department, and carry the project to its conclusion. On 29th of August, Mr. Renggli[5]

[1] Direction technique Ebauches SA: R. Besson, R. Grandjean, et à ETA: E. Thomke, Urs Giger et Anton Bally.
[2] Laboratoire central de R+D du groupe Asuag.
[3] Ingénieurs du groupe Ebauches SA (ASUAG).
[4] Fabrique d'ébauches de Marin (EEM).
[5] Président du groupe ASUAG.

[1] Direzione tecnica Ebauches S.A.: R. Besson e R. Grandjean. ETA: E. Thomke, Urs Giger, Anton Bally.
[2] Laboratorio Centrale di Ricerche e sviluppo del gruppo ASUAG
[3] Ingegneri del gruppo Ebauches SA (ASUAG)
[4] Fabbrica d'Ebauches di Marin (EEM)
[5] Presidente del gruppu ASUAG

[1] Technical Directors Ebauches S.A.: R. Besson, R. Grandjean and at ETA: E. Thomke, Urs Giger and Anton Bally.
[2] Central Laboratory for R+D ASUAG.
[3] Engineers for Ebauches SA (ASUAG).
[4] Ebauche Manufacturer, Marin (EEM).
[5] President of ASUAG Group.

avons travaillé intensément pour réaliser la construction, pour mettre en route le développement et la fabrication de prototypes pour les différents composants. En même temps, M. E. Thomke préparait un concept de marketing pour cette pièce exceptionnelle et le 26 octobre 1978 une répartition de tâches très détaillée était convenue entre la Direction technique d'Ebauches et ETA. A Neuchâtel, on accélérait la préparation d'une douzaine de prototypes; à Granges, on s'acharnait à la mise au point d'une centaine de pièces de présérie, qui devaient être prêtes respectivement pour les prototypes en décembre, pour les pièces de préséries en janvier. Personne n'a compté son temps dans cette phase très fébrile et pendant les week-ends le téléphone direct entre Neuchâtel et Granges était fréquemment utilisé.

Le 12 décembre, M. Thomke est venu à Neuchâtel avec MM. Grinberg de Concorde, Laumann de Longines et Morf d'Eterna pour voir l'état des travaux et les toutes premières pièces. Le 20 décembre, un plan détaillé était mis au point pour le lancement de ce produit en janvier 1979. Le 23 décembre, à Neuchâtel, les premiers prototypes étaient terminés et pendant les fêtes de Noël et de Nouvel-An une permanence a été réalisée pour faire les premières mesures et pour faire les tests sur ces prototypes. Parallèlement à Granges, on avançait les pièces de présérie. La décision de principe de présenter tout cela lors d'une conférence de presse le 12 janvier avait été prise. Cette décision était confirmée dans les premiers jours de janvier (4 ou 5 janvier). Le 12 janvier, la conférence de presse a lieu à New York au 24 Carate Club et dans différentes villes (Zurich, Genève, Tokyo, Hong Kong, Rome, Paris, Munich). Il s'agissait de conférences de presse de nos clients au cours desquelles la prestation de Ebauches et de ETA respectivement était mise en valeur sur le plan technique.

Le 19 janvier, une montre Délirium a été remise au Musée international de l'horlogerie à La Chaux-de-Fonds par la Direction générale d'Ebauches et par la Direction de ETA. Entre le 12 janvier et le 19 janvier, la presse avait relaté abondamment l'événement et nombreuses avaient été alors les questions à propos de Délirium. Pourquoi avez-vous fait cette montre? Pourquoi l'avez-vous faite en or? Pourquoi ne la faites-vous pas en laiton? Pourquoi ne la faites-vous pas plus grosse? Vous pourriez faire des choses nouvelles avec ça; Ces questions n'étaient évidemment pas nouvelles. Au fur et à mesure de ce développement, nous percevions plus ou moins nettement des potentialités nouvelles dans le concept de cette montre. Lors de la conférence de presse au Musée international de l'horlogerie, j'avais terminé ma brève présentation ainsi: Il y a de nombreuses conséquences industrielles possibles à

ottobre si lavorara già intensamente per avviare la fabbricazione dei prototipi dei diversi componenti. Contemporaneamente il signor E. Thomke preparava uno studio di marketing per questo pezzo eccezionale e il 26 ottobre 1978 le varie mansioni erano già state ripartite tra la Direzione tecnica d'Ebauches e ETA. A Neuchâtel si faceva il possibile per accelerare la lavorazione di una dozzina di prototipi, a Granges si lavorava accanitamente per mettere a punto un centinaio di pezzi di prova che dovevano essere pronti rispettivamente in dicembre i prototipi e in gennaio gli altri. Non ci si curava affatto del tempo che passava in questa fase tanto eccitante e il telefono diretto tra Neuchâtel e Granges era sempre in funzione durante i fine settimana.

Il 12 dicembre il signor Thomke venne a Neuchâtel con i sigg. Grinberg di Concorde, Laumann di Longines e Morf d'Eterna per vedere a che punto erano i lavori e controllare i primissimi pezzi. Il 20 dicembre fu messo a punto un piano dettagliato per il lancio del nuovo prodotto previsto per il gennaio 1979. Il 23 dicembre a Neuchâtel i primi prototipi erano già finiti e durante le feste di Natale si organizzò un servizio di controllo permanente per prendere le prime misure e fare i test. Contemporaneamente a Granges si montavano i pezzi per le serie di prova. Era già stata presa la decisione di presentare il tutto in occasione di una conferenza stampa il 12 gennaio, subito confermata (il 4 o 5 gennaio). Il 12 la conferenza ha luogo a New York al "24 Carate Club" e in molte altre città (Zurigo, Ginevra, Tokio, Hong Kong, Parigi e Monaco). Si trattava di conferenze stampa dei nostri clienti, nel corso delle quali si illustravano le prestazioni di Ebauches e ETA sul piano tecnico.

Il 19 gennaio un orologio Delirium il più piatto del mondo venne consegnato al Museo Internazionale dell'orologeria alla Chaux-de-Fonds dalla Direzione generale di Ebauches e ETA. Nel frattempo i giornali avevano dato ampio risalto all'avvenimento e pullulavano le domande a proposito del Delirium. "Perché avete fatto questo orologio? e perché d'oro? Perché non in ottone? Perché non l'avete fatto più grande? eccetera... ecc... Potreste fare cose nuove a partire da questo... Noi avevamo percepito a poco a poco le possibilità di creare nuovi modelli a partire da questo orologio. In occasione della conferenza stampa al Museo Internazionale dell'Orologeria avevo concluso la mia breve presentazione in questo modo: "Spero che vorrete capire la mia reticenza ad accennare alle numerose possibili conseguenze industriali che deriveranno da questa creazione. Forse vorreste fare alcune domande, alle quali

was informed. During the months of September and October, we worked intensively on construction and on initiating the development and production of prototypes for the different components. At the same time, M. E. Thomke was working on the marketing concept of this quite exceptional piece of watchmaking technology, and on 26th of October 1978, a detailed breakdown of the various tasks was worked out between the technical management of Ebauches SA and ETA. In Neuchâtel, the preparation of a dozen prototypes, already under way, was sped up. Grenchen staff were working furiously on perfecting 100 pilot production units which had to be ready not only for the prototypes in December, but also for the pilot production scheduled in January. No one had any spare time during this period of intense activity, and the telephone lines between Neuchâtel and Grenchen were usually busy during weekends!

On 12th of December, Mr. Thomke came to Neuchâtel with Messrs. Grinberg from Concorde, Laumann from Longines and Morf from Eterna to check on progress and examine the very first units produced. On 20th of December, a detailed plan was drawn up for the proposed January 1979 launching, and by the 23rd of December, in Neuchâtel, the first prototypes were completed. During the Xmas and New Year holidays, some of us stayed on duty to carry out preliminary measurements and tests on these prototypes. At the same time, Grenchen was making good progress with the pilot production units, and the decision to present the project at a press conference on 12th of January was taken and confirmed early in the month (on the 4th or 5th). On the 12th, press conferences arranged by our customers took place simultaneously in New York - at the 24 Carat Club - as well as in other cities (Zurich, Geneva, Tokyo, Hong Kong, Rome, Paris and Munich). The technical achievements of Ebauches SA and ETA were duly acknowledged.

On 19th of January, management representatives of both companies jointly handed over a Delirium watch to the International Watchmaking Museum in La Chaux-de-Fonds. From 12th to 19th of January, the press recounted these events in great detail, and it was therefore not surprising that a whole series of questions were raised regarding the Delirium watch: "Why did you make this watch? Why did you make it in gold? Why not in brass? Why not larger? Could you make new things with it?" Of course, these questions had already been asked elsewhere. As development progressed, we began to more or less see clearly the potential of this new concept. During the press conference held at the International Watchmaking Museum, I concluded my brief presentation with the following statement: "Clearly numerous possible industrial applications may derive from this first product. I do not wish to consider them here. I hope you

cette première réalisation. Je ne veux pas les esquisser. J'espère que vous comprendrez cette attitude. Sur les différentes conséquences industrielles possibles, vous allez peut-être nous poser un certain nombre de questions. Il est possible que nous ne puissions pas ou que nous ne souhaitions pas répondre par le détail. Les motifs de cette discrétion vous devez les comprendre. A travers notre soucis de consolidation de notre effort, de prolongation de cet effort vers d'autres applications, vers d'autres produits, vers d'autres marchés. C'est une part importante de notre stratégie industrielle qui est en question.

La semaine suivante, le 22 janvier, j'adressais sous forme de note interne confidentielle un document de trois pages, intitulé projet deltrème possibilités d'amélioration de complément, évaluation pour des approches nouvelles. Cette note était distribuée sur René Besson et Rémy Grandjean, pour la Direction technique d'Ebauches, sur Ernst Thomke, Urs Giger et Anton Bally, pour la Direction de ETA. La note abordait les possibilités d'enrichissement d'un projet comme deltrème pour des approches plus minces, des approches à caractère sportif, une approche en version économique, une approche avec des fonctions complémentaires. Quelques croquis à main levée accompagnaient les réflexions. C'est à mon avis là qu'il y a une relation de filiation entre le Délirium et la Swatch. La mention de la version économique qu'on peut imaginer à travers le concept de Délirium y était mentionnée et le croquis vraiment très préliminaire et très rudimentaire excite relativement bien l'imagination dans le sens d'une approche plastique intégrée. Il n'y a pas eu à la Direction technique d'Ebauches SA d'approches pour réaliser un produit de type Délirium en plastique. Il y a eu quelques réflexions préliminaires pour réaliser une version métallique, en particulier en laiton, que nous n'avons pas poursuivi. Le mérite de l'approche plastique revient entièrement à l'équipe de Granges et l'effort qui a été fait est sur le plan technique absolument remarquable et sur le plan de marketing bien sûr également. Lorsque la Swatch a été lancée en octobre 1982 les communiqués de presse ont mentionné surtout celui qui a été émis le 21 octobre depuis l'Asuag, ces communiqués de presse mentionnent la filiation Délirium. Certains journaux ont souligné cette filiation en automne 1982. Lorsque le produit a été lancé en Suisse au début du mois de mars 1983 toute mention, à ma connaissance, de Délirium a été totalement évitée.

Le témoignage d'André Beyner enregistré, il est temps d'observer que si la compétition engagée entre l'horlogerie suisse et l'industrie de la montre japonaise avait suscité l'idée originale de la Délirium, la majorité des témoignages concordent sur un point: Il n'est pas un technicien, un horloger ou même un journaliste même non spécialisé à qui ne se soit imposée d'em-

non possiamo o non desideriamo rispondere. Dovete capire i motivi di questa prudenza da parte nostra. La posta in gioco é la nostra strategia industriale, per cui dobbiamo consolidare e prolungare i nostri sforzi per altre applicazioni, altri mercati."

La settimana seguente, il 22 gennaio, inviavo, sotto forma di nota interna confidenziale, un documento di 3 pagine, intitolato progetto "Deltrème" dove esaminavo le possibilità di miglioramento e di valutazione degli archetipi, indirizzato a René Besson e Remy Grandjean per la Direzione tecnica di Ebauches, a Ernst Thomke, Urs Giger e Anton Bally per ETA. Qualche schizzo rapido accompagnava le mie riflessioni sulla possibilità di fare dei modelli più sottili, sportivi, in versione economica e alcuni con funzioni complementari. E proprio qui che risiede, secondo me, il rapporto di filiazione tra il Delirium e lo Swatch. Io pensavo a un modello in plastica, mentre alla Direzione tecnica d'Ebauches S.A. non si prendeva in considerazione l'idea di fare un modello di questo tipo, forse di metallo o di ottone, ma comunque questa idea non è andata avanti. Il merito dell'approccio alla plastica è interamente del gruppo di ricercatori di Granges e lo sforzo che è stato fatto, tanto sul piano tecnico che del marketing, è assolutamente straordinario. Quando lo Swatch è stato lanciato nell'ottobre 1982, i comunicati stampa hanno menzionato soprattutto quello del 21 ottobre dell'Asuag, dove si parla espressamente di filiazione Delirium e alcuni giornali hanno insistito su questo nell'autunno del 1982, ma quando il prodotto è stato lanciato sui mercati della Svizzera all'inizio del mese di marzo 1983, qualsiasi riferimento al Delirium è stato accuratamente evitato, almeno a mia conoscenza.

Dopo aver registrato la testimonianza di André Beyner, mi sembra opportuno far notare che non solo la competizione ingaggiata tra l'industria orologera svizzera e quella giapponese era servita a inventare il Delirium, ma anche, e qui tutti sono d'accordo, aveva fatto intravedere a chicchessia, tecnici e no, personale specializzato o giornalisti, le infinite possibilità di sfrutta-

will understand my reservations. As regards these future potential applications, it seems likely that you will want to ask us a number of questions. It is also possible that we will be unable or unwilling to answer them in detail. The reasons for this discretion are easily understandable, in view of our desire to continue our efforts in this field and to look towards other applications, other products, other markets. An important part of our industrial strategy is at stake.

" The following week, on 22nd of January, I sent a three page confidential memorandum to René Besson and Rémy Grandjean (Ebauches general management) and to Ernst Thomke, Urs Giger and Anton Bally (ETA management) entitled "Deltrem project - possible improvements, additions and appraisal of new approaches". This document raised the matter of improving projects such as Deltrem with other potential models in mind: a thinner version, one destined for competitive sports, an economical version and one with additional features. A few hand-drawn sketches were included with my thoughts. In my opinion, this is where the true affiliation between the Delirium and the Swatch is to be found. The economical version as a possible extension of the Delirium was mentioned; as for the attached rough sketch, it unquestionably stimulated the imagination with regard to an integrated plastic approach. There was never any suggestion, on the part of Ebauches SA's technical management, to develop a plastic product based on the Delirium. There were however a few preliminary discussions regarding the manufacturing of a base metal version - possibly in brass - but these were not pursued any further. All the credit for the plastic approach is owed to the Grenchen team for its remarkable efforts with regard to the technical aspects, as well as those made in the field of marketing. When the Swatch was finally launched in October 1982, the press release referred to the Delirium filiation, quoting for the main part Asuag's communique of 21st of October. Some newspapers brought up the matter of filiation in the Autumn of 1982, but when the product was launched in Switzerland in the early days of March 1983, all reference to the Delirium, to my knowledge, was avoided.''

It is quite clear from André Beyner's personal account of the sequence of events, that even if it was competition between the Swiss and Japanese watchmaking industries that led to the original idea of the Delirium - and all opinions tend to concur on this point - there was certainly not a single technician, watchmaker or even non-specialized journalist who did not immediately see the possible ope-

ÉBAUCHES S.A.
NEUCHÂTEL
—

Neuchâtel, le 22 janvier 1979
AB/s

Note interne

Projet DELTREM

Possibilités d'amélioration, de compléments, évaluation pour
des approches nouvelles

a) Approche ultre-mince

- nouveau circuit i_{moy} $< 0,35$ μA
             i_{tot} $\sim 0,50$ μA

- batterie AgO en version long life

- version avec joint ; poussoir étanche

- aller vers la limite $H_{min.}$ avec une version spéciale

- optimiser le train : moteur $\longrightarrow$ aiguillage

- tourner la montre de 90° par rapport au bracelet pour
les femmes

- peut-on réduire l'encombrement en plan pour les femmes

- . . . .

b) Version mince à "caractère sportif"

- ajouter un Δh min. pour :

  - totalement étanche
  - antichoc
  - autres métaux de base : acier inox
                          laiton + coiffe
              * bimétal
                          acier inox + laiton

- tourner de 90°

- implanter une pile de $H > 1,10$ et $\emptyset > 6,8$ mm ?

- . . . .

c) Version économique

- approche métallique

- approche en technologie mixte surmoulée

- plastiques métallisés

- montre complète à PRF $\leq$ 12 - 15 Frs.

- . . . .

d) Version avec fonctions complémentaires

- quantième ?

- le système a-t-il un sens pour S.A.C. ?

- le système a-t-il des avantages en version ronde ?

- . . . .

e) Autres idées

- . . . .
- . . . .

Distribution :

ESA / DT : MM. R. Besson
                    R. Grandjean

ETA :   E. Thomke
                U. Giger
                A. Balli

Remarque :

1) La liste ci-dessus n'est certainement pas exhaustive. Il faut donc
enrichir ces premières propositions.

2) La DT/ESA et ETA devront définir le programme d'action, qui fait
quoi et dans quel délai lors de leur séance du 1er février 1979.

Annexe : quelques croquis

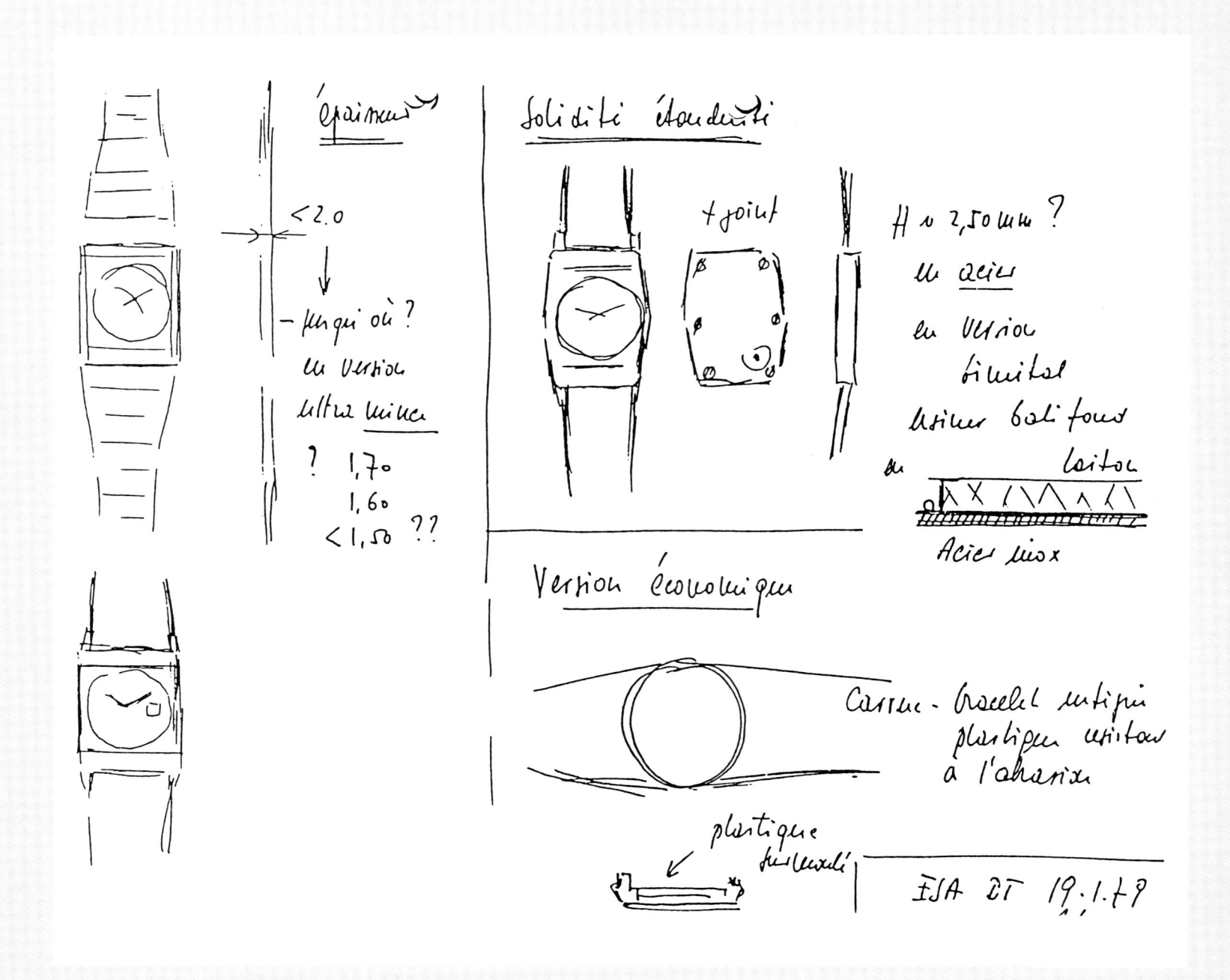

Première esquisse du modèle "DELIRIUM".
Primi schizzi del modello "DELIRIUM".
First sketches for the "DELIRIUM" model.

blée l'idée des possibilités ouvertes par cette conception nouvelle sur la voie de la production de masse et dans des matières modernes, bon marché, à la place de l'or. Il suffit de consulter les journaux de l'époque pour s'en rendre compte. Entre le dire et le faire pourtant, il y aurait un monde;

La charnière entre la préhistoire et l'histoire, entre le rêve, les tentatives et les réalités de l'entreprise Vulgaris, alias Popularis, alias Swatch, se situe au moment où Ernst Thomke qui avait déjà de son côté évoqué les diverses possibilités de production de masse avec Pierre Renggli, alors président du Conseil d'administration de l'Asuag (groupe dont faisait partie Ebauches SA, qui deviendrait plus tard ETA) Asuag devenant comme on sait l'une des composantes de la future SMH (Société suisse de micro-électronique et d'horlogerie SA), reçoit de celui-ci l'encouragement très net de devenir l'animateur du développement économique.

Restait un gros problème à résoudre: ETA fabrique d'ébauches et de composants de mouvements de montres, devrait s'engager désormais sur une voie particulière aux fabricants de montres complètes, en concurrence avec ces derniers, en même temps qu'elle demeurait leur fournisseur. On se souviendra à cet égard d'un Aktennotiz du 7 mars 1980 où sous le titre idée du concept formulée le 9 janvier 1980 par E. Thomke, il est clairement mentionné entre autres: Verkauf nur von fertigen Uhren (vente uniquement sous forme de montres terminées).

On imagine sans peine quelles discussions soulèverait à l'interne une telle perspective. A l'époque, nous avons encore affaire avec des dirigeants traditionnels ayant vécu tout le statut horloger, en majorité donc: la vieille garde; Ensuite, dans l'organigramme du groupe Asuag un sous-groupe nommé: General Watch Co SA (GWC) réunissait les marques du produit terminé: Longines, Technos, Oris, Roamer, Rado, Mido, Certina, Rotary, Eterna, etc., dont plusieurs responsables, membres des familles qui avaient associé leur nom et leur entreprise à Asuag, estimeraient nécessaire de prévoir au minimum une commercialisation extérieure à ETA. Afin, disaient-ils, que la future montre économique ne soit pas identifiée avec la fabrique d'ébauches de Granges. On ne pourra pas les soupçonner d'avoir eu des visées plus lointaines: personne, en effet, ne pouvait même dans les pronostics les plus échevelés, supposer ce que serait plus tard le succès de la Swatch.

mento aperte da questa nuova concezione che puntava su una produzione di massa realizzata non più in oro ma con materie moderne e a buon mercato. Basta leggere i giornali dell'epoca per rendersene conto. Tuttavia tra il dire e il fare... c'era un divario enorme.

La cerniera tra la preistoria e la storia, tra il sogno, i tentativi e la realtà del Vulgaris, alias Popularis, alias Swatch è situata nel momento preciso in cui Ernst Thomke, che aveva già accennato alle varie possibilità di produzione di massa con l'allora presidente del consiglio di Amministrazione dell'Asuag Pierre Renggli, riceve da questi un chiaro incoraggiamento a diventare il coordinatore di questa produzione a indirizzo economico.

Restava un grosso problema da risolvere: l'ETA è una fabbrica di ebauches (movimenti non terminati) e componenti per orologi e avrebbe dovuto ristrutturarsi secondo un regime che è proprio dei fabbricanti di orologi completi, mettendosi dunque in concorrenza con gli stessi che avrebbe continuato a rifornire. Ricordiamoci a questo proposito di un "Aktennotiz" del 7.3.1980 dove si menziona chiaramente - Vendita esclusiva di orologi finiti.

Possiamo immaginare senza fatica le interminabili discussioni che la prospettiva di una ristrutturazione avrebbe portato all'interno delle società, se si pensa che all'epoca si aveva a che fare con dirigenti rispettosissimi del loro statuto orologero, la più pura tradizione insomma, la vecchia guardia. In secondo luogo nell'organigramma del gruppo Asuag un sottogruppo, chiamato General Watch Co SA (GWC) riuniva le marche del prodotto finito: Longines, Technos, Oris, Roamer, Rado, Mido, Certina, Rotary, Eterna, ecc... alcuni membri del quale, appartenendo alle famiglie associate all'Asuag, ritenevano necessario di prevedere almeno una commercializzazione esterna all'ETA, poiché temevano che il futuro orologio economico fosse identificato con la fabbrica di ebauches di Granges. Così dicevano e in effetti non si poteva certo pensare che avessero mire segrete, in quanto nessuno avrebbe potuto supporre, nemmeno nei pronostici più azzardati, quale sarebbe stato il successo dello Swatch.

nings for this new concept as regards mass production, and the use of more modern and cheaper materials in place of gold. Reference to the newspapers of the time makes it quite clear,but visualising something and realising it are two very different matters.

The turning point between prehistory and history, between the dreams, aspirations and the realities of the Vulgaris, alias Popularis, alias Swatch project, is precisely the moment when Ernst Thomke received the real go-ahead from Pierre Renggl to take on responsibility for "economic" development of the concept. It should be said that Thomke had already raised the possibilities of mass production with Msr.Rengli,at the time chairman of the Asuag group - of which Ebauches SA (later ETA) was part. Asuag, of course, would eventually join other companies under the SMH umbrella (Société Suisse de Microélectronique et d'Horlogerie SA).

A major difficulty had still to be overcome. ETA, which had previously limited itself to the manufacturing of movements and components, was about to become a fully-fledged watch manufacturer, potentially placing itself in direct competition with other companies on the market - whilst remaining their supplier. In this respect,it is perhaps interesting to cite the "Aktennotiz" dated 7th of March 1980 where, under the heading "Conceptual ideas formulated on 9th of January 1980 by E. Thomke", the following mention appears: "Verkauf nur vor fertigen Uhren" (Sales of completed watches only).

The internal discussions generated by such a novel perspective are not difficult to imagine. At the time, managers were in the great majority drawn from the traditional source - those who had worked in the area of convential mechanical watchmaking. Furthermore, a sub-group by the name of General Watch Co SA (GWC) figured prominently in Asuag's organization chart,and consisted of such finished product brands as Longines, Technos, Oris, Roamer, Rado, Mido, Certina, Rotary, Eterna, etc. Those responsible - for the main part family members who had linked their names and companies to Asuag - felt it imperative to consider some form of commercialization outside ETA's normal distribution channels.They believed that any future economical watch should be clearly seperated from the movements and prototypes manufactured at the Grenchen plant. Indeed,at the time there was no clear long-term view,for no one could have possibly foreseen how successful the Swatch would become.

Les premiers pas

Mais revenons aux premiers pas et notamment à ce concept dont nous observerons plus loin le degré d'avancement à la date du 7 mars 1980, et à celle du 11 mars

I primi passi

Ma torniamo alle origini e precisamente a quell'idea di cui noi seguiremo l'evoluzione in occasione delle riunioni di lavoro al castello di Vaumarcus (proprietà allora di

First steps.

Two working sessions took place at the Château de Vaumarcus - then the property of Ebauches SA - during which progress on the project as at 7th and 11th of March 1980 was

1980, lors de la séance de travail[1] au Château de Vaumarcus (propriété alors d'Ebauches SA). L'objectivité commande de souligner ici quelques détails de l'idée discutée avec le Dr. Thomke le 9 janvier 1980, car, plus tard, une fois le succès venu, plusieurs revendiqueront la paternité d'idées et de recherches, alors qu'ils n'en ont été que les auteurs de la réalisation pratique, ce qui n'est déjà pas si mal que cela.

Nous remarquerons d'emblée qu'à cette date également, la conception esthétique globale (Aussehen der Uhr) était déjà fixée, avec les contraintes techniques essentielles. Sous le titre Funktionen, relevons au passage parmi d'autres éléments, celui-ci qui est fondamental: ohne Trimmer. Ce qui indique clairement qu'à cette époque le choix de se priver de cet élément réglant dont dispose encore aujourd'hui pratiquement toutes les montres électroniques à quartz était déjà fait sans que l'on sache encore s'il impliquerait des sacrifices éventuels sur l'autel de la précision.

Une durée de marche de cinq à dix ans était prévue, de même et cela est aussi d'une importance capitale, la notion de montage par placement des composants dans la boîte (le bâti-fond) fut d'emblée prévue par un seul côté, contrairement à tout ce qui s'était fabriqué jusqu'ici: Alles von einer Seite montierbar et Wegwerfkonzept. Tous les participants étaient invités à émettre leurs idées quant à ce concept, cela va sans dire. La décision de Ernst Thomke de réaliser date donc de mars 1980, et à partir de cette date, un extrait de l'agenda personnel de Anton Bally nous renseigne très exactement sur la chronologie du développement de la Swatch, techniquement connue sous: calibre ESA 500.121 et qui ne portait pas encore d'autre nom que cette identification chiffrée.

Il n'est pas inutile de rappeler pour situer le contexte dans lequel s'est développée la Swatch, qu'en 1979, 1980 et 1981 il y avait d'un côté le groupe Asuag, d'un autre ses composants Ebauches SA, puis General Watch Co SA (GWC). Avec des hommes très différents l'un de l'autre à la tête de ces entreprises: Renggli, Sommer, Beyner ou Bruesch. Il existait pas mal de conflits à cette époque entre Ebauches SA et GWC pour tout ce qui touchait au produit terminé.

Face à cette situation un peu complexe, il y avait le jeune D Thomke, qui se sentait très fort en matière de marketing, sa spé-

Ebauches S.A.) il 7 e l'11 marzo 1980.[1] L'obiettività vuole che si sottolinei qui qualche dettaglio dell' idea discussa con il Dottor Thomke il 9 gennaio 1980, perché, più tardi, una volta conseguito il successo, saranno in molti a rivendicare la paternità della concezione e delle ricerche, mentre ne sono stati solo gli autori materiali, il che non è neanche poco.

Facciamo osservare subito che alla stessa data la concezione estetica globale era già quella definitiva, con le caratteristiche tecniche essenziali. Per esempio, sotto il titolo "Funzioni" rilevano di sfuggita tra altre cose questo elemento fondamentale "Ohne Trimmer" Questo significa che in quel momento i responsabili avevano già fatto la scelta di eliminare questo elemento di regolazione, di cui dispongono ancora oggi quasi tutti gli orologi elettronici a quarzo, senza sapere se si fosse così dovuta sacrificare la precisione.

Era prevista una durata di funzionamento dai cinque ai dieci anni, inoltre, e questo è veramente importante, l'inserimento dei componenti nella cassa era stato previsto fin dall'inizio da una sola parte, contrariamente a come si era sempre fatto fino a quel momento. "Alles von einer Seite montierbar" e "Wegwerfkonzept". Naturalmente tutti i presenti erano invitati a esprimere le loro idee quanto a questo modo di procedere. La decisione di Ernest Thomke di passare alla fase di realizzazione è dunque del marzo 1980 e a partire da questa data, un estratto dell'agenda personale di Anton Bally ci tiene scrupolosamente informati sull'evoluzione cronologica dello Swatch, conosciuto tecnicamente con la sola indicazione cifrata di Calibro ESA 500.121.

Non mi pare inutile ricordare, tanto per inquadrare l'ambito nel quale è stato creato lo Swatch, che nel 1979-80 c'erano tre gruppi, da un lato Asuag, dall'altro Ebauches SA e la General Watch Co. S.A., con uomini molto diversi tra di loro alla direzione di queste ditte: Renggli, Sommer, Beyner o Bruesch. C'erano molte tensioni tra Ebauches S.A. e GWC, soprattutto per quello che riguardava il prodotto finito.

A far fronte a questa complessa situazione c'era però il giovane Dottor Thomke, molto in gamba in materia di marketing.

discussed[1],and the precise details are covered at a later stage; however it is first necessary to briefly return to one or two aspects of the initial phase. Reference should here be made to the initial concepts as laid down by Dr. Thomke on 9th of January 1980 in his outline for the Delirium Vulgaris project,for- as often happens- once any idea becomes a success story, the number of people who claim responsibility for a multitude of original ideas and practical developments tends to grow,whereas, they had in fact been totally responsible for one facet "only" of the practical realisation... in any event a substantial input in itself!

By this date, the overall aesthetic conception (Aussehen der Uhr) had already been determined, together with the main technical constraints. Furthermore, the indication "ohne Trimmer" under the heading "Funktionen" clearly illustrates that the decision not to fit any regulating device had already been taken at this stage,although the engineers could not have known whether the absence of this component - which had always formed an integral part of practically every electronic quartz movement - would result in a loss of precision.

A life span of five to ten years had been forecast,and -of fundamental importance - the traditional concept of assembly was to be discarded. Contrary to every single watch produced up until then, components were now to be located and attached to one side only of the interior plate (the words "Alles von einer Seite montierbar" and "Wegwerfkonzept" testify to this fact).Needless to say, those attending the meeting were invited to express their opinion with regard to this novel concept. Ernst Thomke's decision to proceed with production dates from March 1980. From thereon, extracts from Anton Bally's personal diary provide a very precise chronological development of the Swatch - then technically known as calibre ESA 500.121 (this numerical code was its sole identification).

To help portray the Swatch's development in its proper context, it may be useful to recall that in the years 1979 to 1981, the Asuag group,which included Ebauches SA, favoured one course of development,whilst General Watch Co SA (GWC) preferred another. As for the men who headed these subsidiaries - Renggli, Sommer, Beyner and Bruesch, to name but a few - they were naturally very different from one another,and as a result, considerable friction arose between Ebauches SA and GWC with regard to anything even remotely related to the finished product.

In the middle of what was clearly a somewhat complex situation was Dr. Thomke, well-equipped with the marketing skills he had

---

1 Prenaient part à la séance:
   E. Thomke, U. Giger, F. Habersaat, H. Schenkel, H. Fink, N. Perucchi, R. Besson, E. Favre et A. Bally, actuellement président d'ETA.

1 Alla riunione hanno preso parte:
   E. Thomke, U. Giger, F. Habersaat, H. Schenkel, E. Fink, N. Perucchi, R. Besson, E. Favre e A. Bally, ora presidente di ETA

1 Taking part in the meeting:
   E. Thomke, U. Giger, F. Habersaat, H. Schenkel, H. Fink, N. Perucchi, R. Besson, E. Favre and A. Bally, president of ETA.

cialité dans l'industrie pharmaceutique, d'où il arrivait en entrevoyant déjà les possibilités qui existaient encore dans l'horlogerie pour un produit terminé qui en vaille la peine. L'environnement économique au moment du développement de la Swatch n'était pas des plus favorables. Ernst Thomke, depuis 1978 directeur général de ETA avait dû s'occuper de l'intégration pour ne pas dire de l'absorption de la grande entreprise A. Schild SA sœur concurrente de ETA à Granges, pas seulement toute une affaire pour les gens du cru, mais une révolution...

A partir de 1980, la crise structurelle se prononçait avec la réduction des places de travail, la réorganisation de l'Asuag, les grandes pertes avoisinant le milliard de francs disait-on et les banques qui assumeraient bientôt la responsabilité du management. En plein chômage, en 1981, Bulova fermait sa manufacture à Bienne. ETA participait au reclassement de licenciés, tandis que Ernst Thomke reprenait la responsabilité d'un nouveau groupe intégrant toutes les maisons affiliées à Ebauches SA, sous la bannière de ETA. Au printemps 1982, Nicolas Hayek arrivait avec son analyse générale. En juin, c'était le directoire du conseil d'administration contrôlé par les banques... A l'étage de ETA, on demandait aux collaborateurs de réaliser des choses extraordinaires pour le développement d'un produit de conception nouvelle, tandis que planait la menace du chômage et des réductions de personnel.

On imagine sans peine la dose de sang-froid dont devait disposer Ernst Thomke pour défendre et développer un produit, un concept étrange pour les responsables de l'époque, en dehors de toute conception traditionnelle, donc hypothéqué de nombreuses inconnues... Tout cela, se rappelle Anton Bally, ne pouvait se dérouler sans frottements aux différents niveaux de responsabilités et de longues discussions. Mais, Ernst Thomke luttait vraiment pour cette idée, la défendait par tous les moyens... Heureusement à la hauteur de sa réputation, Nicolas Hayek a réalisé l'importance de cette affaire, son soutien a été déterminant pour qu'on laissât Ernst Thomke aller de l'avant et qu'on lui procurât les moyens financiers nécessaires au développement et au lancement du produit.

Dans un document daté du 17 janvier 1983 on voit le Dr Thomke adresser An das Kantonale Volkswirtschafts-Department des Kantons Solothurn autrement dit, au Département de l'économie publique du canton de Soleure, une demande de prêt à taux favorable: Gesuch der Ebauches SA für ihre Tochterfirma ETA SA Fabriques d'ébauches, Grenchen, um finanzielle Unterstützung durch die solothurnische Wirtschaftsforderung... Tous les as-

Proveniva dall'industria farmaceutica e aveva già individuato le opportunità di sfruttare la sua speciale preparazione nell'orologeria per un prodotto che ne valesse la pena. Le condizioni economiche al momento delle ricerche sullo Swatch non erano molto favorevoli: Ernst Thomke, dal 1978 direttore generale di ETA, era stato costretto a occuparsi dell'integrazione, per non dire della fusione della grande manifattura a Schild SA., concorrente di ETA a Granges, considerato non solo un brutto affare, ma una vera rivoluzione dalla gente dell'ambiente.

La crisi strutturale si accentuò ancora di più a partire dal 1980, con la riduzione dei posti di lavoro, la riorganizzazione dell'Asuag, le perdite enormi, si diceva che si aggirassero sul miliardo di franchi, e le banche che avrebbero dovuto ben presto assumersi la responsabilità dell'amministrazione. In piena crisi Bulova chiudeva la sua manifattura a Bienne. ETA partecipava alla riqualificazione degli operai licenziati, mentre Ernst Thomke assumeva la responsabilità di un nuovo gruppo che integrava tutte le ditte affiliate a Ebauches S.A., sotto l'egida di ETA. Nella primavera dell'82 Nicolas Hayek arrivava con i suoi rapporti sulla situazione, in giugno il direttorio del consiglio di amministrazione era già controllato dalle banche. Presso ETA i collaboratori erano incitati a realizzare cose straordinarie per la creazione di un prodotto di nuova concezione, mentre incombeva la minaccia della disoccupazione e della riduzione di personale.

Pensate all'abilità e al sangue freddo di Ernst Thomke per difendere a spada tratta - e portarne a termine la costruzione - un prodotto di concezione nuova, niente affatto tradizionale per i responsabili dell'epoca, e carico di incognite per il futuro. "Tutto questo, ricorda Anton Bally, non poteva avvenire senza scontri e vivaci discussioni tra i dirigenti che avevano responsabilità diverse. Ma Ernst Thomke lottava accanitamente per questa idea e la difendeva con ogni mezzo. Fortunatamente per lui, Nicolas Hayek, sempre all'altezza della sua reputazione, si è reso conto dell'importanza di questa operazione e il suo appoggio è stato determinante per Thomke che ha potuto continuare e ottenere anche i mezzi finanziari per portare a termine e lanciare la sua "creatura".

Sappiamo che il dottor Thomke ha inviato una richiesta di prestito a tasso agevolato alla "An das Kantonale Volkswirtschafts - Departement des Kantons Solothurn", al Dipartimento dell'Economia Pubblica del cantone di Soletta, il 17 gennaio 1983, allegando un documento dove erano esposti e analizzati tutti gli aspetti del problema: dalla situazione internazionale a quella particolare del Cantone di Soletta dalla potenzialità di produzione dell'ETA al progetto

developed in the pharmaceutical industry from which he originated, and already gifted with a clear view of the potential that existed for such a watch if it could be produced to the right specifications.In addition to the internal difficulties that were bound to accompany the developement of such a radical product as Swatch,the economic environment was certainly not a favorable one. Under the leadership of Ernst Thomke - ETA's general manager since 1978 - the company had gained control of one of its larger competitors, A. Schild SA (ASSA) in Grenchen. This operation went far beyond the scope of a mere local takeover,being in fact, a minor revolution in the watchmaking world.

However,from 1980 onwards, the financial and structural crisis in the Swiss watchmaking industry began to set in , leading to substantial job cuts. The reorganization of Asuag, which had suffered losses of the order of one billion francs, became an imperative; indeed, it was forecast that the banks would soon take over responsibility for management. In 1981, when unemployment was at its peak, the Bulova plant in Biel was closed, although ETA did hire some of those who had been made redundant. As a result Ernst Thomke, suddenly found himself at the helm of a new group named ETA, which comprised all the companies previously affiliated to Ebauches SA. Although Nicolas Hayek joined in the spring of 1982,with plans for a radical new global approach, by June the banks had taken control of the company... Within the ETA group, the work-force were now in the unenviable position of trying to develop an entirely new product at a time when the threat of unemployment and staff cuts loomed threateningly on the horizon.

It is clear that Ernst Thomke needed a clear head and strong nerves in order to defend a project whose criteria were such that it fell well outside the traditional view of watchmaking. In short: a novel idea - but riddled with uncertainties. . Anton Bally remembers that "all this did not take place without constant friction at the different levels of management and numerous tough discussions,but Ernst Thomke fought for all he was worth, using every means available to him to defend an idea in which he believed so firmly..." Fortunately, Nicolas Hayek sensed the potential of the project and in keeping with his reputation as a man of vision,provided the support which enabled Thomke to obtain the necessary financing for the development and eventual launching of the Swatch..

Dr. Thomke's request "An das Kantonal Volkswirtschafts-Department des Kantons Solothurn", (To the Department of Public Finance of the Canton of Solothurn) for a loan at a preferential rate, appears in a document dated 17th of January 1983. It reads: "Gesuch der Ebauches SA für ihre Toch-terfirma ETA SA Fabriques d'ébauches, Grenchen, um finanzielle Unterstützung durch die solothurnische Wirtschaftsförderung..." Many aspects of the problem are examined in this

pects du problème étaient développés dans cette demande: de la situation internationale à celle particulière au canton de Soleure, des capacités de production de ETA, au projet Popularis utilisant le know-how Delirium, et son importance pour l'emploi, ETA étant l'un des plus importants employeurs de la région avec 2000 postes de travail... Ce prêt fut accordé.

Comme Thomke allait visiter les différents marchés en vue d'y établir des contacts avec les distributeurs, il parvenait de plus en plus à la conviction qu'il fallait conserver la distribution aux mains de ETA. Les discussions tenues avec Franz Sprecher (que nous retrouverons plus loin), l'incitaient à persévérer dans cette voie.

Résumons: grâce au dialogue direct avec les gens occupés au développement, à sa vision et à son expérience des limites de la réalisation, lors même qu'il exigeait toujours plus, Thomke exerçait une action stimulante sur ses collaborateurs... L'évolution des recherches et du développement a suscité d'autres idées, extérieures à la ligne fixée sur l'objectif à atteindre. C'est du reste une caractéristique de Ernst Thomke de ne pas rester rivé à une seule idée, mais d'explorer plus loin parallèlement, vers d'autres directions, d'autres idées, d'autres produits. Le téléphone et la voiture Swatch étant des œuvres inédites dues à Nicolas Hayek.

"Popularis" che intendeva sfruttare le soluzioni tecniche del Delirium. Si sottolineava l'importanza dell'ETA nel campo dell'impiego essendo il più importante datore di lavoro della regione, con i suoi 2000 posti lavorativi. Il prestito fu accordato.

Thomke, che visitava regolarmente i diversi mercati per stabilire contatti con i distributori, si era anche convinto della necessità di lasciare la commercializzazione nelle mani dell'ETA, appoggiato in questo anche da Franz Sprecher (di cui parleremo in seguito).

Nei suoi rapporti con i collaboratori, Thomke esercitava un'azione stimolante anche quando esigeva il massimo, e questo grazie al dialogo con il personale di laboratorio, alla sua visione moderna e alla sua consapevolezza dei limiti umani e tecnici. Le sue ricerche lo hanno portato a esplorare altri campi, del tutto estranei alla linea di partenza. D'altronde questo fa parte del suo carattere, non è uomo da restare ancorato a una sola idea. Il telefono e la vettura Swatch sono opere inedite immaginate da Nicolas Hayek.

request, from the international situation to the economic conditions prevailing in the canton of Solothurn, from ETA's production capacity to the "Popularis" project, from the use of the Delirium know-how to its significance for employment;with its workforce of 2000, ETA was of course one of the leading employers in the region.The loan was granted.

As Dr. Thomke visited the different markets with a view to establishing contacts with distributors, he became increasingly convinced that distribution should remain in ETA's hands. Discussions with Franz Sprecher (referred to in a later chapter) reinforced this opinion.

In conclusion, it is evident that Ernst Thomke had a remarkable influence on his colleagues, not only due to his foresight and experience of production capabilities but also to the open and direct relationships he established with those responsible for the project;needless to say he was forever demanding more from his work-force! Evolution of both research and development were to lead to new ideas which had little, if indeed anything in common with the primary objective. Amongst Ernst Thomke's characteristics is a firm refusal to allow himself to become obsessed by a single idea. As a result, he was able to explore other concepts and venture into new projects-the Swatch car and telephone being two examples - although Nicolas Hayek's impact on these new products should be clearly emphasised.

Les modèles

Immédiatement après le lancement des prototypes de la Swatch en 1982, classiques et rassurants, les dirigeants de la société comprirent qu'il fallait lui donner une image dynamique, via son cadran, ses couleurs, puis ses dessins sur la boîte et le bracelet. C'est ainsi que naquit le premier modèle fantaisie (sans changement sur le plan du boîtier): tennis, derrière vingt-cinq modèles divers. La collection hiver 1983, comprendra dix-sept nouveaux cadrans, plus un dix-huitième tennis encore, variation des précédents.

I modelli

Nel 1982, subito dopo il lancio dei primi modelli dello Swatch, classici e "rassicuranti" i dirigenti capirono che era indispensabile dargli un' immagine dinamica, puntando sul quadrante, i suoi colori e sui disegni della cassa e del cinturino. Così nacque il primo modello fantasia: "Tennis", preceduto da venticinque modelli diversi. La collezione inverno 1983 comprenderà 17 nuovi quadranti, più un diciottesimo "Tennis", diverso dai precedenti.

The Models

Soon after the launching of the classical and "reassuring" Swatch prototypes in 1982, the company's managers realized that it was imperative to give the watch a more dynamic image. It was felt that this could be best achieved by a variety of measures, which ranged from modifications to the watch dial all the way to the choice of new colors, including remodelling the strap and decorating the case. This is how the first fantasy model came to see the light of day (structural alterations to the case would come later)-named Tennis Grid and Tennis Stripes,they were the latest addition in a family of twenty-five. The winter 1983 collection comprised of seventeen new dial patterns plus a redesigned Tennis Grid inspired by the earlier series.

Dès 1984, la notion image est renforcée: drapeaux, puis boussole, et cent autres choses... Et c'est la débauche chaque année, chaque saison de modèles sports, techniques (du moins tels se voulaient les cadrans), et même High Tech et Compu-Tech, et les séries Memphis, Savoy, suivis en 1985 des Granita di Frutta, Coral Reef, Carlton, etc... On rejoint peu à peu tous les goûts, toutes les activités, tous les centres d'intérêt de la jeunesse, toutes les attitudes et mentalités: la Swatch est un véhicule de la personnalité. Sur pages séparées

A partire dal 1984 la nozione di "immagine" è rinforzata: bandiere, bussola e cento altre cose ancora. Ogni anno è un esuberanza di nuovi modelli sport, tecnici (almeno così vogliono far credere i quadranti), high tech e computech, serie Memphis, Savoy, seguiti nel 1985 da Granita di frutta, Coral Reef, Carlton ecc... . Si lusingano tutti i centri di interesse dei giovani, si soddisfano tutti i gusti e le mentalità, si simboleggiano tutte le attività: lo Swatch è un veicolo della personalità. A parte segnaleremo , anno per anno, i

From 1984 onwards, the use of pictorial elements on the dials became more prevelant : first with the flags, then with compasses, not to mention the numerous other themes which would soon follow. Each year, if not each season, a profusion of new models swamped the market, some emphasizing sports, others the world of technique , shortly to be followed by High-tech and Compu-tech in a further series. Such models as the Memphis and Savoy , followed in 1985 by Granita di frutta, Coral reef, Carlton etc.were slowly but surely succeeding in portraying the tastes, activities

sont indiqués, année après année, quels sont les modèles qui ont été lancés sur les marchés.

Un phénomène de San Marinisation des cadrans de la Swatch se met en route, insensiblement. Comme Saint-Martin avec ses timbres, Swatch multiplie les images. Avant de passer à certaines transformations de la boîte avec les POP Swatch, et surtout la Scuba 200, montre de plongée qui sera disponible dès avril 1991 au prix officiel de 60 fr., annonce Swatch dans un communiqué de presse. Vous aurez eu de la chance d'en découvrir pour 300 fr. au marché gris tant elle a du succès.

C'est que dans l'entretemps, la société de collectionneurs de Swatch aura été créée et que les premières ventes aux enchères spectaculaires quant aux prix atteints, dictent une véritable ruée sur tout ce qui est neuf. Pour bénéficier de cet engouement, seront lancés les trois modèles Swatchtables créés par Alfred Hofkunst, en forme de légumes: Guhrke, Boujuhr et Verdhura. Vendues au marché, au milieu des bancs des marchands de quatre saisons. La bousculade sera incroyable: spéculation oblige, en quelques jours chaque pièce est déjà offerte à 2000 fr. l'unité. A la brocante de Plainpalais à Genève et à ce prix, nous les verrons pourtant très longtemps exposées; Ce qui ne constitue nullement un démenti à leur succès.

modelli che sono stati immessi sul mercato .

Si mette in moto insensibilmente un fenomeno di San Marinizzazione dei quadranti dello Swatch. Come San Marino con i francobolli, Swatch moltiplica le immagini, prima di procedere a certe trasformazioni della cassa con il POP Swatch e soprattutto lo Scuba 200, orologio da subacqueo che sarà disponibile a partire dal Giugno 1990 negli stati uniti e in Svizzera dall' aprile del 1991 al prezzo ufficiale di 60 Sfr. Sarà difficile trovarlo al mercato parallelo per meno di 300 Sfr., tanto è il suo successo.

Questo anche perché, nel frattempo, è stato creato il club dei collezionisti e già alle prime vendite all'asta hanno raggiunto cifre da capogiro, che istigano la ricerca affannosa di ogni novità. Per beneficiare di questa infatuazione sono stati lanciati i tre modelli "Swatchtable" creati da Alfred Hofkunst, a forma di ortaggio, Guhrke, Boujuhr e Verdhura, venduti al mercato in mezzo ai banchi degli erbivendoli. Lo scompiglio è incredibile: ogni pezzo, speculazione "oblige", in pochi giorni è già offerto a 2'000 Sfr. Al mercato delle pulci a Ginevra e a quel prezzo, lo vedremo comunque esposto per lungo tempo. Questo però non significa una smentita al loro successo.

and interests of the youth; little wonder that Swatches have now become symbolic of one's personality and convey a certain attitude towards life.

It could well be said that a "San Marinization" of the Swatch has taken place; like San-Marino with its stamps, Swatch has multiplied endlessly the pictorial themes which decorate its watch dials. The cases have also undergone some re-shaping , as witnessed by the POP Swatches and especially the Scuba 200 - a diver's watch released in April 1991 at an official price of 60 francs. However, at the time of writing you would be lucky to find one for less than 300 francs on the "grey" market so tremendous has been the demand!

That such watches should become instant collector's items has been helped by the formation of the Swatch Collectors Club and the appearance of Swatch collections on the auction market, with bidders prepared to pay top prices for unused and rare pieces. The three new "Swatchable" models, created by Alfred Hofkunst, and launched in 1991 were a classic example of this collecting mania. Shaped like vegetables and exotically named Guhrke, Boujuhr and Verchura, they were sold in fruit and vegetable markets on produce stalls. The result was absolute pandemonium, with speculation pushing prices to 2000 Swiss francs a piece within just a few days. Surprisingly,in the Geneva flea market at Plainpalais, vegetable Swatches remained unsold for some time, although this does not detract from the worldwide success of the launch , despite their being awkward to wear!

Top Chrono Swatch

Nous l'avions révélé dans le journal L'Express du 14 octobre 1989 (éditorial économique), Swatch testait dans le plus grand secret un chronographe qui serait lancé en 1990. Effectivement, aux alentours du 20 mai 1990, ce chronographe Swatch était mis sur le marché. Au moment précis où les fabricants de chronographes avaient de la peine à faire face à la demande. Bien sûr, cette pièce n'avait absolument rien à voir avec les traditionnels chronographes mécaniques suisses, une spécialité que les concurrents étrangers confinés dans l'électronique pour ce type de montres compliquées n'a pas encore réussi à fabriquer avec un semblant de crédibilité et surtout de fiabilité.

La valeur ajoutée du chrono mécanique reste telle, que dès la fin des années quatre-vingts, et cela dure encore au moment où nous écrivons ces lignes, on s'arrache les modèles connus à des prix moyens échelonnés entre 2000 et 15000 fr. suisses. Les grandes marques et la haute complication sur chrono, dépassant allègrement ces valeurs jusqu'aux environs de 50000 fr. Sans parler des ventes aux enchères de modèles classiques en Rolex ou Patek Philippe où les prix grimpent jusqu'à

Swatch Chrono

Noi l'avevamo notato sul giornale L'Espresso del 14 ottobre 1989 (pagine economiche). Swatch tentava in gran segreto di fabbricare un cronografo che sarebbe stato lanciato nel 1990. In effetti agli inizi di maggio 1990, questo cronografo Swatch era lanciato sul mercato, nel momento preciso in cui i fabbricanti di cronografi non riuscivano a far fronte alla domanda. Certo, quest'orologio non aveva niente a che vedere con i tradizionali cronografi meccanici svizzeri, prodotti esclusivi che i concorrenti stranieri, confinati nell'elettronica per questo tipo di orologio a complicazioni, non erano riusciti a fabbricare con sufficienti garanzie di precisione e affidabilità.

Il valore raggiunto dal crono meccanico resta tale che, a partire dagli anni ottanta a oggi che scriviamo queste linee, ci si contende i modelli conosciuti a dei prezzi medi scaglionati tra i 2000 e i 15000 Sfr. Le grandi marche superano allegramente queste cifre per arrivare quasi sui 50000 Sfr. Per non parlare delle vendite all'asta di modelli classici Rolex e Patek Philippe dove i prezzi salgono impazziti fino ai 200000 Sfr e più. In breve, il momento non poteva essere scelto meglio. Avevamo

The Top Chrono Swatch

In the financial columns of the Neuchatel Express dated 14th of October 1989, the author disclosed that Swatch was working in great secrecy on a chronograph (stop-watch), to be launched in 1990. As it turned out, the Swatch stop-watch was released on 20th of May 1990. At the time, all manufacturers of chronographs were having serious difficulties in keeping up with heavy demand. Clearly, models manufactured by Swatch have little in common with the traditional Swiss mechanical stop-watches,a specialty which foreign competitors - restricted to electronics for such complicated pieces - have so far been unable to replicate reliably.

The attraction of the mechanical stop-watch remains such that, at the end of the 80's - and this is still the case at the time of writing - customers are fighting over the best-known models, prepared to pay average prices ranging between 2'000 and 15'000 Swiss francs to acquire even a steel example. For prestigious brands and complicated models, prices may go as high as 50'000 francs,to say nothing of the auctions of classical Rolex or Patek Philippe models, where figures have been known to exceed 200'000 francs! In

200000 fr. Bref, le moment était particulièrement bien choisi par Swatch. Nous avions affirmé en octobre 1989 que le prix de lancement au public serait de 80 fr. A la fin de mai 1990, il sortait sur le marché suisse au prix de 100 fr.

Qualité à prix provocateur, nouveauté sensationnelle, annonçait le communiqué de presse rédigé à Zurich. En l'occurrence, il n'y avait là aucun superlatif: c'était bel et bien de cela qu'il s'agissait; A ce détail près, assez surprenant à vrai dire: les marketers Swatch parlaient d'un chronomètre c'est-à-dire une montre ayant subi les épreuves du contrôle officiel suisse des chronomètres et muni du bulletin officiel ad hoc, armorié de la croix suisse, sorte de passeport de la précision. Et là cela nous semblait dépasser franchement tout ce que l'on avait vu en matière de qualité à prix provocateur. C'était pourtant trop beau: Swatch priait les journalistes de rectifier et de remplacer le terme de chronomètre par celui de chronographe, plus approprié. Dont acte. Mais même sans bulletin officiel, cette montre compliquée, permettant de chronométrer à la seconde près les heures, les minutes, mais aussi les temps intermédiaires, promettait de faire mal sur les marchés. Notamment, aux Japonais Casio et Seiko.

On prévoyait une ruée sur les 150 points de vente en Suisse sélectionnés où cette pièce serait disponible au départ en quantité limitée. Et l'on ne fut pas déçu: ils disparurent avec la vitesse de l'éclair. A tel point que même en 1991, à l'ouverture de la Foire européenne de l'horlogerie et de la bijouterie à Bâle, plusieurs directeurs de fabrique d'horlogerie, eux-mêmes collectionneurs, tentèrent d'en obtenir en douce auprès de détaillants-horlogers qui visitaient la foire, contre des livraisons de leurs propres chronographes. Car celui qui se présentait pourtant dans un magasin distributeur de Swatch pour demander un chrono était regardé comme un inconscient: le commerçant ne disait même pas qu'il n'en avait plus il secouait simplement la tête. Ce qui signifiait beaucoup de choses...

En juin 1991, Nicolas Hayek, lors de la conférence de presse annuelle de la SMH à Berne promettait que les marchés seraient approvisionnés. On passerait de 120000 chronos par mois si nos souvenirs sont exacts à près de 180000 très vite, ou quelque chose dans ce goût. Parole sans doute tenue sans beaucoup plus d'effets pour l'acheteur moyen: au Grand Passage, à Genève, une livraison de 100 à 200 pièces fut épuisée en une seule heure; Et ce n'est qu'un exemple. Quoique le prix eut été augmenté de 100 à 300 fr. Il est vrai qu'à la vente aux enchères de Christie's, consacrée à Swatch, à Zurich, le 15 juin 1991, certains prix d'estimation avoisi-

affermato nell'ottobre 1989 che il prezzo di lancio al pubblico sarebbe stato di 80 Sfr, ma a fine maggio 1990 usciva sul mercato svizzero al prezzo di 100 Sfr.

"Qualità a prezzi che sfidano la concorrenza, novità sensazionale" annunciava il comunicato stampa stilato a Zurigo. Ebbene, non c'era proprio niente di esagerato: si trattava proprio di questo. A dir la verità gli uomini del Marketing Swatch parlavano di cronometro, cioè di un orologio che aveva superato gli esami ufficiali di controllo dei cronometri svizzeri e munito di certificato ad hoc, ornato della croce svizzera, una specie di passaporto di qualità e precisione. Questo ci sembrava veramente oltrepassare tutto quello che si era visto in materia di qualità in relazione al prezzo. Infatti era troppo bello: Swatch pregava i giornalisti di rettificare e sostituire il termine cronometro con quello di cronografo, piu' appropriato. Fu preso atto. Ma anche senza certificato ufficiale, questo orologio a complicazioni che permetteva di cronometrare al secondo le ore i minuti e i tempi intermediari, prometteva di fare un disastro sui mercati, a danno dei giapponesi Casio e Seiko.

Si prevedeva la corsa allo Swatch nei 150 punti di vendita in Svizzera, tutti selezionati, dove questo pezzo sarebbe stato disponibile all'inizio solo in quantità limitata. I responsabili del marketing non furono delusi: gli esemplari sparirono alla velocità del fulmine, tanto che nel 1991, in occasione dell'apertura della Fiera europea dell'orologeria e gioielleria a Basilea, parecchi direttori di fabbriche d'orologi, collezionisti loro stessi, tentarono di ottenerne discretamente presso i rivenditori in visita alla fiera, consegnando loro i loro cronografi personali. Chi si presentava in un negozio rivenditore di Swacth per chiedere un crono, veniva guardato come un ingenuo: il commerciante non diceva neppure che non ne aveva piu', scuoteva semplicemente la testa, il che significa tante cose...

Nel giugno del 1991, Nicolas Hayek , in occasione della conferenza stampa annuale della SMH a Berna, aveva promesso che i mercati sarebbero stati riforniti. Si sarebbe passati da 120000 crono al mese, se ci ricordiamo bene, a quasi 180000 o giù di li, promessa tenuta, ma inutile per l'acquirente medio: al Grand Passage a Ginevra, una fornitura di circa 200 pezzi andò a ruba in un'ora. E questo è solo un esempio. Nonostante il prezzo fosse stato aumentato da 100 a 300 Sfr. Vero che durante la vendita all'asta di Christie's, consacrata a Swatch, a Zurigo, il 15 giugno 1991, alcuni prezzi di stima si avvicinavano, per lo Swatch crono da col-

October 1989, the author wrote that the launching price to the public would be 80 francs. At the end of May 1990, the Chronograph - as it is now referred to - was released on the Swiss market at a price of 100 francs.

The press release drafted in Zurich read: "Quality at a provocative price, a sensational novelty", and indeed this proved to be no exaggeration; the new stop-watch was all that it was said to be! There was however one small hiccup at the start, which came as something of a surprise to the industry analysts: Swatch marketers were talking of a "chronometer", that is to say a stop-watch which had undergone the official Swiss testing and would therefore come with an official ad hoc certificate, stamped with the Swiss cross - a sort of passport of precision. This seemed to go way beyond what had been described as "quality at a provocative price". Unfortunately, this was just too good to be true,and Swatch was soon requesting journalists to make the necessary amendments to their communiques, asking that the word "chronometer" be replaced with that of "chronograph", more appropriate in the circumstances. Nevertheless, even without its official certificate, this intricate and complex stopwatch, which enables the user to measure hours, minutes and intermediary times to the second, promised to be a sure success in the market place and to become serious competition for such brands as Casio and Seiko, the traditional Japanese manufacturers in the field.

A rush was forecast on the 150 hand-picked sales' points in Switzerland, where limited quantities of the model were initially available. True to expectations, the stop-watches disappeared with lightning speed. In 1991, at the opening of the European watchmaking and jewelry fair in Basel, a number of watchmakers - themselves collectors - went on the pre-opening day in an attempt to obtain from retailer-exhibitors models of the sought after Chronograph! Customers walking into the shop of a Swatch retailer, casually asking for a "Chrono", were usually greeted with a polite but knowing smile-a shake of the head being the only gesture needed to convey the answer.

During the annual press conference held in Bern by SMH in June 1991, Nicolas Hayek promised that markets would be well supplied, that from 120,000 "Chronos" would be produced monthly and the output would rapidly increase to 180,000 units, or thereabouts. Hayek may well have kept his word, although this had little effect on the average buyer's chances of obtaining one. In Geneva's Grand Passage, an entire batch of between 100 to 200 Chronographs was sold in under an hour, even though the price being asked on the 'grey'market was 300 Swiss francs and not the usual 100-and this example is only one of many! At the Swatch auction organized by Christie's in Zurich on

naient pour la Swatch chrono collection parfois 250 fr., mais le plus souvent entre 350, 450, 600 et 800 fr. (pour le White Horses SCW 100). Et ce n'est qu'un début.

Les premiers modèles étaient livrables en six variantes de design différents: Skipper SCN 100, Sand Storm SCB 104, Black Friday SCB 100, Skate Bike SCB 105, Signal Flag SCN 101, White Horses SCW 100. Quant à la collection 1991, elle se présente sous forme de trois modèles très colorés: Neo Wave SCJ 100, Flash Arrow SCL 100 et Navy Berry SCR 100, suivis de modèles plus classiques: Goldfinger SCM 100, sur bracelet cuir véritable, mais toujours avec la fameuse fixation en créneau Swatch (ton brun). Silver Star SCN 102, sur bracelet cuir véritable (ton bleu). Skipper SCN 100, sur bracelet cuir véritable/boîtier noir sur bracelet ton bleu plus clair. Black Friday (Swatch classique, habillée de noir, comme son nom l'indique, avec chiffres, compteurs et aiguilles blancs.

Au même titre que la première Swatch, le chronographe reste une prouesse industrielle, lorsque l'on sait le soin avec lequel il s'agit de produire ce type de montre compliquée avec du personnel hautement spécialisé. Même avec plusieurs moteurs au lieu du mécanisme classique, il faut le faire;

Modèles 1990

Le 6 mars 1990, Swatch lançait ses modèles printemps/été 1990:33 nouveaux modèles Swatch classiques et 17 en version POP Swatch qui seraient introduits progressivement sur les marchés. Une fois de plus, les créateurs de Swatch ont laissé libre cours à une fantaisie débridée. A force de chercher parfois mais pas toujours avec assez d'adresse pour réussir à capter les tendances du temps qui court: plus c'est fou, plus c'est permis, toujours nouveau et toujours différent, telle paraît être la devise.

La collection luxuriante de couleurs, va des modèles Paul Gauguin et l'exotisme voluptueux des Nuits Tropicales ou Tropical Fiesta, aux fleurs du désert (Desert Flowers), en passant par les modèles: Back to the Roots, en direction des African Graffiti, puis des Comic Heroes (où l'utopie et la science-fiction passent au poignet avec Robin et Betty Lou).

On n'était pas à court d'idée du reste: une gamme comprenant quelque 300 propositions avait été examinée avant de donner naissance à cette collection printemps/été 1990, et aux High Way Patrol, Papaya Swing et autres African Can, Johny Guitar, Stop Light, Pina Colada, Knot out, Coco noir, Blanc de Blanc, Red Light et Freeway.

A noter dans cette collection un retour aux matériaux naturels on délaisse à peine les matières plastiques avec des bracelets en lin et des cadrans en tons cuivrés et argentés chatoyants pour les modèles Copermine la bien nommée et Silversilk. Les

lezione, ai 250 SFr. e anche più, 350, 450, 600 e 800 (per il White Horse SCW 100). E non siamo che all'inizio.

I primi modelli erano disponibili in sei varianti di design differenti: Skipper SCN 100, Sand Storm SCB 104, Black Friday SCB 100, Skate Bike SCB 105, Signal Flag SCN 101, White Horses SCW 100. Quanto alla collezione 1991 si presenta con tre modelli molto colorati: Neo Wave BCJ 100, Flash Arrow SCL 100 e Navy Berry SCR 100, seguiti da modelli più classici: - Goldfinger SCM 100, montato su cinturino in vera pelle marrone, ma sempre con la famosa cerniera a tacche Swatch - Silver Star SCN 102, - Skipper SCN 100, cassa nera su ciuturino blu più chiaro. - Black Friday (Swatch classico, nero, come dice il nome, con cifre, contatori e lancette bianchi.)

Anche il cronografo, come il primo Swatch, è una riuscita industriale, quando si sa con quanta cura viene prodotto da un personale qualificatissimo. Anche se al posto del meccanismo classico ha parecchi motori. Non tutti ci riescono.

Modelli 1990

Il 6 marzo 1990, Swatch lanciava i suoi modelli primavera estate 1990: 33 nuovi modelli classici e 17 in versione POP che sarebbero stati introdotti progressivamente sui mercati. Ancora una volta, i creatori dello Swatch hanno dato libero corso a una fantasia straripante, che a volte cerca, a volte intuisce e prevede le tendenze del momento. La parola d'ordine sembra essere questa: lo Swatch più è pazzo, più è ammesso, sempre nuovo e sempre diverso.

La collezione dai colori lussureggianti, va dai modelli Paul Gauguin, dall'esotismo voluttuoso delle Notti Tropicali o Tropical Fiesta, ai fiori del deserto (desert Flowers) ai modelli Back to the Roots, ispirati dai graffiti africani o ai Comic Heroes, i fumetti di fantascienza i cui personaggi (Robin e Betty Lou) passano al polso dell' acquirente.

I disegnatori non mancavano certo d'idee: prima di creare la collezione primavera estate 1990 erano state esaminate più di 300 proposte (High Way Patrol, Papaya Swing, African Can, Johnny Guitar, Stop Light, Pina Calada, Knot out, Coco noir, Blanc de blanc, Red Light e Freeway).

Con questa collezione si assiste a un ritorno alle materie naturali, trascurando un po' i materiali plastici, con cinturini di lino e quadranti dai toni ramati e argentati cangianti per i modelli: Copermine e Silversilk. I Classic Leather dovevano conferire una

15th of June 1991, initial estimates for the Swatch "Chrono" were in the vicinity of 250 francs. But more often than not, prices paid were higher; 350, 450, 600 and 800 francs (for the model White Horses SCW 100).

Six variants of the first "chronos", each with a different design, could be supplied: the Skipper SCN 100, Sand Storm SCB 104, Black Friday SCB 100, Skate Bike SCB 105, Signal Flag SCN 101 and White Horses SCW 100. For the 1991 collection, three new models were launched with brightly coloured designs: Neo Wave SCJ 100, Flash Arrow SCL 100 and Navy Berry SCR 100, completed by the more classical models: Goldfinger SCM 100, with a genuine leather strap and Swatch's famous crenellated fastening (in brown). Silver Star SCN 102, with genuine leather strap (in blue). Skipper SCN 100, with genuine leather strap/black case on lighter blue strap. Black Friday ,the classical Swatch which comes in black - as indicated by its name - with figures, hands and counters in white.

The same can be said of the Chronograph as of the very first Swatch-it is a triumph of technology and industrial prowess; despite using motors to replace the classical mechanical movement,the success of the project is a tribute to the highly skilled and tenacious engineers who worked on the concept.

The 1990 models

On 6th of March 1990, Swatch launched its spring/summer 1990 collection: 33 new classical Swatches and 17 POP versions, which were progressively released onto the market. Once again, Swatch stylists had given a free rein to their imagination, the results were unrestrained fantasy. "The crazier the theme, the greater the freedom to explore it - always new and always different": such could be Swatch's motto today in its on-going quest to reflect exactly the up to the minute trends of the market.

This extraordinarily colourful collection begins with the exotic Paul Gaugin models - Tropical Nights and Tropical Fiesta - and ends with Desert Flowers, encompassing along the way such models as Back to the Roots, African Graffiti and Comic Heroes (where utopia and science fiction are both present in the form of Betty Lou and Robin).

Designers were certainly not short of ideas: more than 300 proposals were carefully examined before the choices for the spring/summer 1990 collection were finally made. Amongst those retained were High Way Patrol, Papaya Swing, African Can, Johnny Guitar, Stop Light, Pina Colada, Knot out, Coco noir, Blanc de Blanc, Red Light and Freeway.

The collection is characterized by the return of natural materials - although plastic is hardly discarded - with linen straps and glistening copper and silver-toned faces for the appropriately named Coppermine and Silversilk models. Classic leather bracelets,

Classic Leather entendaient donner pour leur part un air rustique aux montres équipées de bracelets grenus: Ink et Mocca.

leggera aria rustica agli orologi dotati di cinturini granulosi: Ink e Mocca.

for their part, convey a rustic look to watches fitted with grained straps, i.e. the Ink and Mocca Pop models.

Automne/hiver. Modèles 1990 - Pop Swatch

Nous allons vous en faire voir, annonce un dépliant destiné aux futurs collectionneurs Swatch. La promesse n'est nullement outrée. On demeure confondu devant l'imagination des créateurs actuels de Swatch et leurs réussites incontestables. Sans parler des titres identifiant collections et modèles.

Nous parlions de San Marinisation et de phénomène semblable à celui poussant à la conservation des opercules de godets à crème. Les nouveaux catalogues démontrent que ce stade a été dépassé par la recherche de la nouveauté et la façon de la baptiser. Les graphistes créateurs de timbres-poste ou centrales laitières n'ont de loin jamais été jusque là.

Autunno/Inverno I modelli 1990, Pop Swatch

Ve ne faremo vedere delle belle, annuncia un prospetto destinato ai futuri collezionisti Swatch. La promessa non è esagerata. Si resta confusi davanti alla fantasia dei creatori attuali di Swatch e ammirati per il loro incontestabile successo. Anche i titoli che identificano i modelli sono interessanti.

Parlavamo della"San Marinizzazione" e del fenomeno similare, che spinge a conservare i coperchietti dei contenitori della panna per il caffè. I nuovi cataloghi dimostrano che questo stadio è stato superato. I grafici creatori di francobolli e pubblicitari delle centrali del latte non sono mai arrivati a questo punto.

Fall/Winter

"We're really going to show them!" claimed a leaflet destined to future Swatch collectors. This promise has been kept. The imagination of today's Swatch creators is startling and their list of successes impressive indeed. To say nothing of the titles given to collections and models.

The new catalogues prove without the shadow of a doubt that the search for novelty and the quest for names far outreach a phenomenon such as that of "San Marinization", which we mentioned earlier, or the collecting of tops off little pots of coffee cream. Neither the graphic designers who create stamps, nor the dairy corporations who manufacture cream pots have ever gone this far!

Automne-hiver 1991

La collection Swatch automne-hiver présentée au moment de mettre sous presse, comprend 49 nouvelles montres: 32 modèles Swatch, 15 POP et deux nouveaux chronographes. Après les années quatre-vingt effrenées, la course contre le temps semble révolue et les designers Swatch marquent pour l'automne et l'hiver 1991, le temps d'une griffe nostalgique.

Fantaisie sans limite pourtant: l'architecte et designer italien Matteo Thun signe trois modèles: Rara Avis, Montebello et Milano, le caricaturiste Giacon, associe Swatch à des bandes dessinées, tandis qu'à la recherche du temps nouveau, les membres du design lab de Milan entraînent la Swatch sur des sentiers pleins d'imprévus se laissant inspirer par les riches étoffes de velours du siècle passé, pour les transformer en bracelets moelleux, ou en laissant courir les aiguilles sur le décor de vases chinois trônant dans les musées connus. Les autres modèles planent dans les airs, avec des scintillements éphémères. Le langage des formes et des couleurs des années soixante créé par Emilio Pucci a lui aussi été affiné et adapté à l'époque actuelle de la Swatch par les designers milanais. A côté de cela, les dames de l'Histoire serrent la mesure du temps contre leur poitrine sculptée dans le marbre, tandis qu'enfin le temps s'attarde aussi sur les angles et arêtes des grands cubistes, Braque et Picasso: l'image, toujours l'image chère aux collectionneurs.

Dans la ligne Paris Spree les modèles ont été baptisée Galleria/GG114, Plaza/GX121 et Boutique/LX108. Ligne Cold Fever: Hice-Speed/LL110, Stalefish/CG113, Nosewheelie/GN115 et Stiffy/LK127... Les chronos ont noms: Wall Street/SCB 106 et Rollerball/SCB107.

Autunno/Inverno 1991

La collezione Swatch autunno inverno 1991 comprende 49 nuovi orologi: 32 modelli Swatch, 15 POP e 2 nuovi cronografi. Dopo gli sfrenati anni 80, sembra che ci sia un ripiegamento nostalgico, pur senza alcun limite alla fantasia.

L'architetto e designer italiano Matteo Thun firma tre modelli: Rara Avis, Montebello e Milano, il caricaturista Giacon associa lo Swatch ai fumetti, mentre il gruppo di designer lab di Milano, proiettandosi nel passato, porta lo Swatch su sentieri pieni di imprevisti, ispirandosi ai ricchi tessuti di velluto del secolo scorso, per farne dei morbidi bracciali, o alle decorazioni dei vasi cinesi che troneggiano nei musei. Altri modelli si ispirano alle avventure spaziali, con luccichii effimeri. Il linguaggio delle forme e dei colori degli anni 60, creato da Emilio Pucci è stato affinato e adattato al nostro tempo dai designer milanesi, e mentre le dame della Storia serrano contro il petto scolpito nel marmo i loro orologi, il tempo finalmente prende in considerazione anche le pitture geometriche dei grandi cubisti, soffermandosi sugli angoli di Braque e Picasso: largo all'immagine, tanto cara ai collezionisti.

Nella linea Paris Spree i modelli sono stati battezzati Galleria GG 114 Plaza GX 121 E boutique LX 108 Linea Cold Fever: Hice Speed LL 110 Stalefish GG 113, Nosewheelie GN 115 e Stiffy LK 127 .. I crono si chiamano Wall Street SCB 106 e Rollerball SCB 107.

Autumn/Winter 1991

The presentation of the autumn/winter 1991 collection took place as we went to press. It comprised of 49 new watches: 32 Swatch and 15 POP models, completed by 2 new Chronographs. After the frenzy of the 80's, the race against time seems to have become less of a priority and not surprisingly, Swatch designers have become nostalgic in the autumn/winter 1991 collection.

Fantasy immediately catches the eye in the Rara Avis, Montebello and Milano models, three watches designed by the acclaimed Italian architect Matteo Thun. Then there is Giacon, a caricaturist who introduces Swatches to the world of cartoons. The members of the Milano design lab, for their part, have led the Swatch on a journey down memory lane, where the unexpected abounds; they draw their inspiration from the rich velvet materials of the XIXth century, transforming them into luxuriously soft straps, whilst letting the hands run freely against the backdrop of antique Chinese vases sitting imposingly in well-known museums. Some models scintillate; others give the appearance of being suspended in mid-air. The languages of color and shape, created by Emilio Pucci in the 60's, have been refined by the Milanese designers and adapted to the tastes of today. Famous "Ladies of History" are pictured clasping the passing of time to their marble-sculpted bosom in one model, while another illustrates time lingering over the angles and edges of the works of famous cubists such as Braque and Picasso.

The models have been named Galleria /GG 114, Plaza /GX 121 and Boutique /LX 108 in the Paris Spree series, and Hice-Speed /LL 110, Stalefish /GG 113, Nosewheelie /GN 115 and Stiffy /LK 127 in the Cold Fever line. As for the "chronos", they have been christened Wall Street /SCB 106 and Rollerball /SCB 107.

La montre de Noël 1991

Toujours au chapitre des petites dernières 1991-1992 figurent encore: une POP Swatch avec boules de Noël en couleur, ainsi qu'un autre modèle spécial Nativité avec bracelet bleu étoilé d'or, cadran flammé or et et boîtier assorti. Annoncés également trois modèles Blumatic, Rubin et Black Motion, qui ne sont autres que de nouvelles Swatch avec mouvements mécaniques à remontage automatique.

Enfin, dans la perspective 1992, se détache une vedette: un modèle à édition limitée à la fois transparent et cadran haut en couleurs données sous forme tachiste, dessiné par l'un des plus notables artistes américains: Sam Francis. Lancement attendu par les collectionneurs: printemps 1992.

Sans parler de nouvelles versions chrono Swatch, dont l'une à fond vert sombre, anneau horaire doré, aiguilles blanches et compteurs blancs également très lisibles, devrait connaître un très gros succès.

Swatch mécanique

Nous avons toujours considéré que la marque Swatch se référait à une technologie horlogère électronique de pointe, à des techniques inédites de construction, d'outillage, de montage, d'automatisation des moyens d'assemblage tellement exclusives, que c'était une hérésie d'apposer cette marque sur des montres mécaniques.

Pourtant, c'est fait; Et nous sommes revenus de nos réticences parce que la montre mécanique qui revient en force sur le marché et surtout les mouvements à remontage automatique, relèvent d'une technologie et de techniques, partiellement renouvelées, et justement actuelles. A tel point que si la montre à remontage automatique bracelet, au lieu d'être lancée dans les années trente, l'avait été de nos jours, après le lancement de la montre à quartz, et à batterie par conséquent, le monde entier crierait au miracle et au génie écologique.

Conclusion: entre les premières pièces à masse oscillante au parcours limité par deux butées et celles à rotor en métal lourd, monté sur roulement à billes pour actionner un mécanisme de remontoir d'une finesse de réaction aux moindres mouvements du poignet et d'une extraordinaire efficacité, la différence est la même qu'entre les carrosses attelés et nos voitures actuelles. Swatch ne se renie donc pas en incluant cette technologie elle va dans le sens d'une tendance marquée par certains marchés et toute une catégorie de consommateurs, dans celle de l'écologie à 100% défendue par la voiture solaire Swatch.

L'orologio di Natale 1991

Sempre nel capitolo degli ultimi nati 1991-92 figurano: un Pop Swatch con le palline di Natale colorate, un altro modello speciale Natività con cinturino blu a stelline dorate, quadrante fiammato oro con cassa assortita. Sono annunciati anche tre modelli Blumatic, Rubin e Black Motion, che non sono altro che nuovi Swatch con movimento meccanico a ricarica automatica.

Per terminare, si prevede per il 1992 una "vedette": un modello in numero limitato, trasparente ma con il quadrante colorato e dipinto alla "macchiaiola", disegnato da uno dei più noti artisti americani, Sam Francis. I collezionisti lo attendono per la primavera del 92.

Ci sono poi nuove versioni crono Swatch, una a fondo verde scuro, con anello orario dorato, lancette bianche e contatori bianchi ben leggibili, che dovrebbe avere un successone.

Lo Swatch meccanico

Abbiamo sempre ritenuto che la marca Swatch si riferisse a una tecnologia elettronica di punta, a tecniche inedite di costruzione, strumentazione, montaggio, automatizzazione dei mezzi di assemblaggio talmente esclusive, che sarebbe sembrata un'eresia apporre questa marca su orologi meccanici.

Ebbene no, l'hanno fatto. E noi ci siamo ricreduti, perché l'orologio meccanico che ritorna vittorioso sul mercato, e soprattutto i movimenti a ricarica automatica, sono anch'essi prodotti di alta tecnologia, tanto che si può dire che, se l'orologio da polso automatico invece di essere stato lanciato negli anni 30, lo fosse stato oggi, dopo il lancio di quello a quarzo e a batteria, il mondo intero griderebbe al miracolo e al genio ecologico.

In conclusione: tra i primi esemplari a massa oscillante dalla corsa limitata da due arresti, detti "a martello" e quelli odierni a rotore di metallo pesante, montato su cuscinetto a sfere che aziona un meccanismo di ricarica, sensibilissimo ai movimenti del polso, la differenza è la stessa che esiste tra una carrozza a cavalli e un'automobile moderna. Lo Swatch non rinnega se stesso dunque includendo questa tecnologia, segue le tendenze registrate su certi mercati e quelle di tutta una categoria di consumatori, nonché quelle dell'ecologia, difese dalla vettura solare Swatch.

The Christmas 1991 watch

The very latest 1991-1992 additions include a POP Swatch with colorful Christmas ornaments and a special Nativity model with gold-starred blue strap, gold dial and matching case. Three further models have been announced: Blumatic, Rubin and Black Motion, which are in fact new Swatches with automatic rewinding mechanical movements.

Finally, a new star looms on the horizon for 1992, a limited edition model, designed by the contemporary American artist Sam Francis: a Swatch with a color-patched, yet transparent face. This keenly awaited watch should come out in the spring of 1992.

And finally, let us not forget the new Swatch "chronos", one of which should prove particularly successful: it has a bottle green face, a golden horary annulus and easily legible white counters with matching hands.

The mechanical Swatch

The Swatch brand has always been implicitly associated with the use of advanced electronic watchmaking technology, and techniques of construction, tooling, assembly and automation so revolutionary in their concept that to contemplate producing a mechanical watch under the Swatch name should have been considered as pure heresy.

As the product now exists, and in view of the revival of interest in the mechanical wristwatch at all levels of the market any initial reservations may prove to be unjustified. Had the automatically rewinding wrist watch been launched today - i.e. after the introduction of battery-powered quartz watches - instead of in the thirties, the entire world would probably acclaim it as an example of pure ecological genius.

The conclusion is obvious: the differences existing between horse-drawn carriages and contemporary cars are no greater than those which exist between the first oscillating mass watches, with their movements restricted by two stops, and watches fitted with a hard metal rotor - mounted on ball-bearings - which activates an intricate winding mechanism of such efficiency that it responds to the minutest movement of the wrist. The fact that Swatch has chosen this technology is by no means self-denying; in actual fact, it reflects an increasing sensitivity to ecological problems, epitomized by the Swatch solar-powered car. As such, Swatch not only follows current markets trends; it also happens to cater to the wishes of an entire category of consumers.

The Swatch Collectors of Swatch.

Le 15 août 1990, confirmation de Swatch avec la circulaire intitulée: "The Swatch Collectors of Swatch". Un article de consommation des années quatre-vingts devenu un objet de collection des années nonante. Il est au fond plus qu'étonnant qu'un produit âgé de sept ans seulement, tel que la Swatch, soit devenu l'objet d'une nouvelle passion pour les collectionneurs. Septante millions de pièces ont été produites depuis le lancement de la collection de 1983 nombre qui continue chaque jour d'augmenter. Les fans de la Swatch augmentent, eux aussi, continuellement en nombre.

Au siège de Bienne, on arrive à peine à répondre aux demandes affluant de toutes parts. Que ce soit en provenance d'Afrique ou d'Australie, de Suède ou de Suisse, la curiosité des Swatch-maniacs est insatiable. Alors que, dans les ventes aux enchères effectuées aux quatre coins du monde, maintes Swatch de collection ont atteint un prix faramineux (le modèle Original Jelly s'est, par exemple, négocié à 22 000 fr.), les lettres des admirateurs et des collectionneurs de la Swatch s'accumulent et le téléphone n'arrête pas de sonner.

Afin de pouvoir mieux répondre aux questions ainsi qu'aux demandes d'échanges et d'informations et aider les intéressés dans leur recherche de modèles épuisés, Swatch a fondé The Swatch Collectors of Swatch le 15 août, tout d'abord en Suisse et en Allemagne. La communauté des fans de la Swatch toujours plus étoffée disposera ainsi pour la première fois d'une bourse d'échange et d'un service spécial auquel elle pourra s'adresser. La documentation sur The Swatch Collectors of Swatch est à la disposition gratuite des intéressés à tous les points de vente Swatch. Les responsables Swatch, en prise directe avec l'esprit du siècle, ont encore imaginé une autre petite bombe: la carte de membre du club The Swatch Collectors of Swatch n'est autre qu'une Swatch Special exclusivement conçue pour les adhérents. Le modèle choisi pour l'année de fondation est la Golden Jelly, version prestigieuse de la Jelly Fish, montre entièrement transparente qui bat de loin tous les records de vente.

En achetant la Golden Jelly au prix de 100 fr., on devient automatiquement membre du club The Swatch Collectors of Swatch. Cette acquisition donne droit à toutes les prestations du club: information en avant-première sur les nouvelles collections et les Specials obtention du catalogue annuel. Deux fois par an, les collectionneurs pourront en outre participer à la bourse d'échange du Swatch Street Journal et bénéficier de précieux conseils. Ils disposeront en plus d'une Hotline, ligne téléphonique directe les reliant à un service-conseil, et d'un secrétariat auprès duquel ils pourront obtenir tous les renseigne-

The Swatch Collectors of Swatch.

Il 15 agosto 1990 Swatch esce con una circolare intitolata "The Swatch Collectors of Swatch". Un articolo di consumo degli anni 80 diventa oggetto da collezione. E' non solo stupefacente ma insolito che un prodotto uscito solo otto anni fa, come lo Swatch, abbia scatenato una tale passione nei collezionisti. Dal lancio della collezione nel 1983 sono stati prodotti 75 milioni di pezzi e il loro numero aumenta sempre, come quello dei fanatici dello Swatch.

Alla sede di Bienne si fa fronte a malapena alle richieste che arrivano da tutto il mondo. La curiosità degli Swatch-maniaci, che provengono dall'Africa o dall'Australia, dalla Svezia o dalla Svizzera, è insaziabile. Mentre nelle vendite all'asta effettuate ai quattro angoli della terra, parecchi Swatch hanno raggiunto quotazioni straordinarie (il modello "Original Jelly" per esempio, è stato aggiudicato a 22 000 Sfr.), le lettere degli ammiratori e collezionisti si accumulano e il telefono non smette di suonare.

Per poter rispondere alle domande e richieste di scambio e informazioni e per poter aiutare gli interessati nelle loro ricerche di modelli esauriti, Swatch ha fondato "The Swatch Collectors of Swatch", il 15 agosto, dapprima in Svizzera e in Germania. La comunità dei fans dello Swatch sempre più numerosa disporrà così per la prima volta di una borsa di scambio e di un servizio speciale al quale potrà rivolgersi. La documentazione sul "The Swatch Collectors of Swatch" è a disposizione, gratuitamente, di chiunque presso tutti i punti di vendita Swatch. I responsabili Swatch, in presa diretta con lo spirito tipico dell'epoca, hanno già immaginato un'altra "bomba": la tessera di socio del club altro non è che uno Swatch speciale ideato solo per gli aderenti. Il modello scelto per l'anno di fondazione è il "Golden Jelly", versione prestigiosa del "Jelly Fish", tutto trasparente.

Comprando il "Golden Jelly" al prezzo di 100 Sfr. si diventa automaticamente membri del club "The Swatch Collectors of Swatch" e si ha diritto a tutte le prestazioni del club: informazioni in anteprima sulle nuove collezioni e gli "specials" e catalogo annuale. Due volte l'anno i collezionisti potranno inoltre partecipare alla borsa degli scambi del "Swatch Street Journal" e beneficiare di preziosi consigli. Potranno disporre di una Hotline, linea telefonica diretta con un servizio "Consulenza"e "Segretariato" per qualsiasi tipo di informazioni. All'occasione consultate la documentazione offerta gratuitamente in qualsi-

The Swatch Collectors of Swatch.

On 15th of August 1990, the following press release confirmed the appeal of Swatches as collectors' items: "The Swatch Collectors of Swatch". A consumer item of the 80's has become a collector's item of the 90's. It really is quite amazing that a product such as the Swatch, which after all is only seven years of age, has become the object of so much passion on the part of collectors. Seventy million units have been produced since the launching of the 1983 collection - a figure which increases daily. For their part, Swatch fans also increase in numbers.

At the headquarters in Biel, it is practically impossible to answer the multitude of requests pouring in from all parts of the world. Whether from Africa, Australia, Sweden or Switzerland, the curiosity of Swatch maniacs is insatiable. In the meantime, many collectable Swatches reach quite astronomical prices at auctions held on different continents. The "Original Jelly" model, for instance, sold for 5,750 francs. Mail from Swatch admirers and collectors piles up and the telephone never ceases ringing.

For the purposes of answering more efficiently the many questions which Swatch receives, as well as the numerous requests for exchange and information, and in order to better assist those in search of models no longer available, the "The Swatch Collectors of Swatch" club was created on 15th of August, first in Switzerland and subsequently in Germany. For the first time, the ever increasing community of Swatch fans will benefit from exchange grants and will be able to address its demands to a service especially created for them. Information regarding "The Swatch Collectors of Swatch" is available free of charge to any interested person at locations where Swatches are sold." The Swatch ideas men, well in tune with the state of mind prevailing in the late XXth century, have come up with another winner: the membership card to "The Swatch Collectors of Swatch" club, in the form of a Swatch Special exclusively created for members! The model chosen for the foundation year is the "Golden Jelly", a prestigious version of the "Jelly Fish", an entirely transparent watch which has proved to be the brand's most successful seller ever.

When purchasing the "Golden Jelly" for the price of 100 francs, one automatically becomes a member of "The Swatch Collectors of Swatch" club. The cardholder is entitled to a range of benefits which include first hand information on new collections and "Specials", as well as the annual catalogue. Furthermore, collectors may twice yearly participate in the "Swatch Street Journal" exchange and receive valuable advice. A telephone Hotline is also at the disposal of members, directly linking them to an advisory service and a secretariat which can supply the required information. For further details, it is advised to read the information freely on offer

ments désirés. Pour de plus amples informations, consultez la documentation offerte gratuitement sur les points de vente. A partir de 1991, le club The Swatch Collectors of Swatch s'étendra au monde entier en commençant par les principaux marchés, à savoir les Etats-Unis, la France, l'Italie et le Japon.

Les enchères montent

Le succès de Swatch sur le plan de la collection, et à partir de là, aux ventes aux enchères organisés uniquement autour de ce thème, trouve son origine dans l'intérêt porté à l'image comme nous l'avons relevé, mais aussi dans un autre phénomène. En effet, sans l'engouement suscité par les ventes aux enchères de montres-bracelets contemporaines (antérieures à Swatch), sans les prix fabuleux atteints par certaines de ces merveilles de fine mécanique, sans surtout le travail des quelques maisons qui, au début des années septante, se sont spécialisées dans les affaires d'horlogerie dite ancienne... L'étincelle ne se serait pas produite sans ces collectionneurs-commerçants.

Hors, bien entendu, d'un cercle d'initiés et d'amateurs beaucoup moins nombreux en matière d'art horloger que dans tout autre secteur artistique ou mobilier, où foisonnent les collectionneurs. En effet, les industriels de la montre Roskopf qui ont sorti pendant près d'un siècle chaque année des milliers de nouveautés et de fantaisies, jusqu'au début des années septante justement, et dans des catégories de prix Swatch, n'ont pas suscité ce courant d'intérêt. Ainsi les célèbres go-go watches surdimensionnées et hautes en couleurs de la fin des sixties n'ont pas été collectionnées.

Il a donc fallu que cette conscience de la collection, additionnée d'un zeste de spéculation, soit créée par ces pionniers de la vente d'horlogerie ancienne, à tel point que de nos jours, tout objet présentant quelque originalité est déjà considéré comme pièce de collection. Et d'originalité la Swatch en est pleine. En outre, comme le Japon et l'Extrême-Orient se sont piqués au jeu, ont attrapé le virus de la collectionnite avec leurs immenses moyens financiers, là où seuls quelques objets contemporains exceptionnels et les pièces uniques du XVIIIe et XIXe siècles portant des signatures célèbres étaient regardées comme digne d'intérêt, s'est engouffrée la vague Swatch, derrière celle de la mécanique horlogère.

voglia punto di vendita. Dal 1991 si sono aperti altri club "The Swatch Collectors of Swatch" nel mondo intero cominciando dai principali mercati, cioè gli Stati Uniti, l'Italia, la Svizzera, la Germania e il Giappone.

Le offerte salgono

Il successo ottenuto dallo Swatch tra i collezionisti e in seguito anche nelle vendite all'asta organizzate unicamente intorno a questo tema, è nato dall'interesse per "l'immagine", come abbiamo già rilevato, ma è legato anche a un fenomeno nuovo. In effetti, senza la frenesia suscitata dalle vendite all'asta di orologi da polso contemporanei, alcuni dei quali vere meraviglie di meccanica fine, che hanno raggiunto a volte prezzi favolosi, senza il lavoro di qualche ditta di collezionisti-commercianti, specializzata, all'inizio degli anni 70, nella compravendita di orologi all'"antica", la scintilla non si sarebbe prodotta.

Tranne beninteso, che in una cerchia di iniziati e intenditori, poco numerosi in verità nel campo dell'orologeria, rispetto ad altri settori delle arti e dell'arredamento, dove i collezionisti abbondano. Intendo parlare della "coscienza" del collezionista, (della consapevolezza dell'importanza di fare collezione) che, unita a un pizzico di speculazione, è stata indotta da questi pionieri della vendita di orologi antichi ed ha assunto tale importanza che oggigiorno qualsiasi oggetto appena un po' originale è considerato pezzo da collezione. Gli industriali del Roskopf, invece, che pure hanno inondato il mercato per quasi un secolo, ogni anno, con migliaia di novità fantasiose (fino all'inizio degli anni 70) non sono riusciti a suscitare altrettanto interesse, nonostante i prezzi modici quanto quelli dello Swatch. Per esempio, il celebre "go-go watch", coloratissimo e sproporzionatamente grande della fine degli anni 60, non è stato collezionato.

Anche il Giappone e l'Estremo Oriente hanno voluto mettersi a giocare avendo a disposizione immensi mezzi finanziari, e hanno preso il virus della "collezionite". mentre prima solo alcuni pezzi contemporanei eccezionali o unici del XVIII e XIX secolo, creati da nomi famosi, erano considerati degni di interesse, ora l'onda dello Swatch si è riversata su loro come una mareggiata, dietro a quella dell'orologio meccanico.

The bids increase

The decorative element - which has already been described - is not the only factor which may explain the success of the Swatch as a collector's item and the Swatch auctions which have been held recently. There is another phenomenon. Indeed had it not been for the enthusiasm generated by the auctioning of contemporary wrist watches (prior to the Swatch) and the astonishing prices reached by some of these intricate marvels of the art of watchmaking, and the few companies which in the early seventies decided to specialize in the sale of antique watches, there would never have been the necessary ingredient to spark off the keen interest displayed by merchant-collectors for Swatches today.

Of course, there has always been a small circle of connoisseurs fascinated by the art of watchmaking; but their numbers are much more restricted than in other artistic sectors such as furniture, where amateurs abound. Indeed, the "industrialists" of the Roskopf watch, who manufactured thousands of novel and fantasy pieces during approximately a century - up until the seventies in fact - at prices comparable to those of Swatches, didn't manage to generate much interest in their products at all. Such was also the case of the colorful and oversized "go-go watches" which appeared on the market towards the end of the sixties These models never became collectors' items.

Accordingly, it was necessary that an "awareness" to collect be stimulated, to which the pioneers of antique watch auctions added a zest of speculation, with the result that today any object which features the slightest originality is already considered a collector's item. Of course, Swatches are full of originality. Furthermore, as Japan and the Far East took to the game with their considerable financial means collectors were suddenly hit by the Swatch virus. It was not so long ago - a mere five years in fact - when only a very small number of exceptional contemporary objects and rare watches from the 18th and 19th centuries, carrying famous signatures, aroused any interest whatsoever.

at sales' points. As from 1991, "The Swatch Collectors of Swatch" club will expand its services to other countries, beginning with the main markets - the United States, France, Italy and Japan.

DEUXIÈME CHAPITRE

SECONDO CAPITOLO

SECOND CHAPTER

LES HOMMES

Entre faits et témoignages: le roman de la Swatch

Les faits précis, les documents datés sont une chose. La manière dont est vécu le développement en bureau technique, en atelier ou chez les stylistes dans leur ferme du Val-de-Ruz, La Châtière, en est une autre. La perception de chacun des acteurs, lors des recherches, de l'avancement du travail ou plus directement ces tranches de vie intimement liées à la réalisation de la célèbre montre, valent la peine d'être contées. Elles sont parties intimes de l'histoire, mieux du roman de la Swatch, de l'environnement varié qui a concouru d'une façon inattendue parfois, à l'achèvement du projet.

A Chaindon - Jacques Müller

S'il ne portait moustache et cheveux mi-longs blonds clair, Jacques Müller, frère de Bernard, évoquerait immédiatement l'image d'un conquistador espagnol: l'intensité du regard, le nez droit l'impression s'impose à l'esprit. C'est un type qui aime à relever les défis. Sa carrière professionnelle a déjà prouvé cette capacité, sa vie privée aussi. Cela se sent, cela se voit dans toute son attitude.

Et jusque dans la conception unique, utilitaire de sa maison, qui, de l'extérieur ne laisse rien deviner de son originalité, calquée sur ses voisines plantées en chaînettes sur les hauts de Reconvilier dans le Jura. Dans le prolongement de Chaindon, célèbre pour ses foires annuelles animées de centaines d'éleveurs de bétail et de marchands ambulants.

«Lorsque nous étions jeunes, se souvient Jacques, nous n'avions pas d'argent, nous avons voulu construire notre maison. C'était un choix. A côté de cela, nous nous sommes contentés d'une 2 CV. Or, dans ces voitures simplifiées, avec deux cylindres et deux bougies, reconnaissez que tous les ennuis et les causes de pannes sont divisés par deux, voire par quatre...»

Une division qui changera complètement sinon le style de vie, du moins le futur professionnel de Jacques. Mais nous n'en sommes pas encore là. La maison est sous toit, la charge est supportable pour ce père de famille ingénieur-constructeur de calibres, c'est-à-dire de mouvements de montres dont il conçoit les plans de A jusqu'à Z.

Et patatras; L'industrie horlogère s'enfonce dans une période noire. Conjoncture et révolution technologique s'unissent

GLI UOMINI

Fatti e testimonianze

Anche in un romanzo "industriale", vale la pena raccontare come ogni operatore, nel corso delle ricerche e dei lavori, ha percepito gli avvenimenti, come li ha vissuti intimamente, che conseguenze ne sono derivate perché, nel mosaico della storia, queste parcelle di intimità hanno concorso, in modo spesso inatteso, a portare a buon fine un progetto. I fatti e i documenti datati sono una cosa: il clima psicologico nel quale si vive quando si prepara un grande progetto, nell'ufficio tecnico, nel laboratorio o in mezzo agli stilisti isolati nella loro fattoria di Val-de-Ruz a la Chatière, un'altra.

A Chaindon - Jacques Muller

Naso diritto, sguardo intenso, si capisce subito che è un uomo che ama le sfide. Se baffi e capelli non fossero di un bel biondo chiaro, si potrebbe pensare a un conquistatore spagnolo. Sono rimasto subito impressionato nel vederlo. Nella vita privata come in quella professionale è un uomo deciso, si intuisce a prima vista.

Perfino la sua casa è unica nel suo genere, anche se niente dall'esterno lascia presagire l'originalità, apparentemente uguale alle altre casette a schiera che si accalcano sulle colline di Reconvilier, nel Jura, vicino a Chaidon, famoso per le fiere annuali animate da centinaia di allevatori di bestiame e mercanti ambulanti.

Quando ci siamo sposati eravamo giovani e senza soldi, ricorda Jacques - ma abbiamo voluto la nostra casa. È stata una scelta. A parte quella, ci siamo dovuti accontentare di una 2CV. Ora ammettete che in queste macchine semplificate con solo due cilindri e due candele, le seccature e le cause dei guasti sono divise per due, per quattro!

Questa capacità di semplificare, di risolvere le situazioni, se non cambierà il suo stile di vita, cambierà per lo meno il suo futuro professionale. Ma non siamo ancora arrivati a questa svolta. La casa è al tetto, quasi finita, l'impegno finanziario sopportabile per questo padre di famiglia ingegnere costruttore di calibri, cioè di movimenti per orologi, di cui è ideatore dall'A alla Z.

E patatrac. L'industria orologera vive il suo periodo nero. Congiuntura e rivoluzione tecnologica sembrano alleate per farla

THE PEOPLE

Between events and memories

Precise facts and documentary evidence are one thing;the actual course of events,in the research laboratory,the workshop and at the stylists,on their farm in Val-de Ruz,is yet another. The personal views of those concerned with the research and development of this celebrated watch,and their intimate memories of their experiences at the time,add another and fascinating perspective,bringing life and humour to a story of industrial triumph.

In Chaindon - Jacques Müller

If Jacques Müller, Bernard's brother, did not have a moustache and rather long blonde hair, he would remind you of a former Spanish conquistador thanks to his piercing eyes and straight nose. He is the sort of man who thrives on challenges, not only at work but also at home. Everything about him bears this out.

It even goes as far as the original and down-to-earth design of his house which, from the outside appears identical to all the other houses in the street, lined up in the hilly district above the town of Reconcillier in the Jura mountains. Down the road is Chaindon, a town best known for its annual agricultural fairs, attended by hundreds of local farmers and market people.

"When we were young", remembers Jacques, "we didn't have any money but we did decide to build our own house; it was a personal choice we made. Not only that, we were quite happy with our old '2CV'. In such a basic car (which has only two cylinders and two sparking plugs) you have to understand that any problems or breakdowns are cut by a half, even a quarter...."

This piece of arithmetic was eventually going to change totally both Jacques Müller's live-style and professional future; but in the meantime the house had a roof, and the mortgage could be met. As a family man, an engineer and a craftsman, who understood watch movement design from A to Z, he was gainfully occupied, even if the work was somewhat pedestrian.

However all of a sudden, the clock and watch industry plummeted into a depression, caused by the combined effects of the gene-

pour l'ébranler, et avec elle le groupe ASUAG-SSIH, le plus fort de l'horlogerie suisse, avec ses milliers d'emplois, ses marques Tissot, Omega, Longines, Mido, Certina, Rado, et le géant Ebauches SA, l'un des plus importants producteurs de mouvements de montres du monde.

En attendant que les banquiers suisses s'unissent à leur tour pour l'empêcher de sombrer dans la débâcle, le groupe ferme des usines et licencie en masse. Le couperet tombe sur Ebauches Tavannes. «Nous certifions que M. Jacques Müller a travaillé chez nous du tant au tant... Après dix ans de service, trois lignes sans merci; C'est dur de se retrouver à la rue lorsque l'on a mouillé sa chemise durant une aussi longue période et cru à certaines valeurs....» se souvient-il. C'est l'amertume. Enfin... «Prenons toujours ces trois mois de vacances payées», dit Jacques Müller à son épouse. Peu rassurée sur l'avenir, mais confiante en son mari.

«Il est vrai que la Direction générale d'Ebauches SA m'avait offert son aide au reclassement... Fier comme un hidalgo, je préférais mourir debout».

Cela, c'est tout Jacques... Trois mois de dédite à ne pas confondre pourtant avec trois mois d'agonie. Et l'ingénieur Müller de se vouer à la réparation d'horlogerie ancienne. Certains cafetiers-restaurateurs du Jura et des Franches-Montagnes, collectionneurs de morbiers, en avaient sans le vouloir relancé la vogue en les exposant dans leur établissement. Ces grandes pendules de parquet aux cadrans émaillés entourés de motifs en métal doré, aux longs cabinets de bois laissant entrevoir le lent mouvement de va-et-vient du balancier ouvragé, étaient assez recherchées pour en rendre le commerce rentable. A condition toutefois d'aller les acheter en France et de les ramener sous les sapins, à l'abri de la curiosité des douaniers.

Autant dire que les brocanteurs écumant les campagnes outre-Doubs ne se montraient point trop difficiles quant à leurs acquisitions. Beaucoup de pendules étaient hors d'usage au moment de la négociation. «Si tu me répares celui-là, je te donne celui-ci», promet l'ami paré du titre estimé d'antiquaire. Alors, Jacques potasse ses livres. Sonnerie à répétition. Sonnerie des quarts, des heures et des demies en passant. Quantièmes et réveils...

Comprendre l'époque. Refaire ou repasser les pièces selon les procédés anciens. Amour du métier oblige. Toute entreprise humaine a ses peines et ses joies. Et dans ce pays à la terre ingrate, caillouteuse et lourde, on sait le prix du travail: l'affaire est faite lorsque l'argent est dans la caisse, dit-on.

Les deux morbiers ont retrouvé leurs voix et leurs cadences. Le second s'installe définitivement au logis. Indifférent aux

sprofondare e con lei il gruppo Asuag-SSIH, il più forte dell'orologeria svizzera con le sue migliaia di posti di lavoro, le marche Tissot, Omega, Longines, Rotary, Mido, Certina, Rado e il gigante Ebauches S.A., uno dei più importanti fabbricanti di movimenti di orologi del mondo.

Aspettando che i banchieri svizzeri si uniscano per impedirne il fallimento, il gruppo chiude le officine e licenzia in massa. Il fulmine cade su Ebauches Tavannes. "Certifichiamo che il signor Jacques Muller ha lavorato presso di noi dal...al... Dopo dieci anni di servizio, tre righe senza un ringraziamento. Che amarezza ritrovarsi sulla strada dopo aver lavorato duramente per un periodo così lungo, credendo in certi valori... "E prendiamoci almeno questi tre mesi di vacanze "pagate", dice Jacques alla moglie, incerta sull'avvenire, ma fiduciosa nel marito."

E vero che la Direzione generale di Ebauches SA mi aveva offerto il suo aiuto per riqualificarmi... fiero come un idalgo preferivo morire...

Ecco com'è Jacques! Tre mesi di ripiegamento su se stesso, da non confondere però con tre mesi di agonia. Ed ecco che l'ingegnere Muller comincia a dedicarsi alla riparazione di orologi antichi. Erano tornati di moda i morbiers. Alcuni ristoratori del Jura e delle Franches Montagnes ne avevano, senza volere, rilanciato la voga semplicemente esponendoli nei loro locali pubblici. Queste grandi pendole da parete con i quadranti smaltati ornati di motivi in metallo dorato, con le casse di legno che lasciano intravedere il lento movimento del bilanciere lavorato, erano assai ricercate per renderne redditizio il commercio. A condizione di comprarle in Francia e nasconderle al rientro sotto i rami di pino, per evitare la curiosità dei doganieri.

Questo per dire che i rigattieri che passavano al setaccio le campagne di Oltre - Doubs non erano troppo esigenti nei loro acquisti e molte pendole risultavano fuori uso al momento delle trattative. - Se mi ripari questa, ti regalo l'altra - promette l'amico che si fa passare per antiquario. Allora Jacques sgobba sui libri. Soneria a ripetizione dei tre quarti, delle ore, delle mezze ore, data e sveglia...

Bisogna conoscere e capire l'epoca, rifare o riparare i pezzi secondo i procedimenti antichi tutto questo per la passione del mestiere. Ogni attività umana comporta gioie e dolori e in questo paese dalla terra ingrata e sassosa, si conosce il prezzo del lavoro: si dice che l'affare è fatto quando i soldi sono in cassa.

I due morbiers hanno ritrovato la loro voce e il loro ritmo. Il secondo viene installato nell'abitazione di Jacques, dove, in-

ral economic climate and the quartz revolution, dragging down with t the most important watchmaking group in Switzerland, ASUAG-SSIH, which employed thousands of people behind its famous brand names of Tissot, Omega, Longines, Mido, Certina, Rado and the giant Ebauche SA, one of the largest watch movement manufacturers in the world.

While Swiss bankers got together to try and avoid a national catastrophe, the Group started laying off large numbers of their employees and shutting down factories - and the hatchet came down on Ebauche Tavannes "We certify that Mr. Jacques Müller worked for our Company between such and such a date ..." - after ten years of loyal service, just three depressing lines. "Its hard to be out of a job when you've put in so much time and effort over so many years, believing in what you were doing..." remembers Müller. A bitter pill perhaps, but Müller decided to take the three months of 'paid leave' given by the company, despite the worries expressed by his wife concerning their future in the long term.

"I must admit that Ebauche SA did offer to help me find something else..., but stubborn as I am, I'd rather have starved !" -

That was typical of Jacques However, the three months of official unemployment did not mean three months of enforced idleness: engineer Müller devoted his time to repairing antique clocks. Certain restaurant owners in the Jura and the Franches-Montagnes, had, without realising it, revived the interest in antique clocks by holding exhibitions on their premises. These tall, free-standing pendulum clocks - known as Morbiers, with their enamelled dials mounted in brass, and tall wooden cases where the elaborate pendulum swung slowly back and forth, were sufficiently sought after to make the market a profitable one, but only if you went to buy them in France and brought them back by the 'pine-tree route', out of sight of the Customs men.

In any case, the antique dealers who used to scour the Doubs countryside were not particular about what they bought; many clocks were not even in working order. "If you can repair me this one, I'll give you that one," promised a friend with the somewhat pretentious title of 'antique dealer'. So Jacques brushed up on the subject; repetitive chimes, quarter-hour, half-hour and three-quarter hour chimes, calendars and alarms....

It needed an understanding of the techniques employed by craftsmen from past centuries, the making of new parts or adapting of old ones to the correct style, and above all a pride in one's work. Regretably all human enterprise has its moments of success and failure; and in a country characterised by its rocky and barren terrain the value of real work is clear. - Business is only good business when the money is in the pocket, so they say.

The two grandfather clocks returned to life; the second going to Jacques' home where it slowly and impassively, second by second

soucis de la maison, le balancier hâche, métallique, monotone, impassible, seconde après seconde, ce qui reste à courir sur les vacances forcées.

Trois, quatre, cinq, six, sept, huit, neuf, dix, onze, douze morbiers retrouvent vie sur l'établi de Jacques, tellement consciencieux qu'il estime son gain à peine au prix de l'heure du mécanicien. Pure estimation du reste d'un salaire qui ne sera jamais versé. «J'étais jeune, il était malhonnête», commente philosophiquement Jacques Müller.

La poésie du travail solitaire a fait son temps. Et voici venu celui des lettres de postulation. Car, rêvasserie et poéterie sont perd-temps et ronge-deniers, affirmaient les vieux Jurassiens. Leurs voix résonnent dans le subconscient de Jacques Müller. Il faut chercher et surtout trouver du travail.

differente alle preoccupazioni dei suoi abitanti, il bilanciere scandisce impassibile il tempo che rimane di questa vacanza forzata.

Ben presto altri morbiers tornano a nuova vita sul bancone di Jacques, che è talmente onesto da ritenere che il suo prezzo orario sia quello di un meccanico. Pura valutazione, del resto, di un salario che non gli sarà mai versato. - Ero giovane e lui era disonesto - si limita a commentare filosoficamente Jacques Muller.

Il lavoro solitario è bello e poetico, ma è venuto il tempo di postulare un lavoro, perché, come dicevano i vecchi giurassiani, sogni e fantasticherie sono perditempo e mangiadenari. Le loro voci risuonano nel subconscio di Jacques Muller. Bisogna cercare un lavoro e, soprattutto, trovarlo.

counted away the days of his enforced holiday.

Three, four, five, six, eight, ten, twelve clocks were repaired on his work bench and Jacques was so conscientious as to only estimate his work at the same hourly rate as a mechanic. The meagre amount that Müller charged would never be paid. "I was young and he was dishonest," he explains philosophically.

The romantic ideals of self-employment were clearly over; it was time for job applications. To quote an old Jurassian proverb: Dreams and poetry loose time and cost money, and that saying echoed around Jacques Müller's subconscious. He was faced with having to find a real job.

Le grand saut

Vert-blanc-rouge... L'enveloppe armoriée des initiales ETA Grenchen cache une réponse favorable. C'est qu'ils parlent le dialecte... commente l'épouse. Tant pis... je finirai bien par l'apprendre.

Et Jacques Müller, très bien reçu chez ETA, décide de faire le grand saut par-dessus la montagne de Moutier. Par défi, à pieds joints à nouveau dans le groupe Asuag-SSIH[1]. Le véritable début de l'histoire de la Swatch, cette montre révolutionnaire qui étonnera le monde et l'horlogerie suisse se situe ce jour-là et dans la rencontre consécutive, de jeunes ingénieurs comme Jacques Müller et Elmar Mock avec le Dr Thomke car sans lui...

Il grande salto

Verde, bianco, rosso. La busta con le iniziali stampate ETA Grenchen cela una risposta affermativa... - Ma parlano il dialetto... commenta la moglie. - Non importa, lo imparerò.

E Jacques Muller, accolto molto bene presso ETA, decide di fare il grande salto al di là di Moutier, raccogliendo la sfida, a piedi pari, di nuovo nel gruppo Asuag-SSIH[1]. Quel giorno là inizia la vera storia dello Swatch, questo orologio rivoluzionario che affascinerà il mondo intero e... naturalmente continua con gli incontri dei giovani ingegneri come Muller e Elmar Mock e il dottor Thomke, perché, senza di lui...

A leap forward

Green, white and red - the smart envelope embossed with the ETA Grenchen initials contained a positive response. His wife commented that that was practically another country with a separate language! "So I'll have to learn the dialect!" was the reply.

Jacques Müller was offered a position with ETA and decided to make the big leap over the Moutier mountain, accepting the challenge of a new start firmly back in the Asuag-SSIH Group[1]. The real beginning of the Swatch story, the revolutionary watch which was subsequently to take the world and the Swiss industry by storm, started on that day and during the subsequent meeting between the young engineers, Jacques Müller and Elmar Mock, with Dr. Thomke.

---

[1] Cet épisode n'est peut-être pas trop important, mais Anton Bally, avait tenu à préciser, en relisant ce passage que Jacques Müller était venu se présenter à Granges au directeur technique Urs Giger et son adjoint sous-directeur à l'époque: Anton Bally lui-même. ETA cherchait un constructeur pour la production de montres à quartz analogiques. Jacques Müller qui avait travaillé pour Ebauches Electroniques Marin et ESA Tavannes qui le prêtait à Marin pour de nouveaux développements était connu. Toujours est-il qu'après avoir terminé son premier calibre 959-001 à ETA, il décidait de prendre d'autres responsabilités à Moutier, dans le domaine de décolletage.
Quelques mois plus tard, il revenait vers Anton Bally pour reprendre ses activités à ETA. A la fin d'avril 1979, en fin d'après-midi, Anton Bally répond vouloir réfléchir. Le soir-même il part avec Thomke et un autre ingénieur (Perruchi), pour la Camargue et c'est durant le voyage en voiture qu'il est question de réengager Jacques Müller. Avant d'embarquer sur le voilier de Thomke, le lendemain matin, Anton Bally téléphone depuis une cabine du Grau du Roi: d'accord pour le réengagement. Le projet serait d'abord un 5,5 lignes plat Elégance l'un des calibres les plus difficiles à réaliser (réservés aux clients du haut de gamme avec des cahiers de charges bien spécifiques), où semble-t-il Jacques Müller excellait... La Swatch viendra plus tard.

[1] *Questo episodio forse non è molto importante, ma Anton Bally ci teneva a precisare, dopo aver letto questo passaggio, che Jacques Müller si era presentato a Granges al suo direttore tecnico Urs Giger e al suo assistente, all'epoca vicedirettore (oggi presidente dell'ETA): Anton Bally in persona. ETA cercava un costruttore per la produzione di orologi analogici a quarzo. Jacques Müller era già conosciuto. Egli aveva lavorato per Ebauches Electroniques Marin e ESA Tavannes, che lo prestava, se così si può dire, a Marin per nuovi progetti. Comunque, dopo aver terminato il suo primo calibro 9-959-001 a ETA, aveva deciso di assumere altre responsabilità a Moutier nel campo della meccanica di precisione.*
Qualche mese dopo tornava da Anton Bally. Alla fine di aprile 1979, nel pomeriggio quello risponde di voler riflettere prima di assumerlo. La sera stessa parte con Thomke e un altro ingegnere (Perruchi) per la Camargue e durante il viaggio si discute della sua riassunzione. Il giorno dopo, prima di salire a bordo della "barca" di Thomke, Anton Bally telefona da una cabina pubblica a Grau du Roi per dire a Jacques Müller che è d'accordo: è assunto. Gli verrà affidato il progetto 51/2''' piatto "eleganza", uno dei calibri più difficili da realizzare (riservato ai clienti prestigiosi con capitolati ben specifici) dove sembra che Jacques Müller eccellesse... Lo Swatch arriverà più tardi.

[1] Msr. Anton Bally requested that the circumstances surrounding the employment be made clear from both sides. Müller went to Granges for an interview with the Technical Manager, Urs Giger, and his assistant at the time, Anton Bally himself. ETA was looking for a designer to develop analogue quartz watches. and J.M. who had worked for Ebauche Electroniques Marin and ESA Tavannes - who had in turn 'loaned' him to Marin for new developments - he was indeed very well known. After having finished his first 959-001 calibre at ETA, he decided to take on other responsibilities in Moutier relating to turning machinery.
A few months later he re-applied to A.Bally for a job with ETA. This was at the end of April 1979, late in the afternoon and A.B. said that he would consider the matter. Before leaving on Thomke's yacht the next morning, Bally telephoned his agreement to re-employ Müller from a telephone box in Le Grau du Roi. His first project would be a flat 5.5 'Elegance' line, one of the most difficult movements to make (exclusively reserved for top customers with very specific projects in mind), a field in which they were sure Müller would excel .... the Swatch came later

Une histoire bientôt écrite à la charnière de deux mondes, de deux modes de vie: celui de la campagne et de la ferme, celui de la ville et de l'industrie. En ce sens, la Swatch est un véritable symbole. Ce produit hautement technique et industriel conçu dans les services de recherche du plus grand groupe horloger du monde par l'importance et la diversité de ses productions, a rencontré un grain de folie dans la cuisine rustique d'une ferme neuchâteloise. En attendant, pour inclure le nec plus ultra de l'électronique horlogère, cette montre à son lancement et bien avant de revêtir les couleurs de la mode, revivait l'harmonie des célèbres pendules neuchâteloises: elle en avait le reflet sombre et la cambrure étudiée du boîtier, conçu selon la règle d'or. Le beau grand cadran clair est lisible et jusqu'au mouvement battant la seconde.

Une électronique rassurante? Voire.

Car, au contraire de la montre en acier étampé dur et fort, aux angles polis miroir, ou de celle tout en or aux surfaces arrondies ou brossées en finesse, objet utilitaire s'offrant ce luxe suprême d'être un bijou vivant, la Swatch à sa naissance a frappé. Elle a surpris dans la mesure où l'on ne pouvait plus soupeser en grammes de matière lourde et de bon aloi dans la main, le juste poids du travail accompli.

C'est qu'aujourd'hui la qualité maîtresse se nomme avance technologique et la densité se mesure davantage aux milliers de transistors concentrés sur 1 mm de circuit intégré, de puces savantes électroniques, qu'au poids relatif de matière. Du moins, lorsque l'on vend de la technologie à haute performance.

En horlogerie, la haute performance est devenue plus inspiration et innovation que patience et génie mécanique. Encore que tout reste en tout, et inversément... L'ingénieur est payé pour le savoir, lorsqu'il s'engage sur le périlleux sentier de la recherche où la curiosité l'emmène.

Ben presto due mondi diversi, quello della campagna e della fattoria e quello della città e dell'industria, verranno a contatto fra di loro per scrivere una storia a cavallo fra due stili di vita. In questo senso lo Swatch è proprio un simbolo. Questo prodotto dell'industria ad alta tecnologia è stato ideato contemporaneamente dai servizi di ricerca del più grande gruppo orologero del mondo per l'importanza e la diversità della sua produzione e nella rustica cucina di una fattoria neocastellana. Tanto è vero che questo orologio al momento del suo lancio e prima che si rivestisse dei colori di moda, rifletteva le sue radici nelle sue linee armoniose quanto le celebri pendole di Neuchâtel, con la sua cassa studiata secondo la regola d'oro, il bel quadrante chiaro e leggibile dove si può vedere perfino il pendolo che batte i secondi.

Un'elettronica rassicurante?... Vediamo. Giacché, al contrario dell'orologio di metallo duro e forte, dagli angoli a specchio o di quello d'oro dalle superfici arrotondate o lavorate con finezza, lo Swatch, oggetto utile per eccellenza che si offriva il lusso supremo di essere un gioiello vivo, ha sorpreso fin dalla nascita, perché non si poteva più valutare la qualità del lavoro compiuto, soppesandolo nella mano.

Questo perché oggi la qualità suprema si chiama avanguardia tecnologica e la densità si misura piuttosto a seconda del numero di transistor concentrati su un millimetro quadro di circuito integrato, di "pulci sapienti" che del peso relativo del materiale. Almeno quando si vende dell'alta tecnologia.

In orologeria, l'alta tecnologia è piuttosto questione di ispirazione e innovazione che di pazienza e genio meccanico, anche se l'una non esclude l'altra, anzi... L'ingegnere è pagato per il suo "savoir-faire", quando si impegna sul pericoloso sentiero della ricerca dove lo conduce la curiosità.

It is a story that was to bridge the gap between two worlds, two ways of life: on one side industry and the city and on the other, farming and the countryside. Despite being a highly technical and industrial product, designed in the research department of the largest watch making group in the world (seen from the number of its product lines), there was in fact a curious connection with the clocks that passed across that workbench in a rustic kitchen on a farm in Neuchâtel. Although it incorporated the latest and best electronic know-how, this watch, when it was launched - that is before it was produced in fashion colours - called to mind the simplicity of the famous Neuchâtel clocks, through its sober appearance and the pleasant lines of its case, designed in accordance with the golden rule - a light-coloured, classic, large face, easy to read, and the movement could actually be seen beating out the seconds.

The reassuring tick of electronics perhaps?

Unlike watches cased in tough forged and highly polished steel or those of gold with rounded or superbly brushed surfaces akin to luxurious jewellry, the Swatch projected a different image right from the start. Whereas weight had always been to some extent proportional to the degree of complexity involved in manufacture, the Swatch could most certainly not be assessed in grams or weighed in the hand.

Today quality is as much measured in technological advance and the number of transistors concentrated on 1mm. of integrated circuit and in clever electronic microchips, rather than in relative weight - certainly when talking of high performance technology.

Indeed, top performance is often thought of as inspiration and innovation rather than patience and mechanical genius; both are nevertheless of equal importance. The engineer is paid for just these qualities when he sets off on the uncertain path of research.

Le monde de l'industrie

Une journée de Jacques Müller chez ETA, c'est un peu celle de tous les ingénieurs constructeurs du monde.

La construction d'une montre, toutes proportions gardées, est similaire à celle d'une voiture, du moins dans la démarche: il y a d'abord un moteur, en l'occurrence un mouvement mécanique ou un module, un mouvement électronique, qui devra tourner jour et nuit et dont les mobiles, les rouages, devront accomplir le même travail qu'une automotrice ou une automobile classique, lancée à 90 km/h, mais sans jamais s'arrêter durant des années.

C'est dire le soin et l'expérience exigés par la création, le dessin, la construction de toutes les pièces d'un nouveau mouvement (on dit en jargon professionnel un

Il mondo dell'industria

Una giornata di Jacques Muller all'ETA è un pò come quella di tutti gli ingegneri costruttori del mondo.

Fabbricare un orologio, fatte le debite proporzioni, è come fabbricare un'automobile, almeno nelle varie fasi di lavorazione: c'è prima di tutto un motore, in questo caso un movimento meccanico o un modulo, un movimento elettronico che dovrà girare giorno e notte e le cui parti mobili, le ruote, dovranno svolgere lo stesso lavoro di un'automobile o automotrice classica, lanciata a 90 km/h senza un arresto per anni e anni.

Pensate dunque alla precisione e all'esperienza richieste nei disegni e nella costruzione di tutti i pezzi di un nuovo movimento (in gergo si dice Calibro) al quale

The world of industry

A day in the working life of Jacques Müller at ETA is not unlike that of a design engineer anywhere in the world.

Designing a watch can be compared to designing a car, at least in the early stages. Starting with the motor, in this case a mechanical movement or a module, an electronic movement, of which the moving parts and wheels will have to accomplish the same work as a traditional car, set going at 90 km/hr, and expected not to stop for several years!

Exceptional care and experience is needed for the design and construction of all the parts of a new movement (a caliber, in professional terms) to which an individual name and num-

nouveau calibre), auquel on donnera une marque et un numéro, qui demeureront attachés à cette construction pour toujours, dans les annales horlogères. Les caractéristiques d'un mouvement sont donc enregistrées pour des siècles. Elles servent à l'identification de la montre et de son constructeur.

Voilà pour le moteur lequel, autre parenté avec la voiture, doit être homologué s'il-vous-plaît. Par un bureau tout ce qu'il y a de plus officiel, de contrôle technique des montres, conformément à une loi fédérale ad hoc.

Noblesse oblige: encore que tout soit perfectible, la réputation de qualité de la montre suisse est déjà à ce prix. La carrosserie maintenant. En principe, Jacques Müller, constructeur du moteur, ne va pas s'occuper de la carrosserie. Elle est l'affaire d'autres spécialistes: les boîtiers.

Toutefois, en proportionnant son mouvement, Jacques obéit à des critères dimensionnels: diamètre, forme, épaisseur, en concordance avec le type d'habillement prévu, le type de carrosserie qu'il sera possible de mettre autour du mouvement pour faire une montre complète. Et, à notre époque, avoir le ventre plat est aussi une exigence esthétique dans la montre. Sauf pour certains modèles et marques tirant précisément argument de leur embonpoint...

Il y a donc la Volvo de la montre, super-résistante, il y a la Lamborghini et la Rolls, œuvre de grands manufacturiers de prestige. A moins de tricher la carrosserie, on ne met pas le moteur de l'une dans le boîtier de l'autre... Et Jacques Müller construit aussi bien des moteurs de Lamborghini que des moteurs de Volvo... autrement dit des calibres élégance, les plus difficiles à réaliser, et d'autres.

sarà dato un numero e una marca che serviranno a designarlo una volta per tutte e che sarà registrato negli annali dell'orologeria e conservato per secoli e che sarà utile per l'identificazione dell'orologio e del suo costruttore.

Questo è ciò che riguarda il motore il quale, altra parentela con la vettura, deve essere omologato da un ufficio autorizzato per il controllo tecnico degli orologi, conformemente a una precisa legge federale.

"Noblesse oblige": anche se tutto è perfettibile, la reputazione di qualità dell'orologio svizzero é lì che si fa. Adesso passiamo alla carrozzeria. Jacques Muller in principio costruisce il motore, non si occupa di quello che è compito di altri specialisti.

Tuttavia, dando delle proporzioni al movimento, Jacques obbedisce a dei criteri di misura: diametro, forma, spessore, in concordanza con il tipo di rivestimento previsto per fare del nuovo movimento un orologio completo. Al giorno d'oggi, avere il "ventre piatto" vale per tutto, anche per un orologio... salvo per certe marche e certi modelli che si vantano di essere apprezzati per la loro "pancetta".

C'è la Volvo dell'orologio, robustissima, la Lamborghini e la Rolls, creazioni di manifatture di prestigio. Se non si vuole imbrogliare, non si mette il motore dell'una nella scocca dell' altra. E J. Muller costruisce tanto dei motori Lamborghini che Volvo, cioè calibri difficilissimi da realizzare e altri più semplici.

ber will be ascribed and inherently linked to the product forever. In the watchmakers' records the characteristics of specific movements are recorded for future reference and used to identify the watch and its manufacturer.

Furthermore, just like an automobile, the motor has to pass technical conformity and quality tests, laid down specifically for the watchmaking industry, in compliance with Swiss federal law.

'Nobless oblige' : everything must be done to protect the long term reputation of the Swiss watch. The second stage is the 'coachwork'. As a rule, Jacques Müller as a motor designer, has little to do with the coachwork, - the work is reserved for specialist case makers.

However when designing the movement he must obey certain dimensional criteria such as diameter, shape and thickness, depending upon the casing required, so that the type of coachwork will fit the movement to make a complete watch - nowadays a 'flat stomach' tends to be the fashion in watchmaking too, although certain models are still admired for their Botticelli curves!

So to continue the analogy, there are the Volvo watches, which resist anything, as well as Lamborghinis and Rolls Royce's, the work of the prestige manufacturers. Only by cheating can the motor of one be put inside the coachwork of another... Jacques Müller had in his time built Lamborghini motors as well as the Volvo-style engines; in other words the 'elegant' range of calibers, those being the most difficult, and all other types as well.

La leçon de simplification

Restons dans la voiture, car c'est la 2 CV qui suscitera pour une part importante la philosophie de la Swatch; Jacques Müller: Lorsque vous changez toutes les bougies d'une 2 CV, vous changez deux bougies... Grillez-vous vos soupapes? Deux. A partir de cette notion, j'ai été convaincu que moins de pièces signifiait aussi moins de risques de pannes, d'ennuis au montage, etc.

La fréquence des pannes ne dépend pas essentiellement du nombre des composants. Sous prétexte d'économiser une dizaine de pièces, il ne faudrait pas créer un composant multifonctionnel trop complexe. La tâche de l'ingénieur engagé sur cette voie est de placer des garde-fous et de découvrir le meilleur compromis. En conservant l'essentiel à l'esprit: supprimer le plus de pièces possibles. En partant de là, en éliminant des composants primaires, vous économisez aussi des assemblages. Et l'on touche ici ce qui a toujours été le ta-

Una lezione di semplificazione

Teniamo d'occhio l'esempio dell'auto, perché è la 2CV che ispirerà la filosofia dello Swatch. Jacques Muller: - Quando uno deve cambiare tutte le candele della 2CV. ne cambia due. Uno brucia tutte le valvole? sempre due sono. Dopo questa constatazione mi sono convinto che meno pezzi significano meno rischi di guasti, di seccature durante il montaggio, ecc...

Tuttavia la frequenza delle "pannes"non dipende solo dal numero dei componenti. Con il pretesto di economizzare una decina di pezzi, non bisognerebbe fare un componente multifunzionale troppo complesso. Il compito dell'ingegnere preposto a questa ricerca è proprio quello di stare attento e di cercare un compromesso, pur eliminando il maggior numero di pezzi possibile. Così si economizza anche sull'assemblaggio. E qui si tocca il tallone d'Achille dell'orologeria svizzera: l'assemblaggio. E si arriva così nel laboratorio dove sta pre-

Let's keep it simple

To understand something of the philosophy behind the Swatch, the 2CV Citroen is the perfect example. Jacques Müller: " When you change all the sparking plugs of a 2CV, you only change two sparking plugs ... Your valves go? There are only two of them anyway... Using this as a basis, I was convinced that the fewer the parts, the lower the risks of breakdowns or problems during assembly.

The number of breakdowns does not depend on the number of components however. Using the excuse of economising a dozen parts or so, you should not develop a too complex multifunctional single component. The role of the engineer working on such a task is to anticipate as many problems as possible and to find the best compromise, maintaining the main lines and eliminating as many parts as possible. From then on, with fewer primary components, you can economise on the assembly work. And this is where we come to what has always been the

lon d'Achille de l'horlogerie suisse: l'assemblage. On débouche aussi dans un laboratoire où finit de s'élaborer un mélange détonnant: l'idée Swatch, poussée dans la tête de l'ingénieur jusqu'à la robotisation et le montage automatique.

Formule de la base du mélange en macération depuis bien des années: Jacques, occupé à des études touchant aux chaînes-transfert à la Fabrique d'Horlogerie de Fontainemelon, a suivi de près ou de loin les efforts consentis à l'époque sans grand succès dans l'assemblage automatisé. «C'était très courageux de leur part, mais ces millions de francs investis sur des machines pour peu de résultats, ont conduit à penser qu'il était impossible de remonter une montre automatiquement». Il n'en fallait pas plus pour que le défi demeure gravé dans la mémoire de l'ingénieur Müller. Ajoutée à la formule de base, l'expérience accumulée aussi bien dans la montre et le chronographe automatique de production de masse, que dans le haut de gamme, et vous avez le mélange.

Le détonateur? Un autre ingénieur avec qui sont partagées de hautes idées, un certain idéal. Dans l'explosion de nouveautés qui suivrait, la montre des robots réaliserait la double économie d'usinage de pièces composantes et de temps, donc d'argent, consacrés normalement aux montages et aux retouches successifs. Réaliserait. Car à ce stade, ce n'est qu'un magma bouillonnant d'idées. Seules quelques fumerolles, du rêve exprimé à haute voix, trahissent l'état intérieur. Une semaine de séminaire à l'Université technique d'Esslingen, sur les métaux frittés, davantage utilisés dans l'industrie de l'automobile et des armements que dans l'horlogerie, donne pourtant un nouveau coup de pouce à l'inspiration.

Long voyage en voiture, repas, soirées, où deux jeunes ingénieurs envoyés par ETA n'ont pas grand chose à faire d'autre qu'à discuter. Horlogerie, nouveaux matériaux... De la discussion, du rêve encore flou et ténu, naît une montre futuriste. C'est ici qu'entre en scène Elmar Mock, revenons un peu en arrière.

ndendo forma un miscuglio esplosivo: l'idea Swatch, nata nella testa dell'ingegnere fino alla robotizzazione e al montaggio automatico.

Formula di base del miscuglio che fermentava da anni: Jacques che faceva ricerche per la catena di montaggio alla fabbrica di orologeria di Fontainmelon, sapeva degli investimenti fortissimi impegnati senza successo. Questo tentativo era molto coraggioso, ma pochi i risultati, tanto è vero che si era giunti a pensare di non riuscire a montare un orologio in modo automatico. Non ci voleva altro perche l'ingegner Muller raccogliesse la sfida.

Mancava il detonatore. Chi? Un altro ingegnere con il quale condivideva un certo ideale. Nel mucchio di novità che sarebbero intervenute, l'orologio fatto dai robot avrebbe permesso la doppia economia di fabbricazione dei pezzi, di tempo e dunque di denaro che normalmente avrebbe dovuto essere investito nel montaggio e nei ritocchi successivi. Avrebbe permesso, al condizionale. Perché per il momento è solo un magma informe di idee che si accavallano, che non riescono a prendere forma. Una settimana di seminari all'Università tecnica di Esslingen, sui metalli sintetizzati, utilizzati più nell'industria delle automobili e in quella delle armi che nell'orologeria, dà ancora una spinta all'ispirazione.

Lunghi viaggi in macchina, cene, serate dove i due giovani ingegneri inviati da ETA non hanno altro da fare che discutere di orologeria, di materiali nuovi... Da questi colloqui, da questi sogni ancora indistinti, nasce l'orologio del futuro.

Achilles heel of the Swiss watch industry: assembly work." In the laboratory, a potentially explosive idea was already developing: the Swatch concept with behind the idea of a totally automated assembly line.

The basic ingredients for such a recipe had been around for years, and Müller had spent some time studying the transfer line system used at the Fabrique d'Horlogerie in Fontainemelon, and the unsuccessful trials in fully automated assembly. It had been an act of courage by the company but the millions of francs invested in machines for so very few results led them to think that it would be impossible to mass produce a watch on a fully automated basis. Nevertheless, this past experience was enough to fix the challenge firmly in Engineer Müller's mind. To obtain the ideal recipe needed another ingredient: the experience acquired both in the automated mass production of watches and chronographs and in the production of luxury pieces.

The catalyst was to be another engineer sharing the same grand concept and ideals, and in the revolutionary change which eventually followed came a mass-produced watch allowing economies in the tooling of component parts and in time, and saving money which had in the past been invested in assembly and subsequent adjusting. However at this stage, it was only a melting pot of ideas, a whiff of smoke hiding a dream. In fact a one-week seminar at the Technical University of Esslingen, on calcinated metals, more commonly used in the automobile and armament industries than in watch making, was to provide new inspiration.

Two young engineers, sent by ETA found themselves with little to do during the long car journeys, meals and evenings together, except talk... about watchmaking, new materials etc.... but from merely chatting about what was still a hazy and tenuous 'idea', a futurist product was born. This is the point where Elmar Mock enters the story.

Elmar Mock

Né en milieu horloger, à La Chaux-de-Fonds, Elmar Mock[1] est devenu ingénieur en microtechnique à l'Ecole technique supérieure de Bienne, une ville où s'était installée sa famille, le père, horloger, entretenant des contacts professionnels avec ETA.

Désagréable surprise pour la promotion 1976 d'ingénieurs ETS, un diplômé sur les seize frais émoulus de l'école a trouvé du

Elmar Mock.

Nato a la Chaux-de-Fonds, in un ambiente orologero, Elmar Mock[1] è diventato ingegnere in microtecnica alla Scuola Tecnica Superiore di Bienne, dove si era istallata la famiglia.

Brutta sorpresa per i diplomati ingegneri ETS del 1976: uno su sedici sfornati di fresco ha trovato un lavoro, per gli altri la dis-

Elmar Mock

Elmar Mock[1] was born into the clockmaking world of Chaux-de-Fonds and qualified as an engineer in microtechniques at the Advanced Technical School of Bienne, where his family lived. His father was a clockmaker with professional contacts with ETA.

It had come as an unpleasant surprise to the young graduate engineers leaving the school in 1976: employment was available for

---

[1] Elmar Mock est aujourd'hui chef de l'entreprise CREATEC concept et technique à Bienne.

[1] *Elmar Mock è oggi dirigente della ditta CREATEC - Concezione e tecnica a Bienne.*

[1] Elmar Mock is, at the time of writing, head of CREATEC, a company specialised in design and technique, in Bienne.

travail. Pour les autres: le chômage. Service militaire. Recherche d'un emploi: J'ai été engagé par ETA presque par philantropie, raconte Elmar Mock. ETA n'avait pas un urgent besoin de personnel, mais l'entreprise avait pourtant décidé d'engager un ingénieur. Je me suis occupé, théoriquement, de construction mécanique qui ne me passionnait qu'à moitié, d'autant plus que, par manque de travail, je ne pouvais m'y intéresser vraiment que deux ou trois heures par jour...

Les calibres électroniques commençaient à percer, on inaugurait l'emploi de pièces plastiques, et la Direction d'ETA décide donc d'introduire ce type de production dans l'entreprise.

On offre à l'ingénieur Mock un laboratoire, au galetas, avec une petite machine à injecter, et l'assistance d'un mécanicien pour sortir les outillages. Les deux hommes commencent ainsi à concevoir une unité d'injection plastique pour la microtechnique.

Elmar Mock: J'en garde un souvenir amer, car je me trouvais sans aucune formation spécifique face, à la fois à un domaine totalement inconnu, et par voie de conséquence, à un dilemne: que faire, continuer à nager dans le noir, construire des éléments sans en connaître les bases, ou revenir à mon domaine d'activité propre: la construction horlogère? Après bien des discussions avec son épouse, une décision: continuer ses études.

Renseignements pris, il y avait un cours du côté de Windisch, en Argovie, sur les matériaux synthétiques. Une année de post-formation de niveau ETS. L'annonce d'un prochain départ amène la Direction d'ETA à envisager une solution intéressante pour tous: on propose à Elmar Mock de lui conserver son salaire pendant la durée des études, moyennant une contrepartie: deux ans de travail par la suite chez ETA.

Proposition agrée. Seul Romand au milieu d'une micro-classe de cinq étudiants, instruits par des professeurs suisses alémaniques parlant dialectes, Elmar Mock apprend l'allemand... En même temps qu'il découvre les nouveaux matériaux.

Ensuite? Retour à ETA, avec pour bagage non seulement la parfaite connaissance de la chimie des plastiques et des possibilités offertes par cette matière, mais l'amour de son nouveau métier. Pour lui, construire quelques pièces de technicité simple sur quelques machines, ce n'est pas se réaliser, dans le travail, c'est vivoter;

La rencontre avec Jacques Müller, les discussions régulières et surtout le voyage à Esslingen promettent de rendre tout son attrait à l'aventure professionnelle. Encore faudra-t-il y mettre du sien. Esslingen avait pris, pour les deux jeunes gens, l'allure d'un véritable concile. Les bases d'idées qui aboutiront plus tard à des brevets y sont jetées. Mais il convient de retenir surtout de cette époque une façon toute neu-

occupazione, il servizio militare, la ricerca di un impiego. - Sono stato preso all'ETA quasi per filantropia, racconta Elmar Mock. - l'ETA non aveva bisogno di personale, ma aveva deciso di assumere ugualmente un ingegnere. In teoria mi sono occupato della costruzione meccanica, che mi interessava proprio poco, oltre tutto che non c'era lavoro...

Cominciano a spuntare i calibri elettronici, si cominciano a usare i pezzi in plastica e la direzione dell'ETA decide di introdurre questo tipo di produzione nell'impresa.

Offrono all'ingegner Mock un "laboratorio" in una specie di soffitta, con una macchinetta a iniezione e un assistente meccanico. I due uomini intuiscono che ci vorrebbe un'unità di iniezione plastica per la microtecnica.

Elmar Moch dice: - Ne conservo un brutto ricordo, perché non avevo nessuna formazione specifica e mi trovavo di fronte a un dilemma: continuare in un ambito sconosciuto, costruire degli elementi senza basi sicure, o tornare alla mia vera attività: la costruzione orologera? - Dopo molte discussioni con la moglie, prende una decisione: continuare gli studi.

Prende informazioni, c'era un corso dalle parti di Windisch, in Argovia, sui materiali sintetici, un anno di perfezionamento dopo il diploma ETS. L'annuncio della sua partenza induce il direttore d'ETA a prospettargli una soluzione interessante per entrambi: il suo salario gli verrà conservato per tutta la durata degli studi a una condizione: che dopo torni da ETS per due anni.

Una proposta ottima. Elmar Mock si trova a essere il solo romando in una piccolissima classe di cinque studenti, istruiti da professori svizzeri tedeschi che parlano dialetto... Elmar impara il tedesco mentre studia i nuovi materiali.

E dopo? Ritorno a ETA, con un bagaglio di ottime conoscenze sulla chimica delle plastiche e le loro possibilità di applicazione e una grande passione per il nuovo mestiere. Ormai costruire qualche pezzo semplice sulle macchine è ininteressante, è vivacchiare.

L'incontro con Jacques Muller, le discussioni, il viaggio a Esslingen gli ridanno il gusto dell'avventura professionale. Però bisognerà "darci dentro". Esslingen aveva assunto per i due giovani l'importanza di un concilio. Proprio là sono nate delle idee che diventeranno più tardi dei brevetti. Nasce una nuova mentalità, un modo nuovo di considerare il lavoro dell'ingegnere.

only one out of sixteen, the only option for the rest being to sign on at the unemployment agency. A short period of National Service was followed by a return back to looking for a job. "ETA offered me a job practically out of charity," remembers Elmar Mock. "They didn't really need to take on personnel, but the Company, however, decided to take on an engineer. Theoretically I was supposed to deal with mechanical construction work which didn't really thrill me that much - especially as there wasn't a lot to do, I only had between two and three hours work a day ...

It was at this time that electronic movements were beginning to come in, along with parts made of plastic, and the ETA Management decided to introduce a production line for them."

Mock was given a so-called laboratory in a corner, with a small injection machine and the assistance of a mechanical technician to do the tooling. In less than ideal conditions the two men started to design a plastics injection unit for microtechnical engineering purposes.

Elmar Mock: " I remember this rather bitterly since I didn't really have any specific training and was up against a totally unknown field, and consequently, a dilemma. What should I do, carry on in the dark, design parts without really knowing the basics or return to my own field of activity: watch and clock construction?" He talked it over with his wife and they came to the conclusion that he should go back to studying.

Looking around he found that near Windisch, in Argovia, there was a one-year post-graduate course at ETS level in synthetic materials. When Mock proposed his plan to ETA, they came up with a mutually interesting solution: Elmar Mock would continue to be paid his full salary throughout the course in return for remaining with ETA for two years afterwards.

Mock accepted, and found himself the only French speaker in a mini-class of five students with Swiss German teachers, all of whom spoke in dialect. He learnt German ... and about new materials at the same time

Elmar Mock returned to ETA not only with an advanced knowledge of plastics chemistry and the numerous possibilities offered by this material, but also with a real passion for his new speciality, and therefore designing a few very basic parts using limited machines was not what Mock now called working, it was just surviving.

Fortunately the meeting with Jacques Müller, their regular discussions and especially the trip to Esslingen, convinced him that there was an attractive future in his new profession, despite the tremendous personal effort that would be required. As has been mentioned, Esslingen represented a real turning point for the two young engineers, for those vague ideas they bandied about would later turn into patents. They were, at the time,

ve de considérer leur travail d'ingénieur, tout en mettant d'ores et déjà en place les décors d'un scénario global. Avec des visions spécifiquement différentes en vérité, mais en tout point complémentaires.

Toutes les inventions du monde

Toutes les bonnes idées, toutes les inventions du monde ne débouchent pas sur la concrétisation. Elles ne dépassent souvent jamais l'état du dessin ou le stade du prototype. Vous pouvez inventer tout ce que vous voudrez, il faut des gens derrière pour réaliser. C'est sans aucun doute la tâche d'un patron d'être à l'écoute de ses ingénieurs de recherche, mais il y a des décisions qui peuvent parfois coûter très cher à une entreprise, et ne rien rapporter.

Réussir, c'est aussi avoir de la chance. Pour un patron, ne pas disposer d'assez de génie ou de nez, pour saisir une chance lorsqu'elle passe, c'est une erreur professionnelle. Il y a des hasards qui servent la chance, et c'est précisément ce qui va se produire.

À l'époque, à la fin des années septante, existait encore une réelle concurrence, pour ne pas dire confrontation, entre les diverses filiales du holding Ebauches SA, l'un des groupes d'Asuag-SSIH.

Ebauches Electroniques, à Marin, travaillait le marinium, un matériau plastique, substitut du laiton, pour la base des mouvements de montres. A Fontainemelon, on injectait aussi le plastique. Alors à Granges, chez ETA, on entendait ne pas rester en arrière. Revenu à Granges, Elmar Mock est un excellent spécialiste des matériaux, notamment des matières plastiques.

Chacun cherche à assouvir ses envies, ses ambitions, et le travail est un terrain idéal d'accomplissement de soi-même. En l'occurrence, développer le département Matières plastiques, c'était aussi acquérir une grande machine à injection. Elmar Mock est très remuant.

Aussi, se présente-t-il à la direction pour plaider sa cause: un investissement pour un véritable équipement et non du bricolage. La partie plastique du décor de la technique concernant l'habillement Swatch, serait ainsi planté, mais en attendant. 27 mars 1980: 10 h du matin. La secrétaire de M. Thomke fixe à Elmar Mock un rendez-vous pour 13 h 30 l'après-midi.

Nous avions bien des idées, se souvient-il, mais on ne peut aller au-devant du patron avec de vagues formulations. Un saut dans le bureau de Jacques Müller, et nous nous sommes assis à la table, devant un papier millimétré. Ainsi sont jetées ou confirmées certaines bases, à peine précises, de la Swatch: boîte monocoque bâti-fond en polystyrène, piste rivetée, support quantième en polypropistyrène. Principe de base: verre soudé, moteur fixé séparément.

Les deux ingénieurs avaient eu ce jour-là une heure et demie pour faire leur esquis-

Tutte le invenzioni del mondo

Non tutte le buone idee si concretizzano, spesso non oltrepassano lo stadio di disegno o al massimo di prototipo. Voi potete inventare tutto quello che volete, ma se non c'è dietro qualcuno che lo realizzi... Il compito di un buon capo è proprio quello di saper ascoltare i suoi ricercatori, ma a volte ci sono decisioni che possono costare molto care senza essere redditizie. Riuscire, vuol dire anche aver fortuna.

Per un capo non avere abbastanza intuito per cogliere al volo la "chance" è un errore professionale. Ci sono circostanze che aiutano la fortuna e nel nostro caso è proprio quello che succederà.

A quell'epoca, alla fine degli anni 70 le varie filiali della holding Ebauches S.A. si facevano una concorrenza agguerrita.

Ebauches Electroniques, a Marin, lavorava il "marinium", un materiale plastico, sostituto dell'ottone, per la base dei movimenti di orologi. A Fontainmelon, si iniettava anche la plastica. Allora a Granges da ETA non si voleva restare indietro. Elmar Mock, al suo ritorno, è un eccellente specialista di materiali, soprattutto plastici.

Come tutti, vuole attuare le sue ambizioni e il lavoro è il terreno ideale per realizzare se stessi. Bisogna comprare una macchina a iniezione per sviluppare convenientemente il settore "Materie plastiche".

Ecco che Elmar Mock si presenta in Direzione per perorare la sua causa: "Un investimento per una attrezzatura seria e non fatta "in casa". 27 marzo 1980: ore 10 del mattino. Il segretario di Thomke fissa a Elmar Mock un appuntamento per le 13,30

"Noi avevamo certo molte idee, ma non ci si può presentare dal padrone con vaghe formulazioni. Allora, un salto nell'ufficio di J. Muller e ci siamo seduti al tavolo da disegno con la carta millimetrata." Così furono gettate le basi, non ancora precise dello Swatch: - cassa portante monoblocco con fondo di polystyrène, pista rivettata e supporto data di polypropistyrène. - principio di base: motore fissato separatamente, vetro saldato.

Quel giorno i due ingegneri avevano avuto un'ora e mezzo di tempo per fare lo

Inventions - not so easy...

approaching the work of an engineer from a totally revolutionary starndpoint, setting the scene for a future integrated approach that was at once different but complementary to what had gone before.

Not all the good ideas or inventions in the world come to fruition; indeed the majority never go beyond the drawing board or the prototype. The most brilliant of ideas is doomed to failure if there are not the people behind to make it succeed; this is the task of top management who must have faith in their research engineers, but at the same time be extremely careful. A bad decision can result in enormous costs and bring no return whatsoever.

Success involves an element of luck; if a manager does not have sufficient foresight or flair to seize an opportunity, he may miss the boat. But sometimes chance events can help luck along, and that is precisely what happened with the Swatch.

At the end of the Seventies, there was very real competition, verging on confrontation, between the various subsidiaries of the Ebauche SA Holding Company, a member of the Asuag-SSIH Group.

In Marin, Ebauche Electoniques were already working 'marinium', a plastic bronze-subsitute material, as a basis for watch movements, whilst at the same time in Fontainemelon, the technique of injection plastics was already in use. At ETA in Granges, they had no intention of lagging behind the rest of the group, and Elmar Mock was now considered as being a real expert in the new materials, especially plastics.

However, realising one's dreams and ambitions at work may be an ideal but in this case, developing the 'Plastics Department' also meant obtaining a proper injection machine.

Elmar Mock, determined as ever, went to the Management to plead his cause. The company should invest in some real equipment and not do-it-yourself substitutes. The 'plastics' part of the technical scenario of the Swatch project was coming together, and on 27th March 1989 at 10 a.m., Mr. Thomke's secretary gave Elmar Mock an appointment for 1.30 p.m. on the same day.

"We had lots of ideas," Mock remembers, "but you can't go up to see the boss with vague designs. So I popped into Jacques Müller's office and we sat down to prepare something on paper." This was how certain very hazy, basic ideas for the Swatch were arrived at, and included - PS monocoque case, with integral back, riveted edge - PPS calendar support - basic principal to include a welded glass and separately fixed motor.

That day, the two engineers had just one and a half hours to draw something up, to

se, présenter un bâti plastique, un ensemble injecté, simple à monter par le haut, le plus économique possible. Une esquisse surtout destinée à justifier l'achat de l'équipement, si besoin était. A ce stade, résumons: Le Dr Thomke écoute, puis: Non, non... Moi, je ne veux pas mettre des centaines de milliers de francs pour une machine à ne rien faire;

Alors Mock, timidement: On pourrait peut-être faire ceci? Un silence attentif, et Thomke, feuille en main: Voilà ce que j'attends depuis longtemps; A une époque où la conjoncture était au plus mal, le vrai génie du patron fut cette vision, cette vista, très large des choses, pour reprendre un terme de football.

A vrai dire, ce genre de manifestation spontanée, suivie d'une décision immédiate, s'est rarement présentée en horlogerie. Là où tout était patience et lente élaboration de merveilles micromécaniques, on n'avait pas encore acquis ce sens, cette habitude de réaction immédiate. A tel point que la petite histoire prête déjà ce mot à M. Thomke: Je ne veux plus voir un horloger dans cette boîte pour faire des montres. Un peu comme un chef d'Etat avait dit: La guerre est chose trop sérieuse pour la confier à des militaires. Décision est donc prise et carte blanche est donnée dans toute l'entreprise à Mock et Müller pour foncer dans ce projet.

En fait de foncer, le départ ne paraît pas très dynamique. D'abord, Jacques Müller, le constructeur, seul devant sa planche à dessin, conçoit la partie technique. Elmar Mock vient voir ce qui se passe. De temps en temps. Ce n'est pas encore l'heure pour lui d'entrer sur scène. On discute tout de même du scénario. Des études, des essais, des déboires aussi. Comme ce jour où Jacques avoue à son ami pendant le déjeuner: Ecoute... Le moteur vis sans fin, c'est foutu. Il faut tout recommencer... Trouver autre chose. L'ouvrage remis sur le métier.

Personne d'autre que le constructeur et ses garçons pour l'instant n'est encore impliqué dans la recherche. Rien d'exceptionnel. C'est toujours ainsi que cela se passe: le constructeur et son équipe reçoivent un cahier des charges, des objectifs à atteindre, et à partir de là, réalisent les plans de leurs nouveaux calibres. Tout en prenant les premiers contacts avec la production, car la construction doit déboucher sur des prototypes. Cependant, dans un département de recherches et développement, lorsqu'il s'agit de quelque chose d'aussi inédit que la Swatch, c'est de la cuisine interne à 90%. Et l'on y mijote déjà des prototypes partiels.

Ce fut mon cas le plus difficile, reconnaît Jacques Müller, car c'est le seul où il m'a fallu faire deux fois la construction. On n'innove jamais sans risque. Il arrive souvent que cela ne marche pas du premier coup. Et même en seconde instance, j'ai eu du mal à faire marcher cette montre...

schizzo, un modellino, un insieme iniettato, semplice da montare dall'alto, molto economico. Lo schizzo doveva soprattutto giustificare l'acquisto del macchinario necessario, se ce ne fosse stato bisogno. Il dottor Thomke ascolta, poi risponde seccamente: "no, no... Non voglio investire centinaia di migliaia di franchi per una macchina che non serve a niente.

Allora Mock, porgendo timidamente il progetto: "Forse si potrebbe fare in questo modo? Silenzio. Il dottor Thomke con il disegno in mano esclama: "Ecco quello che aspettavo da tempo." In un momento di cattiva congiuntura, ecco il genio del "patron" che ha subito visto lontano.

In orologeria, bisogna dirlo, dove tutto è pazienza e lenta elaborazione di meravigliosi elementi di micromeccanica, questi interventi spontanei, seguiti immediatamente da una decisione, sono piuttosto rari. Tanto è vero che la storia spicciola presta al signor Thomke queste parole: "Non voglio più vedere qui dentro un orologiaio per fare gli orologi", come diceva più o meno quel capo di Stato: "La guerra è una cosa troppo seria per lasciarla in mano ai militari". Presa la decisione, Muller e Mock ricevono carta bianca per "buttarsi" alla realizzazione del progetto.

In fatto di tuffi, non si direbbe una partenza molto dinamica. Intanto J. Muller, il costruttore, è solo al suo tavolo da disegno, a concepire la parte tecnica. Elmar Mock viene ogni tanto a dare un'occhiata. Non tocca ancora a lui. Però si discute dello scenario, degli studi, delle ricerche, delle prove, delle delusioni, come quella di Jacques che un giorno a colazione dice all'amico: "il motore a vite senza fine è rotto. Bisogna ricominciare, trovare altro. ... e si ricomincia.

Per il momento solo il costruttore e i suoi "ragazzi" sono interessati alla ricerca. Niente di strano. E sempre così quando si comincia: il costruttore e il suo gruppo ricevono un capitolato con gli obiettivi da raggiungere e in base a questi realizzano i nuovi calibri. Ci sono sì i primi contatti con la produzione, visto che la costruzione deve portare ai prototipi. Tuttavia, nel settore studi e ricerche, quando si tratta di qualcosa di così inedito come lo Swatch, si fa un pò di tutto, infatti vi si costruiscono già prototipi parziali.

"È stato il progetto più difficile, riconosce Muller, ho dovuto provarci due volte. Non si innova senza rischi. Capita che non funzioni al primo colpo. "E neppure al secondo. Ho fatto una fatica a far funzionare quest'orologio...."

prepare a plastic plate and an injected form, simple enough to enable assembly from above, as economically as possible. It was in effect a rough draft mainly intended to justify the purchase of the necessary equipment. Dr.Thomke listened to their request: "No. I don't want to put hundreds of thousands of Francs into a machine for nothing!"

In reply, Mock politely suggested: "Perhaps we could produce this?" A long pause ensued, then Thomke, with the draft design in his hand literally exclaimed: "This is just what I've been waiting for!" During a period when the general economy was in a particularly bad state, the real genius of the man was his foresight and his overall view of the game plan, to steal a term from football.

In all truth the occasions when a spontaneous idea was followed by an immediate decision, amounted to a very rare occurrence in the watch making industry. The traditionally patient and slow development of micromechanical marvels that characterised the Swiss approach was not particularly conducive to snap decisions. Mr. Thomke had even been heard to say: " I no longer want to see watchmakers making watches here," recalling perhaps the words attributed to Talleyrand "War is too serious a matter to be left to soldiers." The decision made, Mock and Müller were given 'carte blanche'.

As for forging ahead, it was in effect to be a fairly slow start. Jacques Müller, alone with his drawing board, began by designing all the technical parts, with occasional visits from Elmar Mock, to discuss and see what progress was being made, for there was little he could do at this stage; studies, trials, disappointments included. Like the day when Jacques admitted to his friend during lunch: - " The endless screw is no good. I've got to start all over again... find something else." So the project went back to the bench, and for the time being, only the designer and his technicians were involved in the research activities.

That is in effect normal procedure, for given a list of specifications and objectives to reach, the designer and his team are responsible for all the draft work for new calibers. Regular meetings were held with Production, to enable prototypes to be made, but in the case of something as revolutionary as the Swatch, 90% of all work remained inside the Research & Development Department.

"It was the most difficult job I've ever done," admitted Jacques Müller, " it was the only time I've ever had to design everything twice. And even the second time, I had a bit of a job to get this watch to work..."

Le temps de gestation

Entre avril 1980, début des recherches de solutions techniques, et janvier, mars, avril 1981: où les résultats des tests sur les premiers prototypes et les débuts de la construction pour série, conduisent à la nécessité d'une refonte, d'une deuxième édition de prototypes, les premières études design et marketing esthétique et commercialisation ont été lancées à l'automne. Ce n'est qu'une année plus tard pourtant que seront contactés les esthéticiens définitifs de la Swatch.

Durant ce temps de gestation, il y eut mille et une raison de baisser les bras et de tout fourrer en tiroir. C'est peut-être une chance d'avoir un aussi mauvais caractère que le mien, estime Jacques Müller. Je n'admets pas l'échec, mais au lieu d'avoir une réaction négative, je repars de l'avant. Et c'est pourquoi la Swatch existe et marche. En attendant, incidents et anecdotes ne manquent pas. Ainsi, l'histoire du moule du rotor. Une pièce microscopique en acier, à façonner de manière à obtenir un moule très précis pour faire en série la partie mobile des mini-moteurs.

Un immense travail de précision pour un outillage minuscule, dont le coût correspond approximativement à celui d'une villa familiale. Et cela ne jouait pas parfaitement. Ayant raté d'une fraction de millième de millimètre cette performance technique exceptionnelle, le responsable avait tout balancé à travers l'atelier avant d'être envoyé en vacances... Et de s'y remettre ensuite pour réussir...

A l'instar de ce mécanicien hors pair aussi, dont les nerfs ont craqué et qui a massacré son travail à coups de marteau. Des anecdotes professionnelles pas très passionnantes sans doute, mais qui montrent les difficultés qu'il a fallu surmonter alors, pour flirter avec les limites de la technologie horlogère et parfois les dépasser.

Corriger une pièce qui se met de travers de trois centièmes de millimètre, c'est notre travail de routine, mais partir de notre idée de base pour la mener à terme, ce fut plus de deux années d'intense transpiration. Deux ans de dépassement pour tous les gens qui avaient accepté de travailler avec nous là-dessus, et que nous avons poussé à des limites de résistance très pénibles. Même dans le département des prototypistes, où je dispose de six types extraordinaires, conclut Jacques Müller.

Marlyse Schmid et Bernard Müller

Un hiver, un printemps, un été ont changé tour à tour les couleurs du Val-de-Ruz. On voit rudement bien les Alpes aujourd'hui, c'est sûrement pour la pluie... Dit, une cliente de la boulangerie Frey à Cernier, en provoquant un raz-de-marée d'indifférence générale... La cliente c'est Marlyse Schmid, compagne de Bernard Müller, frère de Jacques... Les ouvrières

Il tempo di gestazione

Nell'aprile 1980 iniziano le ricerche di soluzioni tecniche, gennaio, marzo nell'aprile del 1981 i risultati dei test dei primi prototipi per la costruzione in serie portano a dei ripensamenti per una seconda serie. Nell'intervallo, in autunno 1980, si lanciano già i primi studi di design e marketing. Solo un anno dopo si prenderanno contatti con gli stilisti che daranno forma definitiva allo Swatch.

Durante questo tempo quante volte c'è stata la tentazione di abbassare le braccia e chiudere tutto in un cassetto! "Forse è una fortuna avere un brutto carattere come il mio - afferma J. Muller, che non tollera il fallimento- invece di reagire negativamente, io riparto con più foga. Per questo lo Swatch esiste e funziona." Intanto incidenti e aneddoti non mancano, come quello dello stampo per il rotore: un pezzo microscopico di acciaio, da modellare con una precisione assoluta per fare in serie la parte mobile dei mini motori.

Il costo approssimativo? come quello di una villetta. E non andava, non andava... Siccome si era sbagliato di millesimi di millimetro, il tecnico aveva rabbiosamente buttato per terra tutto quanto, prima di essere spedito in "vacanza"... Poi si era rimesso al lavoro, questa volta per riuscire.

Oppure come quel meccanico impareggiabile al quale erano saltati i nervi e che aveva preso a martellate tutto il suo lavoro. Aneddoti professionali non interessantissimi, se vogliamo, ma che illustrano bene le difficoltà che ha dovuto superare chi ha voluto amoreggiare con la tecnologia per superarne i limiti.

"Correggere un pezzo che si mette di traverso di tre centesimi di millimetro è il nostro lavoro quotidiano, ma portare a termine la nostra pazza idea ci costò più di due anni di sudori. "Due anni di superlavoro per tutti quelli che avevano accettato di lavorare con noi ai limiti della resistenza. Perfino nel reparto dei prototipisti, dove ho a disposizione sei collaboratori super", finisce per concludere Jacques Muller.

Marlyse Schimd e Bernard Muller

Cambiano le stagioni e cambiano i colori di Val di Ruz. - Si vedono benissimo le Alpi oggi, deve essere per la pioggia... Dice una cliente nella panetteria Frey a Cernier, nell'indifferenza generale. La cliente è Marlyse Schmid, compagna di Bernard Muller, fratello di Jacques. Le operaie all'uscita dal lavoro non hanno voglia di parlare. Tutti sono preoccupati più per le

"The Gestation"

Development took from April 1980, when the research into technical solutions started, to January, March, April 1981 when the results of tests on the first prototypes were known and the commencement of series construction led to total recasting and a second edition of prototypes. The first design and marketing studies were launched in the autumn of that same year. It was not until a year after the start, however, that the watch's 'make-up' artists were to be contacted.

Throughout the development period, there seemed to be a hundred and one reasons to drop everything and put the whole idea back on the shelf! "Perhaps I'm lucky to have such a stubborn nature," said Jacques Müller. "I don't like admitting failure, and instead of becoming depressed, I start all over again, which is probably why the Swatch came to exist and to work." About the problems there are numerous stories: like the rotor, a microscopic part in steel, which needs a mould of extraordinary accuracy for the serial manufacture of the moving parts of the mini-motors.

The huge amount of precision work needed for such tiny tooling, cost about the price of a family house! After the slightest of errors resulted in the part failing to be usable by a fraction of a thousandth of a millimetre, the man in charge threw the entire thing across the workshop floor before being sent away on vacation... and coming back to it later and succeeding.

His colleague, suffering similar frustration massacred his work with the aid of a hammer! Typical professional anecdotes no doubt, but they illustrate the kind of problems which had to be overcome when working at the extreme limits of watchmaking technology.

"Rectifying a part out of true by three hundredths of a millimetre is routine, but carrying our basic project to fruition was over two years of sheer sweat and tears; two years of surpassing themselves by all those who had agreed to work with us on the project, and whom we pushed to the very limits of their endurance, even in the Prototype Department where I had six quite extraordinary technicians," concluded Jacques Müller.

Marlyse Schmid and Bernard Müller

It began in the Val-de-Ruz, a picturesque area of Switzerland. At the counter of the Frey Boulangerie (bakery) in Cernier, Marlyse Schmid, the girlfriend of Bernard Müller, whose brother's name happened to be Jacques, was passing comments on the chances of rain. The response from the other customers, mostly factory girls breaking for lunch, was a tidal wave of indifference the hot topic was a

sorties du travail tard dans la matinée n'ont guère le loisir de la conversation. Et c'est le temps des soucis: on parle davantage des bruits de fermeture d'ateliers, que des signes d'orage. Marlyse attrape son pain, rentre à la Châtière, ferme qu'elle partage avec Bernard au centre du village suivant.

Ce jeudi matin, après une tournée de magasins, elle a déposé sur la table des morceaux de carton, de la colle, une paire de ciseaux, du papier, qu'elle examine. En attendant Bernard, qui va rentrer de son travail. Et oui; Pour faire bouillir la marmite, il a fallu trouver un emploi. Dans une serrurerie, puisque le technicien en micromécanique a été laissé sur le carreau par l'horlogerie.

Pour l'heure, les quelques fournitures posées là, sur la table, vont pourtant peu à peu donner forme et consistance aux aspirations de Bernard de fonder son propre bureau d'études. Car il s'est tout de même produit un événement. Il y a quelques jours, sonnerie du téléphone au rez-de-chaussée de la ferme.

Salut frangin, mon chef M. Bally aimerait te voir. Je lui ai montré tes gravures et tes huiles, il m'a demandé si tu ne serais pas intéressé à dessiner une montre et à la carrosser... Là-dessus, Jacques Müller essuie un refus. Je ne veux plus entendre parler d'horlogerie. Fini.

Bernard, très lié à son frère, avait par contre peu de détails sur son activité professionnelle quotidienne. Encore moins sur le projet Swatch, strictement tenu secret. Il ne pouvait donc deviner l'intérêt contenu dans cette affaire.

Evidemment, Jacques lui, savait. Mais il connaissait aussi son frère. Quelques jours s'écoulent. Nouvel appel. Ecoute, essaie tout de même, ça va t'aider... Un petit truc à 1000 fr., se dit Bernard, en acceptant finalement de prendre contact avec le sous-directeur d'ETA, M. Bally.

Pour Marlyse, ce n'était pas l'enthousiasme, mais enfin, Jacques avait ajouté: Si tu as été refusé à Fontainemelon, tu seras bien accepté à ETA. Va toujours voir quel travail tu devrais faire, avait renchéri Marlyse. Et voici le second des Müller en route pour Granges.

Entre la Fabrique d'Horlogerie de Fontainemelon et le complexe industriel d'ETA, la différence est assez frappante. Au lieu de l'entrée monumentale au fronton décoré d'une frise de l'usine neuchâteloise et de la chaleur du calcaire jaune de sa façade principale, à Granges, l'abord est plus rigoureux, presque militaire. Fontainemelon est tout en longueur, tandis qu'à Granges, des bâtiments aux larges baies vitrées, couleur utilitaire, bien assis en carré, se dégage une impression de puissance de l'entreprise.

voci che corrono di chiusura degli ateliers che per i segni premonitori del temporale. Marlyse prende il suo pane e rientra alla Châtière, la fattoria nella quale vive con Bernard, nel villaggio vicino.

Quel giovedì mattina, dopo un giro nei negozi, pone sul tavolo pezzi di cartone, colla, un paio di forbici, carta, che esamina con attenzione, aspetta Bernard, che tornerà presto dal lavoro. Eh già. Per mangiare è stato necessario trovare un lavoro, presso un fabbro.

Lui che è tecnico in micromeccanica, è stato licenziato dall'industria orologera. Eppure, per il momento, il materiale che è sulla tavola servirà a dare forma alle sue aspirazioni, che sono quelle di aprire un suo ufficio studi. Già è successo qualcosa. Qualche giorno fa, suonó il telefono al pianterreno.

"Ciao, fratello, il mio capo, il signor Bally, ti vorrebbe vedere. Gli ho mostrato i tuoi disegni e i tuoi oli, mi ha chiesto se tu non saresti disposto a disegnargli un orologio e a carrozzarlo." Senza che possa terminare, Jacques riceve un netto rifiuto. "Non voglio più sentir parlare di orologeria. Basta."

Bernard, molto legato al fratello, non sapeva quasi niente del suo lavoro, e niente addirittura del progetto Swatch, tenuto strettamente segreto. Non poteva pensare quindi che si trattasse di una faccenda interessante.

Jacques invece sapeva e conosceva il fratello. Qualche giorno dopo richiama. "Ascolta, dovresti provare, chissà..." "Un lavoretto a 1.000 franchi, si dice Bernard, che però accetta di incontrare il vicedirettore di ETA, Signor Bally.

Per Marlyse non era una cosa entusiasmante, ma poiché Jacques aveva aggiunto: "Se sei stato rifiutato a Fontainmelon sarai accolto bene da ETA.", lei aveva detto: "Ma vai a vedere non si sa mai..." Ed ecco il secondo Muller in strada per Granges.

Tra la fabbrica di orologeria di Fontainmelon e il complesso industriale dell'ETA, certo c'è una bella differenza. Al posto dell'entrata monumentale dal frontone ornato di un fregio dal caldo colore del calcare giallo dell'officina Neocastellana, a Granges, l'accoglienza è severa. Mentre Fontainmelon è tutta in lunghezza, qui c'è un complesso dall'aspetto militare, edifici quadrati dalle larghe finestre vetrate, di un colore neutro. Dall'insieme emana un'impressione di potenza.

rumour of a partial shutdown of the local factory. With the bread under her arm, Marlyse went home to Châtière, the farm she shared with Bernard in the centre of the next village.

On that Thursday morning, she put the results of her shopping on the table; cardboard, glue, a pair of scissors and some paper. Bernard was due to come home for lunch, a qualified micromechanical technician, he had had to find a job with a locksmith; like many he had been left high and dry by the crisis in the watchmaking industry.

In the meantime, the bits and bobs lying on the table were hopefully going to help with the start-up of his own design business. Something really interesting had turned up out of the blue: a few days previously, the telephone had rung at the farm.

"Is that you brother? Listen, my boss Mr. Bally would like to see you. I showed him your drawings and your oils and he wondered if you'd be interested in designing a watch and doing its casing..." But Bernard had said no: "I don't want to hear anything more about watchmaking. I've finished with it!"

Although very close to his brother, Bernard knew little about his day-to-day work, and even less about the Swatch project which remained a closely guarded secret; there was no way he could guess at the importance of his brother's request.

Jacques of course did - he also knew his brother very well - and after letting a few days go by he called again. "Listen, it's worth a try, it'll help you out..." 'A bit of work for 1000 francs' Bernard thought to himself, finally agreeing to get in touch with Mr. Bally, the Assistant Manager at ETA.

Marlyse was similarly not very enthusiastic, but hearing what Jacques had said: "You might not have been taken on at Fontainemelon, but there's every chance you will be at ETA," she had added: "There's nothing lost by going to see what sort of a job it is." And so the second Müller brother was off to Granges.

The difference between the watch making factory of Fontainemelon and the industrial complex of ETA is quite striking. Instead of the grand entrance, with its golden limestone facade and ornamental frieze, of the Neuchâtelois factory, Granges has a severe and somewhat foreboding exterior. The Fontainemelon facility is widely spread out whereas in Granges the bay-windowed, squat, utilitarian-coloured buildings create an impression of strength and power.

Première rencontre:

Nous sommes en train de développer un nouveau produit, nous allons vous confier un mandat...[1]

Mais d'abord, on désirait voir de quoi Bernard était capable. Proposition est faite de réaliser une boîte de montre, une forme uniquement. Probablement pour un test design. Un exercice de style.

Retour à Chézard

Vraiment, cette fois, j'ouvre mon bureau. Es-tu d'accord d'être associée fifty-fifty? Marlyse a les pieds sur terre. La proposition lui fait un peu peur. Pas assez sérieuse cette affaire. Et pour une association, il faut un minimum de sérieux. De toute façon, nous sommes associés puisque nous sommes déjà ensemble...

Le mouvement de diversion ne satisfait vraiment pas Bernard. Il a conscience d'avoir besoin de quelqu'un pour avancer. Une protection en somme sur une aile trop faible: le commercial, la défense de ses intérêts. Côté technique, c'est un professionnel.

Lorsque l'on vit ensemble, on n'a pas toujours besoin de parler pour être compris. Marlyse perçoit très bien que persister dans son refus empêcherait Bernard de commencer quoi que soit. Il aurait été prêt à repartir ailleurs, n'importe où. Bernard d'argumenter encore: Je ne vois pas l'intérêt de vivre ensemble si ce n'est pas pour faire quelque chose... Tic... Tac... dit le Morbier dont le gros balancier aux reflets de soleil compte dix minutes, un quart-d'heure, tandis que l'on discute. Et Bernard emporte la conviction de sa compagne. Les fonds de tiroir explorés livrent juste assez d'argent pour aller chercher une bouteille de champagne. Pour être fauchés ou presque on n'en est pas moins grand seigneur. Le bouchon explose. La Veuve-Clicquot pétille dans les verres. On sable, au brut s'il-vous-plaît, l'association nouvelle. La tradition est ainsi respectée.

Chaque fois que nous décidons de faire quelque chose, nous fêtons d'abord et agissons ensuite. Il en est toujours ainsi, rappellera Bernard plus tard. Question d'agir, ce jour-là n'apporte pas grand-chose de plus. Le choix du siège de l'entreprise à l'intérieur de la ferme est remis à plus tard. Quant à l'inventaire du matériel disponible, il est plutôt vite fait: un crayon, un mètre pliant. Une mallette de peintre en bois, pour tout attaché-case, à l'intérieur de laquelle l'essentiel sera rangé...

Bernard: En finissant mes études, j'avais tout vendu... tellement je me sentais peu à l'aise dans l'industrie.

1 Anton Bally parle ici d'un mandat de dessins, de clichés de décalque.

Primo incontro

"Stiamo lavorando su un nuovo prodotto, le affideremo un mandato..." [1]

Ma innanzitutto volevano vedere di che cosa era capace Bernard. Gli fanno fare semplicemente una cassa d'orologio, una forma, probabilmente per un test di disegno, un esercizio di stile.

Ritorno a Chézard

-"Questa è proprio la volta buona che apro un ufficio per conto mio. Sei d'accordo di associarti con me "Fifty-Fifty?" Marlyse ha i piedi per terra. La proposta le fa paura, non è seria e per una società ci vuole meno leggerezza. -"In ogni modo noi siamo già associati, considerando che viviamo insieme".

La risposta diplomatica non piace molto a Bernard. Lui sa di aver bisogno di qualcuno per realizzare qualcosa, lui dal lato tecnico è un professionista, ma dal lato commerciale non è capace di difendere i suoi interessi.

Per fortuna Marlyse capisce che persistere nel suo rifiuto impedirebbe ogni iniziativa di Bernard. Lo farebbe partire, non si da dove. Bernard insiste ancora: - Non capisco perché si debba vivere insieme se non per fare qualcosa in comune... Il grosso morbier con il suo bilanciere dai riflessi dorati punteggia la discussione con il suo tic... tac... Bernard riesce a convincere la compagna. Dopo aver frugato nei cassetti si trovano giusto i soldi per una bottiglia di champagne, per festeggiare la nuova associazione. Anche se si è al verde si può essere gran signori. Salta il tappo e lo champagne, di marca, s'intende, spumeggia nei bicchieri. La tradizione è salva.

Bernard dirà più tardi: - Da noi è sempre così quando decidiamo di fare qualcosa. Prima si festeggia e poi si agisce. - La giornata per il resto è finita così. Bisognerà scegliere una sede per la nuova società, all'interno della fattoria, ma si farà più tardi. Per quanto riguarda l'inventario del materiale disponibile, si fa presto: una matita, un metro pieghevole, una cassetta da pittore, dove si potrà sistemare il tutto...

Bernard: - Certo, dopo aver finito gli studi ho venduto tutto, tanto l'industria non mi piaceva...

1 Anton Bally parla di un mandato per un disegno e i relativi "clichés".

At the first meeting:

"We are in the process of developing a new product and we may be able to offer you a commission."[1]

Initially however, he wanted to see what Bernard Müller was capable of. He suggested that Bernard construct a watch casing, just a shape, probably for a design test, an exercise in style.

Back to the farm in Chézard

" I really think that this time I can start up on my own. Will you come in on a partnership basis?" Marlyse was of a practical nature and therefore somewhat wary of Bernard's proposal; it did not seem sufficiently concrete, and when you go into business with someone, it should be based on something definite. "But we're partners already because we live together..." she said, in an attempt to test his resolve.

He would have none of it, knowing that he needed someone with him if he was going to succeed, more particularly someone to back up his weaker points of selling his abilities and looking after his interests; on the technical side, he had no doubts.

Living together, they could practically read each other's minds, and Marlyse could see that if she persisted in refusing, it could prevent Bernard from ever starting anything at all, and he was ready to move and start anything, anywhere. They talked the problem over and finally resolved to go into business together. Bernard recalls that despite being stony broke, they hunted about and found just enough money to go and buy a bottle of champagne - Veuve Clicquot 'brut', if you must! - and launched the new partnership with a bang - or at least a pop!

"Each time we decide to do something, we celebrate first and then we go to work; that's how it's always been."[1] On that day the action did not amount to much; a decision to make the farm the registered office of the company was postponed and as for making an inventory of the available equipment, not much time was needed for that: a pencil and a folding rule were in stock, and a wooden paint box could serve as an attaché case.

Bernard: "When I finished at university I sold all my materials... I felt so uncertain about the industry!"

1 What Anton Bally meant by this was a commission for drawings, plates and blueprints.

Plus tard, Jacques prêtera une vieille planche à dessin. On l'installera dans l'ancienne cuisine, unique pièce non rénovée de la ferme, à laquelle Bernard, au travail sous la grande cheminée classique où l'on fumait autrefois saucissons, lard et jambon, apportera une seule transformation: indispensable à dévier les cailloux qui se détachaient de temps à autre de l'imposante et ancienne construction.

Pour l'immédiat, champagne éclusé, association scellée, les deux créateurs d'entreprise vont faire du jardinage... Nous sommes le 3 septembre 1981. À Granges, la construction de la deuxième version de la Swatch progresse on passe aux plans de détail, qui seront terminés en automne.

La raison (sociale) du plus fort

A La Châtière, un détail restait à régler: après la naissance célébrée au vin noble, le bureau méritait d'être porté sur les fonts baptismaux. Avec la foi du charbonnier, on n'allait pas laisser ainsi l'ébauche sous le boisseau. Jamais mâle ne se renie: Müller et Schmid, la logique s'impose. Marlyse, un sourire stylisé appuyant son propos: ça ne sonne pas très bien, c'est un peu âpre à prononcer... Schmid et Müller, ça coulerait beaucoup mieux et c'est moins rocailleux... Je vais me faire avoir, pense le mâle, défendant mentalement ses derniers retranchements en carressant sa barbe. Le geste est signe extérieur de réflexion. Et ce qu'il en sort est la reddition: Va pour Schmid et Müller; La raison du plus fort est toujours féminine...

Maintenant, le travail pourrait commencer et ici, dans la ferme, comme un réveil annonce un début de journée, le téléphone grésille la diane. Retenons bien ceci, nous sommes aujourd'hui mercredi et Jacques au bout du fil: On vous attend vendredi à Granges. Essayez de venir avec un boulot présentable, pas trop vaseux, quelque chose de potable...

Dans l'entre-temps, nos stylistes en bourgeon avaient reçu un carton de carrures. La carrure, c'est l'élément du boîtier de la montre qui entoure le cadran et porte cornes ou gonds pour fixer le bracelet. Et celles-ci n'avaient rien d'attrayant. Assez gauches et ternes dans leur plastique à peine convenable pour un appareil électrique et encore, à la mode ancienne lorsque l'utilitaire ne s'embarrassait guère d'esthétique. Vous vous magnez... conclut Jacques.Le téléphone retombe sur sa fourchette. Le désarroi n'est pas total, mais la perplexité est peinte sur les visages. Et le couple, sevré d'informations précises, s'interroge:

Que va-t-on faire à Granges, que penses-tu qu'il va s'y passer? Bien sûr, il fallait y aller, apporter quelque chose, mais quoi? Marlyse, maîtresse de couture, douée pour les choses de la mode, n'avait jamais prévu de dessiner des montres.

Più tardi Bernard prenderà in prestito un vecchio tavolo da disegno e lo istallerà in un ampio locale che era la vecchia cucina della fattoria, l'unico a non essere stato rinnovato. Lavorando sotto il grande camino classico dove, un tempo, fumavano lardo e salsicce, farà solo le trasformazioni necessarie per non ricevere in testa l'intonaco che di tanto in tanto si stacca dalla vecchia costruzione.

Per il momento, conclusa l'associazione e bevuto lo champagne, i due fondatori della società vanno a coltivare l'orto. È il 3 settembre 1981. A Granges intanto, la costruzione della seconda versione dello Swatch avanza. I dettagli saranno messi a punto in autunno.

La ragione (sociale) del più forte

Alla Chatière bisognava mettere a punto ancora una cosetta, ufficializzare il nuovo ufficio. Naturalmente, secondo la logica del maschio, la ditta sarebbe stata Muller e Schmid, ma Marlyse con un sorriso a denti stretti aveva aggiunto che non suonava bene, sarebbe stato meglio: Schmid e Muller. No? Suonava meglio. Bernard si carezzava la barba, riflettendo... E poi la resa: - Vada per Schmid e Muller, la ragione è sempre del più forte e si sa che il sesso forte è quello femminile.

Adesso il lavoro può cominciare. Nella fattoria, come la sveglia annuncia l'inizio della giornata, il telofono squilla la diana. Fate bene attenzione, oggi è mercoledì e c'è Jacques all'altro capo del filo: - Ti aspettano venerdì a Granges, porta un lavoro presentabile, ben fatto, mi raccomando...

Nel frattempo i nostri stilisti in erba avevano ricevuto un pacco di "carrures". La carrure è l'elemento principale della cassa che circonda il movimento e il quadrante e porta le anse per fissare il cinturino. Proprio bruttini, di plastica, sarebbero andati giusto bene per un apparecchio elettrico, anzi, neppure per questo, di concezione antica, quando non si riteneva che la funzionalità dovesse legarsi all'estetica. Più che delusi, i due sono perplessi. - E sbrigatevi... dice Jacques. Il ricevitore viene abbassato.

La coppia priva di informazioni precise, si chiede che cosa faranno a Granges, che succederà? Bisogna portare qualcosa, ma cosa? Marlyse, sarta di mestiere, competente nel campo della moda, non aveva certo previsto di disegnare orologi.

Subsequently Jacques lent him an ancient drawing board which they installed in the kitchen, in fact the only room in the farm which had not been converted, although Bernard was obliged to work on the magnificent old fireplace, regularly put to good use for smoking sausages, bacon and ham, but with a tendency to shed chunks of stone.

In the meantime, after the champagne, and with the partnership sealed, the new business associates went out... to do some gardening. The date was the 3rd of September 1981. At the factory in Granges construction of the second version of the Swatch was progressing, they were already working on the detailed drawings due to be finished in the autumn.

Strength of (female) company

In La Châtière, there remained one detail still to be resolved: the birth had been celebrated with champagne, but the business still needed to be christened with a name. As the man in the team, Bernard decided that the most suitable name would be: Müller and Schmid. However, with a Mona Lisa smile, Marlyse prompted: "It doesn't sound quite right to me, not very easy to pronounce... Schmid and Müller, however, sounds much better - it rolls off the tongue!" Bernard remembers stroking his beard and thinking: I'm cornered, but the arguement was logical, Schmid and Müller it is. "La raison du plus fort est toujours féminine..."

In the studio like an alarm clock in the early morning, the telephone rang on the very first working day. It was Wednesday and the caller was Jacques Müller. "You're expected here in Granges this Friday. Try and come up with something presentable, not too vague, something passable..."

In the meantime a box of 'surrounds' had arrived for the designers, the surround being the band of a watch case with the lugs to support the strap. These however, were not very attractive examples, being made of a heavy and dull plastic, reminiscent of the time when the function of a product was considered more important than its appearance. "You're going to have to move," were Jacques final words. Bernard replaced the phone, not exactly panic-struck but nevertheless perplexed. They had no definite instructions and few details to go on.

"What are we going to do in Granges, what do you think will happen?" he asked Marlyse. Clearly they had to take something with them, but what? Although Marlyse was a qualified seamstress with excellent fashion taste, she had never thought about designing a watch.

La discussion se prolongera le soir au lit... Et une idée jaillit. En quête d'inspiration, de fantaisie et de matériel d'expression à la fois, Marlyse ira chez quelques marchands de papiers peints en vue d'y obtenir des échantillons, destinés à l'origine aux tapissiers plutôt qu'aux stylistes horlogers. Là se noue d'un seul coup la trame de fond de l'innovation: présenter des choses en relief et en couleur plutôt qu'en dessin.

Ainsi, jeudi avant midi, c'est avec le carton, la colle, les papiers, les couleurs, que la table fut dressée. Manger? Ah; Oui... Les drôles, pour tout potage... s'offrent plus qu'un clair brouet: une bonne soupe consistante, prise assis par terre près de la cheminée. Les dents mastiquent le pain. Les yeux dévorent déjà, impatients, brillants de fantaisie, le matériel posé à hauteur du regard, tandis que l'inspiration génère avant les mains les maquettes colorées.

Le soir tombe. Du bricolage... Si ça leur plaît à Granges, alors tant mieux, sinon... Avec des airs de bûcherons contemplant l'abattage en s'épongeant le front, Marlyse et Bernard considèrent les sept planches un chiffre bénéfique sur lesquelles les montres en carton décorées à la tapissière, avec déjà dessinés les cadrans, larges et clairs, narguent dans son entier le monde horloger.

Le tribunal Swatch

Vendredi 1er octobre 1981, on est fin prêt. Et c'est le grand départ pour les Allemagnes, comme disait Gilles, l'un des plus célèbres vaudois[1], lorsqu'il jetait un coup d'œil du côté d'Olten via Yverdon, Bienne... Granges. Marlyse et Bernard pénètrent dans le hall de réception d'ETA avec, sous le bras, trois grands cartons contenant les maquettes. L'attente se prolonge à peine. Jacques Müller vient chercher son frère et sa compagne. Entrez...

A ce point du récit, il faut bien imaginer la scène: Autour de la longue table constituant l'essentiel du mobilier de la pièce pompeusement baptisée salon de réception: les directeurs, responsables des ventes et du marketing, les ingénieurs. Chacun de ces messieurs arborant un visage allongé, tiré par la fatigue provoquée par plusieurs heures de visionnement et de théories savamment distillées, par les stylistes les plus chevronnés du pays, à l'appui de leurs œuvres créatrices.

Leurs œuvres? Mais oui. Des dessins bichonnés, où de légères touches claires irisent les verres de montre, jouent avec les ombres, flattent les cadrans, contrastent avec des zones plus sombres, noient quelques lignes trop dures, soulignent les contours de la boîte. Bref, du travail de

---

Discutono a lungo, finché la sera a letto, ecco l'idea che si delinea. Marlyse andrà in qualche negozio di tappezzerie a cercarvi dei campioncini. La tappezzeria anche se di solito non è utilizzata dagli stilisti orologiai, è un materiale colorato, fantasioso, espressivo, si potranno presentare dei disegni in rilievo. Ecco l'innovazione.

Subito al lavoro, giovedì pomeriggio, con cartone, colla, carta da parati... Bisogna anche mangiare, no? certo. I due pazzoidi si offrono qualcosa di più consistente di un brodino. Mentre mangiano seduti per terra vicino al camino, i loro occhi lucidi e impazienti stanno già lavorando con l'immaginazine il materiale posto sulla tavola.

Cade la sera: - È una cosuccia fatta in casa... - Se gli piace a quelli di Granges, tanto meglio, altrimenti... Come due boscaioli che contemplano i rami degli alberi abbattuti, asciugandosi il sudore della fronte, Marlyse e Bernard osservano dubbiosi le 7 tavole, sette è un bel numero, sulle quali gli orologi di cartone ornati "alla tappezziera" con i quadranti disegnati, larghi e chiari, sembrano canzonare il mondo orologero.

Il tribunale Swatch

Finalmente venerdì 1 ottobre 1981, tutto è pronto e si parte per la "Tedeschia" come diceva Gilles, un vodese 1 famoso, quando andava a dare un'occhiata al di là di Olten via Yverdon, Bienne, Granges. Marlyse e Bernard fanno la loro entrata da ETA, con tre grandi scatole sotto il braccio contenenti le "maquettes". Non devono aspettare molto. Viene a prenderli Jacques Muller e li fa entrare.

A questo punto possiamo immaginarci la scena. Attorno al lungo tavolo che costituisce l'unico mobile della sala pomposamente chiamata di rappresentanza, ci sono tutti: direttori, responsabili delle vendite, ingegneri. Tutti questi signori portano a spasso un viso immusonito e tirato dalla stanchezza. Hanno passato ore e ore a visionare le creazioni degli stilisti più quotati del paese e ad ascoltare le loro sapienti spiegazioni teoriche.

Le opere? Lavoro da professionisti. Disegni fantasiosi, a volte eccessivamente ricercati, colori sfumati, contrasti di colore. Eppure niente di molto eccitante. Quasi al limite della resistenza, del "Non ne posso più" quasi tangibile, tutti pensano "Ancora questi due e poi basta". I due giovani, con

---

The discussion continued into the night; then the spark of an idea. In a quest for inspiration, and to find the materials needed to get something 'on paper', Marlyse went to a few wallpaper shops to get a selection of samples, originally intended for decorators rather than watch stylists! An off-beat approach but as a result they would be able to present something in relief and in colour rather than a flat design.

So, on that fateful Thursday, the table was in fact set with Marlyse's shopping of cardboard, glue and paper, and upon Bernard's return they had to eat a lunch of bread and soup sitting on the floor. They ate mechanically, their eyes fixed on the materials on the table, imagining the colourful maquettes taking shape in their hands.

The evening came and went, but late in the night, like lumberjacks wiping their brows after succeeding in the felling of a tree, Marlyse and Bernard contemplated the seven wooden boards where they had set out roughly-decorated cardboard watches with large, easy-to-read dials, which, even at this early stage appeared to flout the entire tradition of watchmaking. "But it's just amateur work..." "Yes, but if they like it at Granges, so much the better, otherwise...."

The Swatch 'tribunal'

Friday 1st October 1981 and they were ready. Marlyse and Bernard entered ETA's reception hall clutching three large boxes: the mock-ups. After a short wait Jacques Müller arrived to escort his brother and girlfriend. "Come in."

A gathering of Directors, Engineers and Marketing and Sales Executives were sitting around a very long table, the only piece of furniture of any consequence in a room with the grandiose title of Reception Salon. Men with long faces, weary after several hours of listening to ideas and theories put forward by some of the most notable and experienced designers in the country in support of their various suggestions.

Suggestions? Indeed perfectly executed drawings, where a few light strikes reflect on the watch-glass, heighten the shadows, flatter the dials, mask the harder lines and emphasise the subtle shape of the case. Really professional work, and much of it imaginative, even verging on the 'avant-garde', but apparently it had failed to convince the jury. Undaunted by the almost tangible atmosphere of apathy, in which the words

---

[1] Habitant du canton de Vaud.

1 Abitante del cantone di Vaud.

professionnel. Belle recherche de fantaisie, parfois outrée, mais n'emportant guère la conviction. Prêts à franchir ce mur du ras-le-bol où l'on aurait pu lire s'il avait été matériel, sprayé en noir: Encore ces deux et fini, n-i, ni, les deux jeunes gens. La bouche enfarinée, ils pénètrent dans la pièce. Deux membres du tribunal Swatch écartent un peu leur chaise en réprimant à peine un soupir, pour laisser atterrir les maquettes sur la table. Les voici sagement rangées côte à côte et tandis qu'on entendrait une mouche voler. L'exposé des deux stylistes se résume en un mot, lâché comme pour briser la glace: Voilà…

Aucun écho. Le silence. La brume sur les visages. On se regarde et… tout à coup, comme le soleil troue la nuée, un immense éclat de rire secoue le jury.

ça alors;
Un truc comme ça, je n'ai jamais vu.
Incroyable…

Marlyse et Bernard se regardent, interdits. Les hommes se sont levés, tournent autour de la table pour mieux voir. A la fois sidérés et enchantés devant l'étrange exposition.

Des postiches de montres tellement vivants qu'ils donnent l'illusion de papillons ou de scarabées venus d'ailleurs, envahir l'espace trop calme de la création horlogère. Tout ce qui allait être la montre en folie, c'est ainsi qu'elle sera promue plus tard, semblait se promener là, sur la table des textures et des couleurs inédites, des impressions métallisées, chatoyantes, des dessins géométriques auxquels d'attrayants volumes donnaient la réplique. Le contraste, le choc.

Je vous l'avais dit, commente Jacques, mon petit frère est encore plus fou que moi… Okay, ça marche; On vous donnera des nouvelles.On prend ainsi congé des deux compères en conservant, bien entendu, le résultat en trois dimensions de ce qui aurait immanquablement passé ailleurs que chez ETA, pour des élucubrations pures et simplistes. Décidément, il était dit qu'un génie nouveau hantait cette entreprise.

la bocca arida dall'emozione, entrano nella stanza. Due membri del "tribunale" spostano un po' le loro sedie, reprimendo a stento un sospiro, per posare le maquettes sul tavolo, una accanto all'altra per benino. Non vola una mosca. La relazione dei due stilisti è piuttosto breve "voilà" e cade come un sasso su una vetrata.

Nessun commento. Silenzio. Visi impassibili. All'improvviso, come il sole che sbuca da una nuvola, una risata insostenibile scuote la giuria.
- Questa poi…
- Non avevo mai visto prima niente di simile…
- Incredibile…
Marlyse e Bernard si guardano sconcertati. Tutti si sono alzati e girano intorno al tavolo per vedere meglio, nello stesso tempo affascinati e stupiti dalla stravagante esposizione.
Pazzi orologi finti svolazzano, belli come farfalle o scarabei, nell'universo severo dell'orologeria. Sarà chiamato proprio così più tardi, l'orologio pazzo, colori e accostamenti inediti, disegni geometrici messi in valore da volumi piacevoli, lo choc dei contrasti.

- Ve lo avevo detto, commenta Jacques, il mio fratellino è ancora più matto di me…
- O.k., va bene. Vi faremo sapere… Così prendono congedo dai due compari, conservando gli esemplari a tre dimensioni di quella che al di fuori dell'ETA sarebbe parsa a tutti una pura e semplice elucubrazione. Decisamente su questa azienda soffiava uno spirito nuovo.

'just these two and it'll be over' could practically be heard, Bernard and Marlyse marched into the room. Two members of the 'Swatch Tribunal' moved their chairs out of the way, disguising a sigh with difficulty, so that the maquettes could be put on the table: when they had been arranged side by side, you could hear a pin drop. That's it!

Nothing. Silence. Clouded expressions. The jury looked at one another and suddenly, as if the sun had broken through, burst into laughter.
Comments such as:
"Well I never!"

"I've never seen anything like it" and "outrageous" were to follow, leaving Marlyse and Bernard to stare at each other in bewilderment, whilst the experts got up and walked around the table to get a closer look.

They appeared to be at the same time surprised and amused by such a strange presentation: 'pretend' watches which were outrageous enough to have arrived from another planet to assault the traditions of the watchmaking world. The essence of what was going to become the 'montre en folie' (a marketing slogan used later) was there on the table, a blending of textures and colours that had never been tried before, metallic and reflective patterns and off-beat geometric designs. The contrasts were striking.

"I told you so", said Jacques, "my younger brother is even more eccentric in his ideas than I am…" "Fine, we like the principle, we'll let you know." The jury finished with the artists and kept the three-dimensional objects, which anywhere other than at ETA would have been dismissed as nothing more than fantasies from a dream world.

La leçon

Je viens vous donner votre première leçon. C'est ainsi que le 7 octobre 1981, les nouvelles attendues arrivent en effet à la Châtière, une semaine plus tard. Sous les traits d'Elmar Mock, et non sous la forme d'un contrat, qui sera signé bien ultérieurement du reste.

Privilégier l'action plutôt que la paperasse, c'est peut-être un bon signe… Encore que. Toujours est-il que voici Elmar Mock avec un gros bouquin sous le bras et des échantillons de matières plastiques de toutes sortes.

La lezione

Vengo a darvi la prima lezione… E' questa la risposta tanto attesa che giunge a Chatière, il 17 ottobre 1981, una settimana dopo, con le fattezze di Elmar Mock e non con la forma di un contratto, che verrà firmato molto più tardi, del resto.

D'altronde privilegiare l'azione al posto della burocrazia, può essere un buon segno. Insomma ecco Elmar Mock con un grosso libro sotto il braccio e campioni di materiali plastici di ogni genere.

A trip back to school

"I'm coming to give you your first lesson." This was the message of the long-awaited call which came one week later on the 7th October 1981, announcing Elmar Mock's arrival at La Châtière; it was not in fact an offer of a contract (which incidentally would be signed at a later date), as might have been expected.

That action was preferred to paperwork was perhaps a good sign. Anyway there was Elmar Mock with a large book under his arm and a selection of samples of plastic materials.

On prendra le temps qu'il faudra, décrète-t-il, il convient de connaître la matière à travailler pour créer.

Et Marlyse, main artisanale, instrument de concrétisation pratique des idées artistiques, et souvent techniques de Bernard, apprend l'ABC des plastiques, en commençant par... l'ABS, le polyuréthane, et toute la gamme des matériaux.

Plein d'humour et d'esprit, l'ingénieur dissèque les corps plastiques, commente les constituants, les compatibilités et les incompatibilités entre matières, afin que soit possible et que dure par exemple le mariage boîtier-bracelet et verre, de la future Swatch. Bref, Marlyse acquiert une base solide pour pousser ses recherches et ses essais. Essentiellement esthétiques, mais dans les matériaux se prêtant le mieux à l'investigation créatrice.

Si le travail de prototypiste démarre en l'occurrence avec de la pâte à modeler pour enfants, préformée, puis limée après durcissement pour aboutir à des formes plus précises, il ne saurait se passer d'une vision en perspective plus étendue, quant aux possibilités ouvertes dans la réalité du produit, et aux limites à ne pas franchir. Car on ne peut se permettre d'oublier la fonction finale de ce produit. En l'espèce, une montre apte à séduire le chaland, agréable à regarder sans doute, mais aussi à toucher, à fixer au poignet, où l'épiderme du consommateur ne doit en aucun cas souffrir ou subir un quelconque désagrément, même en portant la montre jour et nuit.

La notion de confort avec un matériau nouveau est aussi importante que celle de l'esthétique, de la solidité, de la fiabilité. Aussi, l'instruction ne s'arrête-t-elle pas au séjour de la Châtière. Elle part du producteur de la matière première à injecter, pour finir justement devant la grosse machine Netstal où ont lieu les tests d'injection des mélanges préparés de concert entre l'ingénieur et l'esthéticienne.

Les Schmüller

Et Bernard, dans tout cela? Tout en travaillant, il suit bien sûr de près les développements et s'occupe notamment des plans, des calculs impliqués par une esthétique parfaite.

Et à propos de mélange, pour y revenir, le plus curieux d'entre eux sera réalisé le 9 octobre à Bâle, chez Ciba-Geigy, origine des matières premières, où l'ingénieur Mock, en introduisant les représentants du bureau de styling Schmid et Müller, commet un lapsus, s'embrouille complètement, et finit par transformer la raison sociale en Schmüller... C'est le nom aujourd'hui encore usité par les intimes, pour désigner les bureau et atelier artistico-techniques ou technico-artistiques, comme on veut, situés à Chézard.

- *"Per creare bisogna conoscere la materia da lavorare, prenderemo il tempo che ci vorrà"*, dichiara.

E Marlyse che è la mano, lo strumento che realizza concretamente le idee artistiche o tecniche di Bernard, impara l'ABC delle plastiche, cominciando dall'ABS poliuretano ecc... ecc...

Simpatico e spiritoso, l'ingegnere illustra e commenta le plastiche, la compatibilità e non delle materie, in modo che sia possibile e duratura l'unione cassa, bracciale, vetro del futuro Swatch. In breve Marlyse acquisisce una base seria per proseguire le ricerche essenzialmente nel campo estetico, tenendo però conto dei materiali più adatti.

Anche se il lavoro dei prototipisti comincia con la creta per modellare, per dare una forma abbastanza precisa, non si deve perder d'occhio quale deve essere il prodotto finito, la sua funzione, in questo caso un orologio, che deve piacere a quello che lo compra, deve essere bello da vedere e piacevole da toccare e da portare.

La nozione di confort è tanto importante quanto l'estetica, la solidità e la precisione. Così l'istruzione non si limita a quella data a Chatière: parte dal produttore di materia prima da iniettare, fino ad arrivare alla grossa macchina Netstal con la quale si fanno i test d'iniezione delle mescolanze preparate di comune accordo dall'ingegnere e dallo stilista.

Gli Schmuller

E Bernard dov'è nel frattempo? Lui si occupa soprattutto dei disegni e dei calcoli richiesti da un'estetica impeccabile.

A proposito di miscugli, il più buffo sarà fatto a Basilea, il 9 ottobre presso la Ciba Geigy che forniva le materie prime, dove l'ingegner Mock, presentando i responsabili dell'ufficio styling Schmid e Muller, commette un lapsus e confondendosi completamente trasforma Schmid e Muller in "Schmüller", nome adottato dagli intimi ancora oggi, per designare gli uffici tecnico artistici o artistico-tecnici situati a Chézard.

"We'll take all the time we need", he decreed; "you have to know the material you're working with to be able to create something out of it."

As a result Marlyse, the craftswoman, whose task it was to substantiate Bernard's artistic and on occasion his technical ideas, learnt the 'ABC' of plastics ... ABS, polyurethane - the entire range.

With enthusiasm and surprising wit, the engineer explained all about plastics, defining their components, and their compatibility with other materials, so that the case-strap and glass combination of the future Swatch would work and would last. Marlyse acquired a solid foundation on which to base her research and trials; the emphasis was to be of an attractive appearance but making use of the best materials for their creative experiments.

In such a case, the prototype maker starts with pre-shaped plasticine which, after being left to harden, is filed down into a more detailed shape, and such modelling is always carried out on the basis of actual possibilities and the limitations of the materials available to manufacture the end product. In the final analysis, a watch which is going to tempt a customer must be pleasing to the eye and to the touch, feel good to wear and never, under any circumstances, cause an adverse reaction or allergy to the skin, even when worn day and night.

When working with a new material, considerations of comfort are as important as those of looks, strength and reliability. Marlyse's education did not stop with Mock's visit to La Châtière. It continued with a visit to the manufacturer of the raw material and finished at the enormous NETSTAL machine where injection tests were held to control the different blends of materials, prepared jointly by the engineer and the 'aesthetics' technician.

The Schmüllers

In the meantime Bernard, while concentrating on the drawings and calculations required for perfect aesthetics, was, of course, closely following developments in Marlyse's sector.

Talking of 'mixtures', the strangest blend was to occur during a visit to Ciba-Geigy in Basel on the 9th of October, to examine materials; Elmar Mock, whilst introducing the styling partnership of Schmid and Müller, completely confused their names and announced them as 'Schmüller'... the name has stuck amongst their closest associates as a title for the artistic-technical (or technical-artistic, if you prefer) partnership in Chézard.

Une fois expliquées les raisons du choix de types de plastiques plutôt que d'autres, indiquées les possibilités offertes: coloration, effets de surface, galvanisation, bref les portes ouvertes avec les matériaux, cette visite aux sources, les exercices d'injection, de coloration, avaient un objectif précis.

Elmar Mock: Il fallait que Marlyse commence à aimer l'odeur du métier, un peu comme un mécanic en qui entre dans un atelier de mécanique perçoit avec un certain plaisir l'odeur de l'huile. Lorsque vous pénétrez dans une usine d'injection, les parfums de certains types de plastique pénètrent, aussi divers que le sont les transformateurs. Il est des sensations que l'on doit apprendre à découvrir.

Le travail de mélange des couleurs, très artisanal, a commencé de la même façon que l'on apprend à utiliser les peintures à l'eau dans une petite école. C'était un choix volontaire, pour rendre l'approche des matières plastiques plus humaines, pour apprendre à les considérer non pas comme un matériau de spécialistes, mais comme les autres matières d'usage courant, à l'instar du bois par exemple. Faire aimer, comprendre... Il se crée ainsi une affinité spontanée entre la styliste, l'ingénieur, et la matière.

Retenons à ce stade que toutes les conceptions de la Swatch avaient déjà été mûries, digérées en arrivant chez Marlyse, Elmar Mock n'avait plus qu'à poser les principes de l'instruction correspondant à la sélection qu'il allait expliquer, exprimer, commenter, situer en l'occurrence pour permettre une utilisation idéale et maximale des capacités matérielles à disposition.

La version Zaugg

Lorsque Bernard Müller se rend auprès de M. Bally, sous-directeur d'ETA à l'époque, pour la première fois à Granges, on lui soumet une montre. La toute première version de la Swatch, créée par un styliste nommé Zaugg. Ce modèle Zaugg nous reporte un an en arrière une fois esquissée les grands principes. Pour rappel un bâti-fond, un montage par le haut, un système dont on allait réduire le nombre de pièces au maximum, avec le concours de composants multi-fonctions, simples. On avait abordé ainsi la deuxième phase: la notion modulaire.

Des modules à pré-monter, et à pré-contrôler, de façon à n'avoir plus que deux ou trois éléments à placer dans la montre en phase finale de construction. Simplifier: à l'époque, on avait poussé beaucoup plus loin cette idée en caressant celle de créer des modules universels. Un système modulaire qui dépasserait la Swatch, pour entrer dans n'importe quelle conception, la plus large possible.

Le premier problème n'était cependant pas la technique intérieure. En définissant

Una volta spiegate le ragioni per cui si scelgono alcuni tipi di plastica e non altri, indicate le possibilità offerte: colorazione, effetti di superficie, galvanizzazione, spiegato in breve quello che si può fare con questi materiali, gli esercizi di iniezione, di colorazione ecc... avevano tutti uno scopo preciso.

Elmar Mock voleva che Marlyse cominciasse ad amare "l'odore" del mestiere un po' come un meccanico che entrando in un atelier di meccanica annusa con gusto l'odore dell'olio. Quando voi entrate in un'officina di iniezione, sentite i profumi penetranti ma diversi di certi tipi di plastiche.

Anche mescolare i colori è un'operazione che si impara come si impara a scuola a usare la tempera. Bisognava imparare a considerare le plastiche come materiali vivi, come il legno per esempio. Solo in questo modo si può creare un'affinità spontanea tra la stilista, l'ingegnere e il materiale.

A questo stadio, l'ideazione dello Swatch era già matura e ora a Marlyse, Elmar Mock doveva solo insegnare a selezionare le materie a disposizione per utilizzarle al meglio.

La versione Zaugg

Quando Bernard Müller va per la prima volta a Granges, da Bally, vicedirettore di ETA a quell'epoca, gli fanno vedere la prima versione dello Swatch, creata da un certo Zaugg. Questo modello ci porta un anno addietro, quando furono abbozzati i grandi principi, cioè: cassa monoblocco, montaggio dall'alto, un sistema con il minimo di pezzi, componenti multifunzione, semplici. Si era passati poi alla seconda fase: la nozione modulare.

Moduli premontati e controllati per non avere che due o tre elementi da collocare nell'orologio in fase finale di costruzione. Semplificare: quest'idea era stata sondata a fondo, tanto che si pensava di fare moduli universali, che sarebbero serviti non solo per lo Swatch, ma per qualsiasi altra creazione.

Il problema principale non era però d'ordine tecnico. Definendo che cosa doveva

Once the reasons for selecting one type of plastic as opposed to another had been established, the range of possibilities, as regards colouration, surface effects, galvanisation, etc., was explained to Marlyse as part of her brief tour around the world of plastics; her visit to the source and the exercises in injection and colouration techniques were for a specific reason.

Elmar Mock: "It was necessary for Marlyse to learn to relish the smell of the business, rather like a mechanic going into a garage workshop where he smells the oil in the air with a certain pleasure. When you go into a plastics factory, you are struck by the aromas of the many types of plastics, as numerous as those of the catalytic chemicals. You have to learn to appreciate these sensations."

Marlyse was taught to blend the colours as though she was back in infants school mixing poster paint, and as a result she came to accept working with the new raw materials, no longer thinking of them as highly specialist substances but more as if they were as ordinary and well-tried as wood. Appreciation and understanding was important for a spontaneous working relationship between the designers, engineers and the material itself.

At this stage, the final design concept of the Swatch had already been determined, and when Elmar Mock arrived to educate Marlyse in plastics, he was in fact there to define the project in line with decisions that had already been taken, so that the plastic selected could be used to the full extent of its capacities.

The Zaugg prototype

When Bernard Müller initially went to Granges to see Mr. Bally, he was shown a watch; the very first version of the Swatch, created by a designer named Zaugg. The Zaugg model dates back to a year before, and conformed to the main principles of the initial plan: an integral back-plate, assembly from above, the number of parts reduced to a minimum by means of simple, multi-function components. It also incorporated elements of the second phase: modular construction.

The modules were preassembled and pre-tested, so that only two or three 'parts' would need to be put into the watch during the final phase of construction. With a view to simplifying production methods, the idea had been taken further with the development of the 'universal' module, the intention being a modular system which would go beyond the Swatch and fit the broadest possible range of designs.

By now the most important outstanding problem was not, however, that of the move-

ce que cette montre devait être, on avait posé le principe de l'étanchéité. Ensuite, il était nécessaire de montrer la matière plastique, tout en la faisant s'effacer, en la faisant oublier, à défaut de lui conférer des lettres de noblesse. Dans la version Zaugg déjà, la surface maximale du cadran confirme cette tendance. Elle entraîne une première originalité: la conception du verre de montre lui-même, genre cloche, c'est-à-dire assez haut pour effacer l'importance du support plastique noir: la carrure.

L'industrie automobile a suggéré aux deux ingénieurs plusieurs solutions, et notamment celle du soudage. Le soudage du verre a été le point de départ et, chose curieuse, c'est toute dernière opération à effectuer sur la montre qui en a finalement défini la conception d'ensemble. Pour le verre, le plexiglas a été choisi en raison du fait qu'il est optiquement le meilleur. Cette matière est aussi la plus favorable à injecter, mais surtout c'est la plus belle, la plus lumineuse en transparence elle est aussi la plus dure superficiellement. Elle supporte donc parfaitement un polissage soigné.

Sans entrer dans le détail, le Plexiglas est une marque déposée. Elle appartient à une maison allemande, qui a sorti cette matière. Il y a plusieurs familles de plexi qui sont les PMMA, les poly-méthil-métacrilates. On trouve ensuite plusieurs types de matières thermoplastiques, réticulées, thermoformables. Ce qui est utilisé pour le verre de la montre Swatch est un thermoplastique, plexi injecté.

Dans les années trente, ce matériau qui a fait la fortune de certains industriels de La Chaux-de-Fonds notamment, connaissait des problèmes d'éclatement. Les verres cassaient pour un rien, ils étaient victimes de craquelures et d'effets irisants. Ne parlons pas du jaunissement, qui était alors le fait de mauvaises matières.

Les problèmes de rupture étaient dus à une utilisation défectueuse du plexiglas, mis par l'horloger sous contrainte. Le fait de le baguer, de le contracter, le déforme et distend toutes les molécules, en diminuant considérablement la résistance. C'est ce que l'ingénieur Mock a voulu éviter, en éliminant tout d'abord la bague qui entoure ou entourait habituellement la base du verre.

En résumé, on est parti du plexiglas, matière hyper-sensible à la tension et la déformation moléculaire, et à l'action des agents chimiques, d'où une hausse des risques de rupture ou d'éclatement au contact d'alcool par exemple, mais en l'utilisant dans la Swatch, conformément à ses caractéristiques propres, au contraire de ce qui se faisait dans l'horlogerie, selon toute apparence mal informée.

On la soude aux ultra-sons, sans tension, dans son état naturel. De plus, on utilise le verre dans la structure globale de la boîte: il devient zone mécanique portante. Rigidifier ainsi l'ensemble permet l'usage d'un matériau non-armé pour la boîte: non pas un plastique chargé de fibres de ver-

essere questo orologio si era già stabilito che fosse impermeabile; in secondo luogo, si voleva far vedere, ma non troppo, che era in plastica, materiale senza nessun titolo nobiliare. Già nella versione Zaugg, la superficie massima del quadrante confermava questa tendenza, ed era originale la concezione del vetro genere "cloche", bombato per ridurre al minimo l'importanza del supporto di plastica nera, appunto la "carrure".

Molte soluzioni sono state suggerite dall'industria automobile, per esempio quella della saldatura del vetro, punto importantissimo anche se è l'ultima operazione da effettuare sull'orologio. Infatti è il vetro in plexiglas, che risalta nella concezione d'insieme. Si è scelto il plexiglas perché otticamente è il migliore, il materiale più facile da iniettare, più bello, luminoso, trasparente, e duro. Si può lucidare benissimo.

Senza entrare in dettagli, il Plexiglas è una marca depositata, che appartiene a una ditta tedesca. Ci sono parecchie sorte di plexi, le PMMA, poli-metilmetacrilati. Poi ci sono le termoplastiche, reticolate, termoformabili. Quella utilizzata per lo Swatch è una termo-plastica iniettato.

Negli anni 30, questo materiale, che ora fa la fortuna di molti industriali soprattutto della Chaux-de-Fonds, non era a punto, si rompeva, faceva delle crepe e aveva effetti iridescenti, senza dire che ingialliva.

Il problema della rottura era dovuto a un uso improprio del materiale da parte dell'orologiaio, che lo circondava di un anello, lo deformava contraendo le molecole, diminuendo considerevolmente la sua resistenza. L'ingegner Mock ha voluto evitare tutto questo, eliminando subito l'anello che abitualmente rinforza la base del vetro.

Per riassumere, nello Swatch il plexi è stato utilizzato tenendo conto delle sue caratteristiche di sensibilità agli agenti chimici, tra cui l'alcol, della sua capacità di deformarsi ecc...

Si salda agli ultrasuoni, senza tensioni. Inoltre nella struttura globale dell'orologio, il vetro diventa struttura portante. In questo modo non occorre usare materiale armato di fibre di vetro, ma di intelligenza... È un insieme rigido. Il materiale è rinforzato dalla sua forma geometrica, esattamente come

ment. A specific requirement for the watch was watertightness, along with the need to make the plastics merge together whilst remaining a strong feature of the overall design. In the Zaugg version, maximising the surface area of the dial was already moving in this direction, and brought about the first original feature: a watch-glass design in the shape of a bell, which made it high enough to mask the size of the black plastic surround.

The automobile industry provided the two engineers with answers to their problems, in particular with regard to welding. The welding of the glass had been the point of departure and, curiously enough, it was the very last operation in the manufacturing phase, and one which finally defined the overall design. Plexiglas was selected for the glass since its optical performance was the best. It also lends itself well to injection operations, but above all it is the most attractive, the most luminously transparent and it has the hardest surface. In consequence, it will stand up to careful polishing.

Without becoming overly technical, 'Plexiglas' is a registered name which belongs to the German firm which developed it. There are several families of the material which are made of PMMA (poly-methyl-metacrilates), and various different types of thermoformable, reticulated thermoplastics exist: the one used for the Swatch watch-glass was a plexi-injected thermoplastic.

In the thirties, this material, on which the fortunes of several industrialists had been built, at La Chaux-de-Fonds in particular, used to shatter. For no apparent reason, the glass would break and cracks and an iridescent effect would appear - not to mention a discolouration which was due to the use of impure materials.

The breakage problems were actually caused by the faulty use of the material, which was 'sprung' into place by watchmakers. The process of circling and contracting Plexiglas deforms the molecular structure while seriously reducing strength. Mock intended to avoid the problem by eliminating the retaining ring which usually surrounds the base of the glass.

In summary: Plexiglas is a material which is hypersensitive to pressure, subject to molecular deformation and reacts adversely to the action of chemicals, which increase the risks of breakage or shattering, notably if it comes into contact with alcohol. When used for the Swatch, however, its specific characteristics were respected, contrary to previous and uninformed practice in the watchmaking industry.

It therefore needs to be ultrasonically welded, under no pressure, and left in its natural state. Indeed, when used as part of the overall structure of the casing, it becomes an anchoring point for the movement. Increased rigidity of the entire structure meant that non-reinforced materials could be used for the

res, mais... d'intelligence; La matière est renforcée par sa géométrie, exactement à l'instar de ce qui se passe avec les barrages voûtes construits dans les alpes suisses. Les éléments essentiels de renfort sont: le verre soudé sur la boîte, sans tension, autrement dit avec des qualités supérieures à celles du verre injecté traditionnel. Ce soudage à l'ultra-son autorise de plus l'usage de glace de n'importe quelle forme de fantaisie. Sans limite géométrique...

L'avantage de la rigidification de la boîte, sans utilisation de matériaux fibreux, est de lui conférer un aspect esthétique plus attrayant. Du point de vue de la production, l'absence de fibres de verre pour renforcer le plastique, va prolonger par exemple la vie du moule d'injection. Ce qui n'est pas à dédaigner, car il est fort coûteux. Le choix présente néanmoins quelques difficultés.Il oblige à faire élection d'une matière compatible avec le plexiglas. Ces matières sont rares. Sur l'ensemble de la gamme, il y a le plexiglas lui-même, l'ABS, l'ASA, le SAN et le PMMA, grosso modo quatre familles utilisables. L'ABS a été choisi comme matériau de compromis bien helvétique. Cette matière possède la brillance du plexi, la résistance aux chocs qui est une qualité essentielle d'autres matériaux, tout en ayant le prix relativement avantageux d'un polystirène.

Avantage sur le plan technique, esthétique, coloration... mais résistance moindre peut-être que l'ASA aux ultra-violets ce qui signifie un très léger risque d'atténuation de la couleur. L'ABS est obtenable de plusieurs sources d'approvisionnement, au contraire de l'ASA, et c'est là un avantage additionnel. Car un seul fournisseur reste un danger sur le plan d'une sage politique industrielle.

Ajoutons encore que l'ABS existe en transparent, en métallisable, autant de potentialités exploitables. Ce matériau se marie parfaitement au plexiglas, connaît un faible retrait à l'injection, donc une excellente précision. Par contre, il est très sensible aux tensions à l'instar du plexi. Ce qui a conduit à devoir surmonter certaines difficultés lors du montage d'un système de bracelet, avec cet ABS qui induisait invariablement à la rupture de la boîte... D'où la solution en charnière, comme nous le verrons par la suite.

---

le dighe delle Alpi svizzere. Gli elementi essenziali di rinforzo sono: A. Il vetro saldato alla cassa, senza tensione, con gli ultrasuoni, il che permette l'uso di vetri di forma svariata, senza limiti alla fantasia o... alla geometria.

B. La cassa, il cui vantaggio è sopratutto estetico molto piacevole. Dal punto di vista produttivo l'assenza di fibre di vetro dentro la plastica prolunga la vita dello stampo d'iniezione, che costa molto. Ci sono comunque alcune difficoltà. Bisogna scegliere materiali compatibili con il plexiglas, e sono pochi. In totale, se ne possono usare quattro della famiglia: il plexi stesso, l'ABS, l'ASA, il SAN, il PMMA si è scelto l'ABS, il materiale del compromesso "svizzero", perché è brillante quanto il plexi, resistente ai colpi e di un prezzo relativamente vantaggioso.

È un po' meno resistente dell'ASA agli ultravioletti, il che significa un leggero rischio di attenuazione dei colori, ma si può ottenere presso diversi fornitori, e questo è un vantaggio in più, perché, sul piano di una saggia politica industriale, è un errore servirsi da una sola ditta.

Aggiungiamo ancora che ci sono diverse opzioni, poiché l'ABS esiste in trasparente e in metallizzato. Si può lavorare con grande precisione perché è perfettamente compatibile con il plexiglas, iniettandolo non si ritrae, però è sensibile alle tensioni, al contrario del plexi, per cui si sono dovute superare alcune difficoltà perché, quando si montava il braccialetto, la scatola si rompeva invariabilmente. Ecco perché si è scelta la soluzione a cerniera.

---

casing in place of fibre-glass armoured plastic - an intelligent move. The material is strengthened by its geometry, in much the same way as a Swiss mountain barrage! The fundamental strengthening element was to be the glass welded into the casing, under no pressure, and providing superior qualities to traditional injected glass. Ultrasonic welding also allows for a glass of any imaginable shape and size to be used, with no geometric limitations.

The advantage of this increased case rigidity, achieved without the use of any reinforced fibre-based materials, was a more attractive appearance, and from the production side, not using glass fibres to strengthen the plastic prolonged the life of the injection mould, a fact not to be overlooked in view of the high cost of replacements. The choice does, however, present certain difficulties as Plexiglas-compatible materials have to be used and these are relatively few and far between; of the entire range, there is only Plexiglas itself, ABS, ASA, SAN and PMMA - roughly speaking four families which are suitable. ABS was selected as a material of 'Helvetic compromise'. It has the brilliance of Plexiglas, is shock resistant (a basic quality of the other materials), while being available at the relatively advantageous price of a polystyrene.

All this allows for technical and aesthetic superiority, as well as making for good colour... but it is perhaps less resistant to ultra-violet light than is the case with ASA which meant that there was a slight risk of colour fading. An additional advantage is that ABS can be obtained from several manufacturers as opposed to ASA, and it is wise industrial policy to avoid having to rely on an exclusive supplier.

Two types of ABS exist: transparent and metallised, both with qualities that are potentially advantageous. It also mixes perfectly with Plexiglas and is subject to minimal shrinkage on injection, resulting in excellent precision. However, being very sensitive to pressure, like plexiglas, there were certain problems that had to be overcome when assembling the strap, as initially the casing invariably broke, which is why the 'hinge' solution was adopted, as will later be explained.

Le secret du succès: Le déguisement

Si, avant la fameuse séance du tribunal Swatch, à Granges, on avait laissée totalement débridée l'imagination des Schmüller, il n'en allait plus de même à présent. Sans révéler encore le secret technologique entourant la nouvelle montre, le moment était venu de préciser les contours du produit. 15 octobre: Jacques Müller et Elmar Mock donnent des instructions claires pour la suite des opérations:

Il segreto del successo: il travestimento

Se prima della seduta al tribunale Swatch a Granges, si era lasciata ogni libertà di immaginazione agli Schmüller, ora invece bisogna seguire le precise istruzioni date da Jacques Muller e Elmar Mock per il seguito delle operazioni:

The secret of success: disguise

Prior to the famous 'Swatch Tribunal' session in Granges, the 'Schmüller's' had been in a position to give their imagination a completely free rein, but that was no longer to be the case. Without revealing as yet the technological secrets of the new watch, the time had come to define the requirements for the new product. On 15th October, Jacques Müller and Elmar Mock gave clear instructions for the next stages:

- exécution d'un plan savonnette il s'agit ici du nom de code du projet dans les relations ETA-Schmüller
- plan du bracelet
- plan de la glace.
  On avance au pas de charge.

Le 20 octobre déjà, les plans sont terminés et soumis à approbation. Parallèlement à la technique, l'esprit et la psychologie dans lesquels était conçue la stratégie assurant le maximum de chances à la montre ou, pour parler plus simplement peut-être ce qu'on en attendait, était dévoilé au cours d'une rencontre au Schweizerhof à Berne. Entre ici en scène un acteur encore inconnu: M. Franz Sprecher, qui a tout de même inventé le nom Swatch qui se compose des mots "Swiss" et "Swatch", un spécialiste du marketing et des Etats-Unis, où devrait être testé le marché, analysées les réactions des consommateurs à la nouveauté. Marlyse, pleine d'appréhension, de ne pas être à la hauteur, est immédiatement mise à l'aise par cet homme intelligent, farci d'humour à la fois caustique et tout en finesse propre aux Bâlois, puisque c'en est un.

Description de l'esprit américain: en un mot comme en cent: de grands enfants qui adorent jouer... Vous devez complètement oublier tout ce qui a été fait en montres jusqu'à aujourd'hui. Okay, c'est parfait, mais c'est tout de même en cherchant des formes un peu folles que les stylistes de renom avaient échoué à l'examen du tribunal, ou plutôt du jury Swatch. Et nous touchons ici à la notion fondamentale qui a fait l'immense succès de la Swatch, en totale intégration au panorama américain, à la mentalité décrite, Marlyse Schmid et Bernard Müller avaient déjà redécouvert l'œuf de Colomb, ou plutôt l'œuf de Pâques: le secret réside en effet, dans la forme hautement classique, tactile, mais propre à être déguisée, comme un œuf de Pâques, adaptée, modifiée, dans son apparence, pour tous les goûts et toutes les couleurs, malgré la production en masse. Le tour de force a bel et bien été de faire du jamais vu avec une montre ronde bien sage et rassurante.

Dans l'entre-temps, ceux qui, chez ETA, souffraient sur ce projet, raillaient à son propos, en faisant allusion à la publicité d'une agence de voyage connue: Popularis... un plaisir pour tous. Popularis, c'était le nom de code du projet à l'intérieur d'ETA. Il en existait un autre, peut-être moins heureux: Vulgaris.

- esecuzione di un disegno tecnico "savonnette", nome del codice del progetto nelle relazioni ETA - Schmüller
- piano del cinturino
- piano del vetro
  Si procede a passo di carica.

Già il 20 ottobre i piani sono finiti e sottoposti ad approvazione. Nel corso di una riunione allo Schweizerhof a Berna si rivela la strategia tecnica e psicologica che dovrebbe assicurare al futuro orologio il massimo delle chances di riuscita. Qui entra in scena un attore finora sconosciuto, il signor Franz Sprecher, consulente marketing esterno, ingaggiato da E. Thomke e inventore del nome "Swatch" che si compone da Swiss e Watch, specialista del marketing e del mercato degli Stati Uniti, dove si faranno i test per le reazioni dei consumatori nei confronti della novità. Marlyse è chiaramente spaventata e teme di non essere "all'altezza", ma è messa subito a suo agio da quest'uomo intelligente, pieno di uno humour raffinato e caustico tipico dei Basilesi. Lui infatti è di Basilea.

Descrive lo spirito americano in due parole: bambini grandi che adorano giocare... - Lei deve completamente dimenticare tutto quello che è stato fatto finora nel campo dell'orologio. - D'accordo, ho capito, però i famosi stilisti sono falliti davanti all'esame del tribunale Swatch proprio perché hanno presentato forme un po' folli. Ecco il punto. L'immenso successo dello Swatch, adottato interamente dagli americani, è dovuto in effetti a un segreto semplice: un uovo di Colombo, o di Pasqua che dir si voglia. Marlyse e Bernard lo avevano intuito subito: forma apparentemente classica che si presta a qualsiasi tipo di travestimento, adattabile, modificabile per tutti i gusti. Bel colpo fare una cosa nuova con un orologio rotondo, banale, rassicurante.

Intanto presso ETA tutti quelli che sbuffavano intorno al progetto, non facevano che scherzare sul nome di codice "Popularis" che riprendeva quello di una agenzia di viaggi che faceva pubblicità così: Popolare... un piacere per tutti. Tra l'altro esisteva anche un altro nome di codice, altrettanto infelice: "Vulgaris".

- execution of the plan 'savonette' (bar of soap). This was the project's code name to be used in all ETA-Schmüller dealings.
- strap design
- glass design
  From then on the project moved ahead rapidly.

By the 20th October the designs were finished and submitted for approval. While the technical side continued to advance, an intellectual and psychological strategy designed to ensure the maximum chances for the success of the watch, was unveiled during a meeting at the Schweizerhof in Berne. This is where we meet an outside marketing consultant hired by Dr. Ernst Thomke; Franz Sprecher, who invented the name 'Swatch' - a contraction of Swiss and Watch. A coinage which was to be most significant for the product! Thomke and Sprecher also drew up on paper certain points that were considered fundamental for the success of the Swatch, most of which are still valid today. Franz Sprecher had studied the United States market where the product was to be test launched and consumer reactions analysed. Marlyse recalls being apprehensive of meeting such a man, but was immediately put at ease by his intelligence and his caustic wit, characteristic of natives of Basel.

It was in part due to the open-minded approach of the American people and to the initial philosophy behind the Swatch -'forget everything that has been done before' - that the final product was eventually to enjoy such an enormous success. Schmid & Müller had not exactly re-discovered the egg, but the final form of the watch, although retaining the classic, tactile and reassuring elements of such a recognisable form, nevertheless appeared in the disguise of a multitude of colours to suit every taste - reminiscent of a million and one Easter eggs!

The people at ETA were firmly behind the project under the guise of its code name Popularis and by coincidence the name was also the slogan of a long-running advertisement from a well-known travel agency:' Popularis - a pleasure for everybody'; the original code-name 'Vulgaris' now seemed less appropriate!

"The non-watch" - Franz Sprecher

La suite des opérations va se dérouler en plein accord avec la philosophie marketing, dont il est temps d'aborder le contenu, tout en soulignant sa continuelle présence, en filigrane derrière le triangle: technique, esthétique et identification du produit.

Une fois posée l'idée technique et emportée la conviction de la direction, cette dernière n'était pas restée inactive. Elle s'était donc préoccupée, nous l'avons vu, de l'aspect extérieur de la nouveauté, une notion intimement liée au marketing. Laissons ici la parole à Franz Sprecher, grand voyageur pour la cause horlogère devant l'Éternel, lieutenant nous pesons bien le terme de l'animateur et patron du projet, le Dr Ernst Thomke, et concepteur avec lui d'un marketing porteur de triomphe:

Nous cherchions à l'époque quelqu'un qui sorte de l'ordinaire. Après avoir eu des propositions sous forme de dessins de montres habituellement présentés par les professionnels, et qui ne nous donnaient pas entièrement satisfaction, Jacques Müller suggérait: Mon frangin peut-être... En réalité, les professionnels n'avaient pas compris ceci: nous voulions une montre qui ne soit pas une montre. On l'avait appelée ici le non-watch project ou, du nom de code Popularis, qui devait être une nonwatch... Au premier contact avec les Schmid et Müller au Schweizerhof à Berne, ça a tout de suite déclenché...

Je leur ai simplement demandé de faire quelque chose de différent. Nous avons parlé d'autres structures, d'autres traitements de la montre, sans toutefois un éloignement trop prononcé du classicisme, ni une poussée trop avancée vers des solutions farfelues.

Amener sur le marché une pièce bien faite folle, mais bien faite, telle était l'idée. Cet entretien devait aboutir par la suite à Granges à la présentation devant le jury Swatch d'une collection d'échantillons très plaisante, avec toutes sortes de combinaisons, encore assez peu structurée, avec des bracelets en liège, en caoutchouc, et toutes sortes d'autres choses.

La preuve était faite: ces gens avaient tout de suite bien saisi le problème. Dans le concept figurait dès le départ la notion essentielle de renouvellement permanent des modèles. Sobriété, mais en même temps aspect attrayant, variété propre à satisfaire tous les goûts. La montre devait être fiable, étanche, résistante aux chocs et précise dans la seconde par jour. Bien faite. Et la folie par-dessus? Sans doute, mais encore fallait-il transformer toutes ces folies en produit de masse, car un tel produit réclame une grande discipline de conception et de travail, pour déboucher sur quelque chose de bien conçu. Classique, sans l'être. Pour cette raison, beaucoup de modèles un peu fous jalonnent, abandonnés, le long chemin menant à ce qui existe aujourd'hui.

Il "non-watch" - Franz Sprecher

Adesso passeremo ad analizzare la filosofia marketing che è sempre sottintesa dietro il triangolo operazione tecnica, estetica, identificazione del prodotto.

Lasciamo la parola a Franz Sprecher, grande viaggiatore per la causa orologera davanti al Creatore, luogotenente, e qui pesiamo bene le parole, animatore e capo del progetto, Dottor Ernst Thomke, con il quale aveva ideato la manovra marketing fautrice di un successo trionfale.

"Cercavamo in quel momento qualcuno che non fosse precisamente dell'ambiente. I disegni dei professionisti non ci avevano dato soddisfazione perché non avevano capito niente: noi volevamo un orologio che non fosse un orologio, infatti l'avevamo chiamato così "progetto per un non-orologio". Con gli Schmid e Muller allo Schweizerhof a Berna, c'è stata subito la scintilla.

Gli abbiamo semplicemente chiesto di fare qualcosa di diverso senza tuttavia allontanarsi dal classico e senza cadere nell'eccentricità.

Insomma un "pezzo pazzo", ma fatto bene. A Granges infatti ci presentarono una collezione di campioni piacevolissima, con tante trovate, ancora poco strutturate, ma interessanti, bracciali di sughero, di cauccü, insomma tante cose..."

Questi ragazzi avevano capito il problema. Una nozione essenziale da tener sempre ben presente era questa: l'orologio doveva potersi rinnovare indefinitivamente. Tre le linee direttrici: linea alla moda, linea classica, linea sportiva, anche per gli sport attivi; dunque un orologio preciso, impermeabile, resistente ai colpi. Un tal prodotto come può diventare di massa? Se deve essere classico ma non troppo, con un grano di follia, ci vuole una disciplina di lavoro e di concezione grandissima. Infatti un mucchio di modelli stravaganti sono disseminati, ignorati, sulla lunga strada che porta fino allo Swatch.

The 'non-watch' - Franz Sprecher

With the production side of the project well under-way, all subsequent operations were now to be carefully linked to the marketing philosophy, an integral and increasingly important part of the triangle: technique, aesthetics and identity.

Management had busied itself, as has already been seen, with the external appearance of the product, the part that was inextricably linked to its market potential. Here Franz Sprecher can take up the story, for it was he, as an experienced world traveller for the watchmaking industry, and a lieutenant of Dr. Ernst Thomke, the driving force and patron of the project, who was to be the co-designer of an outstanding marketing campaign:

"At the time we were looking for something different. After having had endless unsatisfactory proposals for watch designs usually from experts in the field, Jacques Müller suggested that we might try his brother, because the professionals had not understood that we wanted a watch which wasn't a watch. We called it here the 'non-watch' project or we referred to it by its code name Popularis, which was, indeed, to be a non-watch. At our first meeting in Berne with the Schmid and Müllers we saw a potential in their work.

I simply asked them to do something different. We had talked about different structures, different treatments of the watch without, however, departing too far from classic lines and not going too far the other way either in search of way-out designs.

Our idea was to go to the market with a well-made item; something a little bit crazy perhaps, but it had to be well made. This meeting was to lead to Granges and the presentation before the Swatch Jury of a very nice collection of samples, with all sorts of combinations, still not very structured, and with straps made of cork, of rubber, and various other materials.

They had proved themselves: these people had got the idea straight away." Right from the start, an essential part of the basic concept was to continually change the models; they should be restrained but at the same time have an attractive appearance, with sufficient variety to please all tastes. Technically, the watch had to be reliable, water-resistant, shock-resistant and precise down to one second per day - well made, and just a little outlandish too! Transforming the 'crazy' idea into a mass-produced item, was to demand great discipline in design and in workmanship, if it was to be well made. As a result a multitude of 'crazy' models were to fall by the wayside, abandoned on the long route leading to what is now to be found on the market.

Tandis que débutaient les relations avec Schmid et Müller, le concept marketing était encore perfectionné. Franz Sprecher avait découvert aux USA et dans d'autres pays des montres mode. Ces montres étaient farfelues, tels les modèles Gucci, en couleurs pink, pastel, dans une gamme de prix assez haute cependant. Ou, en Angleterre, des modèles Sinclair, déjà en plastique et bon marché, mais de qualité insuffisante à nos yeux.

A part quelques exceptions donc, un marché des économiques totalement vierge, si l'on excepte encore les grands classiques: Timex, les digitales de Casio, et les montres économiques de Hong Kong, assez peu acceptables.

Nous allions concevoir un produit bon marché, mais de prestige tout à la fois. Ce que nous avons réalisé effectivement. Résume M. Sprecher. Concept marketing sans précédent, puisque jusqu'à l'apparition de la Swatch, et depuis plus de cent ans, la montre économique était réservée aux consommateurs à faible pouvoir d'achat. La Swatch a été jusqu'à enthousiasmer une clientèle attachée aux marques de prestige. L'une d'entre elles a pu écrire: Les hommes qui président aux destinées du monde portent une R. C'est toujours vrai. Chose extraordinaire pourtant, ils ne dédaignent pas paraître avec une Swatch au poignet. La réalité colle au concept, qui était de faire un objet, tellement attirant, que même la haute société, le jet-set, en oubliât son prix avantageux. Aux idées de base, incluant par exemple l'élément légèreté en plein été, la Swatch est très agréable à porter il convenait d'en ajouter d'autres.

Dès le début, la prétention était de promouvoir la Swatch comme un accessoire. Une étude faite en 1980 par l'un des grands maîtres à penser du marketing, concluait à l'existence d'une tendance en pleine croissance: celle de l'accessoire mode fashion accessory. Accessorising. On allait partir également de cette notion: quelque chose que l'on porte, assorti au vêtement, à l'ambiance, aux loisirs, dont on change facilement, à la manière d'un foulard ou d'une cravate. Tout cela était déjà discuté, posé, écrit, mis dans la tête des gens lancés sur le non-watch project, avant même que l'on ait commencé à créer quoi que ce soit.

Torniamo al marketing, che lavorava in sordina quando il prodotto non c'era ancora. Franz Sprecher aveva scoperto negli USA e anche in altri paesi degli orologi alla moda, strani come per esempio i modelli di Gucci, dai colori rosa o pastello, che però costavano assai caro. Ce n'erano anche in Inghilterra, i modelli Sinclair, di plastica, ma di cattiva qualità.

Il mercato era dunque, fatte le debite eccezioni, totalmente vergine, ad esclusione di qualche grande classico: Timex, i digitali Casio e gli orologi a buon mercato di Hong Kong, inaccettabili.

"Il nostro invece doveva essere un prodotto a buon mercato ma di prestigio. - Conclude Sprecher. - E l'abbiamo fatto. Tanto è vero che questa creazione ha un tal potere di seduzione che perfino la gente del "jet set" la compra anche se costa poco. Tra l'altro la sua leggerezza lo rende molto piacevole da portare, soprattutto d'estate.

Fin dall'inizio si è voluto promuovere lo Swatch come un accessorio, visto che c'era nell'aria questa tendenza, secondo un'analisi fatta nel 1980 da uno dei grandi maestri del marketing; l'accessorio alla moda diventava importantissimo quanto l'abito. Si è tenuto conto di questa idea: l'orologio doveva essere portato come un foulard o una cravatta, si doveva assortire al vestito, all'ambiente, si doveva usare per il tempo libero, si doveva cambiare spesso. Tutto questo era già stato inculcato nella testa della gente prima ancora che esistesse questo tipo di orologio.

While relations with Schmid and Müller were starting up, the marketing concept was still being perfected. Franz Sprecher had discovered fashion watches in the USA and other countries: "They were 'just a bit crazy' like the Gucci models, in shades of pink and pastel colours, but selling in a relatively high price range, and in England there were the Sinclair watches which although inexpensive and made of plastic, lacked quality in our opinion."

Therefore, with a few exceptions, there was an unexploited market waiting, alongside the established names such as Timex, Casio's digital watches and the Hong Kong cheapies, which were not really in the same league.

"We intended to design a low-price yet prestigious product. And that is exactly what we did," explained Mr. Sprecher. It was a market concept without precedent, since until the appearance of the Swatch and for over a hundred years, the 'economical' watch had been reserved for low-budget consumers. The Swatch however, succeeded in generating enthusiasm amongst a clientele attached to the prestige names, one of whom used the slogan - 'Men who preside over the world destinies wear a R'; certainly true, but the extraordinary thing is that they began to wear Swatches too! The concept for making an object so attractive that members of 'high society' and the 'jet-set' would forget its reasonable price was to become a reality, but it was not solely appearance that was of importance - weight for example - the Swatch was so light it was pleasant to wear even in the middle of the summer.

It was a decision from the start to promote the Swatch as an accessory, following a study made in 1980 by one of the big marketing consultants which had confirmed the up-and-coming popularity of the fashion accessory. To make the product so that it would fulfil this requirement was an important point; it was something to be worn, to match clothing, mood, occupation, and easily changeable, like a scarf or a tie. Needless to say all of these ideas had been discussed, written down and drummed into everyone working on the 'non-watch' project, long before they had started to design anything concrete.

Le marché test

Au départ, ETA disposait aux USA d'un réseau vente-marketing de mouvements, autrement dit inutilisable pour le produit terminé. Non qu'il ne s'agissait pas de bons vendeurs. C'était simplement un autre produit qu'il fallait vendre, peu compatible avec l'organisation en place.

Après deux ou trois voyages d'étude et de contacts entrepris par M. Franz Sprecher auprès de partenaires potentiels,

I test di mercato

All'inizio ETA disponeva negli Stati Uniti di una rete di vendita e marketing "movimenti", inutilizzabile per il prodotto finito. Non perché i venditori non fossero bravi. Semplicemente si trattava di vendere un altro prodotto, per cui l'organizzazione del posto non andava bene.

Dopo due o tre viaggi di studio e contatto di F. Sprecher con potenziali collaboratori, ci si decise a esplorare altre vie. Il prin-

The test market

At the outset, ETA had a sales and marketing network for movements only in the United States, and this network could obviously not be used for entire watches, not because the salesmen were incapable, but because the finished product did not fit into the distribution structure.

Franz Sprecher made two or three study trips to meet potential partners and it was decided that several different routes would be

il fut décidé d'explorer plusieurs routes. Car un principe était posé: fabriquer et offrir une montre bon marché, à 20 $, pas plus, un modèle unique comme Volkswagen avait choisi de faire pour sa célèbre Coccinelle par exemple, la possibilité de sortir des montres promotionnelles étant réservées.

Des amis de M. Thomke, ayant compris tout l'intérêt de l'affaire, voulaient déjà passer commande de vingt cinq mille pièces pour Volvo. Pour ETA, promu manufacture de montres complètes, ces chiffres se révélaient déjà fort encourageants. Un autre groupe se mettait aussi sur les rangs: Duracell envisageait d'adopter ce modèle, en l'appelant Durawatch. Entre parenthèses, le logo Swatch n'était pas encore trouvé. D'autres firmes importantes s'annonçaient dans la même foulée, en vue de travailler avec ce modèle sous leur marque propre. Finalement, une sage décision est prise: conserver à 100% à ETA le contrôle de la nouvelle montre.

On n'entendait pas, à Granges, signer des contrats qui, pour paraître alléchants, n'en impliquaient pas moins un risque: celui de perdre un marché ingénieusement découvert et directement exploitable. Les recherches en vue de trouver le partenaire ad hoc se poursuivirent donc aux USA.

Le choix du marché test n'était évidemment pas dû au hasard. Après mûres réflexions, les promoteurs de la non-watch tenaient à ce que les premières démarches eussent lieu là-bas. Enfin, le choix se porta sur une relation connue: M. Ben Hammond. Pour la petite histoire, cet ancien distributeur de la Maison Japonaise Seiko, avait quitté cette marque pour une raison précise: elle entendait uniquement inonder le marché sans autre considération, alors que M. Ben Hammond envisageait ses affaires autrement. Il restait tout de même et avant tout un vendeur et disposait des contacts voulus. Mais il était surtout enthousiasmé par le concept Swatch et tenait à y participer. Il avait pour cela juste ce qu'il fallait de touche farfelue, bien dans l'orientation du concept. Cela pouvait, cela devait marcher. Pas suffisamment sans doute pour une non-watch, car, dans son cœur, il restait toujours un marchand de montres.

cipio era irremovibile: bisognava fabbricare e offrire un orologio a buon mercato, non più di 20 $, un modello riconoscibile e unico, come aveva fatto la Volkswagen con il suo celebre maggiolino, per esempio, con la possibilità eventualmente di orologi promozionali.

Alcuni amici di Thomke avevano capito subito l'importanza dell'affare e volevano già fare l'ordinazione di 25.000 pezzi per la Volvo. Per ETA, promossa a manifattura di orologi completi, ciò era incoraggiante. Si mise al loro fianco anche la Duracell, che intendeva adottare il modello con il nome di Durawatch. Infatti il logo Swatch non era stato ancora trovato. Altre ditte si fecero avanti con l'intenzione di sfruttare questa invenzione con il loro marchio. Finalmente fu presa una saggia decisione: conservare all'ETA, al cento per· cento, il controllo del nuovo orologio.

Nessuno a Granges, aveva l'intenzione di firmare contratti, per quanto allettanti, che avrebbero fatto correre il rischio di perdere un mercato ingegnosamente scoperto e direttamente gestibile. Negli USA continuavano le ricerche per trovare il socio più adatto.

La scelta del mercato USA come test non era dovuta al caso, era una scelta meditata. Cadde su un personaggio conosciuto, il signor Ben Hammond, anziano distributore del giapponese Seiko, che aveva lasciato per divergenza di idee, in quanto la Seiko intendeva inondare il mercato con i suoi prodotti senza nessuna etica. Sembrava l'uomo ideale, venditore nell'animo, con molti contatti, entusiasta e quel tantino eccentrico per apprezzare lo Swatch.

exploited. The major underlying objective was to manufacture and sell a bargain watch costing no more than $20, a unique model, like Volkswagen with its famous 'Beetle', and a potential for producing promotional watches was held in reserve.

Indeed certain friends of Ernst Thomke, having grasped the significance of the affair, already wanted to order twenty five thousand watches for Volvo, and ETA, now for the first time in the business of producing 'complete' watches, found these figures most encouraging. The Duracell Group was also considering adopting the watch and calling it Durawatch (remember that at the time the Swatch logo had not yet been devised), whilst other large companies showed a similar interest, wanting to market the watch using their own name. Eventually, ETA took a very wise decision, they would maintain 100% control of the new product.

In Granges they did not intend to sign contracts which, even though they appeared attractive, represented a risk - that of losing a market which had been ingeniously planned and could be directly exploited - the search for an ad hoc partner went on in the USA.

The choice of a test market was obviously not to be a haphazard one, and after lengthy consideration, the marketers of the 'non-watch' decided that the first promotion should be made on the other side of the Atlantic. They finally chose an old had, Mr.Ben Hammond whom they knew well. As a former distributor of Japanese Seiko watches he had left Seiko for a specific reason: their practice was to flood the market without considering the consequences, and Hammond did not see this as the correct way to do business. He was however, still a watch salesman with all the necessary contacts, and above all he was enthusiastic about the Swatch concept and keen to participate; he also had just what was needed, a touch of craziness which fitted nicely with the Swatch concept, although perhaps he had a slight reservation about the 'non-watch' for, in his heart of hearts, he would always be a 'watch' salesman!

L'épreuve du sablage
Retour chez les "Schmüller"

De leur côté, les Schmüller travaillent jour et nuit pour terminer et soumettre leurs premiers prototypes d'après plans. Le travail est surtout axé, au départ, sur la recherche de couleur et le décor du cadran. Marlyse allait pourtant vérifier cette vérité: la création est faite de 1% d'imagination, et de 99% de transpiration.

Oui, Marlyse seule car moitié pour n'éveiller aucune curiosité et moitié pour assurer la subsistance du ménage, Bernard évite de déserter son emploi provisoire à la serrurerie. A elle de se débrouiller la journée, avec l'appui logistique-théorique de son compagnon.

Recherche d'un prototypiste tout d'abord. On ne fabrique pas un moule d'injection onéreux pour des prototypes. Quatre boîtiers seront donc tirés de morceaux de matière plastique ABS par un spécialiste chaux-de-fonnier. L'aventure du sablage attend Marlyse au coin de l'atelier suivant elle voit périr coup sur coup deux de ses prototypes, brisés comme du verre sous le jet trop puissant de la machine à sabler.

Chercher un autre atelier pour sabler plus fin? L'évidence s'impose. Les chefs d'entreprise montrent peu d'empressement à perdre leur temps, ou celui d'un ouvrier, en essais aussi délicats, sur une promesse indéterminée de futures commandes. Enfin...

Une nouvelle épreuve de sablage conserve leur intégrité aux deux boîtiers survivants. Les sueurs froides ne sont plus qu'un souvenir. Pour l'instant. Car il faut habiller la boîte d'un cadran, d'aiguilles, d'une glace, d'un bracelet.

Objet de tous les soins à ce stade, la plastique du boîtier est inséparable de l'esthétique du cadran, véritable visage de la montre. Un visage dont la beauté ou le classicisme, la sage régularité des traits ou la fantaisie, le sérieux ou même l'humour, attire ou dissuade. Un visage dont dépend, dans un fort pourcentage, la décision de l'acheteur, chez l'horloger-bijoutier, bien sûr, mais déjà face au grossiste, étape importante de la vente.

Quelques précisions indispensables avant la suite de l'histoire. Inépuisable en ressources, constant dans la créativité, le fabricant de cadrans est le seul, avec le fabricant de boîtes en or et le pierriste peut-être, à n'avoir jamais pu être intégré dans une manufacture, c'est-à-dire au sein d'une usine, où l'on conçoit, construit et produit la montre de A jusqu'à Z. Et pourquoi?

Parce que créer et fabriquer un cadran dans toutes les règles de l'art, pour toutes

La prova della sabbiatura - Ritorno dagli "Schmuller"

Gli Schmüller lavorano giorno e notte per terminare e presentare i primi prototipi secondo i disegni. Il lavoro è centrato soprattutto sulla ricerca dei colori e la decorazione del quadrante. Marlyse doveva accorgersi che la creazione esige 1% di immaginazione e 99% di sudore.

Infatti è lei che lavora di più durante la giornata, con l'aiuto naturalmente logistico teorico del compagno, che però, un po' per evitare di risvegliare una curiosità malsana, un po' perché bisogna pur assicurare la sopravvivenza della "famiglia", continua a lavorare presso il fabbro.

Bisogna ora cercare un prototipista. Non si fanno stampi troppo costosi per prototipi. Uno specialista della Chaux-de-Fonds riesce a ricavare quattro casse con dei pezzi di plastica di recupero, però la sorte aspetta Marlyse dietro l'angolo: alla seconda tappa, durante la sabbiatura, due dei suoi prototipi si rompono in pezzi come vetro sotto il getto troppo potente della macchina.

Fa d'uopo cercare un altro atelier, naturalmente. I padroni delle ditte non sono per niente interessati a perdere il loro tempo, o quello di un operaio, in esperimenti così delicati, con una vaga promessa di ordinazioni future.

Finalmente una nuova prova di sabbiatura riesce per le due casse sopravvissute. I sudori freddi sono dimenticati, per il momento... Ora si tratta di dotare la cassa di un quadrante, lancette, vetro e cinturino.

La plastica della cassa è a questo punto oggetto di cure particolari, perché inseparabile dall'estetica del quadrante, che è il vero volto dell'orologio. Un volto che attira o respinge con la sua bellezza classica o i suoi tratti irregolari, con la severità o l'ironia e dal quale in larga parte dipende la decisione dell'acquirente, grossista o orologiaio gioielliere.

Diamo qui di seguito qualche precisazione. Il fabbricante di quadranti, al quale è richiesta una creatività inesauribile, è il solo, assieme al fabbricante delle casse in oro e dellò incassatore di pietre, che possa essere integrato in una manifattura, dove si costruisce un orologio in tutte le sue parti, dall'A alla Z. Perché?

Perché creare e poi fabbricare un quadrante a regola d'arte, per tutte le catego-

The sanding test
A return to the "Schmüllers"

As for the Schmüllers, they were working night and day to finish and submit their first true prototypes according to the outline plans. Initially, work concentrated on finding the right colour and decoration for the dial - 1% imagination and 99% perspiration,

Marlyse could certainly vouch for that ! She was initially working by herself, for it had been decided that Bernard should carry on at the locksmith's, partly so that no-one would guess the real project and partly to be sure to keep the wolf from the door! Marlyse was left to get on with things during the day, with help in the logistics and theory coming from her companion.

A first step was to find someone to make the prototype, but as a costly mould could not be made just for prototypes, four cases were pieced together in ABS plastic by a Chaux-de-Fonds specialist. An adventure with the sanding machine was awaiting Marlyse in a corner of the workshop next door, and one after the other, before her very eyes, the first two prototypes shattered like glass under the impact of a jet of sand; the pressure was clearly far too strong.

The obvious solution was to find another workshop which used finer sand, but companies were not keen to spend their time (or that of one of their workmen) in conducting such delicate trials, based only on a vague promise of future orders.

However, the two remaining cases were subjected to another sanding trial and this time did not disintegrate; the incident was quickly forgotten as the matter of overriding importance was to fit the case with a dial, hands, glass and a strap.

Initially, every evening was now spent trying to make the plastic case merge pleasingly into the dial, this being the part most visible to the wearer. A dial will attract or repel by virtue of its beauty or classicism, conventionality or novelty, restraint or humour, and according to surveys, it is the only feature that people are truly concerned about: this applies not only to customers at the jewellers, but also to the wholesalers who represent an important stage in the sales process.

Certain points are perhaps of relevance in explaining the significance of the dial in the overall picture of watch production. Because those responsible for making watch dials must have large resources available to be able to sustain continuous creative development, their part in the manufacturing chain has never been integrated into the production line (the only other exceptions are perhaps the makers of gold cases and the specialists in setting precious stores), even in a factory where a watch is designed, built and produced from A to Z.

The state-of-the-art design and manufacture of watch dials for all the different categories

les catégories de montres possibles et imaginables, demande un équipement industriel au moins aussi considérable que celui d'une manufacture de montres, la mise en œuvre non seulement de moyens, mais aussi de savoir-faire, d'expériences, de connaissances professionnelles, réparties sur plusieurs métiers et spécialités subdivisant la profession de cadranier.

Qui dit moyens industriels et humains considérables, dit aussi fabrication en grande série, sinon production de masse. On ne lance pas en processus de fabrication incluant entre quarante et septante opérations parfois coûteuses, n'importe quels modèles ou quantités sans de solides garanties.

Outre des séries suffisamment rentables, le sérieux, la réputation de l'entreprise cliente ou candidate à une clientèle, compte ainsi pour beaucoup. Situation paradoxale cependant, pour une industrie techniquement aussi sophistiquée et exigeante, les séries de cadrans identiques à 100% dépassent rarement quelques milliers, et plus rarement encore les dizaines de milliers de pièces dans les cas intéressants. Tant il est vrai qu'il faut varier les types de chiffres et d'indexes, les couleurs, l'aspect du visage d'un même modèle de montre, afin d'aller au-devant des goûts et des désirs des consommateurs de diverses régions du monde

Pour manufacturer la Swatch de A jusqu'à Z, ETA SA n'en devait donc pas moins faire fabriquer ses cadrans par une ou plusieurs entreprises spécialisées. La conception furtive, le secret dont va s'entourer la Swatch la Popularis ou la Savonnette, suivant les interlocuteurs empêchent pourtant ETA de mettre la puce à l'oreille de quiconque, dans le landernau horloger, où tout se sait très vite, en demandant des offres portant sur des quantités supérieures à la normale.

Mission est donc confiée à Marlyse et Bernard d'établir les contacts préliminaires pour les composants de l'habillement: bracelets, aiguilles, mais aussi et surtout cadrans. L'ordre de mission, un peu à l'instar de ce qui se passe dans les services secrets, est donné oralement par un maillon de la chaîne confidentielle.

Sans papier de ETA bien sûr, sans insister non plus sur la taille de l'entreprise afin de ne pas donner l'éveil, il s'agirait d'obtenir des offres précises pour des quantités qui l'étaient beaucoup moins sans doute, mais déjà dans des dimensions telles qu'elles appartenaient presque au domaine de l'utopie.

Nous sommes au plus dur de la récession horlogère, à une époque où l'on s'arrache littéralement les commandes disponibles, où la lutte entre chers collègues et concurrents est impitoyable, puisque le prix à gagner ou à payer se compte en places de travail dans les régions et les localités, parfois en faillites, en déconfitures retentissantes de certaines firmes pourtant

rie di orologi possibili e immaginabili, richiede un'attrezzatura industriale considerevole. La professione a sua volta è suddivisa in parecchie specialità ed esige quindi mezzi, abilità, esperienza e conoscenze professionali.

Chi dice mezzi industriali e umani, dice fabbricazione in serie o produzione di massa. Non si può cominciare un processo di fabbricazione, che include dalle quaranta alle settanta operazioni spesso molto costose, per un modello qualunque o per una quantità indefinita, senza solide garanzie.

Certo che conta molto anche la reputazione della ditta cliente, oltre a una serie sufficientemente redditizia. Tuttavia anche se è paradossale per un industria tecnicamente sofisticata, le serie di quadranti identici al cento per cento, raramente passano qualche migliaio, addirittura per i casi interessanti non raggiungono le decine di migliaia. Tanto è vero che bisogna variare il disegno delle cifre, degli indici, i colori, la forma per lo stesso modello di orologio, per anticipare i gusti e i desideri dei consumatori di diverse parti del mondo.

Per manifatturare lo Swatch, l'ETA doveva dunque rivolgersi per i suoi quadranti a una o più ditte specializzate, senza farsi notare, per via del segreto da mantenere sul progetto Popularis o Savonette che dir si voglia, chiedendo offerte per quantità superiori alla normale.

Marlyse e Bernard sono incaricati di stabilire i contatti preliminari per gli elementi di rivestimento: lancette, bracciali e anche e soprattutto quadranti. Un po' come nei servizi segreti, l'ordine per la missione, solo orale, è dato da un "personaggio" della catena confidenziale.

Senza credenziali e senza neppure un cenno sulla dimensione della ditta, per non dare nell'occhio, avrebbero dovuto ottenere offerte precise per quantità che lo erano molto meno, ma già tanto importanti da essere utopiche.

Siamo nel momento più critico della recessione quando ci si contende le ordinazioni tra "cari colleghi", poiché il prezzo da guadagnare o da pagare si conta in posti di lavoro nelle regioni già toccate dalla crisi e da clamorosi dissesti finanziari di certe società reputate solidissime. Mentre dunque la congiuntura riduce le serie da migliaia in centinaia, immaginiamo un solo secondo

of watches imaginable would in fact require as much industrial equipment as that of a watch factory itself, and the know-how, experience and expert knowledge required are spread over several different crafts and specialist trades.

Once considerable industrial and human resources have been committed, large series or even mass production must follow, and a manufacturing process using between forty and seventy often costly operations for each of an undefined number of different models cannot be started without having a firm guarantee of orders.

So with the exception of established profitable lines, the willingness of manufacturers to accept work will depend on the importance they attach to the company approaching them. It is something of a paradox that in an industry which is so technically sophisticated and automated, orders for watch dials which are 100% identical rarely exceed a few thousand, and even more rarely tens of thousands in the most successful cases. This is because there are so many variables: the types of figures and batons, colour, general appearance of the dial, all of which can be changed for the same basic watch to satisfy the tastes and desires of consumers all over the world.

In order to manufacture the Swatch from beginning to end, the only solution was therefore for ETA SA to have the dials made by one of several specialised companies, but because the Swatch project was still highly confidential and only referred to as the 'Popularis' or the 'Savonette' according to the department concerned, ETA could not afford to rouse suspicion in the watchmaking world where news carries fast, especially so if orders are placed for higher than usual quantities.

As a result Bernard and Marlyse were entrusted with the job of making preliminary contacts for the supply of the various components required: straps, hands and especially dials. Orders for the parts were given orally via a confidential arrangement - secret service style!

ETA-headed notepaper could obviously not be used, and nothing was said about the size of the company involved so that suspicion would not be aroused. They had to obtain detailed quotations for quantities which were probably far below the real requirement, but still far larger than anything feasible at the time.

It should be remembered that the watchmaking industry was in the middle of a deep recession, and orders were literally being grabbed from prospective clients; the battle between colleagues and competitors was ruthless, since the prize to be won also included the survival of jobs in a given town or region. Numerous firms which were thought to be as strong as houses had

réputées inébranlables ou insubmersibles... Alors que la tempête conjoncturelle réduit ainsi les séries de milliers en centaines, imaginons une seconde, une seule, ce qui peut se passer dans la tête d'un chef de service ou d'entreprise, à qui deux jeunes inconnus au look moderne d'aucuns diront d'apparence négligée viennent déclarer: Nous faisons une nouvelle montre pour une entreprise sérieuse, il nous faudrait une offre avec prix dégressifs à partir de cent mille pièces. L'affaire présentée de la sorte était aussi incroyable à ce moment-là qu'une demande de crédit bancaire pour construire une usine de mille travailleurs en plein milieu d'une vallée jurassienne.

Et les visiteurs auraient moins surpris peut-être en déclarant arriver de la planète Mars. Qu'il y eut des violences à leur égard, ce serait beaucoup dire. Plus les entreprises sont importantes, plus la réception, en principe, est distinguée. Pour des quantités pareilles, le choix de grosses entreprises s'imposait. Illustrer l'accueil, en résumé, c'est le graduer sur l'échelle thermométrique: entre moins 40 et plus quelques degrés centigrades au-dessus de zéro. Dans les meilleurs des cas, on fait entrer sans faire asseoir les clients potentiels, ou, si d'aventure on les invite à prendre place, c'est dans la pièce ordinairement réservée aux fournisseurs de troisième catégorie, généralement une cage exiguë, peinte en blanc administratif et vitrée, située au fond d'un couloir. Lorsque l'employé est de bonne humeur, il imagine gagner la gratitude de son chef, appelé surtout pour participer au spectacle, pour ouïr de ses propres oreilles l'incroyable proposition. D'où des réponses comme celle-ci, ponctuées du rire des interlocuteurs incrédules: Une offre pour cinquante à cinq cent mille cadrans? On va déjà vous faire une offre pour mille. Des Geneveys-sur-Coffrane à Tramelan, en passant par Le Locle et La Chaux-de-Fonds, c'est bien ainsi que cela s'est déroulé. Souvent, dès la réception, on n'est même pas entré en matière à tel point que certains patrons ignorent encore aujourd'hui que, grâce à ce que l'on appelle le filtrage au guichet, ils ont passé à côté de l'affaire du siècle: des dizaines de millions de cadrans à produire.

A l'opposé, Bernard et Marlyse ont aussi rencontré le genre de patron très au courant, satisfait de sa personne, affectant un air protecteur d'abord... Oui, oui, je vois pour qui vous travaillez. Je suis copain avec l'un des directeurs, pas de problème... Péremptoire ensuite: Je prendrai contact directement. Il y eut pourtant des études et des réponses positives, quoique toujours sous la réserve: Ainsi que nous vous l'avons dit, il est difficile de procéder à des dégressions pour plus de cent mille pièces, pour des raisons techniques. Il est clair qu'il est préférable de connaître ses limites, au lieu d'aboutir au principe régissant les affaires de la célèbre maison Phili-

quello che può passare per la testa di un direttore o di un caposervizio al quale due giovani sconosciuti in look moderno - i maligni diranno invece trasandati - vengano a dire: "Stiamo facendo un orologio nuovo per una ditta seria, vorremmo un'offerta a prezzi decrescenti a partire da 100.000 pezzi." Presentato in questo modo l'affare era incredibile quanto una domanda di credito bancario per costruire una fabbrica di mille operai in una piccola valle della Sila.

I visitatori sarebbero stati accolti meglio se avessero detto che venivano dal pianeta Marte. Non si può dire che ci sia stata aggressività nei loro riguardi, anche perché più una ditta è importante, più l'accoglienza è signorile e in questo caso, per una tale quantità, bisognava per forza rivolgersi a una grande impresa. Per riassumere, con un paragone della scala termometrica, l'accoglienza è stata tra i meno 40 e qualche grado sopra lo zero. Quando va bene, di solito, li fanno entrare senza farli accomodare, oppure, li conducono in un locale riservato ai fornitori di terza categoria, generalmente piccolissimo, di uno squallido bianco "amministrativo", situato in fondo a un corridoio. Se l'impiegato ·è di buon umore chiama il capo, soprattutto per renderlo partecipe dello spettacolo, perché oda con le proprie orecchie l'incredibile proposta. Ecco quindi le risposte di questo genere, punteggiate da risatine: - Un'offerta dai 50 ai cinquecentomila pezzi? Ma subito, per mille pezzi. - Beh, è proprio così che si sono svolte le cose, da Geneveys-sur-Coffrane a Tramelan, passando da Locle alla Chaux-de-Fonds. Molti padroni non li hanno neppure ascoltati fino in fondo, ignorando che, per colpa di quello che si chiama "il filtro dello sportello" sono passati accanto all'affare del secolo: decine di milioni di quadranti da fabbricare.

All'opposto, a volte Bernard e Marlyse hanno incontrato il padrone borioso, al corrente di tutto, falsamente benevolo: - Ah, sì sì vedo per chi lavorate, conosco uno dei direttori, nessun problema... E poi bruscamente: - Prenderò contatti direttamente. Ci sono state comunque risposte positive, anche se con qualche riserva. "Come vi abbiamo detto, è difficile per ragioni tecniche, fare prezzi decrescenti per più di centomila pezzi. - Giusto. Meglio sapere i propri limiti, per non dover dire, come il motto della famosa casa Philibert: "Più si vende, più si perde". La delusione si è ripetuta ugualmente per le lancette e i quadranti. La cosa più buffa è successa a

already gone bankrupt or collapsed abysmally. While the economic climate meant that production lines geared up for thousands were operating in hundreds only, it is interesting to recall the reactions of company managers when two, unknown, slightly trendy (even tatty) young people arrived at their offices and explained: "We are in the process of making a new watch for a large company and we need an offer from you, with quantity discounts, for one hundred thousand pieces!" When presented in such a way, their request seemed ludicrous and they could not really complain when people were openly rude to them; but the bigger the company, the cooler the reception, and for such quantities they had to deal with the most important manufacturers.

At worst they were not even asked to sit down, but if shown a seat, it was usually in a room at the end of a corridor, generally reserved for third class suppliers. When the receptionist was in a good mood, she might decide that her boss would like to come and amuse himself by listening with his own ears to the details of their request, which were greeted with such comments as: "An order for fifty to five hundred thousand dials? We'll start by making you an offer for one thousand!" From Geneveys-sur-Coffrane to Tramelan, via Le Locle and La Chaux-de-Fonds, it was the same story. Often, in the reception area, they were unable even to get as far as the object of their visit; indeed thanks to certain of the 'bulldog secretaries or receptionists', some managers are still unaware of how they missed out on the order of the century: the production of thousands of dials.

At the other end of the scale, Bernard and Marlyse met the sort of manager, who supposedly in the know, started off patronisingly: "Oh yes, I know who you are working for. I'm a friend of one of the directors, no problem..." and finished by saying "I'll get in touch directly!" Some more positive replies were received, however, but they always came with conditions: "As we explained, it is difficult to forecast a reducing price scale for over one hundred thousand pieces, for technical reasons." It was clearly better to be dealing with a company aware of its limitations than to end up like the infamous firm of Philbert: 'The more we sell the more we lose', and in the light of this, quantity requests were decrea-

bert: Plus l'on vend et plus l'on perd. A plus ample informé par la suite, les limites ont été repoussées, dans les cadrans aussi bien que dans les aiguilles. Au sujet desquelles l'histoire s'est fidèlement répétée pour les deux jeunes gens. A cet égard, le plus drôle se passe à une portée de fusils de chez ETA, où nos stylistes demandent une offre avec échantillons d'aiguilles. Allez demander tout ça à celui qui vous les fabrique d'habitude. C'est ce qui s'appelle estimer la valeur d'un client à vue... Chose curieuse, les régions et les entreprises où l'on manque le plus de travail se révèlent aussi les plus négatives.

Parenthèse finale propre à illustrer l'état variable de compétitivité dans lequel se trouvaient les fabricants de cadrans: Pour un même modèle, simple, et sans aventure technique prévisible aucune, les offres que certains avaient finalement consenti à formuler s'échelonnaient par dix mille pièces, car on ne croyait pas encore à davantage, entre 0,78 ct au minimum, et 1 fr. 63 au maximum. C'était écrit: l'obtention d'échantillonage, l'information élémentaire indispensable au choix des modèles et des fournisseurs précédent essais et prototypes, useraient deux paires de pneus, deux paires de chaussures, mais non l'enthousiasme forgé, renforcé aux feux de la difficulté.

Le premier cadran réalisé est sage: avec une minuterie simple, technique douze heures classiques. Il répond à l'objectif primordial au départ: apprivoiser la clientèle avec un habillement de couleur, avant de porter la fantaisie jusque sur le visage de la montre.

En réalité, Bernard et Marlyse avaient déjà présenté des cadrans quelque peu farfelus, fidèles en cela à la collection montrée au tribunal Swatch. Il était pourtant trop tôt de les tester sur le marché. Une hirondelle ne fait pas le printemps, un cadran dessiné ne fait pas toute la montre. L'histoire de l'esthétique de la Swatch pourrait s'arrêter. Elle serait tronquée pourtant par l'omission d'un élément fondamental: le bracelet.

Il vaut la peine de s'y arrêter l'espace de quelques lignes. Il est ici question de moules, dans des formes plastiques à deux composants, de fours à ultra-sons, de polymérisation... Nous préférons de loin l'exemple du chocolat, sinon du flan au caramel. Car au départ, le principe est le même: superposition, mélange, réunion intime de composants en un seul flan, en l'occurrence à douze moules. A l'aide d'une aiguille, on pratique les trous qui devront recevoir le dard de la bouclette du bracelet. Les essais incluent toujours une forte dose d'artisanat, pour ne pas dire de débrouillardise.

Bernard et Marlyse, en planchant sur ce sujet, aussi bien en Suisse qu'en France, où se trouvent de bons spécialistes, avaient déjà imaginé la décoration du bracelet. Justement à la manière dont on mar-

un tiro di schioppo da ETA, dove i nostri stilisti chiedono un'offerta, con campione, di lancette: Chiedete a quello che ve le fabbrica di solito. - Questo significa saper stimare un cliente a prima vista... Strano però che siano le ditte dove c'è meno lavoro a dare risposte negative.

Parentesi finale per illustrare le differenze di prezzo della concorrenza: per lo stesso modello, semplice e senza nessun cambiamento tecnico in vista, le offerte che qualcuno comunque aveva consentito a fare oscillavano, per diecimila pezzi, (perché non si pensava ancora a farne di più), tra i 78 centesimi e 1.63 SFr. massimo. Stava scritto che per ottenere i campioncini, l'informazione minima indispensabile alla scelta dei modelli e dei fornitori prima di poter fare i prototipi, si sarebbero consumate due paia di scarpe e due paia di pneumatici, certo, ma non l'entusiasmo dei due giovani, che anzi ne usciva rinforzato dalle difficoltà.

Il primo quadrante realizzato è modesto: una minuteria semplice, dodici ore classiche. Risponde all'obbiettivo di partenza: abituare la clientela a un rivestimento colorato, prima di cambiare l'aspetto dell'orologio.

Anche se Bernard e Marlyse avevano già presentato quadranti un po' troppo fantasiosi, coerenti in ciò con la loro prima collezione (quella del "tribunale", per intenderci) era ancora troppo presto per testarli sul mercato. Una rondine non fa primavera, un solo quadrante disegnato non fa un orologio. Potremmo terminare qui la storia dell'estetica dello Swatch, però mancherebbe quella di un elemento fondamentale: il cinturino.

Un vero Swatch si distingue immediatamente da una imitazione per l'attacco cinturino-cassa. Dunque vale la pena spiegare in poche righe di che si tratta. Si parlerà di stampi, nelle forme plastiche a due componenti, di forni a ultrasuoni, di polimerizzazione... Faremo l'esempio con il cioccolato, o addirittura con il budino. Il principio è lo stesso: sovrapposizione mescolata, fusione intima dei componenti in un solo budino, in questo caso con dodici stampi. Con un ago si praticano i buchi per il dardo della fibbietta del cinturino; ci vuole una certa pratica.

Bernard e Marlyse, interrogandosi sul soggetto, avevano già pensato a come decorare il cinturino, proprio come si fa con il cioccolato, con un calco sul fondo dello stampo: il plastisol colato si indurisce con-

sed for the dials. Marlyse and Bernard met with a similar reaction during their search for suitable 'hands'. On the subject of hands, a most amusing incident happened just a stone's throw away from ETA, where the designers asked for a quotation with samples, to be met with the reply: "You can go and ask your usual manufacturer for that" - a classic example of misjudging a customer by first appearances! Curiously enough, the most depressed regions and companies were those which proved to have the most negative attitudes.

The disparity in the attitude and competitiveness of the various dial manufacturers is illustrated by the final quotes received for an order for 10,000 pieces (they would quote for nothing larger) from the various companies: they were found to vary between SF 0.78 and SF 1.63!

The first dial produced was restrained, with a simple layout for a classic twelve-hour design. It met the initial overriding requirement of persuading the customer to accept a coloured dial, before introducing the more unconventional patterns.

In fact Bernard and Marlyse had already produced several 'fantasy' dials in line with the collection presented to the Swatch Tribunal, but it was too early to test them on the market. To quote the old proverb: 'One swallow does not make a summer', it can also be said 'a pretty dial does not make a watch'. The story of the aesthetic development of the Swatch could end here, but it would be incomplete without a discussion of that apparently insignificant component - the strap.

The process involved plastic moulding in two shapes, ultrasonic ovens and polymerisation... but it is perhaps easier explained by taking a chocolate bar as a suitable analogy! The basic principle is the same: find the ingredients, blend them carefully, then form them all together to a single 'bar', in this case with the aid of a dozen moulds; an additional process produces the holes to secure the buckle. A separate ingredient needed during the trials was a large helping of skill, not to mention resourcefulness!

After studying the subject carefully in both Switzerland and in France (where several specialists are located) Bernard and Marlyse had already worked out how to decorate the strap, using more or less the same technique

que et décore les tablettes de chocolat, ou presque. Nos deux compères stylistes avaient mis au point un système d'impression par décalque, placé au fond des moules. Le plastisol coulé se polymérisait, autrement dit: par son durcissement conjoint avec la décalque, il l'intégrait intimement. Les essais se déroulaient à Besançon. Nous pouvons en parler puisqu'en définitive, ce matériau français a été écarté au profit d'un autre, mieux compatible avec la boîte. Souvenons-nous en effet que certaines matières plastiques se marient entre elles bien mieux que d'autres. Est-il bien utile de décrire ici chacune de ces visites à Besançon? Sinon pour en souligner en passant leur allure de course d'école dont la gastronomie n'était pas toujours absente. Une fois bues, en apéritif si l'on peut dire, les théories de Marlyse, et avalée en hors-d'œuvres les commentaires des essais par le doublé Schmid-Mock.

Théories hypothétiques couronnées à ce point de succès par l'objectivité scientifique de l'expérience réalisée sur une machine d'outre-Doubs, que la statue de Victor Hugo vit défiler un jour le bien curieux cortège de deux jeunes gens portant en triomphe une fille. Le travail externe des stylistes n'éveillait pourtant pas l'attention, cependant que s'additionnaient à l'intérieur de l'usine ETA les prouesses techniques concernant le mouvement de la Swatch. Chez ETA toujours, on préparait pendant ce temps pour les accordailles, l'épouse du bracelet: la boîte ou plutôt le moule qui devait lui conférer, d'un seul coup d'un seul, sa structure esthético-technique.

Toujours très habiles à séparer les choses pour mieux garder le secret, les responsables du non-watch project remirent les boîtes aux Schmüller. Pour leurs essais de mise en forme définitive. Ces modèles ressemblaient à des boîtes ordinaires, et pour cause: le célèbre bâti-fond, constituant la colonne vertébrale de la montre, en avait pratiquement été scié. Même incomplets, ces boîtiers conservaient un caractère absolument intraitable.

Les recherches sur l'attache du couple boîte-bracelet avaient conduit les ingénieurs et stylistes à compter sur l'élasticité du plastique de la première, pour épouser la forme du second, à l'endroit où ils se lient, appelé couvre-anses. Las! La sollicitation était trop forte et chaque fois la charnière cassait. Jacques Müller, volant au secours de son frère, eut l'idée de remplacer les deux barrettes par une tige moletée à ses extrémités. Avec le moletage, on réduisait le diamètre du bracelet à l'endroit où celui-ci est habituellement renflé. On lui permettait dès lors de pénétrer facilement dans son logement, sous le couvre-anses. A un détail près la solution se révélait excellente, mais insuffisante. Elle impliquait de plus, au niveau de la carrure et du bracelet, ce que les techniciens et praticiens de la boîte nomment un trou à m... ici le mot de Cambronne. D'où nouveaux problèmes.

servando il disegno dentro il materiale. Le prove sono state fatte sia in Svizzera che in Francia, dove ci sono ottimi specialisti. Precisamente a Besançon. Tuttavia il materiale francese è stato scartato, per incompatibilità con altre plastiche, come già avevamo spiegato. Questi viaggi a Besançon assomigliavano a gite scolastiche dalle quali non era esclusa la gastronomia... Dopo aver bevuto, come aperitivo, diciamo così, le teorie di Marlyse e ingurgitati i commenti sulle prove della coppia Schmid-Mock.

Teorie coronate da tale successo per merito dell'obiettività scientifica, è una macchina dell' "Outre-Doubs", che la statua di Victor Hugo ha l'onore di assistere a un curioso corteo: due giovanotti sfilano portando in trionfo una ragazza. Comunque il lavoro degli stilisti ancora non attirava l'attenzione, mentre si moltiplicavano gli espedienti tecnici per il movimento dello Swatch. Sempre da ETA si studiava come unire le due parti: cassa-cinturino: matrimonio difficile, che doveva costituire la struttura caratteristica di questo orologio.

Sempre abili a separare le cose per conservare meglio il segreto, i responsabili del "non watch progetto" consegnano le casse agli Schmüller. ma che strano: Questi modelli assomigliano a scatole ordinarie. Infatti il celebre "bâtifond", colonna vertebrale dell'orologio, era stato segato a metà. Anche se incompleti, questi modelli erano difficili da lavorare.

Gli ingegneri e stilisti contavano sull'elasticità della plastica di cui era fatta la cassa, per unirla al cinturino, ma ahimè, le sollecitazioni erano troppo forti e ogni volta la cerniera si rompeva. Jacques Muller, venendo in aiuto del fratello, aveva pensato di sostituire le due ansette con una coppiglia zigrinata alle estremità. Con la zigrinatura si riduceva il diametro del cinturino nel punto in cui di solito c'è un rigonfiamento. In questo modo sembrava possibile introdurlo nella sua sede, sotto il coprianse. Invece a livello della "carrure" restava un foro, quello che i tecnici chiamano "un buco per la m..." come diceva Cambronne.

as that employed to impress the designs on bars of chocolate. They had developed a system of transfer impression onto the bottom of the mould, and when liquid plastisol was poured in, it polymerised (hardened) and the design was transferred onto the plastic of the strap. Trials were conducted in Besançon which although satisfactory were finally abandoned, as the French material was rejected in favour of another which proved to be more compatible with the casing; as previously mentioned certain plastics blend better together than others. It is unnecessary to recount in detail each of the visits to Besançon, suffice it to say that the work proceeded at breakneck pace, with the odd gastronomic interlude! Marlyse's theories were almost an apéritif, with the results of the trials being digested at length by the Scmid-Mock team.

When finally what had started as an hypothesis proved to be technically feasible, the good citizens of Besançon were to be treated to the sight of two men triumphantly carrying a girl around the statue of Victor Hugo! The designers had succeeded in not attracting any attention to their work outside, whilst at the ETA factory the Swatch movement continued to demand an increasing level of technical prowess. At the time they were preparing for the fitting of the strap to its partner: the case or more correctly the one piece mould which was to give the watch its aesthetic-technical structure in a single operation.

Meanwhile, the 'non-watch' project managers continued to protect their secret by carefully arranging to keep separate the various elements of the plan; the cases were returned to the Schmüllers, and when presented in their final form for testing they actually looked like ordinary watch cases, as a result of the internally moulded backplate being entirely - and deliberately - removed.

Initial research into the method of attaching the strap to the case encouraged the engineers and designers to rely on the elastic strength of the latter, with the plastic suitably shaped, at the point where they linked together, referred to as couvre-anses (hooded lugs). They were however asking too much - the hinge broke every time. Jacques Müller, coming quickly to his brother's assistance, had the idea of replacing the two small bars with a pin that had been milled at both ends. Furthermore, they also reduced the diameter of the strap at the very point where it usually bulges, so it could slot easily into place under the hood. It was a near-perfect solution, but not quite because it also meant that at the junction of the strap and the case band there had to be a hole - hence new problems.

Bouddha disait: Mes enfants, la seule chose sur laquelle vous puissiez vraiment compter, c'est le changement.... De même aurait-on pu promettre à tous les intronisés de la Swatch: la seule chose sur laquelle vous puissiez compter, c'est la difficulté.

Le petit trou dans la carrure de la boîte, défaut technique et esthétique aussi léger soit-il, n'échappa nullement au regard vigilant du Dr Thomke. Trouvant inadmissible le travail présenté, il donne deux jours aux ingénieurs et aux stylistes pour trouver une autre solution: LA solution; Elmar Mock, catastrophé, accueille Bernard à Granges. Je t'ai réservé un bureau et une planche à dessin. Il faut que nous trouvions.

Esquisse, on passe en revue tout ce qui est en plastique et présente éventuellement un problème d'articulation et de fixation analogue et bien résolu, un jouet, véhicule à chenilles, suggère une idée concernant la charnière en créneau: sur l'arrondi, à l'endroit où se trouve l'articulation, il y a une partie plate. Celle-ci pourrait permettre d'entrer la barrette dans le bracelet.

Le dessin technique est mis au point à la Châtière un système à deux diamètres, à partir d'un centre, quatre créneaux visibles à l'attache boîtier-bracelet. Là où on ne disposait pas encore de solution, Bernard soigne une esthétique propre incluant le principe technique et permettant la rotation. Ces quatre créneaux visibles aujourd'hui encore permettent de distinguer le bon grain de l'ivraie, la véritable Swatch de ses imitations. Encore que même à cet égard, certains copistes prennent des risques. Le 4 février 1982, dans le délai imparti par le patron du projet, l'esthétique de la Savonnette, Popularis et future Swatch atteint enfin son stade définitif. Aucune couleur par contre n'est retenue.

Le brevet touchant à la charnière boîte-bracelet a pour objet la résolution d'une résistance mécanique à un système par ailleurs esthétiquement intéressant. L'application d'un système général d'ancrage et de rotation capable de résister à la rupture,est une solution esthétique propre, incluant un principe technique.

Budda diceva: -Amici miei, la sola cosa sulla quale possiate veramente contare, è il cambiamento... Ai papabili dello Swatch si sarebbe invece potuto promettere questo: - Le sole cose sulle quali potete contare saranno gli ostacoli. -

Questo difetto per quanto piccolo, non era sfuggito all'attentissimo Dottor Thomke che aveva trovato inammissibile quel lavoro e aveva dato due giorni per una soluzione. La soluzione. Elmar Mock sgomento, fa chiamare d'urgenza Bernard a Granges: Avrai un tuo ufficio e un tavolo da disegno. Bisogna trovare. -

Si passa in rassegna tutto quello che è in plastica e che abbia articolazioni o attacchi analoghi finché un giocattolo dà a Bernard l'idea della cerniera a tacche : sulla parte arrotondata, dove si trova l'articolazione, c'è una parte piatta, da cui potrebbe entrare la coppiglia nel cinturino.

Si mette a punto il disegno tecnico alla Chattière: un sistema a due diametri, a partire da un centro, quattro tacche visibili nel punto di attacco cassa-cinturino. Bernard riesce finalmente a realizzare un'estetica adatta includendo il principio tecnico che permetteva la rotazione. Queste tacche visibili anche nei modelli ultimi permettono di distinguere il grano dalla zizzania, il vero Swatch dalle imitazioni, anche se alcuni copisti sono disposti a correre rischi. Il 4 febbraio 1982, entro i termini fissati dal direttore del progetto, l'estetica della Savonnette, Popularis e futuro Swatch é definita una volta per tutte. Invece non si parla ancora del colore.

Il brevetto concernente la cerniera cassa-cinturino ha per oggetto la risoluzione di una resistenza meccanica in un sistema esteticamente valido. Bernard l'ha definito con precisione. L'applicazione di un sistema di ancoraggio e di rotazione capace di resistere alla rottura, che invece di nuocere all'estetica dell'orologio, ne ha reso possibile una soluzione estetica caratteristica, accurata, includendo un principio tecnico.

As Buddha said 'My children - the only thing you can really count on is change', a similar saying was now applicable to those involved in the Swatch: 'The only thing you can really count on is adversity'.

Indeed, the small hole in the band of the case, a technical and aesthetic fault, however tiny, did not escape Dr. Thomke's scrutiny. He found it unacceptable and gave the engineers and designers two days to find another solution: THE solution! Elmar Mock was in quite a state and asked Bernard to come to Granges: "I've found you an office and a drawing board. We've got to find a solution."

They reviewed all the plastic components and finally came to the conclusion that it was a problem of making a joint at the fastening point. A toy vehicle with a caterpillar tread gave them the idea for an interlocking hinge; on the rounded edge, where the joint was to be made there was a flat section which would allow the pin into the strap.

The blueprint was perfected at La Châtière for an internal/external diameter around a single centre and four crenelations visible where the end of the strap met the casing. To finish it off, Bernard re-designed the joint to give a pleasing appearance to the parts which enabled the strap to rotate. The four crenelations of the hinge (still visible today) enable a genuine Swatch to be distinguished from imitations - even though some of the imitators have been prepared to go to great lengths in trying to copy this particular feature. On the 4th of February 1982, within the time allowed by the project manager, the design of the Savonnette, the Popularis and the future Swatch reached the final stage, although colours had yet to be introduced.

The patent for the hinge between the strap and the casing defined its purpose as 'the resolution of mechanical resistance to an aesthetically pleasing system', and indeed the combination of a firm anchorage with a system of rotation capable of resisting breakage solved a technical problem whilst enhancing the aesthetic appearance.

Des goûts et des couleurs

Marlyse, pour sa part, continue justement, en compagnie d'Elmar Mock, à jongler avec de petites boules colorées, des granules de matières plastiques qui, savamment mélangées, ou additionnées de coloris liquides dosés d'une main experte, conduisent à la détermination des couleurs. Les prototypes de bracelets et de boîtes naissent ainsi dans une usine proche du terrain de football de Granges. Je m'amusais tellement, à mesure que les recherches de couleurs avançaient, se souvient Marlyse, que mes projets en devenaient de plus en plus fous.

Dei gusti e dei colori

Marlyse intanto, insieme a Elmar Mock, continua a destreggiarsi con palline colorate di materiale plastico, che sapientemente mescolate o addizionate a coloranti liquidi ben dosati, determinano i colori. I prototipi dei cinturini e delle casse nascono dunque in una fabbrica vicina al campo da gioco di Granges. Mi divertivo tanto in quelle ricerche, ricorda Marlyse, che i miei progetti diventavano sempre più pazzi.

Taste and colour

Marlyse and Elmar Mock continued to play with little coloured balls; plastic beads which when cleverly mixed together or accurately blended with liquid colour by an expert produced different colourations. The strap and case prototypes actually saw the light of day in a factory close to the Granges football ground. "I was having such fun," remembers Marlyse, " with our colour trials that my projects were getting more and more crazy!"

La grande différence

La grande différence, nous dit un document édité par ETA, est que Swatch est une montre insolite à tous les points de vue. Un accessoire en vogue de l'extérieur, avec, à l'intérieur, une technologie qui révolutionne l'horlogerie traditionnelle. C'est non seulement sa construction, mais aussi son mode de fabrication qui différencie cette montre de toutes les autres habituelles. Seuls ses principes géniaux de construction et de fabrication permettent d'offrir sur le marché cette montre de haute précision, antichocs, étanche, à un prix si avantageux.

On rappellera que le boîtier de la Swatch sert également de platine, les pièces de mouvement y sont montées directement, ce boîtier est moulé par micro-injection et avec une extrême précision, dans une matière synthétique particulièrement solide. Résultat: la Swatch superlégère pèse moins de 20 g au poignet. Des éléments de la Swatch, on n'en compte plus que cinquante-et-un, par rapport à une montre à quartz ordinaire qui compte plus de nonante et une pièces, ce qui ne l'empêche pas d'être ultra-précise et dans le vent à 100%.

Mode de fabrication original de la Swatch: les éléments sont rivés et soudés à l'ultra-son. Le taraudage et les vis sont ainsi superflus. La Swatch y gagne également en solidité et en résistance aux chocs. Et comme le verre est aussi soudé au boîtier, l'étanchéité est garantie jusqu'à une profondeur de 30 m. Le bracelet, grâce au nouveau système à charnière, est indéchirable. Il s'intègre parfaitement à la montre. Sa matière synthétique souple le rend agréable au porter.

Nous retiendrons pas ailleurs le système de production: le montage de la Swatch est entièrement automatisé, les montres ordinaires sont fabriquées en phases séparées: le montage du mouvement et la finition la Swatch est fabriquée en une seule opération. La qualité est contrôlée en permanence, elle subit des tests rigoureux.

Poussant un peu plus avant l'examen technique de la Swatch. Première et grande révolution dans le moteur. Ensuite, entraînement de la roue de seconde en direct par le rotor et peut-être troisième chose importante: le bloc-moteur.

Un coup d'œil à la mise à l'heure: la Swatch est une pièce à bascule-ressort de tirette, avec deux renvois. Une mise à profit intelligente de ce qui a été fait de meilleur: une Roskopf automatique, construite à Ebauches à Tavannes, alors succursale de Bettlach. Une année et demie de travail de deux ingénieurs, pour les tiroirs;

C'est très démoralisant pour des jeunes gens d'en rester au stade du prototype partiel et des plans... commente Jacques Müller, autrefois constructeur de ce calibre. Encore une fois, rien n'est totalement le fruit du hasard: si le système de mise à l'heure de ce fameux Roskopf auto-

La grande differenza

La grande differenza, ci informa un documento divulgato dall'ETA, è che lo Swatch è un orologio insolito da tutti i punti di vista, un accessorio alla moda, all'esterno, con una tecnologia rivoluzionaria, all'interno. Solo i suoi principi geniali di costruzione e fabbricazione permettono di offrire sul mercato un prodotto di alta precisione, antiurto, impermeabile, a un prezzo tanto economico.

Per la precisione ricordiamo che la cassa dello Swatch serve anche da platina, sulla quale i pezzi del movimento sono montati direttamente. La cassa è fusa per microiniezione in una materia sintetica particolarmente solida. Risultato: lo Swatch è super leggero, meno di 20 gr. al polso. Rispetto a un orologio a quarzo ordinario che conta più di novantun pezzi, lo Swatch ne conta cinquantuno, il che non gli impedisce di essere preciso e alla moda.

Modo di fabbricazione originale: gli elementi sono rivettati e saldati a ultrasuoni. La filettatura e le viti sono superflue, per cui lo Swatch è molto solido e resistente agli urti, inoltre, siccome anche il vetro è saldato alla cassa, l'impermeabilità é garantita fino a 30 metri di profondità. Il cinturino, grazie al nuovo sistema a cerniera, non si può staccare, si integra perfettamente all'orologio e si porta volentieri sulla pelle perché il materiale plastico è molto morbido.

Prendiamo in considerazione anche il sistema di produzione: il montaggio dello Swatch è interamente automatizzato mentre negli orologi ordinari si fa in fasi separate, così come il montaggio del movimento e le rifiniture. Lo Swatch è fabbricato in una sola operazione. La qualità è sempre sotto controllo.

Esaminiamo più a fondo l'aspetto tecnico: il motore è una vera rivoluzione. La ruota dei secondi gira con il rotore.

Un'occhiata alla messa all'ora: lo Swatch è munito di una "basculle" a molla tiretto a due inversioni. Derivato intelligentemente dal Roskopf automatico, il migliore prima dello Swatch, costruito da Ebauches Tavannes. a quel tempo succursale di Bettlach. "Un anno e mezzo di lavoro di due ingegneri... per finire in fondo a un cassetto."

Jacques Muller, che aveva costruito quel calibro, commenta: "E' demoralizzante per due giovani fermarsi allo stadio di un prototipo parziale e dei disegni." Ancora una volta niente è frutto del caso: come il sistema di messa all'ora è quello del famoso Roskopf che nessuno vedrà mai, così

The big difference

The big difference, according to a release from ETA, was that the Swatch was an extraordinary watch in all senses of the word. On the outside it was a fashion accessory and on the inside a technological marvel that revolutionised traditional watch manufacturing. It was not only its design, but also its method of manufacture which differentiated the Swatch from its competitors, and due to the inspired principles behind its technology, this high precision, shockproof and water resistant watch could be sold at such an advantageous price.

Of fundamental importance is the fact that the casing of the Swatch is also used as the movement plate, with all parts assembled directly into the casing which is moulded using a high precision, micro-injection technique in a particularly strong synthetic material. The result was the super-light Swatch weighing only 20g, and comprised of only fifty-one parts, as opposed to an ordinary quartz watch which had ninety-one or more! It is nevertheless ultra-precise and 100% fashionable.

The manufacturing technique that is totally original to the Swatch is the fact that the elements are ultrasonically riveted and welded together, so screws are no longer needed, and since the glass is also welded to the case, watertightness is guaranteed to a depth of 30 metres. As a result of the patented new hinge system, the strap cannot tear and integrates perfectly with the watch case, its supple synthetic material making it agreeable to wear.

Ordinary watches are manufactured in separate stages, movement assembly and finishing; the Swatch is manufactured in one single operation, and the production line is now entirely automatic, with continuous quality control and rigorous testing.

Some further revolutionary points of the Swatch design. A major breakthrough with the drive motor, with the second wheel driven directly by the rotor, and perhaps equally important the mono-bloc motor unit.

The hand-setting mechanism of the Swatch is a simplified rocking spring held by two levers, an intelligent use of the principle behind the best system ever produced: an automatic Roskopf, built in ebauches form by Tavannes, at that time a subsidiary of Bettlach, but never put into production after one and a half years of work by the two engineers.

"It's demoralising for a young man to see his work stay at the blueprint and partial prototype stage..." commented Jacques Müller, the designer of the Tavannes movement. It was not completely by chance that the hand-setting system of an automatic Roskopf movement (that no-one will ever see), is now

matique que personne ne verra jamais est désormais celui de la Swatch, comme on n'invente rien tout à fait, l'ingénieur ajoute qu'en son temps, ce système lui avait été inspiré par la potence d'un ancien réveil, resté au coin d'un établi, pour bricoler.

Toute créativité est potentiellement porteuse d'une suivante, parfois bien ailleurs que dans son domaine. Et puisque nous en sommes à l'anecdote, n'est-ce pas en effet dans une boîte de petits pois Hero, à l'intérieur émaillé, que Jacques Müller a trouvé l'inspiration favorable à la fabrication d'un type précis de cadran? Parvenus de la petite histoire aux épisodes de construction, observons quel est le résultat d'une récolte, la mise à profit d'un stock d'idées et de connaissances accumulées au cours des années.

Dans toutes les expériences que j'ai vécues, j'ai toujours eu besoin de quelqu'un ou de quelque chose qui jouât le rôle de catalyseur et me permette de progresser d'un pas..., explique Jacques Müller. A qui dès lors donner la paternité d'une idée?

Le moteur

Jacques Müller: Si je pouvais vous montrer le premier système-moteur conçu pour la Swatch, vous vous amuseriez beaucoup. Je voulais faire un moteur vertical avec une vis sans fin.

Nous avons un rotor qui exécute un demi-tour, et je m'étais dit: si j'attaque une vis sans fin et une roue de soixante dents, l'affaire marche... Pourtant, la transmission d'une vis sans fin à 90° sur une roue, ce n'est pas précisément de la tarte horlogère; Elle aurait peut-être eu pour effet de supprimer le bruit...

Par exemple, mais je disposais de travaux pas mal avancés dans un fameux moteur 3M (ce qui signifiait Müller-Mock-Motor), une désignation à peine prémonitoire, puisqu'elle correspond aussi à MMM, grande Migros... et, comme ETA avait déjà les couleurs verte et orange...

Il ne manquait plus que M. Pierre Arnold[1]. Trêve de plaisanteries. Un jour, Jacques Müller découvre sur une revue allemande un article intitulé: Rendement misérable dans les vis sans fin: à peine 18% lorsqu'elles sont exécutées dans la meilleure manière et dans le meilleur des cas. Autant dire qu'en professionnel consciencieux, l'ingénieur Müller a rangé toutes ses esquisses avant d'oublier le moteur 3M vis sans fin.

De là, nous sommes partis dans une direction complètement différente: un collègue mathématicien qui venait de la direction technique et qui avait étudié des moteurs marguerite à entraînement direct du genre Croix-de-Malte, en prise avec la roue de seconde, gardait dans ses dos-

1 Alors Président de Migros, une chaîne de supermarchés.

---

all'epoca, ci dice l'ingegnere, quel sistema gli era stato ispirato dalla potenza di una vecchia sveglia, che giaceva sul banco di lavoro.

Tutte le invenzioni ne determinano altre, a volte in campi molto lontani. Per citare ancora un aneddoto, non è forse in una scatola di piselli Hero con l'interno smaltato, che Jacques Muller ha trovato l'ispirazione per il quadrante? Partiti dagli aneddoti per arrivare alla storia, vediamo quale sia il risultato e lo sfruttamento delle idee e conoscenze accumulatesi negli anni.

"In tutte le esperienze vissute nella mia vita, ho sempre avuto bisogno di qualcuno o di qualcosa che facesse da catalizzatore, per fare un passo avanti", dice J. Muller. A chi spetta dunque la paternità di un'idea?

Il motore

"Se potessi mostrarle il primo sistema motore ideato per lo Swatch, si divertirebbe" dice J. Muller. "Volevo fare un motore verticale con vite senza fine.

Avevamo un rotore che faceva un mezzo giro e mi ero detto: se ci metto una vite senza fine e una ruota a 60 denti, può andare. Però la trasmissione di una vite senza fine a 90° su una ruota, non è proprio un lavoretto. Avrebbe forse dovuto sopprimere il rumore.

Per esempio... "Ma ero già avanti con i lavori per un motore 3M (che poi sono le iniziali di Muller, Mock, Motor) designazione premonitrice, perché corrisponde anche a MMM, grande Migros e, dato che ETA aveva già i colori verde e arancio...".

Non mancava che Pierre Arnold![1] Basta con le spiritosaggini. Un giorno Jacques Müller scopre su una rivista tedesca un articolo intitolato: Resa miserabile nelle viti senza fine. Solo il 18 per cento quando sono fatte bene... e nel migliore dei casi. Ebbene, da professionista coscienzioso, l'ingegner Muller dimentica il motore 3M vite senza fine e mette via tutti i suoi disegni.

"Da allora ci siamo mossi in una direzione completamente differente: un collega matematico che veniva dalla direzione tecnica e che aveva studiato i motori "margherita" a presa diretta con la ruota dei secondi, conservava nei suoi fascicoli gli appunti per un sistema a due perni La difficoltà era costrui-

1 Un tempo presidente della Migros (catena di supermercati).

---

the one used in the Swatch; nothing is ever 100% original, and Müller pointed out that in its time this system had been inspired by an old alarm clock which he kept on his work bench for amusement.

In the same vein, he maintains that he discovered the technique for making a specific type of watch dial from looking inside an empty can of tinned peas! A fund of such knowledge and ideas stored up during years of work can prove invaluable in making that one important breakthrough:

"In all my experiences, I've always needed someone or something to play the role of catalyst to enable me to take one step forward..." explained Jacques Müller.

The motor

Jacques Müller: "If I showed you the first motor-system developed for the Swatch, you would have a good laugh! I only wanted to build a vertical motor with an endless screw.

We have a rotor which swivelled through 180°, and I thought that by meshing a 60-tooth wheel with an endless screw, we would be in business... However, a technical achievement of that nature - especially when the screw is set at 90° - is not exactly what one would call a piece of cake in watchmaking terms! Although it might have reduced the noise somewhat...

I was at the time able to draw on the results of relatively advanced research work on the famous 3M motor (which stood for Müller-Mock-Motor), a somewhat pretentious title perhaps, as it also corresponds to the MMM of the large Migros outlets... and as ETA already had green and orange colours...!"

Only Pierre Arnold[1] was missing! Joking apart, shortly afterwards, as Jacques Müller flipped through the pages of a German magazine, he discovered an article entitled: 'Poor efficiency of endless screws: at best 18%, and even then only when properly manufactured.' Müller, being a conscientious and professional engineer, filed the sketches in one of the drawers of his desk before putting the 3M endless screw motor right out of his mind.

"From thereon, we followed a completely new track: a colleague of ours, a mathematician from technical management who had studied direct drive daisywheel motors - on the Maltese Cross model - meshed to the seconds' wheel, had in his files an idea two-pin model. The main difficulty lay in the desi-

1 One time President of the giant Migros supermarket group.

siers un système à deux goupilles. La difficulté résidait dans la conception d'un pignon, la confection de deux goupilles avec un plat, sur ces dernières, et la remise du pivot derrière...

Après de longues méditations sur ce plan, a fini par naître le moteur d'entraînement direct de la Swatch: un rotor à deux goupilles qui entraîne simplement une roue à soixante dents. L'astuce ayant consisté à placer le tout dans une cage chassée. Et de partir de la seconde pour aboutir à la minute et à l'heure.

La comparaison avec une construction à quartz analogique traditionnelle révèle déjà la suppression d'une roue et d'un pignon, puisque dans ce type de calibres habituels, le rotor attaque une intermédiaire qui s'engrène à son tour avec la roue de secondes.

A ce stade de la construction, Jacques Müller était satisfait de la simplification mais toute médaille a son revers: c'est elle qui produit le fameux tic-tac de la Swatch [1].

La révolution du calendrier

Une autre révolution où le constructeur a été encore plus loin, se réfère au mécanisme calendrier, où l'on découvre un disque des jours privé de sa traditionnelle étoile rivée. On a un disque à denture fortement inspiré du Roskopf: pour rappel, dans ce système classique, les dents du pignon central de la minuterie étaient embouties.

Ce qui a suggéré ici l'idée d'avoir des languettes découpées: les quatorze dents du disque des jours sont ainsi quatorze lames, découpées contre le bas. Exactement comme le vrai Roskopf, ou encore dans les jouets.

Le système calendrier est simplifié: on note la présence en guise de roue entraîneuse de calendrier, d'une roue symétrique traînante qui fait ressort. Elle est découpée, pliée d'une seule pièce, faisant doigt de quantième et roue tout à la fois. Les sautoirs jours et dates sont aussi inspirés de Roskopf, sans autre révolution.

La suppression du trimmer

Toutes les montres à quartz ont un trimmer, absent ici. Comment la Swatch peut-elle se passer de cet élément réglant?

Jacques Müller: Ce fut une option, dès le début parmi les plus controversées chez nos grands scientifiques en Suisse.

Pour l'appliquer, je suis parti d'une idée très primitive. Dès l'instant où les circuits

---

re un pignone, confezionare le due coppiglie fissate a un piano rotante e quest'ultimo all'albero del rotore e del motore.

Dopo molte riflessioni su questa idea, è nato finalmente il motore a presa diretta dello Swatch: un rotore a due coppiglie che trascina una ruota con 60 denti. L'astuzia era mettere il tutto in una gabbia fissata al rotore e partire dalla lancetta dei secondi per arrivare ai minuti e alle ore.

Il paragone con un orologio a quarzo tradizionale rivela già la soppressione di una ruota e di un pignone, poiché in questo tipo abituale di calibro, il rotore attacca un intermediario che si ingrana a sua volta con la ruota dei secondi.

A questo punto Jacques Muller era contento della semplificazione, ma ogni medaglia ha il suo rovescio. Si sente un pò troppo il famoso tic-tac dello Swatch! D'altronde, anche questo fa parte delle sua personalità. Per il resto, la minuteria è classica.

La rivoluzione del calendario

Un'altra novità rivoluzionaria è quella del calendario, dove scopriamo che il disco dei giorni è privo della tradizionale rotella rivettata. Consiste in un disco dentato fortemente ispirato dal Roskopf, con i denti del perno centrale rivestiti di una guarnizione.

Il che ha suggerito l'idea di mettere delle linguette tagliate: i quattordici denti del disco dei giorni sono delle lame con la parte tagliente verso il basso. Come nei giocattoli o nel vero Roskopf.

Il sistema calendario è semplificato: in guisa di ruota che aziona il calendario c'è una ruota simmetrica che fa da molla; sagomata, piegata in un solo pezzo, fa da dardo per la data e da ruota nello stesso tempo. I saltarelli dei giorni e date sono ispirati dal Roskopf.

La soppressione del trimmer

Tutti gli orologi a quarzo hanno un trimmer, assente nello Swatch. Come si può fare a meno di questo elemento regolatore?

Jacques Muller: "Questa scelta fu, fin dall'inizio, la più controversa nell'ambiente scientifico svizzero.

Per applicarla, sono partito da un'idea molto semplice. Dal momento che i circui-

---

gn of the pinion and the construction of two 'flat' pins, with the pivot at the back..."

Lengthy discussions on the subject led to the conception of Swatch's direct drive motor: a two-pin rotor which drives a 60-tooth cog wheel. The trick was to fit the entire mechanism into a frame and to drive the hours and the minutes from the seconds.

Comparison with a traditional analogue quartz movement reveals a missing wheel and pinion; in a standard caliber, the rotor is connected to an intermediary wheel, which in turn meshes with the seconds' wheel.

At this stage of development, Jacques Müller was pleased with the simplification achieved, but every rose has its thorn, and in this case it was the Swatch's famous tic-tic... now a familiar noise which gives the watch its personality! The remaining parts are of classical form, with motion work dividing minutes and hours.

A revolutionary calendar

A further breakthrough centred on the calendar mechanism, and here the engineers were to go even further: the week-day disk functions without the traditional riveted star wheel. In fact, the disk form is inspired by a feature of the classical Roskopf model, where the teeth of the centre-wheel pinion are stamped.

The idea of separate 'torgues' shares the same origin: the fourteen teeth of the week-day disk are in fact fourteen blades stamped through to the underside. A similar idea was employed in the Roskopf, and in some toys for that matter.

The calendar system was thus simplified, with a symmetric driving wheel acting like a spring, in place of the usual driven calendar wheel. Cut out and folded in one piece, this component fulfils the dual role of wheel and calendar advance detent. The day and date jumpers are also similar to those in a Roskopf watch; there was no revolut on there.

Doing away with the 'trimmer'

All quartz watches have a trimmer, conspicuously absent in the Swatch! So how can it do without this apparently vital regulating device?

Jacques Müller explains: "This subject generated much controversy from the outset, especially on the part of our leading Swiss scientists.

The starting point was a simple question I put to myself one day: given that the integra-

intégrés et les quartz étaient fabriqués chez nous, n'y avait-il pas moyen de faire une famille résonateur-oscillateur, c'est-à-dire: quartz diapason avec le circuit intégré qui, ensemble, donnent une découpe du temps exacte, sans trimmer? Ce que nous avons appelé l'appairage.

Il y a eu face à moi, une monstrueuse levée de boucliers de la part des scientifiques, et je peux dire vraiment que je me suis senti seul à croire à cette folie (Pourtant déjà exprimée le 19 janvier 1980 par Thomke). C'est quand même terrible de voir certains scientifiques attachés à des idées préconçues sans jamais rien vérifier au-delà.

La précision du circuit intégré, des étages de l'oscillateur, dépend des couches d'oxyde que l'on dépose sur les circuits intégrés. Ces couches d'oxyde n'avaient jamais été mesurées sur une série, et ces gens affirmaient qu'il était impossible qu'elle soit régulière. Là, j'ai eu assez tôt un allié de poids. Un ami d'enfance, chef des laboratoires chez nous, M. Meister, qui m'a appuyé d'entrée.

On va mesurer, dit-il, des séries entières de circuits intégrés. C'est un travail de bénédictin, ça ne fait rien, on vérifiera s'il y a une dérive importante au niveau de ces couches d'oxyde, sur les capacités de sortie. Il a été constaté finalement que ces couches étaient régulières, et que mon rêve, loin de n'être que cela, était réalisable.

La Swatch a démarré ainsi sans trimmer au prix d'une concession: celle d'être précise à une seconde par jour, à la place d'un ou deux dixièmes par jour. Au-dessous de la seconde de variation diurne cependant, nous sommes dans les normes du Contrôle technique officiel des montres, donc pas de problèmes.

Ce fut une étape pénible à soutenir, parce que dans cette affaire, l'ingénieur s'est senti vraiment seul. D'autant plus qu'avec un diplôme de l'Ecole technique supérieure, et face à des docteurs physiciens qui viennent prétendre que l'on marche à côté de ses chaussures, il faut un certain courage pour insister.

A l'époque, cette voie a économisé d'abord les 25 ct de trimmer plus la mise en place: 10 ct, son réglage, etc... au moins 40 ct de coût pour Swatch économisé avec le système d'appairage. Un système qui a fonctionné à satisfaction sur des dizaines de millions de pièces et sans aucun problème. En résumé, on peut toujours construire plus simple, rien n'est impossible, c'est une question de volonté, de temps et d'argent.

On pourrait, dit encore Jacques Müller, faire une Swatch de 2 mm, d'épaisseur hors-tout, entre fond et glace, mais à quel prix et quelles souffrances en production? Je crois que pour une fois nous avons une

ti integrati e i quarzi erano fabbricati da noi, non c'era forse modo di fare una famiglia risonatore-oscillatore, cioè quarzo diapason con il circuito integrato che, insieme, dessero una suddivisione del tempo, senza trimmer?" L'abbiamo chiamata "appairage".

Contro di me c'è stata una reazione mostruosa nell'ambiente scientifico, mi sono proprio sentito solo a credere in questa teoria folle. (Già espressa tuttavia il 19 gennaio 1980 da Thomke). E' terribile notare come ci possano essere certi scientifici di mente ristretta, che tengono alle loro idee preconcette senza mai verificarle.

La precisione del circuito integrato, dei piani dell'oscillatore dipende dagli strati di ossido che si mettono sui circuiti integrati. Questi strati non sono mai stati misurati su una serie e questa gente affermava che era impossibile che fossero regolari. Per fortuna ho trovato un grande alleato in un amico d'infanzia che lavoró da noi come capo dei laboratori, il signor Meister, che mi ha dato subito il suo appoggio.

"Sarà un lavoro da benedettino, ma misureremo serie intere di circuiti e verificheremo se c'è una deriva importante a livello di questi strati di ossido, sulle capacità di uscita." "Abbiamo proprio potuto costatare che erano regolari e che il mio sogno si poteva avverare." conclude J.Muller.

Lo Swatch parte dunque senza trimmer a prezzo di una concessione: invece di essere preciso a due decimi di secondo al giorno, sarà preciso a un secondo di variazione diurna, sufficiente per rientrare nelle norme del Controllo Tecnico ufficiale degli Orologi.

Fu difficile sopportare questo momento, perché l'ingegnere si era veramente sentito abbandonato, tanto più che aveva avuto un certo coraggio a insistere, lui con un diploma ETS, di fronte a dottori in fisica che ti dicono che sei fuori strada.

Questa soluzione ha permesso all'epoca un risparmio di 25 ct. di trimmer, 10 ct. per l'insediamento, la regolazione ecc., 40 ct. almeno per ogni Swatch sono stati economizzati con questo sistema di "Appairage", che ha funzionato a meraviglia su decine di milioni di pezzi. Dunque, si può sempre costruire più semplice, è questione di volontà, tempo e soldi.

"Potremmo fare uno Swatch ancora più piatto, di 2 mm. tutto compreso, ma a che varrebbe? Credo che per ora abbiamo con questo orologio una formula ottima: volevamo un oggetto buon mercato con il qua-

ted circuits and quartz controllers were to be manufactured by us, was it not conceivable to create a new family of resonator-oscillators - a quartz diapason with the integrated circuit - which together would keep to an exact time cut-out, without having to rely on the traditional trimmer? We called this concept 'appairage', a type of twinning.

I was faced with a general outcry on the part of the scientists and I must admit to feeling that I was alone in believing it could work. It was depressing to see how people sometimes cling to preconceived ideas without even having attempted to verify them!

The precision of an integrated circuit and the oscillator stages depends largely on the oxide layers with which the circuits are covered. Oxide layers had never been measured over a full series, and opponents of the idea asserted that it was most unlikely, if not impossible to achieve consistency. Fortunately, I received strong support from a colleague, M. Meister, who also happened to be a childhood friend. He was our laboratory head and carried considerable weight in the company, providing support from the outset."

"We are going to measure an entire series of integrated circuits," he announced to me one day. "It will be a Herculean task, but that is of little importance. We will identify any variance in the oxide layers likely to affect the output capacities." "Eventually, we observed that the layers were regular; what had been only a hypothesis on my part was slowly turning into reality.

The Swatch therefore came into being without a trimmer, although with one concession: the margin of precision was of the order of one second per day, instead of one or two tenths of a second. However this presented no problem as anything under a second in diurnal variation falls within the limits imposed by the Official Bureau for technical control.

Until such time as the principal was accepted, Müller found himself increasingly alone and isolated for he was attempting to impose an idea upon a team of doctoral physicists, when he himself could only claim a technical school diploma.

The new system saved 25 cts, being the cost of a trimmer, not to mention the time that would have been required for the installation, tuning, etc. - at least 40 cts. per unit cost were saved by Swatch with the 'twinning' idea, and the system has functioned satisfactorily in the tens of millions of units produced, causing no problems whatsoever. With the necessary will to succeed, time and investment, it is always possible to find a simple and effective solution.

As Jacques Müller said: "One could theoretically build a Swatch no more than 2mm. in total thickness - from the bottom of the case to the glass - but what would be the price to pay in terms of pain and anguish suffered during pro-

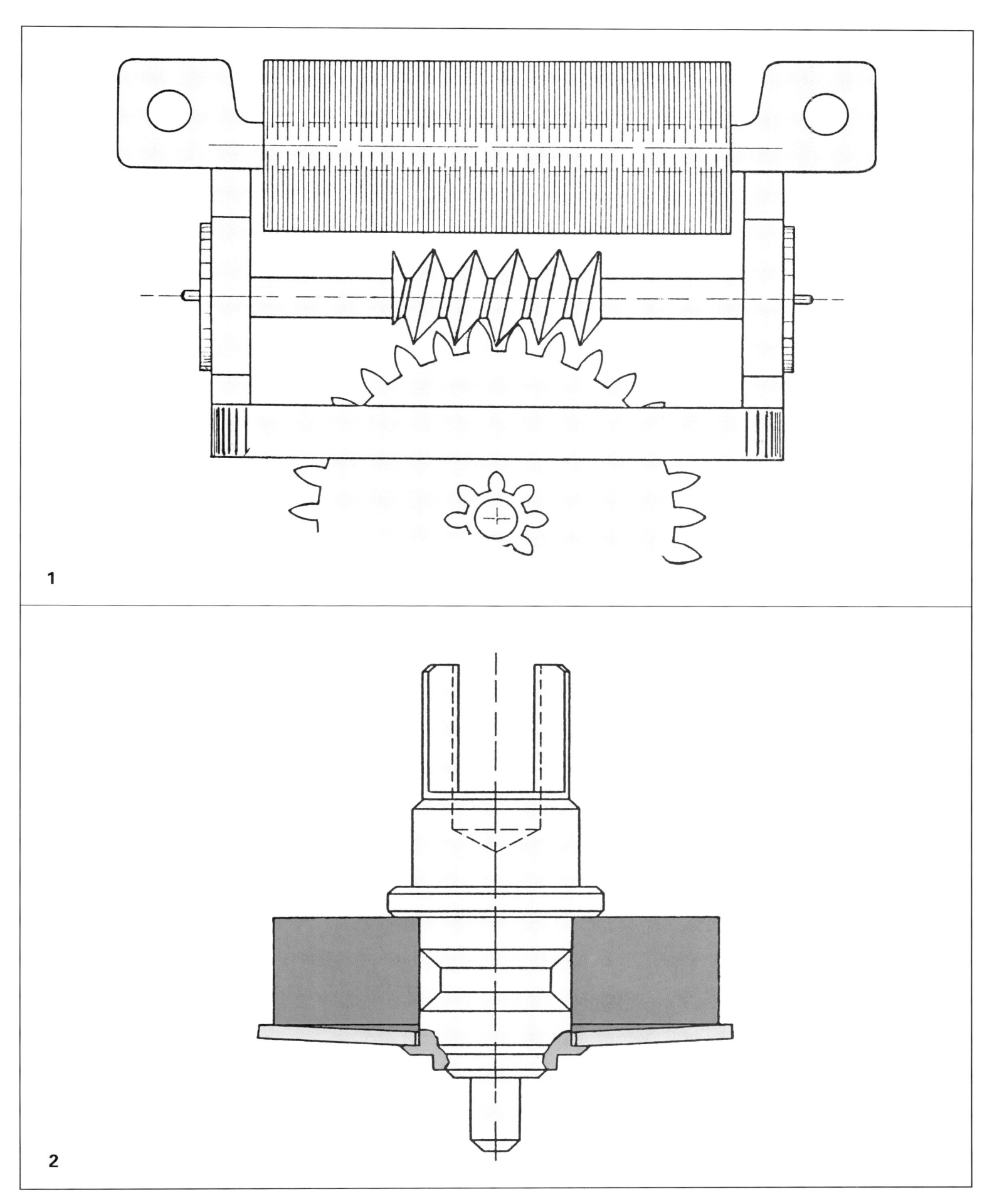

1   **2**

1 - Projet du moteur à vis sans fin (abandonné).

1 - Progetto del motore con vite senza fine (non realizzato).

1 - Project for a worm-screw stepping motor (abandoned).

2 - Projet du moteur à goupilles (adopté).

2 - Progetto del motore con due coppiglie (realizzato)

2 - Project for the rotary stepping motor (adopted).

montre optimalisée à tous points de vue: on voulait en faire un objet bon marché de grande diffusion, avec lequel on puisse jouer avec le design, l'esthétique, les couleurs?

On ne pouvait pas mieux trouver que le plastique pour cela. Pas mieux trouver non plus que le cadran adopté afin de varier son visage, tout a été longuement pensé, rien n'est insignifiant dans cette pièce. Un exemple encore: regardez l'ouverture, grâce au système de verre soudé, plus grande en proportion de l'extérieur que la concurrence obligée de mettre une bague. Ce n'est pas pour rien: nous avons cherché à offrir aux stylistes la possibilité de créer un cadran le plus clair possible.

Maintes fois reprendre et corriger l'ouvrage, c'est le lot de l'ingénieur-constructeur. Le mécanisme de mise à l'heure lui a procuré quelques nuits blanches. C'est en effet la partie la plus difficile, parce que peut-être la plus simplifiée.

Dans une montre, et cela est paradoxal, on travaille avec des forces établies sur des dimensions qui sont de l'ordre du millième de millimètre pour l'indication du temps. Toute intervention manuelle du porteur de la montre, comme la mise à l'heure, fait intervenir via la main des pressions de plusieurs kilos, sans parler de contraintes terribles au porter pour ces pauvres petites pièces à l'intérieur. C'est pourquoi, lorsque l'on innove, ce sont surtout les mécanismes de mise à l'heure qui sont les plus difficiles à mettre au point.

Dans les calibres classiques, les ingénieurs connaissent mille et une astuces pour ne pas penser à ce mécanisme, où les difficultés surgissent dès l'instant où on désire lui apporter quelque originalité.

Les transparents!

On ne s'en est jamais tellement vanté: les premières Swatch tournaient à l'envers. Que celui qui n'a jamais commis d'erreur à la suite d'un appel téléphonique, jette ici la première pierre au constructeur, qui, victime à la fois d'un tel appel et de la symétrie du moteur, a continué son travail avec le transparent technique placé à l'envers sans s'en apercevoir. Dans le cas de la Swatch, l'erreur fut très rapidement corrigée. En fait, il s'agit là d'une bévue assez fréquente. Elle était pourtant fatale aux calibres mécaniques, et vous aviez souvent des ingénieurs qui devaient ajouter une nouvelle roue à une montre mécanique qui tournait à l'envers.

Aujourd'hui, on n'a pas peur de commercialiser une telle montre, c'est encore une originalité de plus. Difficulté additionnelle lorsque la Swatch tournait une demi-

Non potevamo trovare di meglio che la plastica. In questa creazione non c'è parte che sia insignificante, dal quadrante che può cambiare aspetto, per permettere agli stilisti di creare un quadrante luminoso al vetro saldato, enorme rispetto alla parte esterna dei vecchi orologi.

Si dà il caso che il fardello dell'ingegnere costruttore è di fare e disfare la sua opera. Il meccanismo della messa all'ora gli ha procurato molte notti insonni. Infatti è la parte più difficile, forse perché la più semplificata.

In un orologio, e questo può sembrare paradossale, ci sono forze che agiscono su elementi dell'ordine di millesimi di millimetro per l'indicazione del tempo. Ogni intervento manuale esterno, come la messa all'ora, fa intervenire una pressione di diversi chili, senza parlare delle terribili contrazioni dei poveri pezzi che sono all'interno. Ecco perché, quando si innova, sono proprio i meccanismi di messa a punto dell'ora, che sono i più difficili.

Nei calibri classici, gli ingegneri ormai conoscono mille e una astuzie per non pensare a questo meccanismo. Le difficoltà nascono appena si vuole apportare qualche cambiamento.

Upside down!

I primi Swatch giravano al contrario: non era certo un vanto, ma lanci la prima pietra il costruttore chi non ha mai commesso errori. L'ingeniere è stato vittima di una distrazione e di un errore ed ha continuato a lavorare con il trasparente tecnico al contrario, senza accorgersene a causa della simmetria dei motori. L'errore fu subito corretto. In realtà si tratta di una svista abbastanza frequente, che un tempo era fatale ai calibri meccanici. Spesso gli ingegneri dovevano aggiungere una nuova ruota a un orologio meccanico che girava al contrario.

Oggi nessuno ha paura di mettere in commercio un orologio simile, non è che un'originalità in più. Invece la difficoltà era sorta quando lo Swatch girava mezz'ora

duction? I believe that, for the first time, we have a watch which has been optimised from every point of view; we wanted to create an inexpensive product that could be mass-distributed, and whose design, aesthetics and colours could be played around with at will.

Plastic was the best option that could have been chosen to satisfy that particular criterion. All aspects of the watch were carefully thought through and accordingly all have a purpose. These include the dial, which allows for many variations. Of course, other examples spring to mind. Take the aperture for instance; thanks to the use of a soldered glass, it is proportionately larger than on watches manufactured by the competition, as they are compelled to use a functional bezel. There was a justification for our choice: we wanted to give the designers the opportunity of creating the brightest possible dial."

It is unavoidable that the engineer will be forced to make countless corrections and seemingly endless alternations before the final prototype is finished and in this case the hand-setting mechanism alone was responsible for more than a few sleepless nights; indeed, it was - and remains - the most difficult part, perhaps because it is also the most simplified.

Paradoxically, considerable pressure is borne during the time-setting process, by areas of the watch not much larger than a thousandth of a millimetre, the many kilos of force being exerted by the owner's hand when setting the time; similar continuous stress affects the insides of a watch by the simple action of wearing it. Among the many parts that need to be examined with particular care when trying a new approach in the field of watchmaking, it comes as little surprise that the hand-setting is often the most delicate of all.

In classical calibers, engineers use a number of ploys to avoid having to alter the time-setting mechanism, knowing only too well that tampering with it means almost certain difficulties.

The openwork motifs!

The hands of the first Swatches turned backwards, a phenomenon which was, needless to say, the subject of much amusement and boasting! Such mistakes usually result from something as trivial as a telephone call interrupting one's concentration, but in this case the engineers fell victim to the perfect symmetry of the watch motor, failing to notice that it had actually been installed upside down! As it happens, the error was easily corrected, but such a mistake could be nigh on fatal to a mechanical caliber, and indeed, on occasions engineers have been forced to add an additional wheel to a mechanical watch whose hands turned the wrong way.

In today's market-place, such a novelty could turn out to be a sales executives dream - one more original feature! There was an additional hiccup however: the hands of early

heure dans le bon sens et une demi-heure dans le mauvais. Que s'était-il donc passé?

Jacques Müller: J'avais utilisé une roue sur chaussée en acier, un système de lanternage ETA où deux bras de la roue pincent la chaussée. Ce système existe dans la Swatch, et cette roue sur chaussée passe très près des isthmes du moteur. Il est arrivé que les deux bras court-circuitaient les isthmes, et ainsi le moteur tournait une demi-heure à l'envers, et une demi-heure dans l'autre sens. Ce n'était du reste pas la seule farce que jouait la fée électricité à la Swatch. On avait en effet eu de solides ennuis avec l'influence néfaste de l'électricité statique sur les circuits intégrés. Ce phénomène généré de l'extérieur est capable de gêner tout travail dans toutes les zones plastiques. Il se produit des décharges de 15000 V sur les bords des circuits intégrés.

Les premières Swatch pouvaient être stoppées simplement en passant une règle en plastique le long du bras, sans parler des effets produits par les pullovers et les chemises en nylon. On a dû trouver, à Marin, une nouvelle génération de circuits intégrés.

Actuellement [1], les ouvrières sont mises à la masse, avec un bracelet métallique, puis une chaînette. Cela vous a un aspect un peu négrier, mais cette disposition est prise partout dans l'électronique mondiale.

C'est pourtant une mesure que l'on pourra peut-être supprimer un jour, grâce à la technologie de la Swatch, qui a puissamment aidé à résoudre le problème de l'électrostatique.

Au chapitre de ladite technologie, rappelons qu'a été adopté le procédé de soudage du verre par ultrasons pour la première fois en horlogerie, technique inspirée de l'industrie automobile. Son adaptation a posé de nombreux problèmes, mais les horlogers ont fini par fournir des procédés inédits aux industriels qui fabriquent la machine à ultrasons.

Cet exemple nous amène à observer l'importance des effets de la Swatch sur l'outillage en général. Pour l'ingénieur Müller, cependant, il s'agit de démystifier les choses, car les spécialistes qui ont réalisé ces outillages ont principalement mis en pratique l'expérience qu'ils avaient par exemple dans les étampes très fines pour réaliser les moules d'une extrême finesse qui ont été nécessaires à la fabrication de certains composants Swatch.

L'acteur Alain Delon aime a répéter qu'il est un professionnel: de même il n'y a en effet pas eu de miracle, mais essentiellement du professionnalisme poussé à ses limites, en ce qui concerne tous les problèmes techniques qu'il a fallu résoudre pour arriver à sortir cette montre.

nel senso giusto e mezz'ora all'inverso. Che era successo?

Jacques Muller: "Avevo utilizzato una ruota su un supporto di acciaio, un sistema di "lanternage ETA" dove due bracci della ruota pinzano il supporto. Questa ruota che esiste anche nello Swatch, passa troppo vicino agli istmi del motore. I due bracci facevano corto circuito e il motore girava mezz'ora in un senso e mezz'ora nell'altro."

Non è stato l'unico scherzo che ci ha fatto la fata elettricità. Abbiamo avuto infatti seri fastidi a causa dell'elettricità statica sui circuiti integrati. Questo fenomeno generato dall'esterno, è capace di intralciare qualsiasi attività in tutte le zone plastiche. Sui bordi dei circuiti integrati si producono scariche di 15'000 V.

I primi Swatch si potevano fermare semplicemente passando una riga di plastica lungo il braccio, senza parlare degli effetti prodotti dai golfini e camicie di nylon. A Marin abbiamo dovuto trovare una nuova generazione di circuiti integrati.

Oggigiorno [1] le operaie sono messe "alla massa" con un cinturino metallico da cui pende una catenella. Vi sembrerà una cosa da "negrieri", ma è una disposizione presa dappertutto nei laboratori di elettronica del mondo intero. Forse è una misura che si potrà sopprimere un giorno, grazie alla tecnologia dello Swatch, che ha aiutato già a risolvere il problema dell'elettrostatica.

Nel capitolo della suddetta tecnologia, ricordiamo che il procedimento di saldatura a ultrasuoni ispirato dall'industria automobilistica, è stato adottato per la prima volta in orologeria. Adattarlo è stato difficile, ma ha permesso ai tecnici orologeri di fornire agli industriali che fabbricano macchine a ultrasuoni, degli accorgimenti inediti.

Pensate quindi all'importanza degli effetti dello Swatch sull'attrezzatura in generale. Secondo l'ingegner Muller tuttavia, si tratta di demistificare le cose, perché gli specialisti che hanno realizzato questi utensili hanno soprattutto messo in pratica l'esperienza che già avevano nelle matrici molto precise per gli stampi necessari alla fabbricazione di certi componenti dello Swatch.

Come dice l'attore Alain Delon con compiacimento: "Io sono un professionista", così in questo campo non ci sono miracoli, capacità ed esperienza ai limiti del possibile.

Swatches went the right way round for half an hour, then the wrong way for the next half hour - one step forward, one step back!

Jacques Müller again: "I had used a friction tight steel wheel to carry the seconds hand, an idling gear developed by ETA, where two of the arms grip the 'chaussée'. This system exists in the Swatch, where the 'roue sur chaussée' barely misses the motor's terminals. What happened occasionally was that the two arms short-circuited the contacts, with the result that the motor turned the wrong way round for half an hour, before reverting back to normal. As it happened, this was not the only trick the electricity gremlins had in store for the Swatches! Quite severe problems stemmed from the effect of static electricity on the integrated circuits. This externally generated phenomenon was known to influence parts in the plastic areas of the watch, and 15,000 V static charges were recorded on the edges of the integrated circuits."

Early Swatches could be stopped simply by moving a plastic ruler up and down one's arm, whilst pullovers and nylon shirts had a similar effect. Accordingly, Marin were forced to develop a new generation of integrated circuits.

In 1984, female factory workers were 'earthed' with a metal handcuff and a small chain, but despite these measures appearing to hark back to the days of slave labour, they were in fact commonplace in the electronics industry the world over and in no way particular to Switzerland. Swatch's advances in the technology of suppressing electrostatic charges have subsequently made such precautions unnecessary.

On the subject of technology, it has been said that Swatch adopted the ultrasound soldering process to secure the glass, a technique borrowed from the automotive industry and a first for watchmaking. Its adaptation was lengthy and delicate, but the toolmakers were able to supply after much effort, new procedures to the manufacturers of the ultrasound machines.

As an example, it aptly illustrates the influence Swatch has had on tooling in general. Müller's attitude - as an engineer - remains one of demystification: the specialists who devised these new tools drew from the experience they acquired in the field of fine stamping tools which enabled them to create extremely fine moulds for the manufacturing of certain of the components that make up the Swatch.

His point is straightforward: it was professionalism stretched to its outer limits - and not miracles- which enabled engineers to overcome the various obstacles encountered on the road to eventual success.

---

2 Nous sommes ici en 1984.

1 Siamo nel 1984.

Jacques Müller: le parcours du professionnel

C'est une immense curiosité technique qui m'a fait découvrir, alors que j'étais encore enfant, différents systèmes. Combien de choses n'ai-je pas démonté, avec promesses jamais tenues de les réparer...

Il s'agit pourtant d'un excellent exercice de visualisation, de mémorisation d'une somme de procédés de montages qui permettent à l'enfant, devenu plus tard ingénieur, et à l'industrie qu'il sert, de progresser par touches, par sauts, lorsque l'occasion s'en présente.

Si l'on suit le parcours professionnel de Jacques Müller, du produit Roskopf simple ou compliqué inclus le chronographe économique, à la responsabilité des chaînes automatiques d'un groupe d'Ebauches SA, en passant par un stage dans la boîte de montre, toujours dans le sein du groupe Asuag-SSIH, ou encore des premières montres électriques à balancier-spiral, puis sans balancier, les premières électroniques, jusqu'au quartz et à la réalisation du fameux 9''' électronique à quartz: un mouvement de très haut de gamme, logé dans les dimensions d'une pièce de 20 ct suisse, et apte à être produit en série, on voit se dessiner en filigrane et prendre corps tous les ingrédients qui feront plus tard la Swatch.

A propos de ce 9 lignes électronique: à l'époque, la performance était jugée impossible et faisait l'unanimité négative des polytechniciens aux praticiens, des spécialistes des moteurs, des piles, jusqu'aux laboratoires...

Le Roskopfier et fabricant de Swatch Müller a peut-être produit plus d'argent avec ce calibre (le 959 ETA) qu'avec tout le reste. Après le 959, l'ingénieur Müller construira encore tous les mini-calibres 51/2''' de 1,7 à 2,5 mm d'épaisseur. De la Swatch elle-même, découleront les désormais célèbres calibres swatchés, capables de rivaliser, en technologie et en compétitivité, avec n'importe quelle production actuelle.

Les retombées industrielles et non seulement celles liées au phénomène socio-économique de la Swatch, sont encore aujourd'hui incalculables, inestimables. Que ce soit du produit jusqu'à la prédétermination des moyens des concepts d'outillage, de construction, de montage, d'assemblage automatisées.

Jacques Müller: La Roskopf, parente pauvre, économique, a été un apprentissage dénigré par beaucoup. Elle n'en reste pas moins l'une des constructions les plus difficiles à réaliser, et un exercice de haute valeur.

Jacques Muller: i percorsi del professionista

"Quando ancora ero bambino, una grande curiosità tecnica mi ha fatto scoprire parecchi sistemi. Quanti oggetti ho smontato, con la promessa, mai mantenuta, di ripararli...".

Eppure si tratta di un eccellente esercizio di visualizzazione e di memoria di un insieme di procedimenti di montaggio che permettono al bambino, divenuto più tardi ingegnere, di progredire per aggiunte, a salti, quando gli si presenta l'occasione, a vantaggio dell'industria che lo impiega.

Nelle varie tappe della sua carriera, da quando fa il Roskopf semplice al cronografo economico, da quando assume la responsabilità della catena di montaggio di un gruppo di Ebauches S.A., al corso di aggiornamento per le casse degli orologi (sempre in seno all'Asuag-SSIH) fino agli orologi elettrici e elettronici (il famoso calibro 9''', prestigioso, alloggiato in un pezzo grande come una moneta da 20 ct.) si trovano già tutte le premesse per gli "ingredienti" che faranno più tardi lo Swatch.

A proposito del calibro 9''' elettronico: a quel tempo si pensava che fosse impossibile realizzarlo e tutti, dai tecnici agli operai, erano categorici nel negarlo.

Grazie al genio di J. Müller, la Swatch, ha guadagnoto più soldi con questo calibro che con tutto il resto. Dopo il 959 ETA ci sono stati minicalibri 5 1/2''' da 1,7 a 2,5 mm, di spessore. Dallo Swatch ne deriveranno altri capaci di rivalizzare in tecnologia e competitività con qualunque produzione attuale.

Le ricadute industriali e non solo quelle legate al fenomeno socio-economico dello Swatch, sono ancora oggi incalcolabili. Non solo il prodotto stesso, ma "Il Roskopf", parente povero ed economico, è stato un apprendistato denigrato da molti, eppure è una delle costruzioni più difficili da realizzare e un esercizio di bravura.

Jacques Müller: a true professional

"An intense curiosity which began when I was only a child led me to become interested by anything of a technical nature. I can't remember the number of objects I dismantled with the promise - rarely kept - or repairing them..."

This childhood fascination eventually proved to have been a useful exercise for the memory in the understanding of just how things were put together; later as a committed engineer Müller learned to measure progress by stages, and attack problems as and when they arose.

A close look at Jacques Müller's professional career reveals that his previous experience was to make him ideally suited for the major role he was to play in the development of the Swatch. Work on watches subscribing to the simple Roskopf principle and the more complicated budget 'Chronographs', responsibility for one of Ebauche SA's automatic assembly lines, a stint in watch cases along the way, and always within the Asuag-SSIH group. He worked on the first electrical watches fitted with a spiral spring balance, before labouring over the first electronic watches, which were soon to be followed by quartz and particularly the creation of the renowned quartz 9''' electronic model, a highly intricate series production movement no larger than a Swiss 20 cts. coin.

Indeed, the 9''' electronic model was considered by most of the technicians, engineers and battery specialists to have been unfeasible to produce at the time.

Müller, former Roskopfer and later Swatch manufacturer, probably generated more earnings with this caliber (ETA 959) than with all the rest put together! After the 959 model, he went on to construct 5 1/2''' mini-calibers whose thicknesses ranged between 1.7 and 2.5 mm. The subsequent Swatch derivative calibers are a natural flow-on from the Swatch itself; as such, they can hold their own against contemporary products, both in technology and competitiveness.

The consequences of the Swatch for the watchmaking industry are incalculable, and not simply as a result of the attendant socioeconomic phenomenon. It has radically altered attitudes to everything, from tooling through to assembly, automation and the product itself.

Jacques Müller again: "The Roskopf, an economic poor relation, was largely dismissed by those who failed to grasp its significance as an apprenticeship. In fact, it was an extraordinary concept in its day, difficult to construct, and it remains as an important lesson."

La montre des robots?

On a baptisé la Swatch la montre des robots. Pourtant, Souris, Castor, Ecureuil et leurs frères, de vrais robots industriels, construits et commercialisés par le groupe SMH, dont fait partie ETA, ne sont pas en activité dans les ateliers Swatch pour autant [1]. Si aucun d'eux ne se trouve dans ces ateliers, c'est sans doute à cause de la conception, de l'optique de Jacques Müller à propos des robots précisément. Sa philosophie à cet égard se résume en une phrase: ils ne sont pas utiles dans la grande série. Dans la grande série, on a besoin de mouvements répétitifs, toujours les mêmes. Il est ridicule de prendre une machine polyvalente, un robot par conséquent, pour exécuter ce qu'un automate peut faire parfaitement. L'automate Swatch, même avec des microprocesseurs sur chaque fonction, reste un automate, il n'est pas un robot. Il ne faut pas oublier que les automates découlent de la conception du produit et non le contraire. On a voulu faire dans l'horlogerie des automates sur un produit qui existait déjà du temps de nos arrières-grands-parents: la montre, et qui ne se prête pas du tout à l'automatisation de l'assemblage. Raison pour laquelle les ingénieurs ont partiellement échoué concernant l'automatisation de l'assemblage.

On a pu pousser cette automatisation uniquement dans la production et l'usinage des pièces composantes. On n'imagine guère enfiler un balancier-spiral sous un coq par un automate, l'originalité de la Swatch (encore que), est que l'on plante tous les composants verticalement. Si l'on avait eu affaire, dans cette construction, à un seul axe, comme l'axe de balancier, il aurait fallu passer des mois à se fendre le cerveau pour trouver une solution juste. La condition sine qua non de l'automatisation, ce sont ces détails non spectaculaires qui font de la Swatch la première montre du monde à pouvoir être assemblée automatiquement dans sa totalité.

Swatch et Délirium

Nous avons parlé du cousinage Délirium-Swatch. La technique de base de la Délirium présente quelques différences avec la Swatch. Si l'on parle du système intégré: le bâti-fond, où la platine fait boîte en même temps, il est vrai qu'elles sont sœurs ou cousines. Mais la Swatch s'est largement distancée du concept Délirium, explique Jacques Müller.

A part l'utilisation de la matière plastique, la différence essentielle réside dans le fait d'avoir supprimé la moitié des composants, en comparaison avec une montre de fonction identique de l'époque.

[1] Pas à ce moment-là.

L'orologio dei robot?

Hanno detto che lo Swatch è l'orologio dei robot, eppure non ce n'è uno (Topo, Castoro, Scoiattolo e compagni, costruiti e commercializzati dal gruppo S.M.H. di cui fa parte ETA) nei laboratori Swatch. Perché? Perché secondo la filosofia di J. Muller non sono utili per la grande serie, dove i movimenti sono ripetitivi. E' inutile prendere una macchina polivalente, quando una automatica è sufficiente. Anche con i microprocessori su ogni funzione, la macchina Swatch resta un automa. Non bisogna dimenticare che tutto dipende dal prodotto. Hanno voluto introdurre nell'orologeria degli automi per l'assemblaggio per un prodotto che esisteva già ai tempi dei nostri nonni: l'orologio, non si presta all'automatismo, per cui gli ingengeri hanno fallito nell'assemblaggio automatico.

L'automazione serve solo per la produzione e lavorazione di pezzi componenti. L'originalità dello Swatch consiste nell'impianto verticale dei componenti. Se ci fosse stato un solo asse, come l'asse del bilanciere, ci sarebbero voluti mesi per trovare la soluzione giusta. Non si può infilare per mezzo di una macchina automa un bilanciere spirale sotto il "coq.". La condizione "sine qua non" dell'automatizzazione risiede nei dettagli non spettacolari, per cui lo Swatch è il primo orologio al mondo assemblato automaticamente in blocco.

Swatch e Delirium

Abbiamo parlato della parentela tra Swatch e Delirium, tuttavia la tecnica di base del Delirium è leggermente diversa da quella dello Swatch. Se si parla del sistema integrato bâti-fond, dove la piastra è nello stesso tempo cassa, è vero che sono fratelli o cugini, ma in seguito lo Swatch si è distanziato molto come concezione dal Delirium.

A parte l'uso di materiale plastico, sono stati eliminati molti componenti, rispetto a un orologio con identiche funzioni, dello stesso periodo.

Swatch: the work of robots?

Such industrial robots as Mouse, Castor, Squirrel and their brothers were not in operation in the Swatch workshops in 1984, at a time when Swatch was already being tagged 'the watch of robots.' Their absence was partly due to Jacques Müller's philosophy with regard to robots and more particularly to his belief that they were of limited use in mass production. What in fact is required in this type of production is repetitive movements, always identical. Consequently, it is unnecessary to install a polyvalent machine such as a robot to perform a task easily handled by an automaton. The Swatch automatons, as originally installed even with micro-processors fitted on each function, could not be viewed as true robots; they remained automatons, and it is important to understand that an automaton is designed to function according to the product conception and not the other way round. There have been numerous attempts in the field of horology to introduce full automation in the production of the mechanical watch, but it remains an object ill-suited for such treatment, especially from the point of view of assembly.

Attempts to automate assembly lines have in the past been only partly successful, but it is difficult to imagine the delicate operation of inserting the balance beneath the cock and adjusting the trimming without some human intervention. The originality of the Swatch lies in the fact that almost all the components are put in vertically; if there was one single pivoted arbor in its construction, then many months would surely have been spent in finding a suitable solution. It was the attention given to such apparently insignificant details that made Swatch what it is today: the world's first watch to be assembled automatically in its entirety.

Swatch and Delirium

The Swatch-Delirium kinship has been earlier discussed, but they are in fact somewhat different in their basic technical concepts. Both share the principal of integrated construction - the interior of the case acting as a back plate for the movement, but as Jacques Müller observes, the Swatch product quickly distanced itself from the Delirium concept.

Apart from the use of plastic, the main difference is to be found in the elimination of half the standard components of a traditional watch, and a closer examination reveals no less than 50 to 60 differences among which:

L'examen de détail permet en outre de compter environ 50 à 60 points de différence, dont: Les vis, fondamentalement différentes de la Délirium ce n'est pas une invention, dira Jacques à leur sujet, les jouets de mes gosses m'y avaient fait penser depuis longtemps déjà...

La suppression des ponts: les mobiles sont assemblés de manière assez curieuse sur le stator.[1] Et puisque nous en sommes à ce paragraphe, relevons que le moteur représente toujours une surface appréciable dans les montres à quartz. Raison pour laquelle l'équipe Müller a eu l'idée d'imaginer que cette surface de métal (conduisant un flux magnétique et que personne ne peut voir) pourrait porter d'autres mobiles. C'est ce qui a conduit à la transformation du stator du moteur en platine improvisée.

Supprimer des pièces, c'est immanquablement les remplacer par autre chose, il n'y a pas de miracle. A cet égard, la philosophie technologique de la Swatch est infiniment plus proche de la montre Roskopf que de la Délirium dans sa démarche.

Esaminando i dettagli, contiamo almeno una cinquantina di punti diversi: - le viti "non sono un'invenzione" dice Jacques "i giocattoli dei miei bambini mi ci avevano fatto pensare già da tempo...."

- la soppressione dei ponti: le parti mobili sono assemblate in modo curioso sullo stator.[1] Inoltre, poiché negli orologi a quarzo il motore ha una superficie notevole, "l'equipe Muller" ha pensato di posarci altri elementi mobili, per cui lo stator del motore è diventato platina improvvisata.

E' chiaro che sopprimere pezzi vuol dire in realtà sostituirli, non ci sono miracoli. La filosofia tecnologica dello Swatch è dunque più vicina al Roskopf che al Delirium.

- The lack of screws, a fundamental difference from the Delirium. "Not an invention as such." Jacques Müller freely admits: "Remembering my children's toys, from way back, had given me the ideas."

- The elimination of bridges; the wheels are mounted in an unconventional manner on the stator.[1] The motor itself would usually be expected to take up a considerable portion of available space in the movement, which led Müller and his team to the conclusion that various of the moving parts could be mounted on this frame to economise on space.

Needless to say, doing away with components necessarily means replacing or integrating them with something else, and from this point of view, the technological philosophy of the Swatch is infinitely closer to that of the Roskopf watch in its approach, than it is to the Delirium concept.

La Swatch au féminin

L'idée de la Swatch pour dames était dans l'air. Cela va de soi pour quiconque connaît l'industrie horlogère.

Contrairement à la désormais célèbre Rock Watch de Tissot, dont on peut dire qu'elle est une montre unisexe, la Swatch présentée au départ avait des dimensions propres aux montres pour hommes. D'où l'immédiate question des journalistes lors de la première conférence de presse à Zurich: pourquoi une seule grandeur? Pour tester le marché peut-être, avant de consentir à de nouveaux investissements.

De toute façon, une fois avéré le succès des premières pièces, l'étude de la Swatch Lady est lancée en juillet 1982. L'objectif, semble-t-il, était de rendre la conception, la construction encore plus simples, grâce à des subtilités techniques.

Jacques Müller: La Swatch Lady a été réalisée par un jeune ingénieur que j'avais engagé, Jean-Claude Schaffner. Ce que l'on peut en retenir?

Nombre de composants réduit, construction complètement neuve, mais dans le même concept que le modèle pour homme. Le moteur? Observez une chose: vous avez tout dessus vous lui ajoutez une bobine et une pile, et vous avez une montre... Pour les stylistes aussi, il s'agit d'une construction neuve: impossible de réduire simplement les proportions de la pièce masculine pour modeler l'autre moitié de la famille...Il fallait changer toutes les propor-

Lo Swatch al femminile

L'idea di fare uno Swatch da donna era nell'aria, questo è sottinteso per chiunque conosca l'industria orologera.

Contrariamente all'ormai famoso Rock Watch di Tissot, di cui si può dire che è unisex, lo Swatch all'inizio aveva le dimensioni proprie di un orologio da uomo. Naturalmente i giornalisti chiesero proprio questo in occasione della prima conferenza stampa a Zurigo: perché una sola grandezza? Forse per testare il mercato prima di fare troppi investimenti.

Una volta avverato il successo con i primi pezzi, si lancia lo studio dello Swatch Lady nel luglio 82. Sembrava che l'obiettivo fosse una concezione ancora più semplice grazie a sottigliezze tecniche.

"Jacques Muller racconta:" Lo Swatch Lady è stato realizzato da un giovane ingegnere che avevo assunto, Jean-Claude Schaffner. Che posso dirle?

Costruzione nuova, componenti ridotti, ma per il resto come il modello da uomo. Il motore? Osservi: sopra c'è di tutto, aggiungetevi una bobina e una pila e avrete un orologio. Anche per gli stilisti non bastava ridurre le proporzioni per avere l'altra metà della famiglia, bisognava cambiarle, conservando la stessa forma della cassa, perché fosse bella da vedere. Prima di pensare al Lady si era parlato di fabbricare lo Swatch in tre grandezze, c'erano già gli

A feminine Swatch

The idea of a Swatch for ladies was always in the air; that was clear from the beginning to anyone even remotely acquainted with the watchmaking industry.

Unlike Tissot's famous Rock Watch, which may be qualified as a 'unisex' product, the large dimensions of the first Swatch necessarily classified it as a man's watch. Journalists present at the first press conference held in Zurich were quick to ask the obvious question: why only one size? At the time, a possible explanation may have been that the manufacturers wanted to test the market before agreeing to further investment.

In any case, the potential success of the first Swatches was such that researchers embarked upon the Swatch Lady project as early as July 1982. The primary aim was to be a simplification of both construction and concept, achieved essentially through subtle technical improvements.

Jacques Müller explains: "The Swatch Lady was the work of a young engineer I had taken on, Jean-Claude Schaffner. You ask what are its most notable features?

Less components and novel construction - although in line with the general concept of the model for men. And the motor? Notice that everything is on it. You only need to add a coil and a battery and you have a watch..." For the designers, the watch was also a new project, as it proved to be all but impossible to simply reduce the dimensions of the masculine version to produce a model for the other half of the family. In the end it proved necessary to completely alter the proportions of the

---

[1] Partie fixe du micromoteur de la montre à quartz.

[1] *Parte fissa del micromotore dell'orologio a quarzo.*

[1] The fixed part of a quartz watch's micromotor.

Traditionelle Analog-Quarzuhr

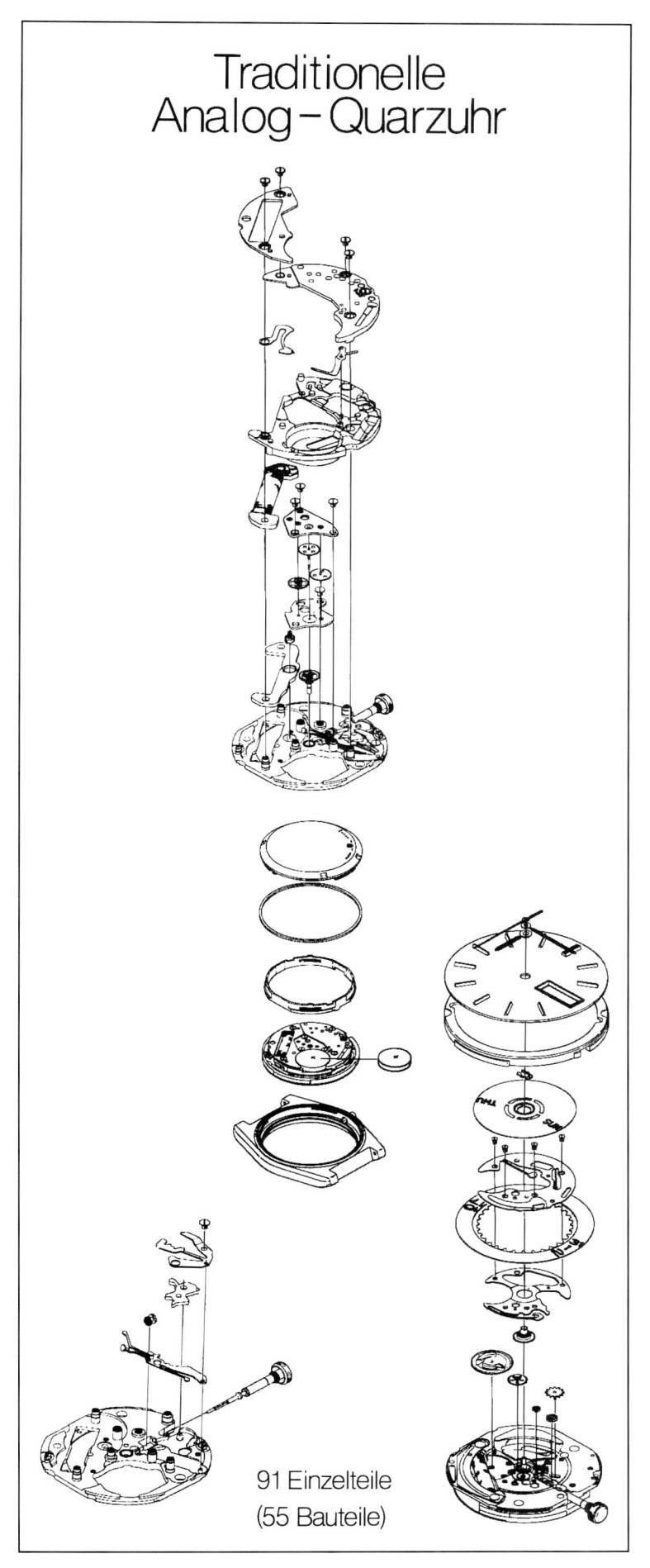

91 Einzelteile
(55 Bauteile)

swatch

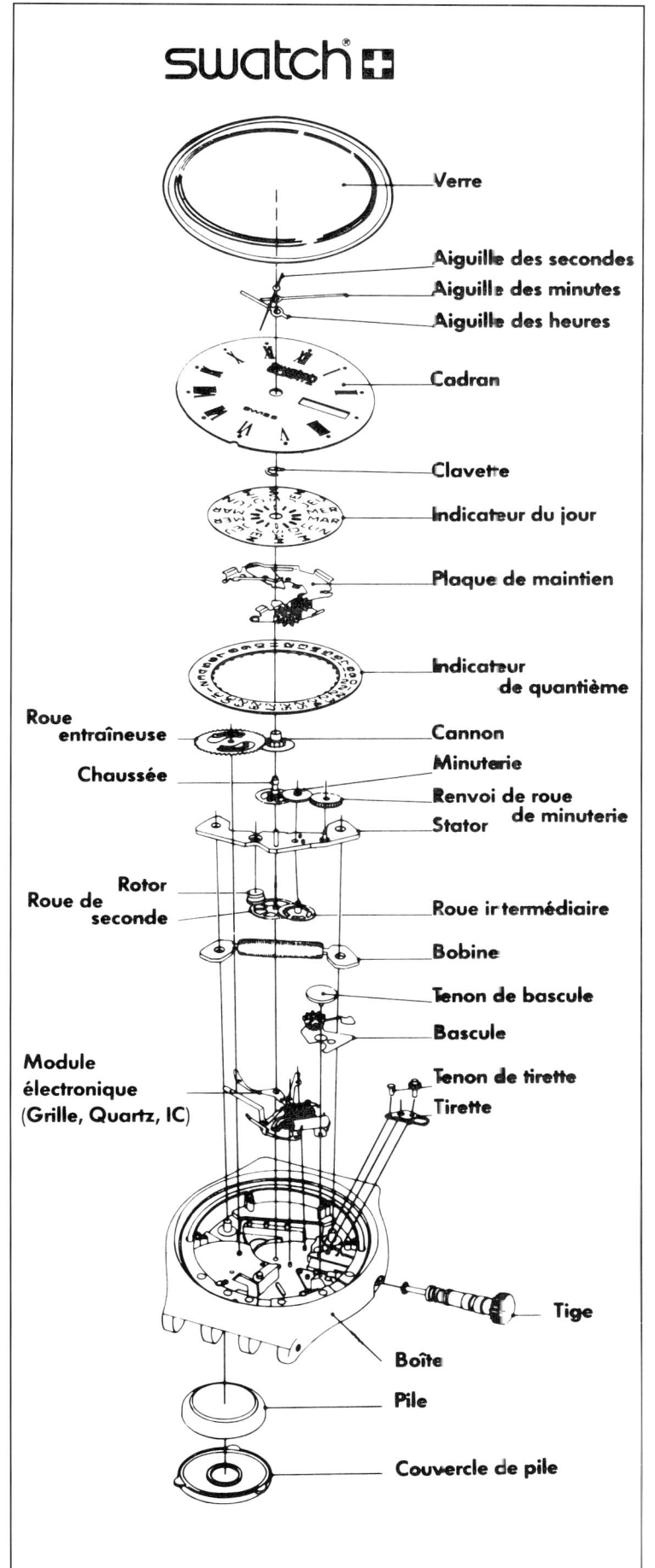

Verre

Aiguille des secondes
Aiguille des minutes
Aiguille des heures

Cadran

Clavette

Indicateur du jour

Plaque de maintien

Indicateur de quantième

Roue entraîneuse — Cannon
Minuterie
Chaussée — Renvoi de roue de minuterie
Stator

Rotor
Roue de seconde — Roue intermédiaire

Bobine

Tenon de bascule

Bascule

Module électronique (Grille, Quartz, IC) — Tenon de tirette
Tirette

Tige

Boîte

Pile

Couvercle de pile

Vues éclatées d'une montre à quartz traditionnelle et d'une Swatch.
Esploso di un orologio al quarzo tradizionale e dello Swatch.
Explosed view comparing a conventional quartz watch and Swatch.

73

tions de la boîte homme, en gardant la même forme pour qu'elle soit esthétique, agréable à l'œil. Il avait été question, avant la Lady, de trois grandeurs de Swatch les dessins de pièces unisexes avaient également été esquissés. Finalement, les premiers prototypes de la Lady sont présentés le 13 août 1982.

schizzi per gli articoli unisex. Comunque il 13 agosto 1982 si presentano già i primi prototipi Lady.

case, but retain the same line and aesthetic appeal to the eye. Before the Lady model was conceived, it had been suggested to manufacture Swatches in three different sizes and drawings of the unisex versions had also been sketched out. The first Lady prototypes were presented on 13th of August 1982.

Recherche des proportions

La montre homme est construite au départ selon la règle d'or: par exemple la courbure de la douve a exactement le même diamètre que le diamètre total de la pièce. Une même démarche suivie pour la Lady transformait complètement l'esthétique de la montre, surtout avec des données techniques imposées: elle était franchement aussi attrayante qu'un crapaud...

Conférer une véritable élégance celle qui ne saute pas aux yeux à la version pour dame, équivalait à manipuler sa ligne: en définitive, elle est plus allongée que la pièce homme, et la partie attache est plus élancée. Il n'y a pas plus de matière de pente de carrure entre 3 h et 9 h, mais entre 12 h et 6 h. Si on ne le sait pas, c'est exactement la même pièce. Et pourtant, on reconnaît la Swatch au premier coup d'œil, même en version féminine; Un autre problème avait retenu l'attention des stylistes: celui des couleurs. Outre les tons identité de base, il a fallu en trouver d'autres, en plein accord avec la mode.

Ricerca delle proporzioni

L'orologio da uomo è costruito secondo la regola d'oro, per esempio la curva della doga ha lo stesso preciso diametro di quello totale del pezzo. Lo stesso procedimento utilizzato per il Lady lo trasformava completamente dal punto di vista estetico: francamente brutto come un rospo.

Per conferirgli una vera eleganza discreta, bisognava manipolare la sua linea In definitiva l'orologio da donna è più allungato e la parte che si unisce al cinturino è più fine. Infatti c'è meno materia sulla curva superiore della carrure fra il 3 e il 9 che fra il 12 e il 6 Se non lo si sa, sembra esattamente lo stesso. Eppure anche in versione femminile si riconosce che è uno Swatch. Un problema importante per gli stilisti: il colore. Oltre ai toni di base, identici, se ne doveva no trovare altri in accordo con la moda.

The quest for proportions

The man's watch was designed following the golden rule that the curvature of the lugs should be of the same diameter as the complete watch. Trying to apply this principle to the ladies' watch had the effect of totally altering the aesthetics, especially with the particular technical specification which had been imposed; it turned out to be as attractive as a toad...

Conveying true elegance to the feminine version meant remodelling its line and the end product was more elongated than its masculine equivalent, with the part of the watch which connects to the strap noticeably more slender. In addition, the border surrounding the dial was made proportionately larger between the 12 and 6 o'clock positions. The changes were subtle, practically invisible at first glance, but aesthetically important and definitively Swatch. There was however another matter to preoccupy the designers: the colour scheme. In addition to the basic 'identity' tones, other colours and shades had to be found, which would blend with the fashions of the day.

Une solution astucieuse

Il n'y a qu'à... Cet embryon de solution connu et adaptable à tous les problèmes avait bien sûr été proposé: Il n'y a qu'à suivre les couleurs de la mode et injecter le plastique... Facile à dire et totalement inefficace. On fera donc à nouveau appel au système éprouvé de l'œuf de Colomb. Il faudrait savoir ce qui se passe chez les fabricants de tissus et quelles sont les couleurs adoptées par les couturiers. dit Marlyse. Il fallait y penser.

Marlyse et Bernard font donc des pieds et des mains pour obtenir des cartons d'invitation au Salon du prêt-à-porter. Tellement parisien que nos deux Neuchâtelois font chou-blanc. Le bristol d'entrée se révèle aussi impossible à trouver qu'un paysan content. Qu'à cela ne tienne. Nous irons à Paris. Nos deux compères rient aujourd'hui de l'énormité de leur naïveté. Et pourtant, c'est elle qui les sauve et les rend finalement sympathiques à leurs interlocuteurs.

Marlyse: Personne ne voulait nous laisser entrer... Enfin, après de longs palabres, nous obtenons notre bristol. J'imagine, se

Una soluzione intelligente

Tutti vi diranno quando c'è un problema: "Basta fare così...". "Basta seguire la moda e vedere quali sono i colori di stagione e iniettarli nella plastica...". Facile a dirsi e totalmente inefficace. Come al solito Marylse ricorre al sistema dell'uovo di Colombo: "Bisognerebbe sapare che cosa fanno i fabbricanti di tessuti e quali colori adotteranno i grandi sarti".

Marlyse e Bernard fanno il diavolo a quattro per avere gli inviti al Salone del Prêt-à-Porter a Parigi, tanto parigino che i due di Neuchâtel fanno fiasco. Il cartoncino d'invito è tanto raro quanto un contadino contento. " Non fa niente, andremo a Parigi." Oggi i due collaboratori ridono della loro ingenuità, eppure è quella che li salva e che li rende simpatici ai loro interlocutori.

"Nessuno voleva lasciarci entrare... Finalmente dopo lunghe discussioni, otteniamo i biglietti..." Bernard interviene: "Im-

An imaginative solution

In the face of a problem, adopt for a solution the age old adage: "All you need to do is..." On this occasion the answer was clear; find out which colours were currently in fashion for ladies clothes and inject the plastic. Simple enough in theory but more difficult in practise; nobody is going to reveal their secrets before the designs are public. Marlyse Schmidt came up with an idea as simple as Columbus and his egg - go to Paris for the ready-to-wear clothing fair and all will be revealed.

She and Bernard arrived in all innocence only to find that obtaining the prized invitation cards was nigh on impossible.

Marlyse recalls: "No one wanted to let us in ... Finally after much palaver we were given permission to enter. Bernard felt that different

souvient Bernard, qu'il devait y en avoir de différentes sortes, pour signaler par exemple: attention espions ou alors limpets (lampistes, idiots). En réalité, Bernard et Marlyse ne savaient même pas que l'obtention des palettes de couleur, uniquement, est une faveur qui coûte énormément cher.

Ils l'apprennent après avoir expliqué l'objectif de leur visite. Et lorsqu'ils prétendent avoir accès aux extraordinaires gammes de couleur pour un concept de montre, et gratuitement s'il-vous-plaît, les directeurs de vente s'écrasent de rire. Sauf quelques-uns pourtant qui saisissent le côté intéressant de la proposition. Mais devant le refus et pour cause des deux jeunes gens de dire à quoi ils travaillent, tout accord paraît impossible.

Marlyse: Enfin, un fabricant suisse a tout de même eu la gentillesse de nous adresser la gamme de couleurs que nous désirions obtenir, tout en nous souhaitant bonne chance. Il y avait crû. Pour nous, la montre mode était là, et on nous avait donné la méthode.

Une fois encore, une petite goutte d'huile de génie avait fini par faire tourner dans le bons sens une lourde machine. Quelle distance entre ce qu'il faut de courant pour produire l'étincelle qui fait détonner le mélange créatif, et la seule peine de copier ce que d'autres ont obtenu à force de sueurs.

magino che gli inviti dovessero essere di diverso tipo, per individuare le spie o i semplicciotti..." Bernard e Marlyse non sapevano neppure che solo per ottenere la paletta dei colori, c'erano dei favoritismi...

Lo imparano dopo aver spiegato il motivo della loro visita. E quando chiedono di vedere le bellissime gamme di colori da usare gratis per un... orologio, i direttori delle vendite si piegano in due dalle risate. Alcuni però intuiscono immediatamente il lato interessante della faccenda, ma davanti al rifiuto dei due giovani di rivelare per chi lavorano, ogni accordo è impossibile.

Marlyse aggiunge che solo un fabbricante svizzero ha avuto la gentilezza di inviar loro la gamma di colori alla moda, con tanti auguri. "Aveva creduto in quello che avevamo detto. Per noi, l'orologio era già là."

Ancora una volta, un goccio di olio di genio aveva fatto partire la macchina. Che abisso, tra la quantità di corrente necessaria per produrre la scintilla che dà fuoco all'ispirazione creativa e la fatica miserabile di copiare quello che gli altri hanno ottenuto col sudore!

colours probably signified whether you were a client, a spy or simply a hanger-on."

Explaining that they wished to obtain a selection of all the latest colours for a project on watches - and for free - met with a humorous response from the various designers. Unable and unwilling to divulge the name of the company for whom they were working resulted in an initial failure to obtain anything worthwhile.

Marlyse: "Finally, a Swiss manufacturer was kind enough to send us the colour range we were after, and wished us the best of luck. He had believed in us! All of a sudden, the fashion watch was becoming a reality, and we had been handed the method on a plate!"

Lancement de la Swatch dans l'entreprise

Nous supposons avoir fait bien comprendre que la Swatch a pu être réalisée autrement que sur papier, uniquement grâce au Dr Thomke et à Nicolas Hayek[1].

Jacques Müller: Souvenez-vous, lorsque la Swatch est sortie, de la montée aux barricades de l'horlogerie traditionnelle. Ce n'était pourtant là qu'un très pâle reflet à côté de l'opposition que nous avons rencontrée dans notre propre entreprise, où tout le monde était contre nous. Seuls à y croire hormis nos patrons.

Sans l'appui inconditionnel de M. Thomke, qui nous a toujours défendus, protégés, tirés en avant et en notre compagnie s'est efforcé d'agrandir le cercle des croyants, il y eut été impossible d'emporter enfin la conviction de toute l'usine. Les investissements étaient lourds et je suppose qu'il a fallu à M. Thomke une conviction peu commune pour rallier à l'époque sa propre direction à la cause. En réalité, il a dû taper sur la tête de qui ne voulait rien entendre. En répondant je ne veux pas le savoir, vous devez travailler à ce produit.

Il lancio dello Swatch all'interno della fabbrica

Speriamo di aver fatto ben capire che se lo Swatch esiste, è proprio grazie al Dottor Thomke e a Nicolas Hayek[1].

Jacques Muller: "Ricordatevi del muro ostile eretto dall'orologeria tradizionale. Ebbene, non è niente a paragone della resistenza incontrata nella nostra propria ditta. Tutti erano contro di noi, tranne il padrone che ci credeva quanto noi. Ci ha sempre spronato e difeso.

Senza, il suo appoggio incondizionato non saremmo mai riusciti a convincere la fabbrica intera. Poiché gli investimenti erano importanti, penso che il Dottor Thomke abbia usato le sue non comuni doti di persuasione per ottenere l'adesione dei direttori, anzi penso che abbia usato la maniera forte contro chi non voleva ascoltarlo. "Non voglio sapere niente, dovete lavorare intorno a questo prodotto..." Insomma hanno protetto la creatura quando era ancora in embrione. Anche sul piano tecnico, ci siamo sforzati di conquistare alla nostra cau-

Launching Swatch in the company

The history of the successful development of the Swatch, from idea to product would in the end have amounted to little were it not for the perseverance of two men: Dr. Thomke and Nicolas Hayek[1].

Jacques Müller: "Remember how watchmaking traditionalists reacted when the first Swatch came out? This proved to be a minor problem compared to the initial opposition encountered within the company, where literally everyone was dubious about the project - that is everyone except our bosses.

Without Dr. Thomke, whose unswerving defence and total support enabled us to carry on and who succeeded in gaining support for the project throughout the group, it would have been impossible to convince the factory as a whole. Investments were considerable and there is little doubt that M.Thomke's unfaltering belief in the product enabled him to convince his own colleagues amongst the directors to rally round the idea. He had on occasions to bang heads together, and dismiss the objections with straightforward instructions to get the work done." In short, he

[1] Nicolas Hayek est aujourd'hui Président du Conseil d'Administration et Administrateur délégué de Swatch SA.

[1] *Nicolas Hayek. Oggi Presidente del Consiglio d'Amministrazione e Amministratore Delegato della Swatch SA*

[1] Nicolas Hayek is today President and Chief Executive of Swatch SA.

En résumé, il a protégé la bête Swatch en embryon. Un soutien de ce poids est très important. Sur le plan technique uniquement, il a fallu faire tache d'huile. Péniblement, car les arguments contraires, en apparence, tenaient debout.

Ainsi, Jacques Müller entend-t-il au moins mille et une fois l'histoire de l'Astrolon de Tissot. Ils ont déjà essayé, ce fut un désastre. Répéter et répéter encore, ç'en était tuant à la longue: Ils ont construit une montre conventionnelle, avec toutes ses difficultés techniques, dans des matériaux non-conventionnels, ce qui décuple les difficultés, et cela, il ne faut jamais le faire.

sa gli operatori un po' per volta, a macchia d'olio, con fatica, perché gli argomenti contro erano valevoli.

Quante volte Jacques Muller ha dovuto sentire la storia dell'Astrolon di Tissot: hanno già provato una volta ed è stato un disastro. - E lui a ripetere fino alla noia: - Perché hanno costruito un orologio convenzionale, con tutte le difficoltà tecniche che si sa, in un materiale non convenzionale, il che aumenta i problemi, e questo non si deve mai fare.-

protected the Swatch plan from the very first day. Such determined support is fundamental to the success of any project. In the case of the Swatch, it was perhaps even more so, in view of the arguments that were initially raised against it and which at first seemed to be entirely logical.

Past experience, notably Tissot's Astrolon watch had proved that even the most advanced technology could fail in the market place. Müller says that he heard that story recounted at least a thousand times: "It's already been tried, and it was a disaster... Building a watch in unconventional materials can never succeed ... it should never be done!"

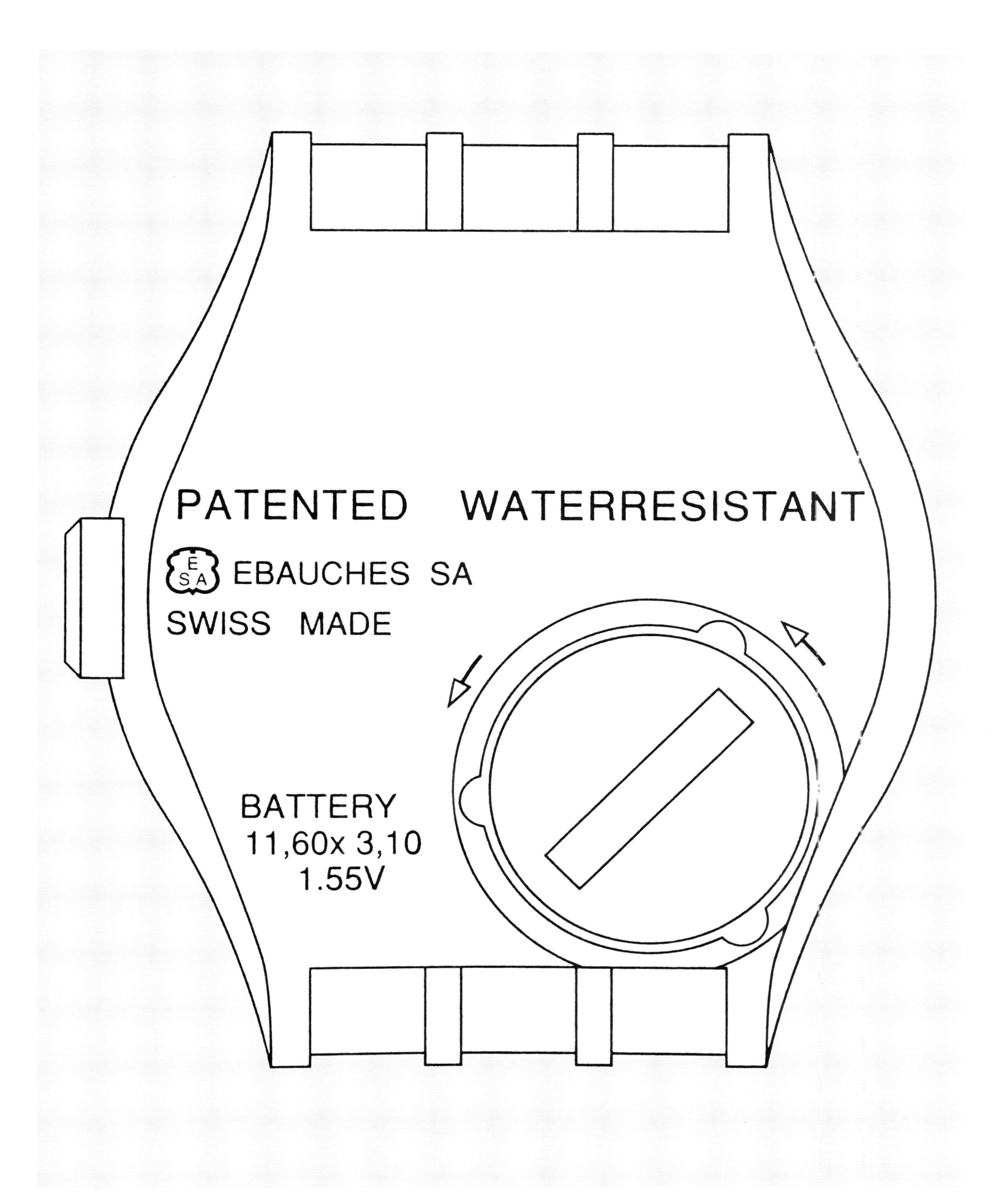

Représentation graphique d'un fond de Swatch.
Disegno del fondo di una cassa Swatch.
Schematic of the back of a Swatch.

	CHRONOLOGIE DE LA RÉALISATION TECHNIQUE	*CRONOLOGIA DELLA REALIZZAZIONE TECNICA*	**CHRONOLOGY OF THE TECHNICAL DEVELOPMENT**
	Extraits d'agendas de A. Bally et B. Müller et de communiqués de presse SWATCH.	*Estratti dalla agende di A. Bally , B. Muller e comunicati stampa SWATCH.*	Extracts from the diaries of A. Bally and B. Müller and from SWATCH Press Releases.
Mars 1980	L'idée. Décision de M. Thomke. Première réalisation.	*L'idea. Decisione del Signor Thomke. Prima realizzazione.*	The idea. First sketches. Mr. Thomke's decision.
Avril 1980	Début des recherches de solution technique.	*Inizio delle ricerche di soluzioni tecniche.*	Research into technical solutions begins.
Septembre 1980	Construction pour la réalisation des prototypes. Première étude esthétique et marketing.	*Costruzione per la realizzazione dei prototipi. Primi studi estetici e di marketing.*	Tooling starts for the production of prototypes. First studies into aesthetics and marketing possibilities.
Octobre-décembre 1980	Plan de détail pour prototypes.	*Disegni dettagliati per i prototipi.*	Detailed prototype plans.
Janvier-mars 1981	Premier prototype et résultat des tests.	*Primo prototipo e risultati dei test.*	First prototype completed and test results.
Avril 1981	Début de la construction pour série de la version N 2, c'est-à-dire corrigée.	*Inizio della costruzione per la serie della versione n. 2, corretta.*	Series construction of the No.2 (corrected) version begins.
Juin 1981	Début de l'étude esthétique finale.	*Inizio studio estetico finale.*	Final studies into the aesthetics appearance begin.
Août 1981	Fin de la seconde construction.	*Fine della seconda costruzione.*	Construction of No.2 version completed.
Octobre 1981	Plans de détail terminés.	*Disegni dettagliati terminati. Piani dei dettagli terminati.*	Detailed plans are finalised.
Novembre 1981	Réalisation de la première collection pour le client américain. Construction des premiers outils, y compris les moules d'injection.	*Realizzazione della prima collezione per il cliente americano. Costruzione dei primi utensili, compreso lo stampo per iniezione.*	First collection designed for the American client. Construction of first tools, including injection moulds.
Décembre 1981	Les premières difficultés apparaissent sur les pièces de série. Modifications importantes de plusieurs pièces. Construction partielle à refaire.	*Prime difficoltà per i pezzi di serie. Modifiche importanti di parecchi pezzi. Costruzione parziale da rifare.*	Difficulties with series production units, which undergo major modifications. Partial re-tooling required.
Avril 1982	Les nouvelles pièces sont réalisées, il reste encore des difficultés à résoudre sur la mise à l'heure. Le client opte pour une collection de vingt-cinq modèles.	*I nuovi pezzi sono fatti, ci sono problemi per la messa all'ora. Il cliente opta per una collezione di 25 modelli.*	New watches are produced, but difficulties remain with the hand- setting mechanism. The client chooses a collection comprising of twenty-five models.
Juin 1982	Début du montage industriel.	*Inizio montaggio industriale.*	Industrial assembly begins.
Juillet-août 1982	Production des pièces sans calendrier, tests d'homologation dans les laboratoires. Les problèmes concernant les chocs du système calendrier sont encore en étude.	*Produzione di pezzi senza calendario, test di omologazione nei laboratori. I problemi concernenti Il salto del sistema calendario, sono allo studio.*	Production of watches without calendar, and laboratory approval tests. Problems generated by shocks to the calendar system are studied.
Septembre 1982	Production de vingt-cinq modèles, homologation provisoire du produit.	*Produzione di 25 modelli, omologazione provvisoria del prodotto.*	Production of twenty-five models, provisional approval of the product.
Octobre 1982	Début des livraisons.	*Inizio della consegna.*	Deliveries begin.

Août 1983	Première série des modèles SWATCH Lady.	*Prima serie modelli SWATCH Lady.*	First series of the SWATCH Lady models.
Décembre 1983	Début des livraisons du modèle dame.	*Inizio consegna orologi donna.*	Delivery of the ladies' model begins.
Janvier 1984	La production atteint 1 million de pièces.	*La produzione raggiunge 1 milione di pezzi.*	Production passes the 1 million mark.
Septembre 1984	On parvient à une production de 20'000 pièces par jour.	*Si arriva a una produzione di 20.000 pezzi al giorno.*	The mark of 20,000 units in daily production is reached.
Septembre 1985	La production atteint 10 millions de pièces.	*La produzione tocca i 10 milioni di pezzi.*	Production passes the 10 million mark.
Octobre 1986	22,5 millions de SWATCH ont été vendues dans le monde entier.	*Sono stati venduti 22.5 milioni di SWATCH nel mondo.*	22,500,000 SWATCH sold worldwide.
Mai 1987	On fête la 30 millionième SWATCH produite.	*Si festeggia il 30 milionesimo SWATCH prodotto.*	30,000,000 mark is celebrated.
Septembre 1988	Jubilé SWATCH 5/50 - 50 millions de SWATCH vendues en 5 ans.	*Il 5/50 giubileo SWATCH. 50 milioni di SWATCH venduti in 5 anni.*	Jubilee SWATCH 5/50 - 50 million SWATCH sold in 5 years.
Octobre 1988	SWATCH affronte pour la première fois le monde du métal avec les modèles Heavy Metal.	*SWATCH affronta per la prima volta il mondo del metallo con i modelli Heavy Metal.*	A metal SWATCH for the first time - the Heavy Metal model.
Octobre 1990	La production atteint 75 millions de SWATCH.	*Sono stati prodotti 75 milioni di SWATCH.*	Production passes the 75 million mark.
Septembre 1991	La production atteint plus de 90 millions de pièces vendues dans le monde.	*Oltre 90 milioni di pezzi venduti nel mondo.*	Production passes the 90 million mark worldwide.

CHRONOLOGIE DE LA RÉALISATION ESTHÉTIQUE	*CRONOLOGIA DELLA REALIZZAZIONE ESTETICA*	CHRONOLOGY OF THE AESTHETIC DEVELOPMENT
3 septembre 1981 Premier contact pour Bernard Müller, à Granges, avec le sous-directeur d'ETA, M. Bally.	*Primo contatto: Bernard Muller a Granges con il vicedirettore di ETA signor Bally.*	**First contract, in Grenchen, of** Bernard Müller with ETA's deputy-director, Mr. Bally.
18 septembre 1981 Premier contact établi avec M. Franz Sprecher, il s'agit de la fameuse rencontre à l'Hôtel Schweizerhof à Berne. A la suite de cette rencontre seront exécutées les différentes maquettes basées sur des recherches de structure et de couleur.	*Primi contatti con il signor F. Sprecher, si tratta del famoso incontro a Berna all'hotel Schweizerhof.* *In seguito a quest'incontro saranno eseguiti i modellini basati sulle ricerche di strutture e colore.*	**First contact with Mr. Franz** Sprecher; this is the much-vaunted meeting at the Schweizerhof Hotel in Bern. Following this meeting, different prototypes are made, based on research into form and colour.
1er octobre 1981 Présentation des maquettes au tribunal SWATCH à Granges.	*Presentazione dei modellini al "tribunale SWATCH" a Granges.*	The models are presented to the "SWATCH tribunal" in Grenchen.
7 octobre 1981 Leçon de connaissance des matériaux avec M. Elmar Mock	*Lezioni di conoscenza del materiale con il signor Elmar Mock.*	Training session on materials conducted by Mr. Elmar Mock.
9 octobre 1981 Visite chez Ciba-Geigy à Bâle.	*Visita presso la Ciba Geigy a Basilea.*	Visit to Ciba-Geigy, in Basel.
15 octobre 1981 Jacques Müller et Elmar Mock remettent à Schmid et Müller les instructions et les indications utiles à la suite des opérations: – exécution du premier plan savonnette – exécution des plans du bracelet ainsi que des plans de la glace. Ces plans sont terminés et soumis à Granges.	*Jacques Muller e Elmar Mock rimettono a M. Schmid e B. Muller le istruzioni per il seguito delle operazioni:* *– esecuzione del disegno "savonnette"* *– esecuzione disegni cinturino e vetro.* *I disegni finiti sono inviati a Granges.*	Jacques Müller and Elmar Mock give Schmid and Müller instructions and useful information relating to the future development of : – project, code name "savonette" – project for the development of the watch strap and plexi-glass. Plans are finalised and submitted to Grenchen.
24 octobre 1981 M. Franz Sprecher donne quelques suggestions pour la composition du logo SWATCH.	*Il signor F. Sprecher dà qualche consiglio per il logo SWATCH.*	Mr. Franz Sprecher suggests a number of possibilities for the SWATCH logo.
26 octobre 1981 Contrôle des électrodes en vue de l'exécution de la carrure pour montres hommes par Bernard Müller.	*Controllo degli elettrodi in vista di eseguire la "carrure" per l'orologio uomo da parte di B. Muller.*	Re-cutting the moulds as a result of Bernard Müller completing the design of the band of the man's watch.
1er novembre 1981 dimanche Terminaison de la première collection SWATCH. Marlyse Schmid et Bernard Müller ont travaillé pratiquement jour et nuit. Travail axé surtout sur la recherche de couleurs et la décoration du cadran. Parallèlement, ils s'orientent sur l'exécution de la forme définitive de la carrure. Le premier prototype est déterminé: boîte noire sablée mat, bracelet noir sablé mat. Le cadran blanc possède sa minuterie technique noire. Le prototype est exécuté et soumis à ETA le 2 novembre.	*Fine della prima piccola collezione SWATCH. Marlyse e Bernard hanno lavorato giorno e notte, soprattutto per la ricerca dei colori e la decorazione del quadrante. Contemporaneamente studiano la forma definitiva della "carrure". Si stabilisce che il primo prototipo deve essere con cassa nera, sabbiato opaco, cinturino nero, quadrante bianco con minuteria tecnica nera. Presentato il 2 novembre 81.*	Finishing touches to the first SWATCH collection. Marlyse Schmid and Bernard Müller worked all night to finalise such details as the decoration of the face, colour and the final shape of the band. The first prototype is finalised: it will have an unpolished "sanded" finish black case and matching strap. The dial will be white, with "technical" chapter marks in black. This prototype is produced and submitted to ETA for approval on 2nd November.
9 et 10 novembre 1981 Soumission des premières études du logo SWATCH qui comprend un drapeau suisse placé au milieu de la marque.	*Si sottopongono a esame i primi studi del logo SWATCH che comprende la bandiera svizzera nel mezzo della marca.*	Submission of the first "SWATCH" logo studies, which include a Swiss flag located in the middle of the brand name.
Fin octobre 1981 Etude des propositions des cadrans rhodiés qui seront utilisés par la suite dans la production.	*Studio della proposta di fare i quadranti rodiati, prodotti in seguito.*	Proposals for rhodiumed dials are studied, which will later be used in production.

Janvier 1982	Recherche d'impression sur les bracelets. Recherche de coloration dans les matières plastiques. Le premier distributeur américain prend contact avec Marlyse Schmid et Bernard Müller, préalablement aux tests de marché à effectuer au Texas.	*Ricerca di motivi da stampare sui cinturini.* *Ricerche di colorazione nei materiali plastici.* *Il primo distributore americano prende contatto con Marlyse e Bernard prima di effettuare i test in Texas.*	Research into printing on watch straps. Research into colouration of plastic materials. The first American distributor contacts Marlyse Schmid and Bernard Müller, prior to the marketing tests to be carried out in Texas.
2 février 1982	C'est ce jour-là que l'on tient enfin la solution optimale pour fixer le bracelet à la carrure: la charnière. Les plans seront exécutés avec ce nouveau système. Sur l'autre plateau de la balance, et comme pour équilibrer en permanence succès et difficultés, c'est aussi ce 2 février 1982 que les autorités refusent à ETA l'autorisation de placer le drapeau suisse dans le logo SWATCH.	*Si è trovata la soluzione migliore per fissare il cinturino alla "carrure": la cerniera. I disegni saranno eseguiti secondo il nuovo sistema.* *Però, come per equilibrare successi e difficoltà, è proprio il 2 febbraio che le autorità rifiutano a ETA l'autorizzazione a mettere la bandiera svizzera nel logo SWATCH, disegnato dagli Schmüller.*	On this day, researchers come up with the optimum solution for fastening the watch strap to the band - a hinge. Plans will include this new device. As if each success had necessarily to be counterbalanced by a problem, the authorities reject on the same day ETA's request to place the Swiss flag in the middle of the SWATCH logo.
19 février 1982	Deuxième contrôle de la matrice du moule d'injection.	*Secondo controllo della matrice della forma d'iniezione.*	Second tests of the injection mould.
22 février 1982	Bénédiction du moule SWATCH.	*"Benedizione" dello stampo SWATCH.*	"Benediction" of the SWATCH mould.
17 mars 1982	On soumet au distributeur américain la première collection SWATCH: il s'agit de 120 pièces environ, 24 modèles seront donc retenus. En discutant des couleurs avec les stylistes qui n'arrivaient pas à saisir exactement l'idée du distributeur, car c'était lui qui fournissait les tendances de la mode aux USA, M. Ben Hammond demanda par téléphone une paire de ciseaux à une secrétaire et, sans autre forme de procès coupe un morceau de sa cravate, qu'il remet comme échantillon aux designers. Ce modèle est encore actuellement dans la collection.	*Si presenta al distributore americano la prima collezione SWATCH, circa 120 pezzi, di cui 24 vengono trattenuti. Discutendo dei colori con gli stilisti che non hanno capito bene che cosa vuole il distributore, il signor B. Hammond, che seguiva la tendenza della moda negli USA, telefona alla segretaria, si fa portare un paio di forbici e senza arrabbiarsi, taglia un pezzo della sua cravatta che porge come campione agli stilisti. Il pezzetto di stoffa è ancora nella collezione.*	The American distributor is supplied with the first SWATCH collection: it is made up of approximately 120 units, 24 of which will be retained in the end. Mr. Ben Hammond, responsible for informing the manufacturer of the latest fashion trends in the US, is having difficulty getting his ideas through. During a discussion with the designers on the choice for future colour schemes, he suddenly asks his secretary for a pair of scissors and proceeds to cut off a piece of his tie and hands it to the Swiss firm's astonished representatives. A model inspired by the 'sample' was actually included in the SWATCH collection.
Mars-avril 1982	Deux mois passés à l'exécution de références en tous genres avant d'aboutir à la phase définitive: la production.	*Due mesi di operazioni di ogni genere prima di arrivare alla fase definitiva della produzione .*	Two months are spent in making various trial models before coming to the final phase - production.
6 mai 1982	Soumission des modèles définitifs et toutes dernières modifications.	*Presentazione dei modelli definitivi con le ultime modifiche.*	The definitive models are submitted and the last detailed modifications made.
13 mai 1982	Les stylistes reçoivent le mandat de développement du modèle dame.	*Gli stilisti ricevono l'ordine di studiare il modello da donna.*	Designers receive a mandate to develop the ladies' model.
3 août 1982	Soumission des plans de deux formes de carrure pour la SWATCH Lady.	*Presentazione dei disegni delle due forme della carrure per lo SWATCH signora.*	Plans for two different case styles for the SWATCH Lady are submitted.
20 août 1982	Le premier prototype de cette SWATCH Lady est soumis à la direction de Granges.	*I primo prototipo per signora è portato davanti alla direzione a Granges.*	The first SWATCH Lady prototype is submitted to the Grenchen management for approval.

Mi-septembre 1982	Elaboration de la collection Europe, qui sortira en Suisse en premier lieu. Les plans de fabrication du modèle dame sont terminés.	*Si lavora per la collezione Europa, che uscirà prima in Svizzera.* *I disegni di fabbricazione dell'orologio da donna sono finiti.*	Work progresses on the 'European' collection, scheduled to come out first in Switzerland. Production plans for the SWATCH Lady are finalised.
Octobre 1982	Test du marché américain.	*Test di prova sul mercato americano.*	SWATCH tested on the American market.
13 octobre 1982	Soumission des modèles du point de vue de l'esthétique pour le marché européen.	*Presentazione dei modelli dal punto di vista estetico per il mercato europeo.*	Submission of models destined for the European market. Aesthetics receive close attention.
14 octobre 1982	Ici prend place la fameuse visite au Salon du prêt-à-porter à Paris, d'après laquelle sera remaniée la collection.	*C'è la famosa visita al Prêt-à-porter a Parigi, in seguito alla quale la collezione sarà rimaneggiata.*	This day sees a visit to the Paris ready-to-wear fair, after which the collection will be modified.
11 novembre 1982	Nouvelle soumission de 63 pièces.	*Nuova presentazione di 63 modelli.*	New submission of 63 models.
2 décembre 1982	Présentation de 42 pièces définitives de la collection dame.	*Presentazione dei 42 modelli definitivi per la collezione da donna.*	Presentation of 42 definitive models of the ladies' collection.
Fin de l'année 1982	Arrivée de M. Theile dans l'équipe SWATCH. On se souviendra que ce cadre industriel, en désaccord avec le concept SWATCH, finira par s'en aller et fonder lui-même une entreprise qui produira les montres Tiq en métal peint à Zoug.	*Il signor Theile entra nel gruppo SWATCH. Questo dirigente non crede al concetto SWATCH e se ne andrà per fondare una società che fabbricherà gli orologi Tiq, di metallo dipinto, a Zoug.*	Mr. Theile joins the SWATCH team. A production manager, he soon found himself in disagreement with the very concept of the SWATCH, and left the company to set up his own firm in Zug (where he will produce the Tiq watch in painted metal).
Mars 1983	Mise au point et fabrication de la collection complète dames.	*Messa a punto e fabbricazione della collezione completa per signora.*	After some adjustments, the complete ladies' collection is manufactured.
24 mars 1983	La SWATCH à cadran Tennis est passée dans un spot télévisé: les stylistes devront la réaliser.	*Lo SWATCH "tennis" è passato alla televisione in uno spot pubblicitario, gli stilisti dovranno realizzarlo.*	The 'Tennis' dial SWATCH made its appearance in a TV commercial... designers will now have to create it.
Juillet 1983	L'étude de la collection printemps-été 1984 hommes et dames est commencée.	*Si commentano i disegni della collezione primavera estate 1984 uomo e donna.*	Work on the 1984 spring - summer collection (for men and ladies) begins.
Août 1983	Arrivée d'un nouveau chef marketing: M. Irniger dans l'équipe SWATCH. Les stylistes notent à cette date également le développement de la pièce bricoleurs.	*Arriva un nuovo direttore marketing, il signor Irniger. E' di questo periodo lo studio dell'orologio "bricoleurs", da parte degli stilisti.*	Arrival of a new marketing manager in the SWATCH team: Mr. Irniger. The designers develop the 'Handyman' model.
	SWATCH est lancée officiellement aux Etats-Unis et en automne en Allemagne et en Grande-Bretagne.	*SWATCH viene lanciato ufficialmente negli Stati Uniti e in autunno in Germania e Gran Bretagna.*	SWATCH launched officially in the U.S.A., and next in Germany and Britain.
Octobre 1983	Choix des thèmes de la collection 1983-1984, automne-hiver.	*Scelta dei temi della collezione 1983-84 autunno-inverno.*	Choice of themes for the 1983 - 1984 autumn-winter collection.
Février 1984	Travaux de la collection de printemps-été 1984.	*Si lavora alla collezione primavera-estate 1984.*	Work on the 1984 spring- summer collection.
Mai 1984	Prémices de la collection 1984-1985.	*Primizie della collezione 1984-85.*	Work begins on the 1984 -1985 collection.
15 mai 1984	Rencontre avec Kiki Picasso, qui dessinera lui-même une série de cadrans pour la SWATCH.	*Incontro con Kiki Picasso, che disegna una serie di quadranti per lo SWATCH.*	Meeting with Kiki Picasso, who agrees to design a series of SWATCH dials.
Août-septembre 1984	La collection 1985 prend le départ.	*Prende avvio la collezione 1985.*	Production begins for the 1985 collection.

25 septembre 1984	En production.	*Collezione in produzione.*	Production of collection begins.
27 septembre 1984	Création du modèle break-dance, uniquement vendu aux USA. On retiendra à ce propos qu'il s'agit d'un modèle disco avec une nouvelle matière.	*Creazione del modello "breakdance" solo per il mercato USA. Si tratta di un modello "discoteca" in un nuovo materiale.*	Creation of the 'Break-Dance' model, sold solely on US territory. This is a 'Disco' model made in a new material.
Automne 1984	SWATCH est lancée en France, Belgique, Hollande, Autriche, Finlande, Suède, Norvège, Australie et Canada.	*Lancio di SWATCH in Francia, Belgio, Olanda, Austria, Finlandia, Svezia, Norvegia, Australia e Canada.*	France, Belgium, Holland, Austria, Finland, Sweden, Norway, Australia and Canada receive SWATCH.
Octobre 1984	Projet de pièce avec diamants	*Progetto di un modello con diamanti.*	Plans for a model with 'diamonds' subsequently produced.
Novembre -décembre 1984	M. Theile s'en va, arrivée de M. Imgrueth. La montre transparente est enfin acceptée en production. Dans l'entre-temps, le démarrage de la collection 1985-1986 avait été effectué.	*Il signor Theile se ne va; arriva Il signor Imgrueth. Si fabbrica l'orologio trasparente. Parte la collezione 1985-86.*	Departure of Mr. Theile and arrival of Mr. Imgrueth. The transparent watch is finally given the go-ahead for production. In the meantime work has begun on the 1985 - 1986 collection.
Janvier 1985	Naissance de SWATCH SA.	*Nasce la SWATCH SA.*	Birth of SWATCH SA.
	Développement du modèle dessiné par Kiki Picasso avec le système de formation d'une image au moyen des disques jour et date. Mise en production de la collection 1985-1986.	*Studio e sviluppo del modello disegnato da Kiki Picasso con il sistema di formazione di una immagine per mezzo dei dischi giorno e data. Inizio di produzione della collezione 1985-86.*	Development of the model designed by Kiki Picasso, with a 'kaleidoscope' style revolving image created by using the day and date disks. Production of the 1985 - 1986 collection begins. SWATCH S.A. is formed.
20 mars 1985	Présentation du modèle Kiki Picasso, à Paris. Il s'agit d'une grandiose soirée à la salle Boulez.	*Presentazione del modello di Kiki Picasso a Parigi. Serata di gala alla sala Boulez.*	Presentation of the Kiki Picasso model in Paris. Memorable evening at the Boulez hall.
Début mai 1986	Tragique accident d'avion où le créateur de la fameuse Rock Watch de Tissot trouvera la mort, tandis que Jacques Müller et ses collègues sont grièvement blessés.	*Tragico incidente d'aereo in cui perde la vita il creatore del famoso Rock Watch di Tissot, mentre J. Muller e i suoi collaboratori sono feriti gravemente.*	Tragic plane crash where the creator of Tissot's famous Rock Watch is killed, while Jacques Müller and other colleagues receive serious injuries.
14 juin 1985	Le premier modèle de la collection 1986 est en route: le rythme création-production est acquis.	*Il primo modello della collezione 86 è a buon punto, ormai si è acquisito un ritmo regolare creazione - produzione.*	Work has begun on the first model of the 1986 collection: design/production has become a smooth rhythm.
Septembre 1985	SWATCH est lancée en Espagne, en Nouvelle-Zélande et au Japon.	*SWATCH entra sul mercato in Spagna, Nuova Zelanda e Giappone.*	SWATCH launched in Spain, New Zealand and Japan.
18 octobre 1985	Réalisation de SWATCH géantes, remises au Musée international d'horlogerie de La Chaux-de-Fonds, et au Musée du Château des Monts au Locle.	*Realizzazione di SWATCH giganti, consegnati al Museo Internazionale dell' Orologeria della Chaux-de-Fonds e al Museo del Château des Monts a Locle.*	Creation of giant SWATCHes, subsequently handed over to the International Watchmaking Museum in La Chaux-de-Fonds, and the Château des Monts museum, Le Locle.
Juin 1986	SWATCH arrive en Italie.	*SWATCH arriva in Italia.*	SWATCH arrives in Italy.
Hiver 1986	La famille SWATCH s'agrandit avec la Pop SWATCH et la Maxi SWATCH.	*Si aggiungono alla famiglia SWATCH i due prodotti POP SWATCH e MAXI SWATCH.*	The family grows with the launch of the Pop SWATCH and the Maxi SWATCH.
Juillet 1987	SWATCH est lancée au Portugal.	*Lancio di SWATCH in Portogallo.*	SWATCH launched in Portugal.
Juin - Octobre 1988	10 nouveaux marchés s'ouvrent à SWATCH.	*Si aprono a SWATCH 10 nuovi mercati.*	10 new markets receive the SWATCH.

Septembre 1989	Hardwear: la première SWATCH tout en métal. Studio Marconi à Milan: "I SWATCH VERY MUCH" - toutes les SWATCH du monde.	*Hardwear: il primo SWATCH tutto in metallo.* *Milano: Studio Marconi: "I SWATCH VERY MUCH" - tutti gli SWATCH del mondo.*	September 1989 Hardwear: the first SWATCHentirely in metal. Studio Marconi, Milan Exhibition: 'I SWATCH VERY MUCH'all the SWATCH in the World.
Octobre 1989	Premier concours SWATCH en Italie: "Dessine ta SWATCH". Le prix du concours: la montre dessinée par Mimmo Paladino: Oigol Oro, produite en 140 exemplaires.	*Primo concorso in Italia: "Disegna il tuo SWATCH". Premio del concorso l'orologio disegnato da Mimmo Paladino: Oigol Oro prodotto in 140 pezzi.*	'Design your own SWATCH' competition in Italy. the first prize was a Mimmo Paladino SWATCH, Oigol Oro, released in only 140 examples.
Avril 1990	SWATCH est présente dans 5 continents et 35 pays.	*SWATCH è presente nei 5 continenti e in 35 paesi.*	SWATCH is available on the 5 continents and in 35 countries worldwide.
Mai 1990	Lancement en Italie - premier pays dans le monde - "CHRONO SWATCH".	*Lancio in Italia - primo paese del mondo-del CHRONO SWATCH.*	The 'Chrono SWATCH' launched in Italy, the first country to receive it.
Août 1990	Création en Suisse et en Allemagne de "The SWATCH Collectors of SWATCH".	*Nasce in Svizzera e in Germania "The SWATCH Collectors of SWATCH".*	Creation in Switzerland and Germany of 'The SWATCH Collectors of SWATCH' Club.
Septembre 1990	Milan - 12 septembre: La première "The Worldwide SWATCH Auction".	*La prima "Worldwide SWATCH Auction".*	Milan - 12 September - 'The Worldwide SWATCH Auction' - the first.
Novembre 1990	Lancement du Twin-Phone SWATCH. Ouverture du premier SWATCH-Shop à Milan.	*Lancio del Twin-Phone SWATCH.* *Si apre il primo SWATCH SHOP a MIlano.*	Launch of the SWATCH Twin-phone. Opening of the first SWATCH shop in Milan
Janvier 1991	Création en Italie de "The SWATCH Collectors of SWATCH".	*Nasce in Italia "The SWATCH Collectors of SWATCH".*	Creation in Italy of 'The SWATCH Collectors of SWATCH'.
Mars 1991	Lancement en Europe de la SWATCH Scuba 200.	*Lancio europeo dello SWATCH Scuba 200.*	Launch in Europe of the SWATCH Scuba 200.
Mai 1991	Première collection de "Pop Art SWATCH", une fois de plus par Alfred Hofkunst.	*Prima collezione "POP SWATCH D'ARTISTA" - One more time by Alfred Hofkunst.*	Presentation of the first 'Pop Art SWATCH' colleciton created by Alfred Hofkunst.
Printemps 1991	Présentations de la Collection SWATCH pour le 700ème anniversaire de la Confédération Helvétique.	*Presentazione collezione SWATCH per i 700 anni della Confederazione elvetica.*	Presentation of the SWATCH Collection for the 700th.Anniversary of the Swiss Confederation
Juillet 1991	Les membres de "The SWATCH Collectors of SWATCH" sont au nombre de 8'000 en Italie.	*Gli iscritti a The SWATCH Collectors of SWATCH"sono 8'000.*	In Italy the number of members of 'The SWATCH Collectors of SWATCH' reaches 8000.
Septembre 1991	SWATCH & SWATCH - Exposition à Venise de modèles, variantes et prototypes. Première exposition mondiale de variantes de SWATCH.	*Venezia - SWATCH & SWATCH Modelli Varianti Prototipi. prima mostra mondiale di varianti SWATCH. Catalogo della mostra edito da Electa.*	SWATCH & SWATCH: Exhibition in Venice of production models, variants and prototypes. First exhibition of variants.
	Présentation de la Collection de SWATCH Automatic. Avant-première absolue de la collection SWATCH Monument: pendulettes de table dessinées par des architectes et des designers. Présentation par Alessandro Mendini.	*Presentazione Collezione SWATCH AUTOMATIC.* *Anteprima assoluta collezione SWATCH MONUMENT: orologi da tavolo disegnati da architetti e designers. Presentazione SWATCH Monument di ALessandro Mendini.*	Launch of the SWATCH Automatic collection. Preview of the SWATCH monument collection; table clocks designed by various artists and designers. Presentation by Alessandro Mendini.
	Présentation de la première édition du calendrier SWATCH pour l'année 1992.	*Presentazione della prima edizione del calendario SWATCH per l'anno 1992.*	Presentation of the SWATCH calendar for 1992.
	Les membres de "The SWATCH Collectors of SWATCH" sont plus de 9'000 en Italie, plus de 10'000 en Suisse et plus de 12'000 en Allemagne.	*Gli iscritti a The SWATCH Collectors of SWATCH" sono in Italia 9'000, in Svizzera oltre 10'000 ed in Germania oltre 12'000.*	'The SWATCH Collectors of SWATCH' are now some 9000 in Italy, more than 10,000 in Switzerland and 12,000 in Germany.

LA PHILOSOPHIE "SWATCH"

LA VÉRACITÉ DU PRODUIT

Le parcours historique de la Swatch, que l'on peut parfois assimiler à un dur parcours du combattant, démontre en tous cas une chose: les ingénieurs et les stylistes n'ont jamais cherché à tromper, à mentir, par exemple en conférant au plastique les couleurs de l'or ou du métal, etc. On a élagué, on a simplifié, on a sorti la chose la plus simple, mais aussi la plus belle possible.

Cela a été un objectif sur le plan extérieur, l'approche des stylistes correspondant à celle de la technique, tout comme celle de la technique a correspondu à celle des stylistes, le tout étant créé au sein d'une équipe très soudée. Lorsque l'on parle d'équipe, on pourrait parfois dire une bande, et cette bande a travaillé des nuits durant, tant elle était passionnée par ce qu'elle faisait. Il est vrai que même en production on ne fait rien de bien sans passion ou sans amour des matières que l'on travaille.

La véracité du produit est à ce prix, et le consommateur ne s'y trompe pas. A propos du consommateur, on ne lui a pas offert de la technique de haut niveau pour l'art de la technique, on a créé non pas vingt millions de Swatch, mais tout d'abord une Swatch, pour une personne, qui la portera au poignet. L'ambition des créateurs a été de rendre accessible au maximum de personnes la meilleure technologie électronique horlogère possible, sous une esthétique agréable pour le plus grand nombre.

Des choix généraux, sortis des discussions, est née la fusion totale de tous les concepts, y compris celui du marketing. Aujourd'hui, il est très difficile de définir qui est le père de quoi. Il est clair que l'ingénieur-constructeur s'est pourtant préoccupé des détails, des positions, des calculs de coordonnée, des mille et un problèmes techniques de tous les jours. L'ingénieur des plastiques s'est davantage préoccupé de sa matière et de la réalisation technique de l'habillement de la Swatch, boîte et bracelet. Les stylistes, pour leur part, ont réussi à définir de façon élégante, l'application de ces concepts généraux et techniques. Ensuite, à eux la fantaisie...

LA FILOSOFIA "SWATCH"

L'ONESTÀ DEL PRODOTTO

Il percorso storico dello Swatch, disseminato di difficoltà come in un combattimento, dimostra in tutti i casi che gli ingegneri e gli stilisti non hanno mai cercato di imbrogliare, conferendo per esempio alla plastica il colore dell'oro e del metallo. Hanno sfrondato, semplificato, ne hanno tirato fuori una cosa semplice, ma bella per quanto è possibile.

Questo è stato un obiettivo sul piano esteriore, pur essendoci sempre stata interazione tra i due gruppi, stilisti e tecnici, molto uniti e solidali tra di loro. Questa "banda" ha lavorato con passione giorno e notte e d'altra parte è soltanto in questo modo che si riesce a fare qualcosa di buono, con l'amore per il mestiere e il gusto della materia che si lavora.

Il consumatore non si sbaglia sulla sincerità di un prodotto. Gli è stato offerto un prodotto di alta tecnologia non solo per il piacere di fare tecnica, sono stati fatti 75 milioni di Swatch, ma ogni Swatch è fatto per la sola persona che lo metterà al polso. L'ambizione dei creatori è stata quella di rendere accessibile alla maggior parte della gente la migliore tecnologia elettronica orologera sotto una forma estetica piacevole per tutti.

Dopo tante discussioni, è nata la fusione di tutte le scelte generali, compresa quella di un buon marketing. Oggi è difficile stabilire chi è il padre di che cosa. Certamente l'ingegnere costruttore ha dovuto preoccuparsi di tutti i dettagli, dei calcoli delle coordinate, dei mille e mille problemi tecnici normali. L'ingegnere delle plastiche si sarà preoccupato soprattutto della sua materia e della realizzazione tecnica del rivestimento dello Swatch, cassa e cinturino, gli stilisti da parte loro, hanno studiato un modo elegante per applicare i concetti tecnici. E poi, via libera alla fantasia...

THE "SWATCH" PHILOSOPHY

THE CANDID APPROACH

The course of events leading up to the launch of the Swatch, which at times may have appeared like an assault course, makes at least one thing absolutely clear; engineers and designers never attempted to trick or lie - for instance by giving plastic the colour of gold or metal. The intention was certainly to simplify and economise, but at the same time to make something as attractive as possible.

Such a goal of necessity obliged the designers to take account of the numerous technical requirements, while technicians had in turn to keep in sight the aesthetic dimension. Clearly, only a tightly-knit team could have ensured the success of their collaborative efforts. In fact, what appears to be a 'team' was really to become a group of friends, often ready to work through the night if required - such was the passionate level of interest generated by the project. It is fair to say that even in the world of production, nothing of value will result without a large degree of enthusiasm and respect for the materials with which one works.

For a product to make a lasting impression, then this is essential as, consumers cannot be fooled for long, and more often than not, are aware that the remarkable technical achievements of researchers were not arrived at merely for the sake of technique. What counts is not the 100 million Swatches that have been manufactured, but the very Swatch he is wearing on his wrist. The company's ambition was to make accessible to the greatest number of people the most advanced watchmaking technology possible, with aesthetics that would be pleasing to all.

It was the result of these overall concepts laid down during discussions which ultimately led to this amazing fusion of ideas - of which marketing, now so important, was only one. Today, it is virtually impossible to clearly determine who was the real father of what - the engineer-constructor was certainly responsible for such aspects as detailed design, layout and the calculation of machining parameters, not to mention the numerous technical problems that arose very day. For his part, the plastics engineer dealt with all the specialised materials and supervised the technical assembly of the Swatch - case and strap. As for the designers, they succeeded in elegantly refining the overall appearance of the various technical concepts - before taking off on those flights of fancy....

Pourquoi irréparable?

Au début de la construction, les ingénieurs ne savaient pas encore si la montre devait être réparable ou non. C'est une notion qui finalement fait partie de toutes les philosophies qui ont été développées en même temps que le concept Swatch. La réparabilité se révélait être un gros problème au départ. Non pas au point de vue du consommateur, qui obtiendrait un produit fiable, mais déjà à l'interne, où les déchets de production devenaient définitifs et irrécupérables;

Elmar Mock: Si je pouvais disposer d'une voiture dont le capot était soudé et dont je n'aurais plus à m'occuper pendant dix ans, je l'achèterais tout de suite; L'indémontabilité devient donc synonyme de non-nécessité de réparer. Le fait de rendre un produit démontable est déjà porteur de défaut. On y prévoit pratiquement, d'ores et déjà, des zones de rupture, de panne, ce qui est totalement illogique du point de vue du concept global.

La nature elle-même n'a pas fait les choses réparables, mais elle les a développées d'une manière spontanée et la plus fiable, la plus juste possible. Les ingénieurs de la Swatch avaient donc l'intention de rétablir la notion fondamentale d'augmentation de la fiabilité, par le biais de l'irréparabilité. Condamnés par conséquent à faire un produit hautement fiable et précis, il y sont parvenus.

(Il ne faut pas oublier qu'au moment où des appareils démontables sont offerts au consommateur, 10% d'entre eux ont déjà dû être redémontés, retouchés ou dépannés avant la vente. Dans l'horlogerie, on nomme cette opération le décottage, c'est une opération parfois difficile, et de ce fait confiée à des horlogers complets).

La montre économique suisse: une alerte centenaire

En remontant le fil du temps…
En plus d'un siècle, il y a eu au total, dans toute l'histoire de la montre économique, trois inventions réellement marquantes: celle de la montre Roskopf, l'Astrolon de Tissot, nonante ans plus tard, et la Swatch. Le nom de Roskopf apparaît, parfois, au détour d'un chapitre. Cet inventeur génial fut le premier au monde à concevoir la philosophie d'une montre économique populaire et à en organiser sa fabrication, contre vents et marées, et contre les ouvriers eux-mêmes, peu empressés à se salir les mains sur du travail vil.

L'histoire de la Prolétaire, c'était le nom de la montre fabriquée par Roskopf, est assez proche de celle de la Swatch et de ses péripéties. La technologie Roskopf soutint la concurrence des autres de 1867

Perché non si può riparare?

All'inizio della costruzione, gli ingegneri non sapevano se l'orologio dovesse essere riparabile o no. È una nozione che fa parte della filosofia sottintesa nell'elaborazione dello Swatch. È stato un problema non tanto per il consumatore, che in ogni caso avrebbe avuto un prodotto di fiducia, ma per la fabbrica che aveva degli scarti di lavorazione irrecuperabili.

Elmar Mock: "Se potessi avere una vettura con il cofano saldato e non dovessi più occuparmene per dieci anni, la comprerei subito. - Il fatto che un oggetto non si possa smontare significa che non è necessario ripararlo. Se si può smontare per ripararlo, vuol dire che si prevedono in partenza zone di rottura e soggette a guasti, il che è illogico. Un oggetto deve essere concepito bene, nel modo più giusto possibile.

La natura ha forse fatto le cose riparabili? Le ha fatte nel modo più preciso possibile. Gli ingegneri dunque erano condannati a fare un prodotto di fiducia, partendo da questo concetto, e ci sono riusciti.

Non bisogna dimenticare che quando vengono messi in vendita apparecchi che si possono smontare, il dieci per cento di questi sono già stati accomodati o ritoccati prima di essere in commercio. In orologeria questa operazione si chiama "finissage" ed è affidata ai migliori orologiai, perché è difficile.

L'orologio economico: cento anni portati bene

Risaliamo all'indietro nel tempo…
In poco più di un secolo ci sono state in totale, in tutta la storia dell'orologio economico, tre invenzioni veramente notevoli: il Roskopf, l'Astrolon di Tissot, novant'anni dopo, e lo Swatch. Il nome Roskopf appare nel primo capitolo. Il suo inventore geniale fu il primo al mondo a pensare a un orologio economico popolare e a organizzarne la fabbricazione contro tutti gli ostacoli, contro gli operai stessi per niente disposti a sporcarsi le mani per un lavoro "vile".

La storia del "proletario", questo è il nome dell'orologio fabbricato da Roskopf, assomiglia abbastanza a quella dello Swatch e delle sue peripezie. La tecnologia Roskopf sostenne la concorrenza degli al-

Why Irreparable?

During the earliest stages of construction, the engineers were undecided as to whether Swatches should be repairable or not. In fact, the decision formed an integral part of the philosophy that was to be developed for the entire Swatch concept. Very early on it became clear that repairability would prove to be a major headache - not from the consumer point of view - the product was anyway highly reliable - but from an internal manufacturing standpoint, as all production waste was considered definitively unreclaimable !

Elmar Mock: " If I could purchase a car whose bonnet was soldered shut and which didn't need attending to for a ten-year period, I would do so straight away!" The characteristic of 'non-dismantleability' was to become synonymous with the non-necessity to repair. Indeed, the concept of a product which could, and needed, to be dismantled was in itself inherently flawed. Admitting that there would be parts likely to suffer damage and breakdown was totally at odds with the manufacturer's view of the watch's global concept.

Indeed mother nature's own creations were never intended to be repaired, and for this reason, evolved in as spontaneous, reliable and lasting a manner as possible. The intention of the Swatch engineers was to establish the fundamental notion of greatly increased reliability by adopting the concept of unrepairability; they were therefore compelled to create a highly reliable and accurate product.

In passing it should be mentioned that 10% of all 'dimantleable' products purchased by consumers, have already been dismantled, touched up or repaired prior to being sold. In the watchmaking industry, this operation is called 'décottage', an often delicate operation entrusted only to skilled watchmakers.

The Swiss economical watch: a spry centenarian

Going back in time…
In over a century of the history of Swiss economical watches, there have been, all told, only three truly significant inventions: the Roskopf watch, followed ninety years later by Tissot's Astrolon, and finally the Swatch. Roskopf - a term which appears from time to time in watch making literature - was the name of a brilliant inventor whose ideas were to give birth to the first economical and popular watch. It was however no easy task, as Roskopf had to deal with all manner of opposition, including a reluctance on the part of his own workers, who were little inclined to "dirty their hands on such debasing work."

The eventful history of the Proletarian - the watch manufactured by Roskopf - is in some ways similar to that of the Swatch. They held their own against competition from other similar products, from 1867 until the advent of

jusqu'à l'avènement de l'électronique à quartz, au début des années septante, cela à travers toutes les gammes de produits économiques, ce qui représentait, dans les années de conjoncture normale, en volume, c'est-à-dire en nombre de montres vendues à l'étranger, la moitié des exportations suisses de garde-temps.

On mesurera l'avance qu'avait prise Roskopf si l'on songe que sa technologie, venue d'un autre siècle, durait encore et prospérait cent ans plus tard à une époque où, déjà, la vie des produits était devenue très courte.

En remontant le fil du temps, faisons étape plus de vingt ans en arrière, au début des années septante, juste avant que l'horlogerie électronique à quartz, à affichage numérique d'abord, à diodes luminescentes rouges et par cristaux liquides ensuite, ne commence à asphixier les technologies mécaniques. Des technologies qui étaient représentées par des systèmes à balancier-spiral: que ce soit celui de Roskopf, l'échappement à ancre suisse, de qualité courante, jusqu'à celui de très haut de gamme, sans parler de celui dit à cylindre, qui devait disparaître définitivement des fabrications courantes dans les années soixante.

Il est vrai qu'il s'était produit une petite évolution, pour ne pas dire révolution dans ce système mécanique en effet, Ronda SA à Lausen (Bâle-Campagne), avait déjà commencé à faire ce que l'on appelait hybrides, c'est-à-dire des montres avec la partie ponts, rouages, mécanisme de mise à l'heure selon la version simplifiée Roskopf, mais avec un échapement à ancre. Autrement dit, avec l'ensemble roue d'ancre, ancre empierré, balancier spiral classique, en lieu et place de la caractéristique fourchette à goupilles, et tout ce qui allait avec elle dans la pièce Roskopf.

Parallèlement, d'autres voies étaient explorées, l'une d'elles, pratiquement la seule finalement à avoir été suivie jusqu'au bout, conduisit à l'Astrolon. A quinze ans de distance seulement, elle paraît pourtant être une bisaeule de la Swatch.

tri prodotti dal 1867, fino all'avvento dell'elettronica a quarzo, all'inizio degli anni 70, il che rappresentava, in anni di congiuntura normale, la metà delle esportazioni svizzere del "custode del tempo".

Si potrà apprezzare ancor più la tecnologia di Roskopf se si pensa che era nata in un altro secolo e che ha continuato a essere utilizzata cento anni dopo in un'epoca in cui la vita di un prodotto era già molto corta.

Andando a ritroso nel tempo, fermiamoci a una ventina di anni fa, inizio anni 70, giusto prima che l'orologeria elettronica a quarzo, a indicazione numerica, a diodi luminescenti rossi e a cristalli liquidi, cominciasse ad asfissiare le tecnologie meccaniche, rappresentate da sistemi bilanciere-spirale (come quello di Roskopf) a scappamento ad ancora svizzera, sia ordinario che di lusso, fino a quello a cilindro, sparito definitivamente dalla fabbricazione corrente negli anni 20.

Vero è che c'era stata una piccola evoluzione anche nel sistema meccanico: Ronda S.A., a Lausen (Basilea-campagna) aveva cominciato a fare degli ibridi, orologi con la parte ponte, ruote, meccanismo di messa all'ora secondo la versione semplificata Roskopf, ma con scappamento ad ancora. Detto altrimenti, con l'insieme ruota d'ancora, ancora con pietra, bilanciere-spirale classico al posto della caratteristica forchetta a coppiglie e di tutto quello che andava insieme nel modello Roskopf.

Parallelamente si esploravano altre strade, di cui una, l'unica andata a buon fine, porta all'Astrolon. A soli quindici anni di distanza, sembra già un bisavolo dello Swatch.

electronic quartz watches in the early 1970's. In terms of time-keepers sold outside Switzerland, this represented half the total volume of exports - at least in years of normal economic conditions.

The Roskopf technology - which originated in another century - was still prospering one hundred years later, at a time when the life span of any product had become very short indeed, and gives a good indication of how advanced it was for its time.

Coming forward to the early 1970's, just before electronic quartz watchmaking - characterised by a succession of different display systems (numerical, luminescent red diodes and then liquid crystals) - began asphyxiating the mechanical technologies, the vast majority of watches employed a spiral spring and balance wheel system, ranging from the basic Roskopf, with its simple pin lever escapement, through to high quality anchor escapements, not forgetting the so-called 'cylinder' escapement - which disappeared finally from production in the 1960's.

It is true that a minor evolution - some would say revolution- had taken place in the mechanical movements: Ronda SA, based in Lausen (in the half-canton of Basel-Land), had begun manufacturing what were then called 'hybrids': watches with the bridges, wheels and hand-setting mechanism in the simplified Roskopf style, but fitted with an anchor escapement; in other words, with jewelled lever and classical spiral balance spring, in lieu of the traditional pin lever, characteristic of the Roskopf watch.

At the same time, other potential ideas were under consideration, one of which - the only one to be really studied in depth - led to the Astrolon, a watch just fifteen years before the Swatch, but seemingly belonging to another generation.

L'Astrolon

Le lancement par Tissot, au Locle, de la première montre au monde réalisée en matière synthétique, bénéficia de retentissants échos dans la presse de nombreux pays:

Montre de qualité, et de fabrication simplifiée, dans la ligne des nécessités économiques de notre temps... Un tout nouveau concept dans l'histoire de l'horlogerie.

Deux commentaires entre mille, propres à éclairer une réalité: on ne s'était pas confiné dans l'imitation, dans l'adaptation ou l'amélioration de la montre traditionnelle, au contraire. Déjà historiée d'un blason, la famille Tissot ajoutait à celui-ci la rosette

L'Astrolon:

Il lancio, per opera di Tissot, a Locle, del primo orologio al mondo in materiale sintetico, beneficiò di un successo strepitoso sui giornali di numerosi paesi:

- orologio di qualità, di fabbricazione semplice, in linea con le esigenze economiche del nostro tempo... - una nuovissima concezione nella storia dell'orologeria...

Due commenti fra i tanti, che affermavano una verità: non ci si era limitati all'imitazione o a semplici migliorie di un orologio tradizionale. La famiglia Tissot, già adorna di un blasone, aggiungeva a quello la rosa di una innovazione, gratificata dall'interes-

The Astrolon: the launching of a star

Le Locle witnessed the launching by Tissot of the first ever watch to be built in synthetic materials, and the world press immediately focused its attention on the event, initially ensuring that the new product was a resounding success:
- A quality watch, stemming from simplified manufacturing techniques in line with the economic realities of our time ... - An entirely new concept in the history of watchmaking.

Two comments, among many others, which help to explain the novelty of the occasion; researchers had not restricted themselves to mere imitation, adaptation or improvement of the traditional watch movement. Already the proud bearers of a coat of arms, the Tissot

de l'innovation authentique. Gratifiée de l'attention des publicitaires: Vingt années de recherche aboutirent à Tissot-Sytal, triomphait une mince plaquette, illustrant les nombreux mérites des techniciens, chimistes et ingénieurs d'abord, et ceux du mouvement auto-lubrifiant en matériau inaltérable baptisé Sytal, ensuite.

Base de l'Astrolon, affamée de réputation mondiale sans doute, mais assurée de l'avenir. Du moins, en était-on convaincu. Car, limité dans ses vues, le monde horloger, d'abord sûr de l'infaillibilité de ses traditions, avait à quelques exceptions près, superbement dédaigné une réalisation plus discrète, mais combien importante: la première montre électronique à quartz, avec affichage analogique, autrement dit munie d'un cadran et d'aiguilles classiques, construite par le Centre électronique horloger de Neuchâtel, en 1957. Ce centre, CEH, placé sous la direction du D Forrer, avait pris quinze ans d'avance sur la technologie horlogère. Commercialisée sous le nom, à vrai dire peu engageant de: Beta 21, cette montre a certainement donné naissance aux montres à quartz étrangères, en provoquant l'impulsion vers de nouvelles recherches, vers de nouveaux perfectionnements.

C'est de là que le choc ne tarderait pas à venir. C'est aussi précisément à ce moment-là que se situe le drame du calibre Sytal et de la montre Tissot Astrolon, entièrement tirée de matières synthétiques, boîtier et cadran compris.

En avance sur son temps, dans la technologie mécanique, mais ne bénéficiant pas encore des ultimes acquisitions de la chimie des plastiques qui permettrait à peine plus tard d'aboutir à des matériaux très capables de remplacer le laiton dans la montre, elle arrivait ultra-moderne, et pourtant déjà dépassée.

En toute inconscience, à la charnière de deux époques: celle de l'horlogerie de grand-papa et de papa, et celle, subversive, de l'électronique à quartz. On avait construit, en matière ultra-moderne, une montre dont la technologie essentielle était âgée de plusieurs siècles.

se dei pubblicitari: "Venti anni di ricerche per arrivare a Tissot-Sytal, recitava una sottile targhetta, illustrando i grandi meriti di tecnici, chimici e ingegneri, per menzionare poi quelli del movimento autolubrificante in materiale inalterabile, battezzato Sytal.

Sytal, componente essenziale dell'Astrolon, che aspirava a una reputazione mondiale ed era sicuro del suo avvenire. Così almeno tutti credevano. Ma il mondo orologero, di vedute ristrette, sicuro dell'infallibilità delle sue tradizioni, aveva fatto un grosso errore, disdegnando un'invenzione che al contrario non aveva fatto parlare tanto di sé, ma talmente importante... il primo orologio elettronico a quarzo, con indicazioni analogiche, cioè con quadrante e lancette classiche, costruito dal Centro Elettronico orologero di Neuchâtel, nel 1957. Le produzioni di questo centro, CEH, sotto la direzione del dottor Forrer, erano in anticipo di 15 anni dal punto di vista tecnico. Messo in commercio con il nome, a dir il vero poco attraente, di "Bêta 21", aveva figliato certamente nuovi orologi a quarzo stranieri, dando l'impulso per nuove ricerche.

Il duro colpo all'orologeria verrà da lì, in concomitanza con il dramma del calibro Sytal e dell'Astrolon di Tissot, interamente ricavato da materiali sintetici, cassa e quadrante compresi.

Benché in anticipo sul suo tempo nel campo della tecnologia meccanica, ma senza beneficiare delle ultime acquisizioni della chimica delle plastiche, che avrebbero portato, poco tempo dopo, alla scoperta di materiali ottimi per sostituire l'ottone negli orologi, l'Astrolon arrivava ultramoderno, eppure già superato.

Alla cerniera di due epoche, senza saperlo: quella dell'orologeria del nonno e del babbo e quella sovversiva, dell'elettronica a quarzo. Avevano costruito in materiale ultramoderno un orologio, le cui tecnologie di base erano vecchie di parecchi secoli.

family could now pride itself on having gained the rosette for technical innovation, and they became the centre of considerable media attention: "Research over a period of twenty years led to Tissot-Sytal... " proclaimed a brochure which listed the numerous merits of the technicians, chemists and engineers who had cooperated on the project, before spelling out the merits of the self-lubricating movement made in a stable material baptised Sytal.

This was the basis of the Astrolon, a watch unquestionably destined for world fame, and hopefully possessing an assured commercial future - or so it was believed. Indeed, the watchmaking industry, with its rather limited horizons and a firm belief in the infallibility of traditional methods, had all but ignored a far less well publicised event that was to prove to be of extraordinary significance: the first quartz electronic watch with analogue display. This watch was equipped with a traditional dial and hands and built by the Electronic Watchmaking Centre in Neuchâtel in 1957 (CEH). Managed by Dr. Forrer, the institute was a good fifteen years ahead of its time in the domain of watchmaking technology. Commercialised under the unattractive name of Bêta 21, the watch created by CEH certainly inspired the competition overseas by generating the impulse for new research and further improvements - and that was eventually from where the shock would come.

In the meantime attention focussed on the Sytal caliber and Tissot's Astrolon watch, entirely built in synthetic materials, inclusive of the case and dial.

Ahead of its time as regards mechanical technology, although not benefiting from the latest discoveries in the field of plastic chemistry - which shortly after was to come up with materials perfectly able to replace brass in watches - the Astrolon was an ultra-modern watch, albeit already superseded.

It arrived at the turning point between two eras: that of the watchmaking of numerous past generations of father and son, and the almost subversive arrival of quartz electronics. Most unfortunate .... here was a watch which had been carved out of ultra-modern materials, but whose principal technology was some centuries old!

Une histoire d'huile

L'aventure Astrolon avait débuté avec les recherches d'un ingénieur électronicien, fouillant la technique assez loin des sentiers où sa vocation aurait normalement dû le mener: son objectif était de remplacer les fameuses pierres en rubis (corindon de synthèse) des montres mécaniques, des rubis comportant des huiliers dans lesquels tournent les pivots des roues de montre, par d'autres paliers en matière synthétique auto-lubrifiante. Il s'agissait d'éliminer des problèmes de séchage des

Una storia d'olio

L'avventura Astrolon era cominciata con le ricerche di un ingegnere in elettronica che esplorava la tecnica lontano dai sentieri battuti: il suo obiettivo era di sostituire i famosi rubini (conrindone di sintesi) degli orologi meccanici, che avevano oliere dentro le quali giravano i perni delle ruote, con altri supporti in materia sintetica autolubrificante. Si voleva eliminare il problema dell'essiccamento degli oli che, nonostante gli immensi progressi in materia di conservazione dei lubrificanti, obbligavano chi

A question of oil

The Astrolon adventure originated from research carried out by an electronics engineer, who had somewhat veered off course and was studying techniques well outside his vocational sphere. He was in effect attempting to replace the famous jewel stones (synthetic corundum) of mechanical watches - which consisted of 'sinks' in which the wheel pivots turned - by other bearings made in a synthetic self-lubricating material. In fact, the object of this exercise was to eliminate the old problem of the oil drying up, which obliged

huiles qui, en dépit des immenses progrès réalisés en matière de conservation des lubrifiants, obligeaient le possesseur d'une montre mécanique à la confier à l'horloger-rhabilleur tous les trois ou cinq ans pour un nettoyage complet.

Si votre montre avance à ce point, c'est qu'elle est sèche... Ou encore: Si elle péclote, c'est qu'elle est encrassée. Déclarait invariablement le spécialiste, microscope fixé à un diadème de fer entourant son front. Il n'est pas inutile de rappeler ici qu'aucun congrès scientifique horloger ne se déroulait sans que l'on parlât du problème des huiles. Il y avait donc un progrès à faire, hors du problème des lubrifiants eux-mêmes.

Première chose créée par Tissot pour réaliser ces paliers auto-lubrifiants: les machines à micro-injection plastique (elles existent encore aujourd'hui pour le moulage de petits composants de toutes sortes). Ce premier pas accompli, on s'est demandé pourquoi n'irait-on pas plus loin?

M. Walther Schatz, aujourd'hui directeur général retraité de Tissot, se souvient... Au lieu de chasser le palier auto-lubrifiant dans le pont, comme s'il s'agissait d'un rubis chassé dans un pont de laiton, pourquoi ne pas fabriquer en une seule opération le pont avec ses paliers auto-lubrifiants? Ainsi, une chose en a amené une autre, une idée réalisée avec succès a entraîné la réalisation de la suivante, jusqu'aux roues, au boîtier, au cadran... tout ce qui pouvait être fabriqué en plastique l'a été. Nous avions placé beaucoup d'espoir dans cette montre, qui aurait pu prendre la relève des montres Roskopf.

Deux mots d'explication paraissent ici nécessaires: l'Astrolon était une montre à échappement à ancre. C'est-à-dire avec le même système réglant, nous l'avons vu, que les montres les plus chères, mais dans un matériau conférant une précision plus ou moins proche de celles-ci à quelques finesses de réglage près, bien sûr, et d'autres touchant à la qualité de l'ensemble. En résumé, à qualité supérieure, elle pouvait être commercialisée à un prix moins cher que les plus avantageuses des montres économiques de l'époque: on avait articulé alors un prix de 11 fr. ex-usine.

On le voit, la tendance qui consistait dans les économiques à élever la qualité tout en abaissant le prix de vente, était déjà d'actualité il y a bien des années. L'Astrolon et ses dérivés furent pourtant commercialisées au prix de 80 fr. C'est qu'il fallait amortir les recherches, et surtout le prix de deux monstres: deux chaînes de montage automatique de la montre Astrolon, que Tissot avait fait construire par Lecureux à Bienne.

Il est intéressant de se souvenir ici du commentaire de Jacques Müller, en résumé: monter une montre construite comme il y a deux siècles avec un automate d'aujourd'hui, c'est courir à l'échec. Il est vrai que le pourcentage des déchets dans les composants, dont un sur quatre n'était

possedeva un orologio meccanico a consegnarlo all'orologiaio ogni tre o quattro anni per una pulizia completa.

"Se il suo orologio avanza tanto, non c'è più olio... o, "se ritarda, o zoppica, è sporco..." dichiarava invariabilmente lo specialista, con il microscopio fissato a un diadema di ferro sulla fronte. Non c'era congresso scientifico sull'orologeria dove non si parlasse del problema degli oli, al quale bisognava trovare una soluzione, al di fuori della questione riguardante i lubrificanti stessi.

La prima cosa immaginata da Tissot per realizzare questi supporti autolubrificanti è stata una macchina a microiniezione plastica (esiste ancora oggi per colare piccoli componenti di ogni tipo). Perché non continuare su questa strada?

Il signor Walter Schatz, vecchio direttore generale della Tissot, ricorda: "Invece di incassare il supporto autolubrificante nel ponte, come fosse un rubino nel ponte di ottone, perché non fabbricare in una sola operazione il ponte con i suoi supporti autolubrificanti?" Così, una cosa tira l'altra e per finire, tutto quello che si poteva fabbricare in plastica, lo si è fatto. "Avevamo riposto tute le nostre speranze in quest'orologio che avrebbe dovuto sostituire agli orologi Roskopf.

Qui due parole di spiegazione: l'Astrolon era un orologio a scappamento ad ancora, cioè con il sistema di regolazione degli orologi più cari ma in un materiale che lo rendeva, più o meno, preciso come questi. A qualità superiore, poteva essere messo in vendita a un prezzo di 11 SFr. fuori fabbrica.

Come si vede c'era già la tendenza a elevare la qualità abbassando i prezzi degli orologi economici. Invece l'Astrolon e i suoi successori furono messi in vendita a 80 SFr. perché era necessario ammortizzare le spese per le ricerche e il costo di due mostri: due catene di montaggio automatico che Tissot aveva fatto costruire da Lecureux a Bienne.

Vi ricordate il commento di J. Muller? "Montare un orologio costruito come due secoli fa con una macchina automatica di oggi, significa fallire". Infatti la percentuale degli scarti nei componenti, di cui uno su quattro non funzionava, ritardava le operazioni, come a suo tempo aveva ritardato

the owner of a mechanical watch - in spite of the huge progress made in the field of lubrication technology - to return it every three to five years for a complete overhaul.

"Your watch is gaining because it's 'dry'..." or alternatively: "Your watch is slow because it's dirty..." - a never varying diagonisis from the watchmaker after peering at the movement through his eye-glass. The problem of oil was a recurring topic for discussion at every watchmaking congress, and progress was urgently needed, regardless of the difficulties associated with the lubricants themselves.

Tissot's first step towards creating these self-lubricating bearings was to devise plastic micro-injection machines, which are still used today for the moulding of all manner of tiny components, and once achieved, it seemed logical to further develop the process.

Mr. Walther Schatz, who is today Tissot's general manager, remembers: "Instead of driving the self-lubricating bearing into the plates exactly as a jewel is driven into a brass plate, why not manufacture - in one single operation - the plate compete with its self-lubricating bearings?" One idea led to another, and with every success, further possibilities seemed attainable: the wheels, the case, the dial... if plastic could be used for a component, whatever it might be, it was. "We had placed great hopes on our product, which we felt could aptly take over from the Roskopf concept of watches."

Two points are significant: although the Astrolon was an anchor escapement watch, equipped with the same regulating system as found in more expensive watches, the material in which it was made did not allow for quite the same degree of accuracy - fine-tuning and other adjustments did however ensure a satisfactory level of precision. In summary, it could be claimed that the Astrolon was a watch whose quality was vastly superior to that of the least expensive economical watches of the time, at a lower price (a cost price of 11Frs - ex-factory - had been mentioned).

It can be seen that the idea of increasing the quality of economical watches, while at the same time lowering the sales price, was already in evidence long ago. However, the Astrolon and its by-products were eventually launched at a price of 80Frs, in an attempt to amortize research and particularly the high cost of two monsters: Astrolon's two automatic assembly lines, which Tissot had ordered from Lecureux in Biel.

One of Jacques Müller's comments seems particularly pertinent here; he expressed the opinion that using an automated line to assemble a watch similar to those built two hundred years ago would almost inevitably lead to failure. It is indeed the truth that the percentage of component waste - one out of

pas opérationnel, retardait les opérations, comme il avait retardé la sortie de la montre.Tissot essuyait les plâtres. Pour une telle nouveauté, les maladies d'enfance étaient parfaitement normales.

l'uscita dell'orologio. Tissot raccoglieva i cocci. D'altronde per una innovazione del genere, le malattie d'infanzia erano inevitabili.

every four being non-operational - considerably slowed down matters, in exactly the same way as it delayed the launching of the watch. Tissot was learning by experience, and for such a novel product, teething problems were to be expected - and they did occur.

Plastique et horlogerie: les pionniers

A plus de vingt ans d'intervalle, il est intéressant de lire le procès-verbal d'une réunion de la Commission technique de la fabrique Tissot, où l'on parle de la mise en circulation de la montre sans huile, qui sera présentée pour la première fois à l'Exposition nationale suisse de 1964 à Lausanne. Datant de février 1964, l'exposé technique dont suivent des extraits seulement prend réellement valeur de document historique.

Il démontre en tous cas que l'initiative dans les recherches avancées en matière plastique horlogère a toujours été l'apanage d'entreprises et de chercheurs appartenant essentiellement au groupe Asuag-SSIH, aujourd'hui SMH, Société suisse de microtechnique et d'horlogerie, dont font partie ETA et Swatch.

Plastica e orologeria: i pionieri

A più di vent'anni di intervallo, è interessante leggere il verbale della Commissione tecnica della fabbrica Tissot, dove si parla di mettere in circolazione l'orologio senza olio, che sarà presentato per la prima volta all'Esposizione nazionale Svizzera del 1964 a Losanna. Questa relazione tecnica, di cui citeremo solo alcuni passi, acquista veramente valore di documento storico.

In ogni caso conferma che l'iniziativa nelle ricerche avanzate sulle materie plastiche per l'orologeria, è sempre stata l'appannaggio di imprese e ricercatori appartenenti al gruppo Asuag-SSIH, oggi SMH, Società Svizzera di Microtecnica e di orologeria, di cui fanno parte anche l'Eta e Swatch.

The pioneers of plastic and watchmaking

Twenty years on, it is interesting to read the minutes of a meeting of Tissot's technical commission, where mention is made of the oil-free watch, due to be presented to the public for the first time at the 1964 National Swiss exhibition held in Lausanne. Dated February 1964, the following technical exposé - of which only a few extracts are printed - gives an interesting historical perspective.

It demonstrates, among other things, that the initiative for advanced research into plastic materials for use in watchmaking belonged, from the very beginning, to the Asuag-SSIH group of companies and the scientists they employed. Today, this group has been renamed SMH (Société Suisse de Microélectronique et d'Horlogerie SA) and it consists, along with other companies, of ETA and Swatch.

Thermoplastie et thermodurcissement

Sous l'effet de la chaleur, une matière thermoplastique subit un ramollissement, pour reprendre son état initial dès qu'elle refroidit. Une matière thermodurcissable subit un ramollissement, suivi d'une transformation chimique interne, provoquant le durcissement du produit. Le moulage rapide des matériaux thermoplastiques consiste à injecter dans un moule froid, et sous forte pression à travers un orifice étroit, la matière préalablement chauffée. La différence entre le moulage simple et le surmoulage, réside dans le fait que dans le second cas, on ajoute avant injection un élément fonctionnel.

La matière thermoplastique utilisée dans les applications horlogères, et notamment chez Tissot, était une résine acétal, le delrin. Il satisfaisait aux exigences suivantes (les techniciens apprécieront):
– entre moins 40°C et plus 120°C:
– résistance à la traction dans ces deux températures extrêmes de 970 kg au centimètre carré à 280 kg au centimètre carré,
– toujours dans ces deux températures extrêmes, le module d'élasticité se situe à 31,5 kg au centimètre carré, et là, respectivement à 6,3 kg au centimètre carré
– ce matériau présente de grandes facilités de coloration
– coefficient de frottement non lubrifié: 0,2 à plus ou moins 0,1

Tecniche termoplastiche indurenti

Sotto l'effetto del calore, un materiale plastico subisce un rammollimento per riprendere il suo stato iniziale appena si raffredda. Un materiale termoindurente si rammollisce al calore, poi subendo una trasformazione chimica interna si provoca l'indurimento del prodotto. La stampatura rapida dei materiali termoplastici consiste nell'iniettare in una forma fredda, a forte pressione, attraverso un orifizio stretto, il materiale scaldato in precedenza. La differenza tra stampatura e sovrastampatura consiste nel fatto che, nel secondo caso, prima di iniettare, si aggiunge un elemento funzionale.

La materia termoplastica utilizzata in orologeria, specialmente presso Tissot, era una resina acetata, il delrin, che rispondeva alle esigenze seguenti:

- tra - 40°C e fino a +120°C
- resistenza alla trazione tra queste due temperature estreme, da 970 a 280 kg al centimetro quadrato.

- sempre tra queste due temperature estreme, il coefficiente di elasticità è di 30,5 kg al centimetro quadrato e di 6,3 kg al centimetro quadrato.

- questo materiale presenta grande facilità di colorazione.
- coefficiente di attrito su materiale non lubrificato da 0,2 a 0,1

Thermoplastics and thermohardening

With heat, thermoplastic materials soften; when the temperature decreases, they return to their normal state. A thermohardening material behaves slightly differently: although it also softens with heat, a chemical transformation takes place in the process which causes the product to harden upon cooling. Fast moulding of thermoplastic materials consists of injecting into a cold mould - through a narrow aperture and under high pressure - a material which has been heated beforehand. The difference between simple moulding and overmoulding lies in the fact that, in the second case, a catalyst element is added before injection occurs.

The thermoplastic material used in watchmaking applications, particularly by Tissot, was an acetal resin by the name of delrin. Technicians will appreciate its specifications, which are listed below:
- temperature tolerances -40°C to +120°C;
- within the above range, tensile strength varying form 970 kg/cm^2 to 280 kg/cm^2,

- elasticity modulus of 31.5 kg/cm^2 and 6.3 kg/cm^2, always within the same range;

- easy colouration of material;

- non-lubricated friction coefficient: from 0.2 to circa 0.1;

– température d'écoulement: 184°C
– résistance à la flexion: 990 kg au centimètre carré
– poids spécifique: 1,425.

Cette résine était d'une grande stabilité dimensionnelle également, puisque son coefficient de dilatation thermique linéaire était de 8105 par °C.

Adaptation aux paliers et aux composants de montres

Si l'on examine le diagramme des amplitudes du balancier-spiral d'une pièce huilée en fonction du temps, on constate qu'après une période de stabilité, l'amplitude ne tarde pas à baisser, en général au treizième et dix-huitième mois, pour n'être plus que de 165 au bout de deux ans, cette perte allant toujours en s'accentuant.

En tenant compte du fait que les montres ne sont en général entre les mains de l'acheteur que cinq à six mois après leur sortie de fabrication, on pouvait admettre que la garantie s'étende sur dix-huit mois. Donc, déjà dans la courbe descendante de l'amplitude, zone où les perturbations auraient de gros effets. En plus de cela, les poussières dans le mouvement ont tendance à coller aux points lubrifiés, favorisant l'épaississement et le dessèchement de l'huile. C'est dont, nous l'avons vu plus haut, pour remédier à ces deux inconvénients, que le choix pour les paliers s'est porté sur des matières ayant de bonnes qualités auto-lubrifiantes telles que le nylon, le delrin ou les polyamides.

Les moules d'injection doivent être d'une précision de l'ordre du millième de millimètre. Le moindre ébat ou décentrage pouvant être la cause de bavures. Le principe du surmoulage ayant été adopté, les bagues en acier devaient être construites de façon à répondre à différentes exigences, entre autres leur forme devait faciliter l'accrochage du delrin. Cet exposé technique historique fait ensuite mention des différentes solutions adoptées:
- Suppression de la plaquette de centre (sur le pont de centre) par la réalisation d'un palier comprenant les deux diamètres de trous nécessités par le pivotement de la roue de centre et l'appui de la roue de seconde.
- Pour le pivotement du tigeron de seconde (côté cadran), la solution retenue consiste à surmouler un palier à l'extrémité du pignon de centre. L'injection de ce genre de palier étant microscopique, une matière plus fluide, l'hostaform, qui est également une résine acétal avait été choisie.
- Pour les levées, après des essais de surmoulage sur rubis, qui présentaient des difficultés d'injection, des levées entièrement en nylatron (polyamide nylon additionné de bisulfite de molybdène et de graphite) ont été moulées. D'une durée

---

– temperatura di fusione 184°C.
- resistenza alla flessione 990 kg al centimetro quadrato
- peso specifico 1,425.

Questa resina era di una grande stabilità dimensionale, poiché il coefficiente di dilatazione termica lineare era di 8 x 105, per 0 gradi centigradi.

Adattamento ai supporti e ai componenti di orologi

Se si esamina il diagramma delle amplitudini del bilanciere-spirale di un pezzo lubrificato in funzione del tempo, si constata che dopo una fase di stabilità, l'amplitudine si abbassa, in generale al tredicesimo e diciottesimo mese, per arrivare a soli 165 gradi nel giro di due anni, con una perdita continua e sempre più forte.

Se si tiene conto del fatto che gli orologi vanno a finire nelle mani degli acquirenti cinque o sei mesi dopo l'uscita dalla fabbrica, la garanzia deve estendersi su diciotto mesi, dal momento che le perturbazioni possono provocare effetti negativi, e la polvere, a causa dei movimenti del braccio, ha tendenza ad aderire ai punti lubrificati, favorendo l'addensamento e l'essiccamento dell'olio. Per rimediare a questi due inconvenienti, sono stati scelti dunque dei materiali autolubrificanti, come il nylon, il delrin o i poliamidi, per fare i cuscinetti.

Le forme d'iniezione devono essere di una precisione dell'ordine di millesimi di millimetro, siccome il minimo gioco o spostamento degli assi può essere causa di errori. Una volta adottato il principio della sovrastampatura, gli anelli di acciaio dovevano essere costruiti per rispondere a diverse esigenze, tra cui la forma, che doveva facilitare l'attaccatura del delrin. La relazione tecnica storica riporta anche le varie soluzioni adottate:
- soppressione della placchetta centrale (bussola) sopra il ponte che è sostituita con un cuscinetto che comprendeva i due diametri dei fori necessari per la rotazione della ruota di centro e l'appoggio della ruota dei secondi.
- per la rotazione del perno dei secondi (lato quadrante) la soluzione adottata consiste nel sovrastampare un cuscinetto all'estremità del perno centrale. Essendo l'iniezione microscopica, era stata scelta una materia più fluida, l'hostaform.

- per le leve dell'ancora, dopo alcune prove di sovrastampa su rubino, con molte difficoltà d'iniezione, sono state colate le leve interamente di nylatron (poliamide nylon addizionato di bisolfito di molibdeno e grafite). Il nylatron, di una

---

- flow temperature 184°C;
- bending strength 990 kg/cm2;

- specific gravity: 1.425
Further to these specifications, the delrin resin has a high dimensional stability, with a coefficient of linear thermic dilation of 8 x 105 at 0° C.

Problems of bearings and other watch components

If one examines the amplitude graph of an oiled watch s spiral spring and balance, as a function of time, it s immediately obvious that after an initial period of stability, the amplitude declines. This phenomenon occurs usually between the thirteenth and eighteenth months, with amplitudes dropping to 165° after two years. The process accelerates with the passing of time.

In view of the fact that watches generally end up on a purchaser's wrist only five or six months after they have come off the production line, it is quite acceptable to extend the guarantee to eighteen months. This would correspond to a time when the amplitude curve is decreasing and where disruptions would consequently have serious effects. In addition, dust in the movement tends to stick to the lubricated points, a phenomenon which speeds up the thickening and eventual drying up of the oil. To remedy these drawbacks, it was decided that watch bearings should be made in materials such as nylon, delrin or polyamides, all of which are characterised by a satisfactory level of self-lubrication.

For construction the precision level of the injection moulds must be in the order of one thousandth of a millimetre, and the slightest decentralisation or deviation may cause mishaps. The over moulding principle having been adopted, steel rings had to be built taking into account the various criteria, including the fact that the shape had to facilitate the adherence of delrin. The technical exposé then continues by describing the various solutions adopted:
- Suppression of the central plate (on the central bridge), replaced by a bearing carrying the two apertures required for the pivoting of the central wheel and support of the seconds wheel.

- For the pivoting of the seconds arbor (dial side), the solution adopted consisted in overmoulding a bearing at the extremity of the central pinon. Given that the injection of this type of bearing is microscopic, hostaform was chosen; a more fluid material than delrin, it is nonetheless an acetal resin.
- For the lever, after overmoulding trials on jewels, which were hampered by injection difficulties, pallets made entirely in nylatron - a nylon polyamide compound with molybdenum bisulphite and graphite. Nylatron's life span is comparable to that of delrin,

égale au delrin, le nylatron possède un coefficient de frottement plus faible.

D'après les essais en cours, il avait semblé que les légères marques provoquées par le choc des dents sur le plan de repos ne s'accentuaient pas dans le temps. Des observations avaient été faites sur une trentaine de pièces remontées avec ce genre de levées. Pour l'amortisseur de chocs, une solution provisoire avait été adoptée. Elle consistait à équiper un bloc Incabloc d'un palier et d'un contre-pivot en delrin, et de diminuer l'épaisseur du ressort-lyre de 0,055 à 0,04. Les bouts de pivots sont presque plats pour éviter qu'ils ne marquent des empreintes dans le contre-pivot. Cette solution permettait d'accuser des chocs assez violents et de supporter par exemple les applaudissements, qui sont un critère important de résistance.

A l'époque de ce rapport, sur les pièces remontées avec des paliers visités et des levées nylatron, une amplitude moyenne, pour dix pièces, de 180° pendant vingt-quatre heures pouvait être garantie. Les sources de perturbation étaient encore les paliers de balancier qui, par leur délicatesse risquaient, lors de plusieurs remontages et démontages, d'être abîmés ou simplement déformés. Un remontage mécanique devait éviter ce danger. Dans ses conclusions, le rapport soulignait que le problème des paliers de finissage de certains calibres étaient résolus. Toutes les modifications qui seraient faites, soit aux levées soit aux balanciers, seraient des améliorations, de sorte que les chiffres atteints il s'agissait d'amplitudes moyennes, vérifiées sur certains cartons, et qui oscillaient entre 180 et 260 se situent au bas de l'échelle.

Le champ des applications de ces nouvelles matières était évidemment très vaste. Exemple: la montre électrique où un train d'engrenages réalisé d'une façon artisanale en delrin avait permis de gagner 10% de consommation d'énergie. Il est très intéressant, en comparaison avec les conclusions des ingénieurs de la Swatch, de noter que celui de l'Astrolon soulignait enfin qu'il ne fallait pas croire que tout était réalisable en matière plastique: il attirait l'attention sur le fait qu'il s'agissait là de matériaux récents, et outre leur application à une industrie spéciale comme l'horlogerie, il ne fallait pas oublier que l'injection d'un palier exigeait, en plus de la précision, autant de pression qu'une coque de frigorifique;

Pour les responsables de la vente et du marketing, la montre sans lubrification devait permettre de faire un pas en avant extraordinaire et de donner à Tissot une avance certaine sur sa concurrence. Les prochaines étapes étaient fixées:
– mise au point des nouvelles méthodes de remontage
– préparation de la documentation relative au lancement par le service à la clientèle

consistenza uguale al delrin, ha un coefficiente di attrito minore.

Dopo le prove di laboratorio, sembrava che i leggeri segni provocati dallo sfregamento dei denti sul piano di riposo non si accentuassero. Erano state fatte le seguenti osservazioni su una trentina di pezzi montati con questi materiali: per l'antiurto, era stata adottata una soluzione provvisoria. Si trattava di attrezzare un blocco Incabloc con un supporto e un contro perno in delrin e di diminuire lo spessore della "molla a lira" da 0,055 a 0,04. Le estremità dei perni sono quasi piatte per evitare che lascino dei segni sul contro perno. Questa soluzione permette di assorbire urti violenti e di sopportare, per esempio, gli applausi, che sono un criterio importante di resistenza.

All'epoca della relazione, sui pezzi rimontati con supporti avvitati e leve in nylatron, era garantita un'amplitudine, provata su 10 esemplari di 180° per 24 ore.

Le cause di perturbazione erano ancora i cuscinetti del bilanciere, che rischiavano, per la loro delicatezza, dopo parecchi montaggi, di deformarsi o guastarsi. Il montaggio meccanico doveva evitare questo pericolo. Il rapporto concludeva sottolineando il fatto che il problema di rifinitura di certi calibri era risolto.

Il campo di applicazioni per questi nuovi materiali era evidentemente molto vasto. Per esempio: l'orologio elettrico con un treno di ingranaggi realizzati in modo artigianale in delrin, aveva consumato il 10% in meno di energia. È interessante notare, a paragone delle conclusioni degli ingegneri dello Swatch, che l'ingegnere dell'Astrolon sottolineava che non bisognava credere di poter fare tutto in materia plastica, poiché si trattava di materiali nuovi, utilizzati da poco nell'orologeria, che è un'industria molto specializzata. Infine non bisognava dimenticare che l'iniezione di un cuscinetto esigeva, oltre alla precisione, una pressione uguale a quella necessaria a formare la carrozzeria di un frigorifero.

Per i responsabili della vendita e marketing, l'orologio senza lubrificante doveva permettere di fare un passo avanti straordinario e dare a Tissot un grosso vantaggio sulla concorrenza. Le tappe ulteriori sarebbero state:
- messa a punto di nuovi metodi di rimontaggio
- preparazione della documentazione relativa al lancio da parte del Servizio alla clientela

although it possesses a lower friction coefficient.

On the basis of trials which were conducted, it seemed that the slight marks resulting from the impact of the teeth against the impulse faces were not worsening with time. Tests were carried out on approximately thirty watches which had been fitted with this type of lever. For the shock protection absorber, a temporary solution had been found. This consisted of fitting an 'Incabloc' block with a bearing and counter-pivot in delrin, and reducing the thickness of the retaining spring from 0.055 to 0.04. The points of the pivots were almost flat, so as to avoid leaving marks on the counter-pivot. This solution enabled the mechanism to withstand quite substantial shocks, such as clapping the hands -an important resistance criterion.

At the time of this report, an average amplitude of 180° during twenty-four hours could be guaranteed in ten watches out of those fitted with the modified bearings and the nylatron pallets. Irregularities still resulted from the delicate balance pivots which, through successive dismantling and reassembly, risked being damaged or simply deformed. It was assumed that mechanical assembly would preempt this risk. In its conclusions, the report stressed that problems relating to the bearing surfaces of certain calibers had been solved. Any modifications which would be made, either to the pallets or to the balances, would be considered to be improvements. This implied that the figures attained - the average amplitude ranging from 180° to 260° as recorded on certain test samples - were in fact at the bottom end of the scale.

The possible applications for these novel materials were clearly numerous, and one example was an electric watch, where a delrin train of gears - an extraordinary piece of craftsmanship - made power savings of up to 10% possible. If one compares the findings contained in the Astrolon report with those of the Swatch engineers, the conclusion that every component cannot necessarily be made in plastic is finely drawn; the long term implication of such novel materials as delrin and nylatron is also emphasised. Furthermore, as regards the application of these materials to a highly specialised industry such as watchmaking, the report stresses that the injection of a bearing necessitates - apart from an obviously high level of precision - as much pressure as that required for the manufacture of a refrigerator shell!

For those in charge of sales and marketing, the lubrication-free watch was the key which would eventually open the door to tremendous progress; soon Tissot would gain a substantial edge over its competitors, and the next steps were laid down:
- the perfecting of new assembly techniques.

- the preparation of literature etc. pertaining to the launching of the product by the sales department.

- pour étudier la réaction des horlogers détaillants, le lancement se ferait en Suisse, pour être ensuite étendu à d'autres marchés.

Au sujet de la production, les ingénieurs estimaient qu'avec l'installation dont Tissot disposait, on arriverait à produire les fournitures nécessaires à l'équipement d'un millier de pièces par jour.

- studio delle reazioni degli orologiai prima in Svizzera, solo dopo su altri mercati.

Per la produzione, gli ingegneri stimavano che con l'equipaggiamento di cui disponeva Tissot, si sarebbero prodotte le forniture necessarie all'allestimento di un migliaio di pezzi al giorno.

- the study of feed-back emanating from Swiss retailers once the launch had taken place (it was decided that distribution should initially be limited to Switzerland, before being extended to other markets). As regards production, Tissot engineers expected that the installations and equipment at their disposal would enable them to produce enough components for the assembly of one thousand watches per day.

...Ce fut l'indifférence

L'événement, du point de vue de l'horlogerie mécanique, était de taille, il ne faut pas le sous-estimer. Car s'il n'avait coïncidé avec l'avènement de l'horlogerie électronique portée en montre-bracelet, les montres Sytal-Astrolon auraient certainement fait date dans l'histoire horlogère, autrement que d'un simple point de vue historique. Elles ne se rendirent toutefois pas sans combat devant la concurrence des électroniques à quartz qui se faisait sentir d'une manière toujours plus prononcée, à mesure que leur prix, au départ élevé, passait au-dessous de la barre des 100 fr.

C'est ainsi que chez Tissot de nouvelles versions techniques furent étudiées. La transformation d'une série de calibres apporta nombre d'améliorations de détail dans le mouvement en matière synthétique. Selon les expériences éprouvées, les transformations portaient pour l'essentiel sur le renforcement de la cage, c'est-à-dire la platine de base et les ponts troisquarts platine, ainsi que le pont de balancier, le coq. Elles portaient aussi sur une nouvelle raquetterie, qui permettrait un réglage fin simplifié.

A noter que de l'extérieur, une fois habillé en boîtier de fibre de verre par exemple, plus rien ne signalait la présence de ce mouvement plastique dans la montre. D'autant que les différentes versions donnaient non seulement l'heure, mais également la date ou le jour et la date, comme l'indiquaient la plupart des montres habituelles. On attendait le succès, ce fut bientôt l'indifférence.

... e invece... l'indifferenza

Dal punto di vista dell'orologeria meccanica l'avvenimento era rilevante, non bisogna sottovalutarlo. Se non fosse coinciso con quello dell'orologeria elettronica da polso, gli orologi Sytal-Astrolon avrebbero segnato una data importante nella storia dell'orologeria, e non solo dal punto di vista storico. Tuttavia i dirigenti non si arresero senza combattere davanti a una concorrenza sempre più forte degli orologi elettronici a quarzo, fino ad abbassare i prezzi, all'inizio elevati, sotto i 100 SFr.

Furono studiate nuove versioni tecniche. La trasformazione di una serie di calibri portò molti miglioramenti nei dettagli dei movimenti di materiale sintetico. Le trasformazioni riguardavano soprattutto i ponti a tre quarti di platina e il ponte del bilanciere nonché una nuova racchetta che permetteva una regolazione semplificata ma precisa.

Dall'esterno della cassa, con il suo rivestimento di fibre di vetro all'interno non si notava assolutamente la presenza del calibro in materiale plastico. Era un orologio normale, tanto più che le diverse versioni davano non solo l'ora, ma la data o il giorno e la data.

Indifference...

The event, viewed in terms of mechanical watchmaking, was considerable and certainly should not be minimised. Indeed, had it not coincided with the advent of electronic wrist watches, Sytal-Astrolons would certainly have marked a milestone in watch production, and in so doing would have achieved far more than just becoming an historical landmark. Tissot, determined not to surrender too easily in the fierce battle against electronic quartz technology, put up a good fight, but their rivals were slowly edging below the 100 Franc mark, after having been much more expensive to begin with.

New versions were studied, and the continuing development of a series of calibers led to numerous minor improvements in the synthetic movement. They mainly concerned the strengthening of the frame - in other words the basic plate and the three-quarter bridges - as well as the balance assembly cock; a new index allowed for simplified final regulation.

In fact, when viewed from the outside, there was no indication that the fibre-glass case housed a plastic movement, especially since certain versions indicated not only the time but also the date, or the day and date, in the manner of traditional watches. Whereas success had been anticipated initially, the watch was greeted with indifference by the public.

La relance et l'abandon

Le 1er octobre 1974, un plan de relance était présenté. Il s'agissait de rendre son brillant à l'image qualitative et de maîtrise technique du produit Astrolon, devant lequel le réseau de distribution était encore réticent. Sans blocage total cependant, ce qui laissait entrevoir un espoir de regagner sa confiance.

Il rilancio e l'abbandono

Il 1 ottobre 1974, veniva presentato un piano di rilancio, per ridare lustro all'immagine dell'Astrolon, prodotto di qualità e di eccellenza tecnica, davanti al quale i distributori erano reticenti ma non ostili, quindi suscettibili di essere riconquistati.

A last flutter before admitting defeat

On 1st October 1974, a revival plan was announced. The aim was to rebuild the image of the Astrolon watch by stressing the qualitative strengths of the watch and the technical know-how which had made possible its development. Indeed, distribution networks had always had strong reservations regarding the product, although they were not completely closed to it, and some hope remained of regaining their confidence.

A moyen terme, il s'agissait aussi de neutraliser la perte due à l'abandon du calibre manuel traditionnel, fabriqué par Tissot. Le plan portait en ligne outre Tissot Sytal deux noms connus de l'horlogerie économique, accolés à Astralon: Lanco et Sheffield.

A ce stade, il est intéressant de comparer ici les chiffres des prévisions de vente de cette montre économique plastique révolutionnaire, mentionnés dans la plan d'action relance 1974-1975, avec certaines réalités actuelles. Ainsi, prévoyait-on sur le marché suisse uniquement, et pour Tissot, en 1974: 4450 pièces, en 1975: 4900 pièces et en 1976, une progression jusqu'à 8000 pièces.

En ce qui concernait Lanco (Sheffield) en 1974: 3400 pièces. En 1975, en Lanco: 3050 pièces, et en 1976, il était prévu une progression jusqu'à 15000 pièces. Des estimations de vente valables à condition que la collection et la qualité permettent de remplacer le calibre traditionnel. En globalité, les estimations portaient de 1975 à 1976 sur respectivement 15000, puis 15900, et enfin 14000 pièces dont, il convient de le signaler, de nouveaux extra-plats.

A corto termine bisognava neutralizzare le perdite causate dal "ripudio" del calibro "manuale" tradizionale fabbricato da Tissot. Il piano nominava anche oltre a Tissot Sytal due ditte conosciute dell'orologeria economica, che collaboravano al progetto Astrolon, Lanco e Sheffield.

A questo punto è interessante paragonare le cifre delle previsioni di vendita di questo orologio economico rivoluzionario, in plastica, menzionate in questo piano di rilancio 1974-75, con la realtà attuale. Si prevedevano, solo sul mercato svizzero, per Tissot, nel 1974, 4.450 pezzi, nel 1975, 4.900 e nel 1976 sugli 8.000 pezzi.

Per Lanco (Sheffield) nel 1974 3.400 pezzi, nel 1975, 3.050 e nel 1976 fino ai 15.000 pezzi. Erano stime valide, a condizione che la collezione fosse all'altezza della qualità del calibro tradizionale. In totale, le stime parlavano per gli anni 75/76 di 15.550 pezzi, poi di 15.900 e per finire di 14.000 di cui, dobbiamo segnalarlo, facevano parte nuovi orologi extra-piatti.

In the medium term, it was also necessary to make up for the losses incurred when Tissot had ceased production of its traditional 'manual' calibers. Besides that of Tissot Sytal, the plan listed the names of Lanco and Sheffield, two of the better-known brands in the world of economical watchmaking.

At this stage in the historical account, it may be of interest to compare the sales forecasts for this revolutionary economical plastic watch - as they were cited in the revival plan of 1974-1975 - with what is today happening in this particular market. For distribution exclusively within Switzerland, Tissot expected to sell 4450 units in 1974, 4900 units in 1975, progressing to 8000 units in 1976.

Lanco (Sheffield), for its part, forecast the following figures: 3400 units in 1974 and 3050 units in 1975. In 1976, the figure was expected to rise to some 15,000 units. Sales estimates such as those were only of relevance if the quality of the new product could satisfactorily replace the traditional caliber and the collection could be made sufficiently comprehensive. Globally seen, estimates for the years 1975 to 1976 ranged from 15,000 units as a starting point, then 15,900, before reaching 24,000. Incidentally, this last figure was to include new 'extra-flat' models.

Des chiffres dissuasifs

Il y avait dans ces chiffres, et surtout dans les résultats qui suivirent pour les démentir, à la baisse, de quoi dissuader quiconque de se lancer à nouveau dans une aventure similaire. On mesure dès lors encore mieux le courage, la force de caractère, et surtout la dose de sens prospectif qu'il a fallu aux promoteurs de la Swatch, moins de dix ans après ce retentissant échec de la montre en plastique mécanique, pour renouer avec ce type de technologie, il est vrai avec les immenses progrès réalisés dans l'électronique.

A part la tentative Astrolon, où les progrès très significatifs apportés à l'ensemble des moyens de production de la montre économique en vue d'élever sa qualité, tout en abaissant son prix, l'image de la technologie économique fut unitaire, pratiquement inchangée pendant tout un siècle: elle se référait à Roskopf, au système d'échappement à goupilles, et à rien d'autre.

Dei dati scoraggianti

Questi dati che avrebbero dovuto essere smentiti e che invece continuavano ad abbassarsi, avrebbero dissuaso chiunque dal buttarsi in una avventura del genere. Ecco perché sono da apprezzare il coraggio e soprattutto la lungimiranza dei promotori dello Swatch, appena dieci anni dopo il clamoroso insuccesso dell'orologio meccanico in plastica, che hanno ripreso questo tipo di tecnologia, per quanto già perfezionata dagli immensi progressi dell'elettronica.

A parte il tentativo Astrolon, per tutto il secolo e per quanto riguarda la tecnologia economica, tutti si riferirono sempre e solo a Roskopf e al suo sistema di scappamento a coppiglie. Roskopf è stato veramente il crogiolo dove l'idea di base veniva in continuazione fusa e rifusa per dare vita a migliaia di prodotti nuovi, a imitazione di quello che si faceva nell'orologeria di alta qualità.

Dissuasive figures

On those figures, and especially in the disappointing results which were to follow, there was enough to dissuade even the most intrepid watchmaker from embarking on a similar adventure. It gives an indication of the courage and strength of character required by Swatch backers - to say nothing of their foresight - to resurrect this type of technology, less that ten years after the resounding failure of the plastic mechanical watch. It is true, however, that significant progress had been made in the meantime in the field of electronics.

Apart from the Astrolon experiment which achieved considerable progress as regards production methods - making possible an increase in the quality of the economical watch while at the same time lowering its price - the image of economical technology remained unchanged for a full one hundred years: it was still based on the Roskopf and its pin-pallet escapement system.

Pour parler de Roskopf, base de la philosophie sociale de Swatch, empruntons aux successeurs du plus génial et habile horloger de tous les temps: Abraham-Louis Breguet. Pour les connaisseurs, une référence de tout premier ordre.

Ceux-ci alors que dans les premiers mois de 1867 les premières montres économiques fiables du monde commencent à sortir de fabrication après attentif examen, furent frappés autant par la simplicité extraordinaire de cette montre, que des principes sérieux qui étaient à la base de la construction. Comblés également du motif généreux qui avait poussé l'inventeur à résoudre le problème de fournir l'heure exacte aux classes laborieuses première vocation alors de la première montre économique. Sans doute, cette générosité outre l'invention technique ne fut-elle pas étrangère à l'attribution de la médaille de bronze de l'Exposition universelle de Paris 1867, qui vint récompenser la montre Roskopf. Une montre dont le caractère brut et l'inélégance pourtant, était décuplés par la présence de tant d'autres objets, gardetemps riches et soignés en apparence, mieux dignes de retenir l'attention du jury.

Sans sollicitation aucune la célèbre maison de Paris, présenta spontanément la montre Roskopf à la Société d'encouragement pour l'industrie nationale en France, dans un rapport sur les montres bon marché fabriquées à La Chaux-de-Fonds, en Suisse. Ce rapport historique débute ainsi:

L'époque où nous vivons est celle d'une activité fiévreuse de travail. On sent le besoin de régler l'emploi de son temps, et d'en perdre le moins possible. Le temps, c'est de l'argent, tel est l'esprit du moment, aussi bien pour l'ouvrier que pour le patron... Il est pour ainsi dire indispensable d'avoir une montre, c'est-à-dire une de ces petites machines si extraordinaires et si loin d'être appréciées comme elles devraient l'être, que vous exposez sans transition au chaud, au froid, que vous suspendez à volonté, posez à plat sur le verre ou sur le fond, et qui malgré tous les mauvais traitements que vous lui faites subir, doit, chaque fois que vous la consultez, donner l'heure exacte. Procurer à l'ouvrier une montre à très bas prix et capable de lui donner des indications assez exactes pour lui permettre d'arriver à son atelier à l'heure réglementaire, tel était le problème à résoudre. Or, voici comment il a été résolu par un fabricant d'horlogerie, M. Roskopf de La Chaux-de-Fonds, canton de Neuchâtel, en Suisse qui, suivant nous, a complètement réussi au point de vue du bon et du bon marché.

M. Roskopf est parvenu à confectionner, pour le prix de 20 fr., des montres qu'il a appelées montres d'ouvriers. Pour établir à ce prix une montre solide et donnant une

Per parlare di Roskopf, prenderemo a prestito le parole riferite del successore del più abile, geniale orologiaio di tutti i tempi: Abraham Louis Breguet. Per gli intenditori una referenza di prim'ordine.

Questi, quando nei primi mesi del 1867 cominciarono a prodursi i primi orologi economici accettabili, rimase colpito sia dalla semplicità straordinaria di quest'orologio, sia dai principi seri che erano alla base della costruzione. Rimase appagato anche dal motivo generoso che aveva spinto l'inventore a fabbricare un orologio preciso per fornire l'ora "alle classi lavorative". Questa fu la prima vocazione dell'orologio economico. Fu senz'altro questo motivo nobile, oltre all'invenzione tecnica, a fargli attribuire la medaglia di bronzo dell'Esposizione universale di Parigi 1867. Un brutto orologio in realtà, inelegante, che sfigurava ancora di più in mezzo a tanti oggetti e orologi raffinati e che non avrebbe dovuto affatto attirare l'attenzione della giuria.

Di sua spontanea iniziativa, il successore di Breguet senza essere stato sollecitato, presenta l'orologio Roskopf alla Società per la promozione dell'industria nazionale francese, in una relazione sugli orologi a buon mercato fabbricati a La Chaux-de-Fonds, in Svizzera. Ecco che cosa scrive:

"L'attività lavorativa della nostra epoca è febbrile, sentiamo il bisogno di regolare l'uso del tempo, per perderne il meno possibile. Il tempo è denaro, sia per l'operaio che per il padrone, questo è lo spirito della nostra epoca. È per così dire indispensabile avere un orologio, uno di questi piccoli congegni straordinari che pure non sono apprezzati come si dovrebbe, che tutti trattano così male da esporli al caldo e al freddo senza fare attenzione, che sospendono o ripongono sul vetro o sul fondo e che, nonostante i maltrattamenti, dà sempre l'ora esatta ogni volta che viene consultato. Il problema da risolvere era di fornire all'operaio un orologio a un prezzo molto basso ma capace di una precisione sufficiente per permettergli di arrivare in orario al lavoro. Ecco come tale problema è stato risolto da un fabbricante di orologi, il signor Roskopf della Chaux-de-Fonds, cantone di Neuchâtel, in Svizzera, che, secondo noi, è riuscito ottimamente nel suo intento.

Il signor Roskopf ha prodotto al prezzo di 20 SFr. un orologio chiamato "orologio da operaio". Per costruire un orologio solido e in grado di funzionare bene per un uso

In discussing the Roskopf, which shared a similar 'social' philosophy to the Swatch, it is worth recalling the opinions expressed by the House of Breguet, successors to Abraham-Louis Breguet, arguably the greatest and most gifted genius in the history of watchmaking.

After having closely examined the world's first ever reliable economical watch, which had only just gone into production in the spring of 1867, Breguet was struck not only by the extraordinary simplicity of what he saw but also by the reliable principles which underlay the construction. He was equally impressed with the commendable ideals of the inventor who had come up with a way of giving the exact time to the 'working class', a primary consideration behind the economical watch. Undoubtedly, it is this generosity of thought - besides the technical innovation itself - which accounts for the Roskopf watch receiving a bronze medal during the Paris world exhibition of 1867. The rough and ungainly appearance of the Roskopf was doubly apparent surrounded as it was by time-keepers significantly more refined and luxurious, and as such, it would have seemed most unlikely to retain the attention of the jury.

Of its own accord, the Parisian firm of Breguet spontaneously presented the Roskopf watch to the Society for the Encouragement of National Industry in France, in a report on the "Inexpensive watches manufactured in La Chaux-de-Fonds, Switzerland." The first lines of this report read as follows:

"Frenzied work characterises the era in which we live. People feel the need to plan their daily routine carefully, wasting as little time as possible. Today, the saying "time is money" applies equally to bosses and to the workers they employ.... Owning a watch is all but indispensable in this day and age, and these little, yet extraordinary machines are rarely appreciated for what they are. They can be worn in the cold of winter or on a hot summer day, be left hanging at will, be laid flat on their backs or upside down: however much ill-treatment you inflict on them, they go on giving you the right time. In fact, the central question which had to be solved was the following: to make available to workers a very cheap watch which kept good enough time so as to ensure their owner's punctual arrival at work. M.Roskopf, a Swiss watchmaker from La Chaux-de-Fonds in the canton of Neuchâtel, has successfully carried this project to its fruition, not only from the point of view of cost but also as regards the reliability factor.

He has managed to manufacture what he calls a 'worker's watch' for only 20 Francs apiece. In order to build a solid and sufficiently reliable watch at such a low price, the

marche bien suffisante pour un usage journalier, l'inventeur a dû nécessairement simplifier autant que possible le travail de la main-d'œuvre, surtout.

De tous les coins du monde parviendront des commandes, dont parfois la curiosité n'était pas totalement exclue. Et l'on vit déjà cette chose extraordinaire: la montre du prolétaire adoptée par des gens tels que le célèbre professeur de géologie Escher de la Linth, à Zurich, par des proches d'altesses royales, ainsi que l'adjudant du Prince héritier de Prusse, le futur empereur d'Allemagne, et nombre de grands seigneurs qui, pour en faire cadeau à leurs fermiers ou, lorsqu'ils étaient députés, à leurs électeurs la Roskopf était devenue, dans certains cas, un levier politique n'en dédaignaient pas pour autant s'en réserver une à leur propre usage. Le phénomène se reproduira cent quinze ans plus tard avec la Swatch.

giornaliero, l'inventore ha dovuto necessariamente semplificare il lavoro della manodopera, soprattutto per la parte estetica, vegliando a curare solo la robustezza e la qualità tecnica.

Arrivavano ordinazioni da tutte le parti del mondo, spesso fatte anche solo per curiosità. Si assistette a un fenomeno straordinario: compravano il "proletario" persone conosciute, come il famoso professore di geologia Escher de la Lith, a Zurigo, o addirittura i congiunti di certe Altezze Reali, l'aiutante del principe ereditario di Prussia, futuro imperatore della Germania e altri grandi signori, che lo regalavano ai loro fattori o, se erano deputati, ai loro futuri elettori. Il Roskopf divenuto leva politica! Gli stessi grandi personaggi non disdegnavano tra l'altro di acquistarseli per uso personale.

inventor was compelled to simplify drastically the labour input..."

Orders began pouring in from all parts of the world, some of which stemmed from sheer curiosity. Amazingly, famous personalities were to be seen wearing the proletarian watch: Escher von de Linth, for instance, who was a renowned professor of geology from Zurich; the entourage of Royalty, and the warrant officer of a Prussian prince, heir apparent to the German throne. The nobility, who certainly did not look down on wearing Roskopf watches, was to make clever use of the object, turning it into an effective political lever when dispensed by deputies as gifts to attract voters. Landlords used them in the same manner to ensure continued loyal service from the farmers in their employment. Not surprisingly, a similar phenomenon was to take place one hundred and fifteen years later, with the Swatch.

SWATCH LAB A MILAN

Janvier 1989

Une nouveauté dans le monde SWATCH: l'ouverture d'un nouveau centre de recherche à Milan, SWATCH LAB; un laboratoire de recherche dirigé par un Art Director (définition de l'un des six designers) qui, avec ses collaborateurs, imagine et réalise environ 100 à 120 modèles par collection. Après une dure sélection, seuls 35 à 40 d'entre eux passent à la production.

SWATCH LAB A MILANO

Gennaio 1989

Una novità nel mondo Swatch. L'apertura di un nnuovo centro di ricerca a Milano. SWATCH LAB; un laboratorio con un Art Director (definizione di uno dei 6 disegnatori) che, con i suoi collaboratori, immagina e realizza circa 100/120 modelli per collezione. Dopo una dura selezione, solamente 35/40 di essi passano alla produzione.

THE SWATCH LAB IN MILAN

January 1989

A new development in the world of SWATCH: the opening of a research facility in Milan-SWATCH LAB, a design studio run by an Art Director who, in company with his colleagues envisage and create between 100 and 120 different models for each forthcoming collection. After a tough selection process, only 35 or 40 will actually be put into production.

PARTIE II

L'HISTOIRE ILLUSTRÉE DE LA SWATCH

La deuxième partie de ce livre est constituée par le catalogue complet de la production Swatch. Tous les modèles standards produits depuis 1982 jusqu'au jour de publication sont répertoriés, aussi bien ceux pour Homme que pour Dame, ainsi que les modèles Pop, les Chronographes, les Scuba 200 et les Automatic. Des parties séparées sont consacrées à l'Art Collection, aux modèles spéciaux et un certain nombre de Variantes plus courantes sont également référencées.

Les Prototypes, qui donnèrent plus tard naissance à une production, sont illustrées, dans la mesure du possible, dans l'ordre chronologique, et une collection d'exemplaires uniques, qui ne furent jamais commercialisés, ont été réunis dans une section spéciale. Enfin, les Hybrides, montres personnalisées qui ne furent souvent produites qu'à un seul exemplaire et généralement réalisées au cours des cinq premières années de l'existence de la Société, constituent la dernière section. Une brève explication ou des informations concernant les origines historiques de chacune de ces catégories sont données au début de chaque section.

Explication des termes et des références utilisées dans les prochaines sections.

Il est à espérer que les quatre pages suivantes fourniront aux lecteurs des informations, aussi bien intéressantes que pratiques. La première partie donne la signification des lettres, chiffres et logo et autres marques insculptées ou moulées sur le fond des boîtes de Swatch et devrait être d'une grande utilité à tous ceux qui souhaitent établir la date exacte de fabrication de certaines montres. Ceci est particulièrement important pour les modèles dont la production s'est étalée sur une période de plusieurs années, et en particulier ceux qui ont été réédités sous une forme identique. Des explications complémentaires sont données ensuite sur les codes de référence de pratiquement toutes les montres, destinées à les identfier au niveau du commerce de détail, mais aujourd'hui habituellement utilisées par les collectionnneurs, les commerçants et les maisons de vente aux enchères. Les informations données pour dater les montres n'ont encore jamais été publiées et de ce fait, bien que nous ayions pris toutes les précautions possibles dans nos recherches et dans le contrôle de leur exactitude, certaines peuvent nécessiter d'être mises à jour. En conclusion de cette section, nous donnons une courte liste des nombreuses variantes qui peuvent être rencontrées parmi la production des modèles réalisés au cours des dix dernières années.

Les Dix Commandements de Swatchissimo ont juste été publiés pour votre amusement, mais il y a néanmoins un peu de bon sens dans notre folie et peut-être également quelques conseils qui ne sont pas superflus.

Pour faciliter les recherches du lecteur, les modèles illustrés portent d'une manière générale des références en haut et bas de page. En haut à gauche (et parfois même à droite si nécessaire), l'année de fabrication, suivie de symboles facilement identifiables, indiquant la saison de lancement de la collection (Printemps/Eté ou Automne/Hiver). Les différentes catégories "Special" sont signalées de la même façon. Les titres de chacun des groupes dans une collection particulière sont données au centre. En bas de page, le nom du modèle et sa référence ou éventuellement une courte légende. Ainsi que nous l'avons déjà dit, il est à espérer que ces informations soient aussi exactes que possible et dans les cas où plusieurs possibilités pouvaient être envisagées, nous avons opté pour la plus logique ou celle la plus largement acceptée. Cependant, le monde de Swatch est plein de surprises !

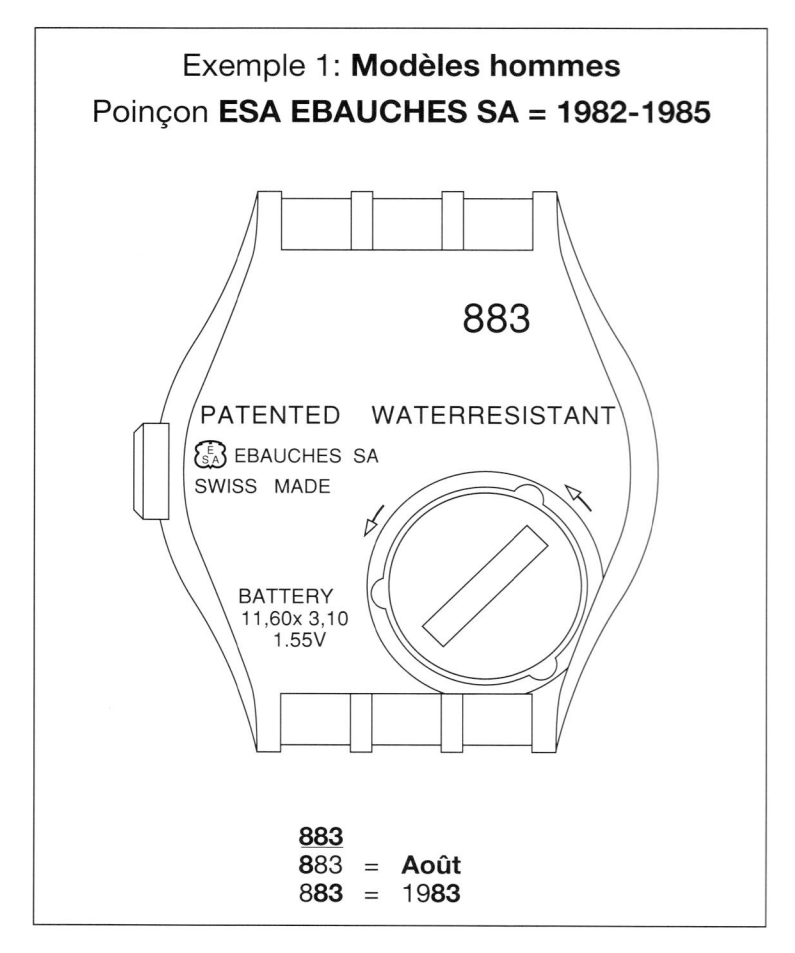

Exemple 1: Modèles hommes
Poinçon ESA EBAUCHES SA = 1982-1985

883

PATENTED WATERRESISTANT
EBAUCHES SA
SWISS MADE
BATTERY
11,60x 3,10
1.55V

883
883 = **Août**
883 = 19**83**

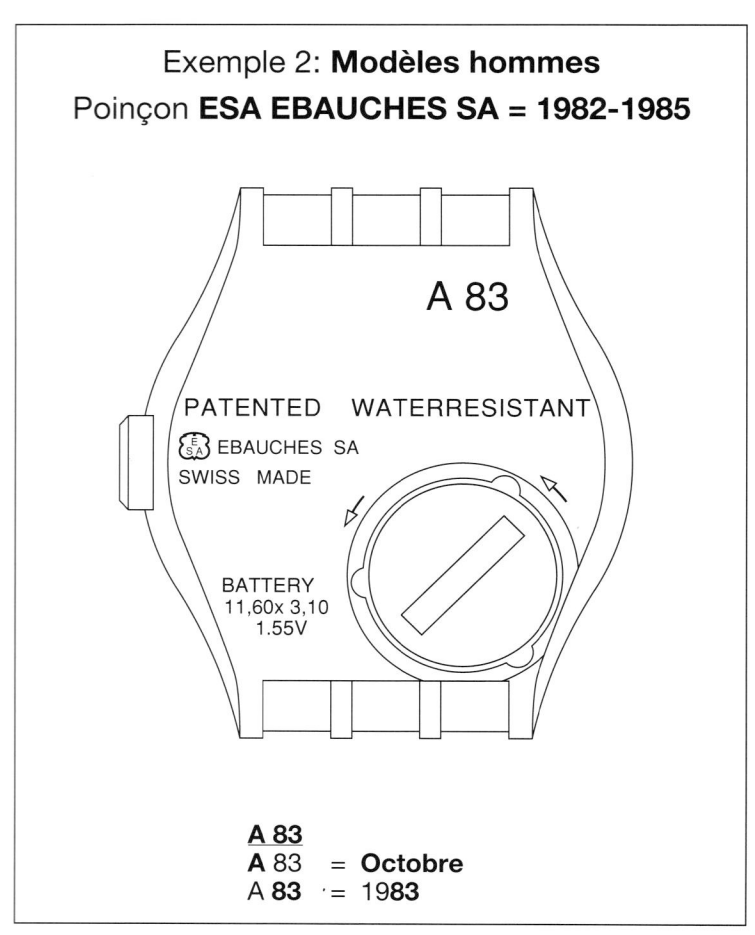

Exemple 2: Modèles hommes
Poinçon ESA EBAUCHES SA = 1982-1985

A 83

PATENTED WATERRESISTANT
EBAUCHES SA
SWISS MADE
BATTERY
11,60x 3,10
1.55V

A 83
A 83 = **Octobre**
A **83** = 19**83**

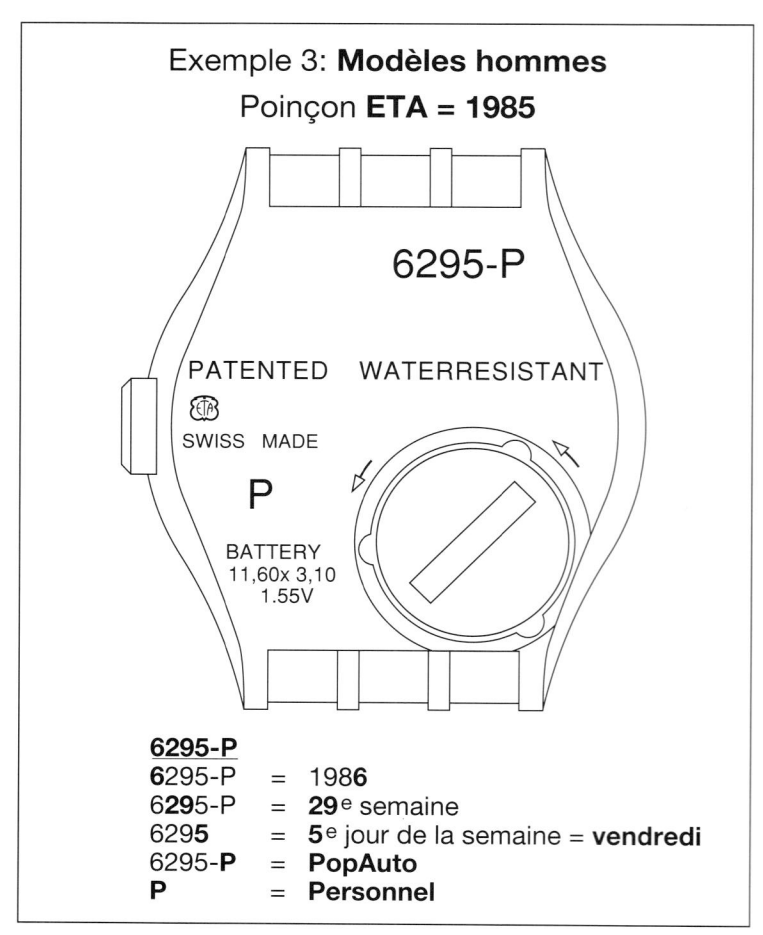

Exemple 3: Modèles hommes
Poinçon ETA = 1985

6295-P

PATENTED WATERRESISTANT
SWISS MADE
P
BATTERY
11,60x 3,10
1.55V

6295-P
6295-P = 1986
6**295**-P = **29**e semaine
6295 = **5**e jour de la semaine = **vendredi**
6295-**P** = **PopAuto**
P = **Personnel**

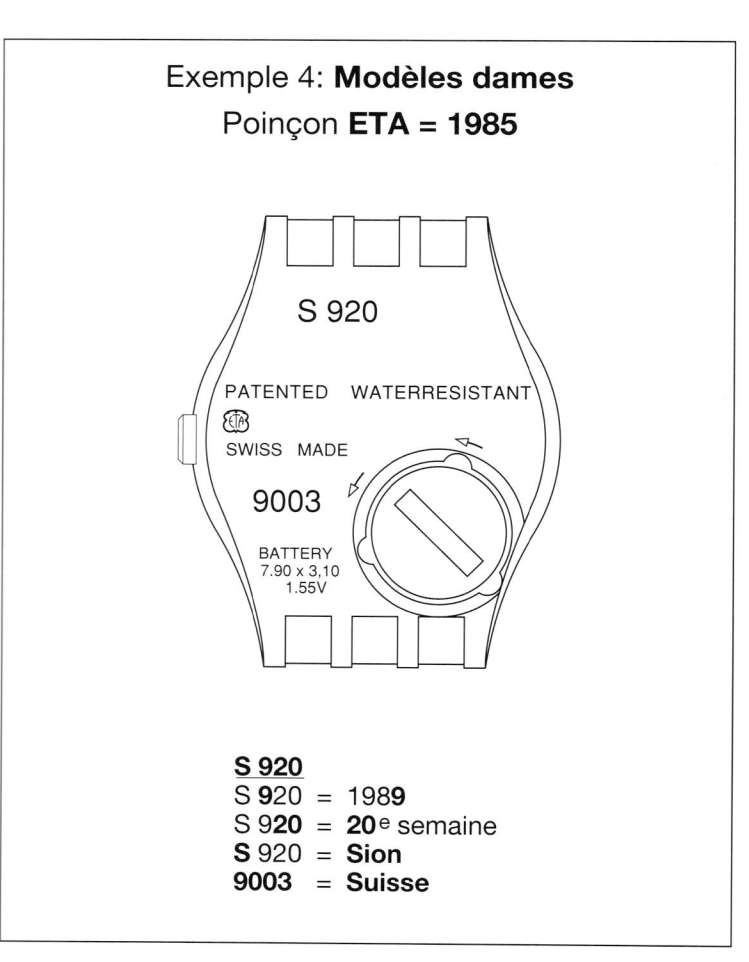

Exemple 4: Modèles dames
Poinçon ETA = 1985

S 920

PATENTED WATERRESISTANT
SWISS MADE
9003
BATTERY
7.90 x 3,10
1.55V

S 920
S **920** = 1989
S 9**20** = **20**e semaine
S 920 = **Sion**
9003 = **Suisse**

COMMENT DATER ET IDENTIFIER UN MODÈLE DE PRODUCTION SWATCH, SELON LES POINÇONS FIGURANT AU DOS DE LA BOÎTE.

Poinçon **ESA EBAUCHE SA** = **1982 - 1985** (Exemple 1)
Poinçon **ETA** = **1985 -** (Exemple 3)

Modèles Hommes

En **1982/83** et en utilisation partielle jusqu'en **1985**, un code de **3** chiffres était utilisé pour indiquer le mois et l'année de fabrication. Le **premier** chiffre indique le **mois** et le **second** et **troisième** chiffre, l'**année** (Exemple 1). Les mois de **Janvier** à **Septembre** étaient numérotés de **1** à **9**, mais comme le premier chiffre n'excédait jamais 9 par ce système, les lettres **A**, **B**, **C** furent utilisées pour les mois d'**Octobre**, **Novembre** et **Décembre** (Exemple 2).

Exemple 1: **883**   Exemple 2: **A83**
883 = **Août**   **A83** = **Octobre**
883 = 1983   **A83** = 1983

En **1984**, un code à **4** chiffres fut introduit et continue à être utilisé aujourd'hui. Le **premier** chiffre indique l'**année** de fabrication, le **second** et le **troisième** la **semaine** de fabrication et le **quatrième** chiffre indique le **jour de la semaine** (Exemple 3). Les **deux** chiffres du milieu ne dépassent jamais **52** et le **dernier** chiffre jamais plus de **7** (**Lundi** = 1 à **Dimanche** = 7).
Il peut également y figurer un "**P**" **Pop**(ularis) **Auto**(matique), Grenchen Suisse, lieu de fabrication) (Exemple 3).

Exemple 3:
6295-P

6295-P = 1986   **6295** = **5e** jour de la semaine = **Vendredi**
6295-P = **29e** semaine   **6295-P** = **PopAuto**

Modèles Dames

Dès **1983**, un code de **trois** chiffres fut introduit et continue d'être utilisé aujourd'hui. Le **premier** chiffre indique l'**année** de fabrication, et le **second** et le **troisième** la **semaine** (Exemple 4). Les **deux** derniers chiffres ne sont jamais supérieurs à **52**. Dès **1984**, la lettre "**S**" figure devant le code et signifie **Sion**, Suisse, lieu de fabrication.

Exemple 4: **S 920**
S 920 = **Sion**
S **920** = 1989
S 9**20** = **20**e semaine

Codes de pays

En-dessous des poinçons **ESA** ou **ETA**, on trouve le code du pays auquel la montre était à l'origine destinée à être vendue (Exemple 4). Les codes furent changés périodiquement, soit par l'adjonction d'un suffixe, soit complètement. Occasionnellement, ce numéro peut être **surchargé**, indiquant un changement de destination. Voici quelques exemples de variantes:

541	- Suisse	**(5)755**	- U.S.A.
9003	- Suisse	**(6)549**	- Italie
5753	- Belgique/Luxembourg	**(5)742**	- Allemagne
5284	- Hong-Kong	**6129**	- Espagne
6131	- Japon	**7448**	- France

Exemple 4: **9003** = Suisse

POP Swatch

La POP Swatch, présentée en 1986, est marquée de **2** chiffres seulement pour indiquer l'**année** et le **mois** de fabrication.

Chrono Swatch

La Swatch Chrono est marquée avec **2** chiffres seulement, l'**année** et le **mois** de production. Le **premier** indique l'**année**, et le **deuxième** le **mois** de fabrication. Les mois suivent le système utilisé pour les montres Hommes en 1982/83 (les mois de **Janvier** à **Septembre** étant numérotés de **1** à **9**), mais bien que les mois d'**Octobre** et **Novembre** soient indiquées par les lettres **A** et **B**, le mois de **Décembre** semble être représenté par un **0**, au lieu d'un **C**.

Exemple: **19**   **0B**
(sans illustration)   **19** = 1991   **0B** = 1990
19 = **Septembre**   **0B** = **Novembre**

Note: Le code pays est généralement poinçonné sur le chronographe Swatch et suit les conventions d'usage.

Scuba 200

La Swatch Scuba 200 fut produite avec des mouvements aussi bien de taille Homme que Femme. Les exemplaires fabriqués avec le mouvement de Femme (clairement visible sur ceux avec boîtes transparentes) utilisent le code de numérotation des **modèles de production Dame standards** (Voir exemple 4 et l'explication donnée ci-dessus). Les exemplaires produits avec le mouvement de taille Homme ne semblent **pas** avoir de code date poinçonné au dos. Le code de pays est normalement poinçonné sur les Swatch Scuba 200 et suit les conventions d'usage.

Swatch Automatic

La Swatch Automatic, étant dotée d'un fond transparent, n'est pas poinçonnée à la place conventionnelle. Toutefois, un code à 2 chiffres est poinçonnée à l'endroit où l'anse rejoint le bord de la boîte. Le système adopté semble être le même que celui pour le Chronographe Swatch. Il n'y a pas de place disponible sur les modèles actuels pour le code de pays.

Notes:

1. Un "**P**" poinçonné dans la partie inférieure de la montre signifie que la montre a été faite pour la vente à un membre du **personnel** Swatch (Exemple 3).

2. Les boîtes de montres Swatch faites entre **1982** et **1984** ont une bague de fixation du couvercle de la pile plus petite.

3. Avec l'introduction du poinçon **ETA** en **1985**, **Ebauches SA** n'apparaît plus sur le fond de la boîte.

4. Les Swatch **Special** et **Art** ont souvent des numéros de série individuels ou différents (lorsqu'ils sont connus, ces numéros sont expliqués au point approprié dans la partie suivante de ce livre). Les **Prototypes** et les **Hybrides** peuvent être marqués ou non.

5. Les informations données ci-dessus pour les Swatch Chronograph, Scuba Homme et Automatic sont basées sur les données disponibles au moment de la mise sous presse, et peuvent ne pas être complètement exactes. Des anomalies ont été relevées et il faut savoir qu'en raison du très large éventail de modèles produits et des différentes usines de fabrication, celles-ci peuvent apparaître dans tous les modèles.

EXPLICATIONS DES LETTRES DE RÉFÉRENCE ET DES NOMBRES UTILISÉS POUR IDENTIFIER LES DIFFÉRENTS MODÈLES DE SWATCH.

Depuis le lancement de la première Swatch sur le marché en 1982, pratiquement chaque modèle reçut une référence sous la forme d'une série de lettres et de nombres. Dès 1983, on y ajouta un nom et, dans le cas de modèles de production standard, un titre se référant à un groupe particulier dans la collection (Voir exemple). La référence n'apparaît jamais sur la montre elle-même, mais peut être trouvée sur l'étiquette à code-barre de la boîte (à condition que ce soit l'originale), et parfois sur la carte de garantie. Ces indications sont utilisées dans le Swatch Journal et tout au long de ce livre. Il s'agit également d'une forme standard de description dans les catalogues de vente aux enchères.

Exemple : **Indigo Blues** = Groupe dans la Collection
NEWPORT TWO = Nom de la montre
GW 108 = Code de Reference

Les **lettres** et les **nombres** dans la Référence se traduisent de la manière suivante:

Si la **première lettre** est un **G** = modèle **Homme.**
Si la **première lettre** est un **L** = modèle **Dame.**

La **deuxième lettre** indique la **couleur** de la **boîte** avec les codes suivants:

A	= Anthracite	**O**	= Orange
B	= Black (noir)	**P**	= Pink (rose)
C	= Chocolat	**R**	= Red (rouge)
F	= Feathers (plumes,ambre)	**S**	= Surf blue (azur)
G	= Green (Vert)	**T**	= Tan (beige)
I	= Indigo blue (bleu)	**V**	= Violet
J	= Yellow (jaune)	**W**	= White (blanc)
K	= Kristal (transparent)	**X**	= Metal cap
L	= Light blue (turquoise)	**Y**	= Light metal (polished) with metal bracelet
M	= Mouse grey (gris souris)		
N	= Navy blue (bleu marine)	**Z**	= Special and Art models

Le **premier nombre** suivant la lettre de code se réfère à une spécifité technique de la montre et se traduit de la manière suivante:

0 = 2 Aiguilles
1 = 3 Aiguilles
4 = Date + 3 Aiguilles
7 = Date + Jour de la Semaine + 3 Aiguilles

Les **deux derniers nombres** indiquent une séquence de production choronologique d'un modèle particulier, définie par ses attributs techniques, par exemple la couleur de la boîte, la complication du mouvement et autres aspects:

Exemple 1: **Rotor** = Nom du modèle
GS 400
GS 400 = Modèle **Homme**
GS 400 = **Surf Blue** (Azur)
GS 400 = **Date + 3 Aiguilles**
GS 400 = **1er** modèle à boîte **Surf Blue** avec **Date + 3 Aiguilles***

Exemple 2: **VASILY** = Nom du modèle
LW 111
LW 111 = Modèle **Dame**
LW 111 = **White** (Blanc)
LW 111 = **3 Aiguilles** (heures,minutes and secondes au centre)
LW 111 = **11e** modèle à boîte **White** avec **3 Aiguilles***

* Le premier nombre du code pour les modèles Dame est toujours un 0 ou un 1, car ceux-ci ne furent jamais produits avec un calendrier à Date ou avec le Jour de la Semaine.

Les modèles de Swatch **POP, Chrono, Scuba 200** et **Automatic** suivent les mêmes principes, mais avec certaines différences dans l'épellation des codes, comme indiqué dans les exemples ci-dessous:

POP SWATCH

Présentées en 1986, la **POP** Swatch, bien que se conformant aux codes de nombres usuels, reçut plusieurs fois pendant sa production un préfixe de 2, 3 et 4 lettres au code. Les exemples ci-dessous expliquent la signification de ces nombreuses combinaisons:

Exemple 1: **FIRE SIGNAL** = Nom du modèle (1986/87)
BR 001
BR 001 = **Big** (Grand)
B**R** 001 = **Red** (Rouge)
BR **001** = **2 Aiguilles** (hours and minutes)
BR 001 = **1er** modèle à boîte **Red** avec **2 Aiguilles**

Exemple 2: **BLUE RIBBON** = Nom du modèle (1988)
BS 101
BS 101 = **Big** (Grand)
B**S** 101 = **Surf Blue** (Azur)
BS **101** = **3 Aiguilles**
BS 101 = **1er** modèle à boîte **Surf Blue** avec **3 Aiguilles***

Exemple 3: **BLUE ZEBRA** = Nom du modèle (1989)
PWBK 110
PWBK 110 = **POP Watch**
PW**B**K 110 = **Big** (Grand)
PWB**K** 110 = **Kristal** (transparent)
PWBK **110** = **3 Aiguilles**
PWBK **110** = **10e** modèle à boîte **Kristal** avec **3 Aiguilles**

Exemple 4: **DILE** = Nom du modèle (1990)
PWC 104
PWC 104 = **POP Watch**
PW**C** 104 = **Chocolate**
PWC **104** = **3 Aiguilles**
PWC **104** = **4e** modèle à boîte **Chocolate** avec **3 Aiguilles**

Exemple 5: **VERDU(H)RA** = Nom du modèle (1991)
PWZ 102
PWZ 102 = **POP Watch**
PW**Z** 102 = **Art**
PWZ **102** = **3 Aiguilles**
PWZ **102** = **3e** modèle **Art** avec **3 Aiguilles***

*La série POP Art Swatch commence avec un code de nombre **00** pour le premier modèle, de manière conventionnelle, et non avec **01** comme c'est le cas pour les modèles POP standards.

'CHRONO' SWATCH

Exemple 1: **WHITE HORSES** = Nom du modèle
SCW 100
SCW 100 = **Swatch**
SC**W** 100 = **Chrono**
SC**W** 100 = **White** (Blanc)
SCW **100** = **3 Aiguilles** (heures, minutes et secondes)
SCW **100** = **1er** modèle à boîte **White** avec **3 Aiguilles**

Exemple 2: **SIGNAL FLAG** = Nom du modèle
SCN 101
SCN 101 = **Swatch**
SC**N** 101 = **Chrono**
SC**N** 101 = **Navy Blue** (Bleu Marine)
SCN **101** = **3 Aiguilles** (heures, minutes et secondes)
SCN **101** = **2e** modèle à boîte **Navy blue** avec **3 Aiguilles**

SCUBA 200

Exemple 1: **BORA BORA** = Nom du modèle
SDN 400

SDN 400 = **Swatch**
S**D**N 400 = **Diving** (Plongée)
SD**N** 400 = **Navy Blue** (Bleu Marine)
SDN **400** = **Date** + **3 Aiguilles**
SDN **400** = **1er** modèle à boîte **Navy Blue**
avec **Date + 3 Aiguilles**

Exemple 2: **MEROU** = Nom du modèle
SDK 101

SDK 101 = **Swatch**
S**D**K 101 = **Diving** (Plongée)
SD**K** 101 = **Kristal** (Transparent)
SDK **101** = **3 Aiguilles**
SDK **101** = **2e** modèle à boîte **Kristal** avec **3 Aiguilles**

AUTOMATIC SWATCH

Exemple 1: **RUBIN** = Nom du modèle
SAM 100

SAM 100 = **Swatch**
S**A**M 100 = **Automatic**
SA**M** 100 = **Mouse Grey** (Gris Souris)
SAM **100** = **3 Aiguilles**
SAM **100** = **1er** modèle en **Grey** avec **3 Aiguilles**

Notes:

1. Les trois modèles de Swatch produits à ce jour et qui n'ont pas de code de référence sont l'**Original Jelly Fish,** la **Kiki Picasso** et la **Puff**.

2. Il peut y avoir des anomalies entre les codes publiés pour certaines montres et la couleur effective de leur boîte, bien que cela arrive rarement.

3. Lorsqu'une montre de spécification identique est rééditée, même quelques années après la première apparition du modèle original sur le marché, elle aura les mêmes codes qu'avant. Pour dater une telle montre, il faut se référer aux poinçons sur le dos de la boîte. Le modèle **Jelly Fish GK 100**, dont la première édition a été commercialisée en **1985**, illustre bien ce cas. Après quelques changements mineurs (les aiguilles et la marque du copy right), elle a été rééditée d'un façon permanente de 1986 à 1989, exactement sous la même forme et avec la même référence. La date de production peut néanmoins être déterminée d'après les poinçons. Il est évident que les tous premiers exemplaires présentent un plus grand intérêt pour les collectionnneurs.

LISTE DES VARIANTES

La liste qui suit explique dans le détail toutes les variantes possibles, seules ou combinées, que l'on peut trouver dans la procuction SWATCH.

Les exemples suivants sont représentés dans ce livre:

1 Boîte de couleurs différentes (OSIR S GM102).

2 Aiguilles larges, fines ou de couleurs différentes (NAUTILUS GK102 et HEART STONE GX100).

3 Modèles avec date ou très souvent sans la date (PETRODOLLAR GG402).

4 Montre pour homme avec mouvement de dame (HANG TWELVE GJ102).

5 Bobines de couleur différentes (ICE DREAM PW BK122).

6 Cadrans différents (BAR ORIENTAL GR104).

7 Différences de dessin, couleur et largeur du bracelet (SAND STORM SCB104).

8 Bracelet poli ou mat (GREY LINE G3411).

9 Le verre peut être de couleur ou de finition différente.

On vous a donné quelques exemples. Maintenant c'est à vous de découvrir toutes les autres particularités qui peuvent être plus ou moins rares.

PARTE SECONDA

La storia illustrata di Swatch

La seconda parte di questo libro è un catalogo completo della produzione Swatch. Include ogni modello standard, da uomo o da donna, prodotto dal 1982 fino alla pubblicazione del libro, oltre ai POP, i Cronografi, gli Scuba 200 e gli Automatici. Delle sezioni particolari sono dedicate ai modelli Art, Special, e alle varianti più comuni.

Per quanto riguarda i prototipi, trasformati in seguito in modelli di produzione, sono anch'essi illustrati, nel limite del possibile, cronologicamente, assieme a una collezione unica di esemplari che non hanno mai raggiunto il mercato non essendo stati prodotti. Questi meritano, qui, una sezione particolare. Infine gli ibridi, orologi personalizzati che spesso venivano prodotti in un solo esemplare e per la maggior parte risalenti ai primi 5 anni della storia dell'azienda, costituiscono l'ultimo gruppo illustrato. All'inizio di ogni sezione pubblichiamo alcune informazioni storiche che introducono ognuna delle categorie.

SPIEGAZIONE DEI TERMINI E DELLE REFERENZE USATE NELLE SEZIONI SEGUENTI

Il nostro augurio è che le pagine seguenti possano fornire delle informazioni utili e interessanti. La prima parte spiega il significato delle lettere, dei numeri e dei logo stampati sul retro della cassa degli Swatch. Si desidera in questo modo assistire coloro che desiderano dare una datazione precisa al loro Swatch. Questo può essere di particolare interesse per i modelli prodotti per molti anni o per quelli più tardi riproposti identici. In seguito troverete la spiegazione dei codici applicabili a praticamente ogni Swatch, codici dapprima atti a identificare gli orologi presso i rivenditori all'ingrosso, oggi normalmente utilizzati dai collezionisti, mercanti e case d'asta. Le informazioni date non sono state fino ad ora pubblicate, di conseguenza, malgrado si sia trattato ogni singolo caso con la massima attenzione e ricerca, alcuni dettagli potrebbero necessitare una messa a giorno. Per concludere la sezione pubblichiamo una lista di varianti che possono trovarsi fra i modelli di produzione degli ultimi dieci anni.

I Dieci Comandamenti sono pensati solamente per divertirvi, ma una certa esperienza può fornirvi un metodo meno pazzo di quanto si possa immaginare e qualche consiglio ben intenzionato.

Le illustrazioni sono quasi sempre corredate da due didascalie: in alto e a sinistra (occasionalmenete anche a destra ma solo quando questo risulta rilevante) si dà l'anno di fabbricazione, seguito da dei simboli chiari che si riferiscono alle stagioni delle collezioni (Primavera/Estate o Autunno/Inverno). Le diverse categorie Specials sono indicate allo stesso modo. I titoli di ogni gruppo in una particolare collezione vengono dati al centro della pagina. In basso, il nome del modello con il suo codice di riferimento o, in alternanza, una breve didascalia. Come già detto, speriamo di avervi dato delle informazioni accuratissime; quando si presentavano due possibilità, abbiamo sempre scelto la più logica e conseguente.
Si sa tuttavia che l'universo Swatch è zeppo di sorprese!!!

Esempio 1: **Modelli da uomo**
Punzone di fabbrica
ESA EBAUCHES SA = 1982-1985

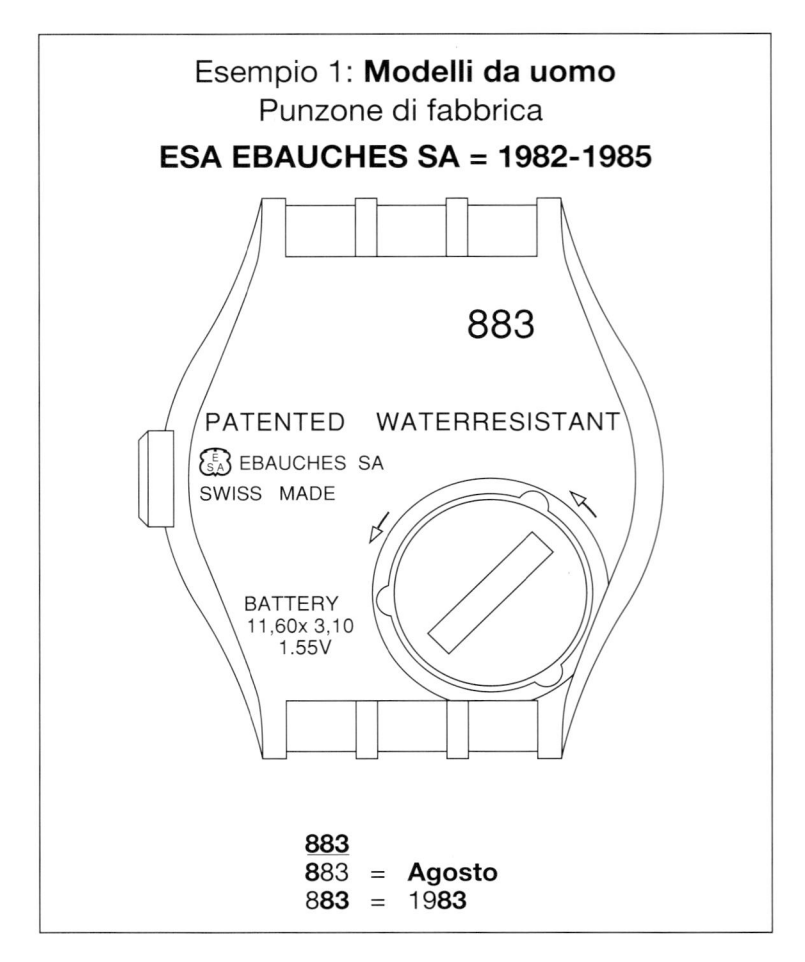

883
883 = **Agosto**
883 = 19**83**

Esempio 2: **Modelli da uomo**
Punzone di fabbrica
ESA EBAUCHES SA = 1982-1985

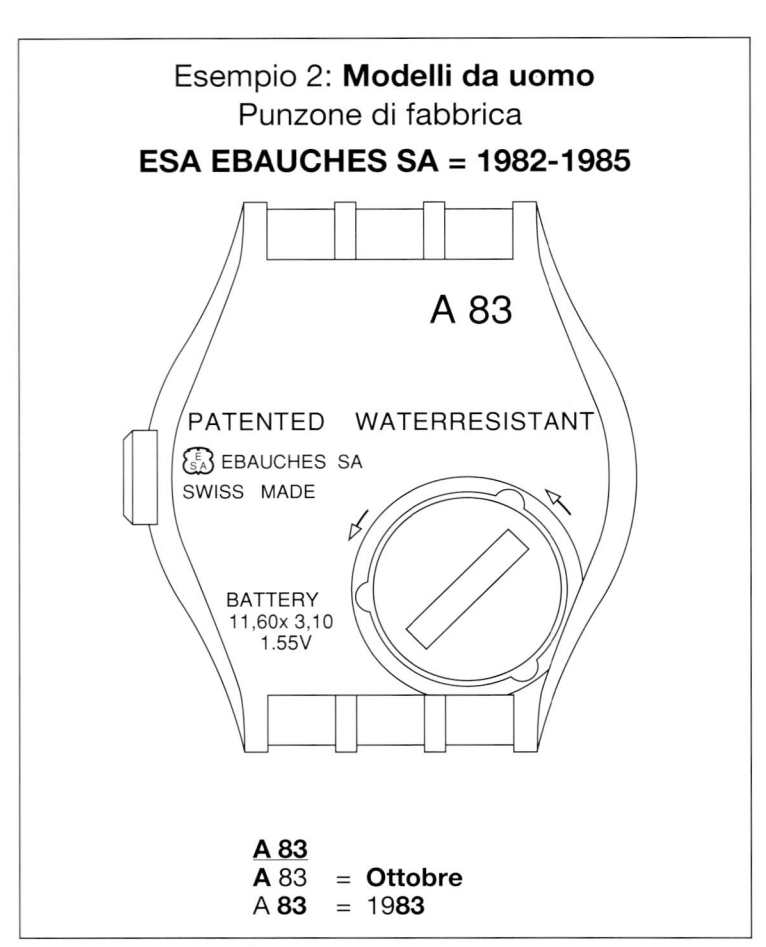

A 83
A 83 = **Ottobre**
A **83** = 19**83**

Esempio 3: **Modelli da uomo**
Punzone di fabbrica **ETA = 1985**

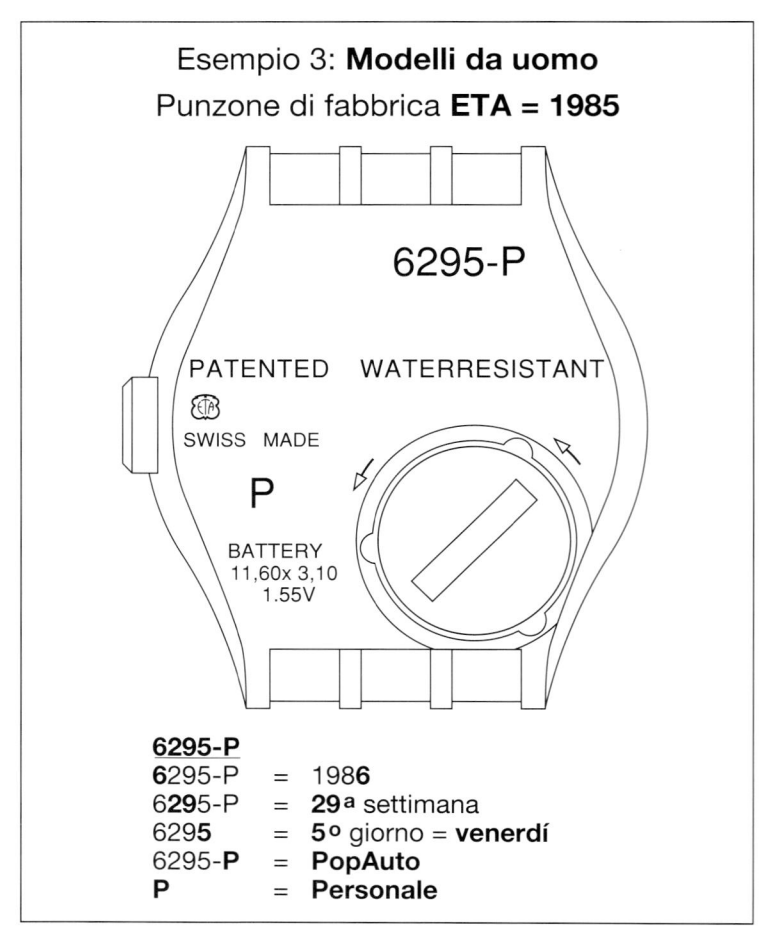

6295-P
6295-P = 198**6**
6**295**-P = **29ª** settimana
6295 = **5º** giorno = **venerdí**
6295-P = **PopAuto**
P = **Personale**

Esempio 4: **Modelli da dona**
Punzone di fabbrica **ETA = 1985**

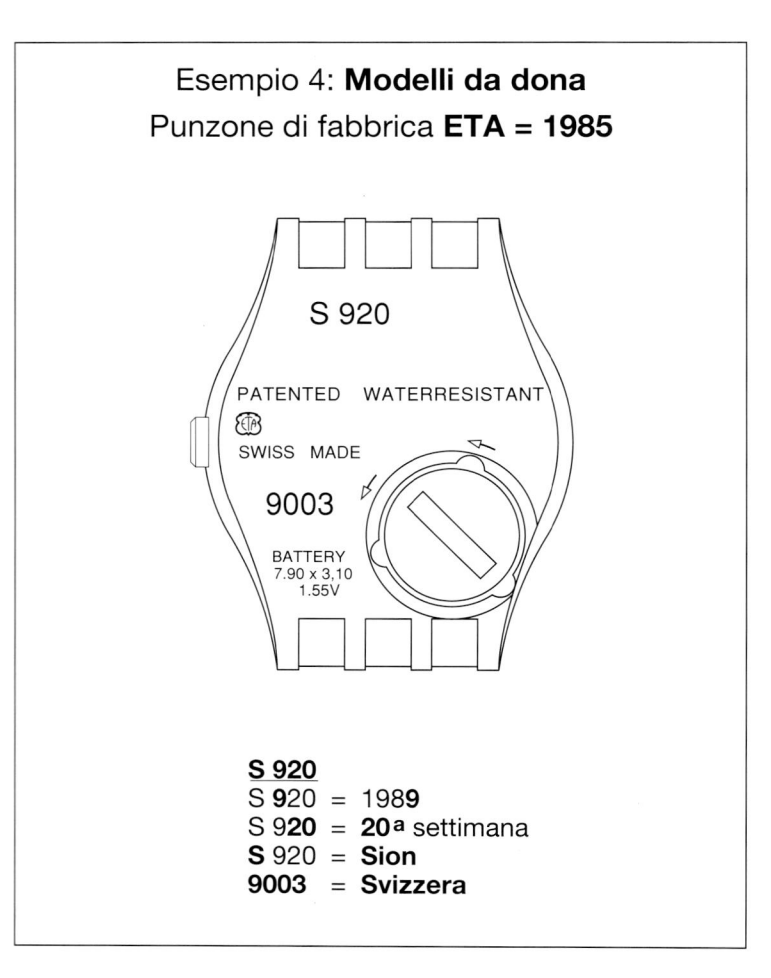

S 920
S **920** = 198**9**
S 9**20** = **20ª** settimana
S 920 = **Sion**
9003 = **Svizzera**

COME DATARE UNO SWATCH IN BASE AI
NUMERI RIPORTATI SUL FONDO DELLA CASSA

Punzone di fabbrica **ESA EBAUCHES SA = 1982-1985**
(Esempio 1)
Punzone di fabbrica **ETA = 1985-** (Esempio 3)

MODELLI DA UOMO

Dal **1982-1983** fino al **1985**, è stato usato un codice con **3** cifre per indicare il mese e l'anno di produzione.
La **prima** cifra indica il **mese** mentre la **seconda** e la **terza** indicano **l'anno** (vedi esempio n.1).
I mesi da **gennaio** fino a **settembre** sono numerati da **1 a 9**, ma dato che con questo sistema le prime cifre non superano mai il 9, le lettere **A,B,C** vengono usate per i mesi di **OTTOBRE, NOVEMBRE, DICEMBRE.** (vedi esempio n.2)

ESEMPIO 1: **883**
  883 = **AGOSTO**
  883 = 1983

ESEMPIO 2: **A 83**
  A83 = **OTTOBRE**
  A83 = 1983

Nel **1984** un nuovo codice con **4** cifre è stato introdotto per i modelli da uomo. La **prima** cifra indica l'anno di produzione, la **seconda** e la **terza** indicano la settimana la **quarta** il giorno della settimana. (esempio n.3). Le **due** cifre centrali non superano mai **52** e **l'ultima** il **7 (lunedi' 1 fino a domenica 7)**.
La lettera **P** dopo il codice indica **Pop**(ularis)**Auto**(matic), nome della catena di montaggio situata in Grenchen (vedi esempio n.3).

ESEMPIO 3:
6295 - P
6295 = 1986
6295 = **29a** settimana

6295 = **5°** giorno = venerdi'
6295-**P** = **POP AUTO**

MODELLI DA DONNA

Dal **1983** è stato usato un codice con **3** cifre, che è tutt'ora in uso. La **prima** cifra indica **l'anno** di fabbricazione, la **seconda** e la **terza** la **settimana** (vedi esempio n.4). Le ultime due cifre non superano mai il **52** dal **1984** la lettera **S** è stata aggiunta davanti al codice e significa **SION,** Svizzera, luogo di produzione.

ESEMPIO 4: **S - 920**
  S - 920 = **SION**
  S - 920 = 1989
  S - 9**20** = **20a** settimana

CODICI DEI PAESI

Sotto i punzoni **ESA-ETA** si trova il codice del paese per il quale l'orologio era all'origine destinato (Esempio 4) I codici furono periodicamente cambiati, completamente o con l'aggiunta di un prefisso. A volte questo numero puo' essere **corretto** con un altro codice indicando il cambiamento di destinazione. Seguono alcuni esempi:

541 = SVIZZERA		**(5)755** = U.S.A.
9003 = SVIZZERA		**(6)549** = ITALIA
5753 = BELGIO-LUSSEMBURGO		**(5)742** = GERMANIA
5284 = HONG-KONG		**6129** = SPAGNA
6131 = GIAPPONE		**7448** = FRANCIA

Esempio 4: **9003** = Svizzera

POP Swatch

I POP Swatch , apparsi sul mercato nel 986, sono esattamente conformi al sistema di datazione utilizzato per i modelli da donna (cfr. es. 4).

"Chrono" Swatch

Il Chrono Swatch porta solo **due** cifre che indicano l'**anno** e il **mese** di manufattura. **Il primo** indica l'**anno** e il **secondo** il **mese** di produzione. I mesi seguono il sistema degli orologi da uomo negli anni 1982/3 (i mesi da **gennaio a settembre** erano numerati da **1 a 9**), ma anche se **ottobre e novembre** sono indicati dalle lettere **A** e **B,** il mese di **dicembre** è apparentemente indicato da uno **0** anzichè una **C.**

Esempio: **19**   **0B**
(non illustrato)   **19** = 1991   **0B** = 1190
      19 = **settembre**   **0B** = **novembre**

Nota: Il codice di paese normalmente è stampato sul cronografo Swatch secondo le convenzioni in uso.

Scuba 200

Gli Scuba sono stati prodotti con i moviment di taglia maschile e femminile. I modelli fatti con il movimento da donna (visibile chiaramente in quelli con la cassa trasparente) applicano gli standard di numerizzazione della **produzione di modelli femminili** (Esempio 4 e la sua spiegazione). I modelli prodotti con un movimento da uomo, **non** sembrano portare un codice di data stampato sul retro. Gli Scuba 200 portano generalmente il codice di paese secondo le convenzioni in uso.

Swatch Automatico

Lo Swatch automatico, avendo una cassa trasparente, non porta punzoni nel punto convenzionale. Tuttavia un codice a due cifre è stampato sul punto in cui il cinturino si congiunge alla cassa. Il sistema sembra essere quello adottato per i cronografi. Sui modelli correnti non c'è posto per il codice di paese.

Note

1) Se sulla parte bassa della casa si nota un timbro con una **P**, significa che l'orologio è destinato al **personale** della SWATCH.

2) Le casse SWATCH fatte tra il **1982-84** hanno la lunetta che circonda il coperchio della batteria piu' piccola.

3) Con l'introduzione del punzone **ETA.** Ne **1985, EBAUCHES S.A.** è stato tolto.

4) Gli Swatch **Specials** e **Art,** hanno spesso un numero di referenza specifico. I **prototipi** e gli **ibridi** possono essere datati.

5) I cronografi e gli scuba usano dei sistemi di numerazione diversi. Le informazioni forniteci al momento di andare in stampa possono non essere del tutto precise. Si sono notate alcune anomalie dovute alla grande produzione e al gran numero di fabbriche.

COSA SIGNIFICANO LE REFERENZE:

Fin da quando il primo Swatch è apparso sul mercato nel 1982, praticamente ogni modello (cfr. nota 1) ha avuto una referenza, sotto forma di una serie di lettere o numeri. dal 1983 si è aggiunto un nome, e, nel caso dei modelli di produzione standard, un titolo che si riferiva ad un gruppo particolare della collezione (cfr esempio). Il numero di referenza, non viene mai riportato su un orologio SWATCH, appare piuttosto sull'autoadesivo codificato della scatola (sempre che questa sia l'originale) oppure sulla garanzia.Queste referenze sono utilizzate negli "Swatch Journal" e nel presente libro. Sono anche il metodo di descrizione tradizionale dei cataloghi d'asta.

Esempio: **Indigo Blues** = il gruppo
NEWPORT TWO = il nome dell'orologio
GW 108 = il codice di referenza

<u>Le **lettere** e i **numeri** delle referenze si leggono nel modo seguente</u>

La **prima lettera G** sta per **GENT** (uomo) **L** per **Lady** (donna). La **seconda** indica il **colore** della **cassa,** secondo i codici seguenti.

A = Antracite
B = Black (nero)
C = Chocolate
F = Feathers (ambra)
G = Green (verde)
I = Indigo (blu)
J = Jellow (giallo)
K = Krystal (trasparente)
L = Light blue (azzurro)
M = Mousegrey (grigio)
N = Navy blue (blu marina)
O = Orange (arancione)

P = Pink (rosa)
R = Red (rosso)
S = Surfblue
T = Tan (beige)
V = Violet (viola)
W = White (bianco)
X = Metal cap
(rivestimento in metallo)
Y = Light metal and band (cassa e bracciale in metallo lucido)
Z = Special e Art

<u>Le **prime cifre** indicano le particolarità tecniche e vanno interpretate come segue:</u>

0 = 2 lancette (ore,minuti)
1 = 3 lancette (ore,minuti,secondi)
4 = data con tre lancette
7 = Data, giorno della settimana, 3 lancette.

<u>Le **ultime due cifre** si riferiscono alla sequenza cronologica di produzione di un modello particolare definito dai suoi attributi tecnici, es. colore della cassa, complicazioni del movimento e altro.</u>

ESEMPIO 1 : **ROTOR** = nome del modello
GS 400
GS 400 = modello da **uomo**
G**S** 400 = **Surf blue (Blu marina)**
GS **4**00 = **Data con 3 lancette**
GS 4**00** = **1° modello con data in cassa color surfblue** *

* Il secondo modello del medesimo colore e con le stesse complicazioni, ma con un quadrante diverso sarebbe contrassegnato dal codice GS 401

ESEMPIO 2 : **VASILY**
LW 111
LW 111 = modello da **donna**
L**W** 111 = **White (bianco)**
LW **1**11 = **3 lancette (ore, minuti e secondi)**
LW 1**11** = **11° modello con cassa bianca e tre lancette** *

* I modelli da donna non avendo il giorno e la data come primo numero di referenza hanno **0** oppure **1**.

<u>I modelli **POP, Chrono, Scuba 200 e Automatici,** seguono gli stessi criteri con alcune differenze nei codici a livello delle lettere, secondo gli esempi seguenti:</u>

<u>POP Swatch</u>

Introdotti nel 1986, i **POP** Swatch, malgrado si conformassero alla numerazione abituale, sono stati a diverse riprese codificati con un prefisso di 2, 3 o 4 lettere. Gli esempi seguenti spiegano il significato delle varie combinazioni usate fino ad oggi.

ESEMPIO 1 : **FIRE SIGNAL**
BR 001
BR 001 = **Big (grande)**
B**R** 001 = **Red (rosso)**
BR **0**01 = **2 lancette (ore, minuti)**
BR 0**01** = **1° modello con cassa rossa e due lancette**

ESEMPIO 2 : **BLUE RIBBON**
BS 101
BS 101 = **Big (grande)**
B**S** 101 = **Surf Blue (Blu marina)**
BS **1**01 = **3 lancette (ore, minuti e secondi)**
BS 1**01** = **1° modello con cassa Surf Blue e tre lancette** *

* La serie dei POP inizia con il numero di codice 01 che sta a significare 1° modello, e non con lo 00 come di solito per tutti gli altri modelli (cfr. esempi precedenti).

ESEMPIO 3 : **BLUE ZEBRA** = Nome del modello (1989)
PWBK 110
PWBK 110 = **POP Watch**
PW**B**K 110 = **BIG (grande)**
PWB**K** 110 = **Kristal (trasparente)**
PWBK **110** = **10° modello con cassa kristal e tre lancette**

ESEMPIO 4 : **DILE** = Nome del modello (1990)
PWC 104
PWC 104 = **POP Watch**
PW**C** 104 = **Cioccolato**
PWC **1**04 = **3 lancette**
PWC **104** = **4° modello con la cassa color cioccolato e tre lancette**

ESEMPIO 5 : **VERDU(H)RA** = Nome del modello (1991)
PWZ 102
PWZ 102 = **POP Watch**
PW**Z** 102 = **ART**
PWZ **102** = **3 lancette**
PWZ **102** = **3° modello Art con tre lancette** *

* La serie dei POP ART Swatch inizia con il numero di codice **00** per il 1° modello, secono l'uso comune, e non con **01** come è il caso per i modelli POP standard.

<u>**CHRONO SWATCH**</u>

ESEMPIO 1 : **WHITE HORSES** = Nome del modello
SCW 100
SCW 100 = **SWATCH**
S**C**W 100 = **Chrono**
SC**W** 100 = **White (bianco)**
SCW **100** = **3 lancette (ore, minuti e secondi)**
SCW **100** = **1° modello con cassa bianca e tre lancette**

ESEMPIO 2 : **SIGNAL FLAG** = Nome del modello
SCN 101
SCN 101 = **SWATCH**
S**C**N 101 = **Chrono**
SC**N** 101 = **Navy Blue (Blu marina)**
SCN **101** = **3 lancette (ore, minuti e secondi)**
SCN **101** = **2° modello con cassa Navy Blue e tre lancette**

SCUBA 200

Esempio 1: **BORA BORA** = Nome del modello
SDN 400

SDN 400 = **Swatch**
SD**N** 400 = **Diving**
SD**N** 400 = **Navy Blue (Blu marina)**
SDN **4**00 = **Data + 3 lancette**
SDN 4**00** = **1°** modello con **cassa Navy Blue**
e **Data + 3 lancette**

Esempio 2: **MEROU** = Nome del modello
SDK 101

SDK 101 = **Swatch**
S**D**K 101 = **Diving**
SD**K** 101 = **Kristal** (trasparente)
SDK **1**01 = **3 lancette**
SDK 1**01** = **2°** modello con **cassa Kristal**
e **3 lancette**

AUTOMATIC SWATCH

Esempio 1: **RUBIN** = Nome del modello
SAM 100

SAM 100 = **Swatch**
S**A**M 100 = **Automatic**
SA**M** 100 = **Mouse Grey** (Grigio)
SAM **1**00 = **3 lancette**
SAM 1**00** = **1°** modello **grigio** con **3 lancette**

Note:

1. I tre modelli di Swatch prodotti fino ad oggi senza codice di referenza sono gli **Original Jelly Fish**, **Kiki Picasso** e i **Puff**.

2. Esistono alcune anomalie fra i codici pubblicati per alcuni orologi e il colore reale della loro cassa, ma sono rare.

3. Quando un orologio con delle caratteristiche identiche viene riproposto, anche se alcuni anni dopo il modello originale, esso porterà gli stessi codici del precedente. Per datare questo tipo di orologio bisogna riferirsi alla data stampata sul retro della cassa. Il modello **Jelly Fish GK 100**, di cui la prima edizione è apparsa sul mercato nel 1985, illustra molto bene il caso descritto. Dopo qualche cambiamento secondario (le lancette e il marchio del Copyright) è stato riproposto in modo permanente dal 1986 al 1989 esattamente identico e con la stessa referenza. La data di produzione è rivelata dai punzoni; evidentemente i primi esemplari sono di maggior interesse per i collezionisti.

LISTA DELLE VARIANTI

La lista seguente aiuta a riconoscere alcuni tipi di varianti , sole o combinate, all'interno della produzione Swatch. Gli esempi seguenti sono pubblicati nel presente libro.

1. Cassa di diverso colore (Osiris GM 102)

2. Lancette larghe o sottili oppure di diverso colore (Nautilus GK 102 e Heart Stone GX 100)

3. Modelli con data, o altrettanto spesso senza data (Petrodollar GG 402)

4. Orologi da uomo con movimento da modello da donna (Hang Twelve GJ 102)

5. Bobine di colori differenti (Ice Dream PWBK 122)

6. Quadranti differenti (Bar Oriental GR 104)

7. Differenti motivi o taglia del cinturino (Sand Storm SCB 104)

8. Cinturini lucidi o opachi (Grey Line GB 411)

9. Varianti sui vetri, colorazione o lavorazione diversa (Dark Vader GK 110)

Questi alcuni esempi, sta a voi, ora, scoprire altre particolarità che possono essere più o meno rare.

Buona caccia!!!

PART II

A PICTORIAL HISTORY OF THE SWATCH

The second part of this book consists of a catalogue of the complete range of Swatch production. All the standard models manufactured from 1982 up to the time of publication are included, both Gentleman's and Lady's sizes, along with the POPs, Chronographs, Scuba 200s and Automatics;seperate sections are assigned to the Art Collection and the Specials, and a number of the more common Variants will be found.

Prototypes that were subsequently to be developed into production models are illustrated, as far as possible in the correct sequence, with a unique collection of examples that were never to reach the market being given a section of their own. Finally, the Hybrids, personalised watches that were often made in only a single example, and usually dating from the first five years of the company's history, make up the last group. A brief explanation or historical background information relating to each category is given at the beginning of the relevant section.

An explanation of the Terms and References used in the following sections.

It is hoped that the four pages following will provide some useful and interesting information. The first part explains the significance of the letters, numbers and company logos stamped or moulded into the back of the actual Swatch case, and should be of assistance to those wishing to establish the exact date when a certain watch was manufactured. It is of particular relevance to those models which have continued in production over a period of years, and likewise those that have been re-issued in identical form. Following on is a similar and complementary explanation of the reference codes applicable to virtually every watch, designed to identify them in the retail trade, but now commonly used by collectors,dealers and auctioneers alike. The information given has to date not been officially published, and therefore, although every care has been taken in researching and checking its validity, certain details may subsequently need to be updated. Concluding the section is a short list of the numerous variations that may be found amorgst the production models made over the last ten years.

The Ten Commandments of Swatchissimo are there solely for your amusement, but there is some method in our madness, and perhaps a little well-intentioned advice.

For easy reference the illustrations are for the greater part captioned both above and below. At the top left (and occasionally on the right as well,when relevant), the year of manufacture is given, followed by self-explanatory symbols indicating the season when the collection was released (Spring/Summer or Fall/Winter). The various 'special' categories are similarly indicated. Titles for each group in a particular collection are given in the centre. At the bottom, the model name and reference code are listed,or alternatively a short explanatory caption. As mentioned above, it is hoped that the information given is as accurate as is possible, and where more than one possibility has been found, we have opted for the most logical or widely accepted alternative-but the world of Swatch is full of surprises!

Example 1: **Gentleman's Model**
Punchmark **ESA EBAUCHES SA = 1982-1985**

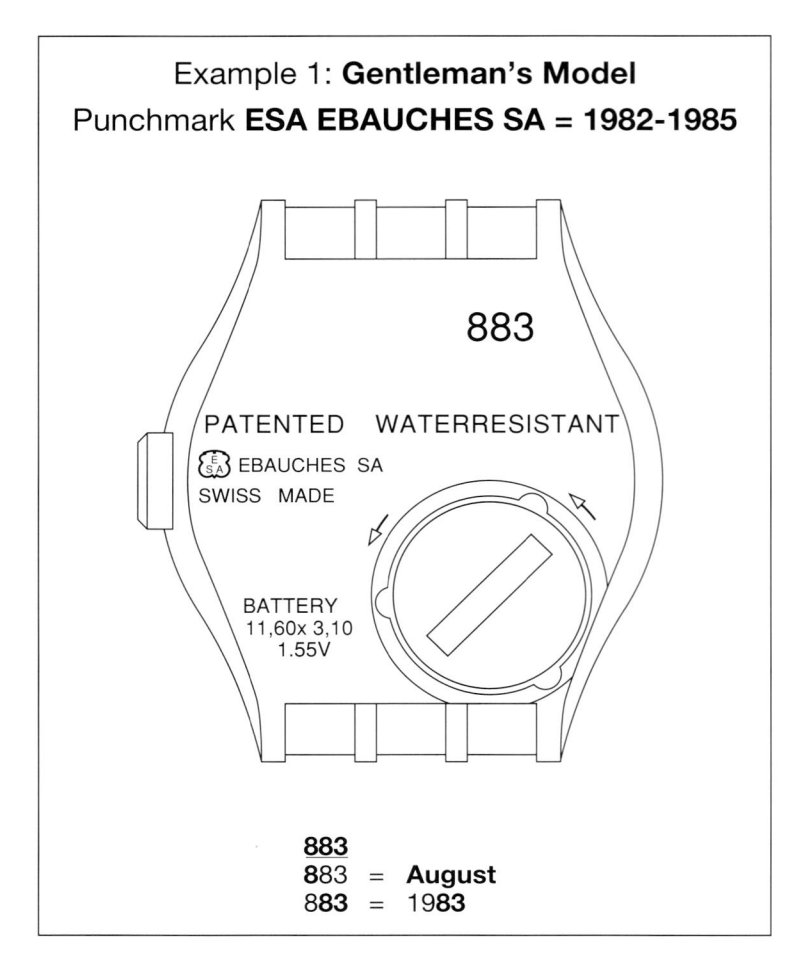

883
883 = **August**
883 = 19**83**

Example 2: **Gentleman's Model**
Punchmark **ESA EBAUCHES SA = 1982-1985**

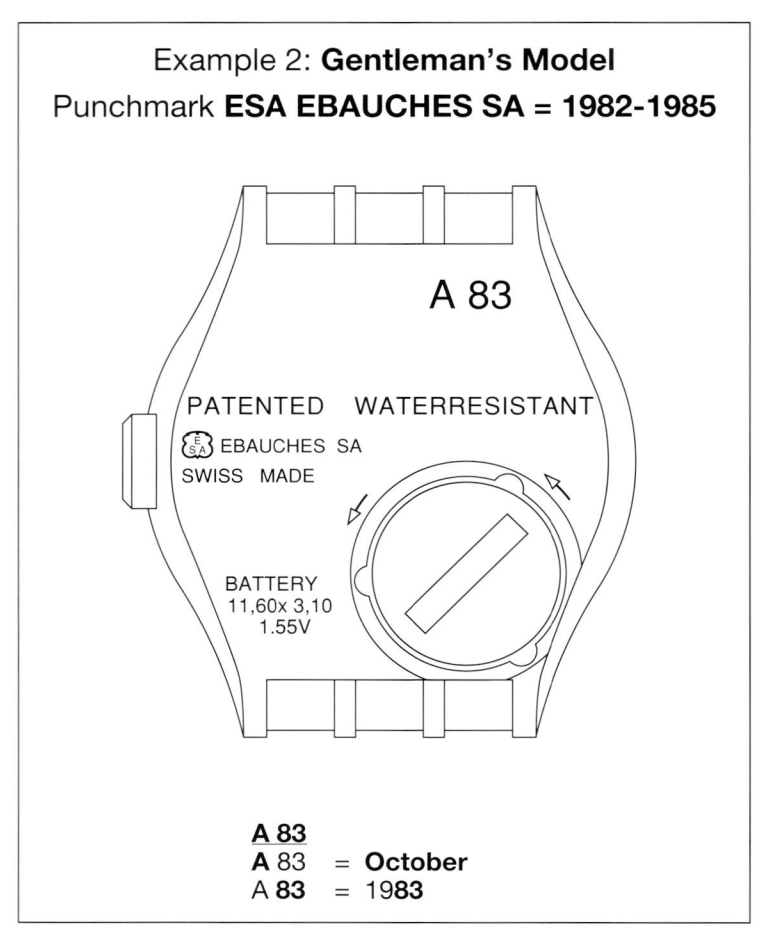

A 83
A 83 = **October**
A **83** = 19**83**

Example 3: **Gentleman's Model**
Punchmark **ETA = 1985**

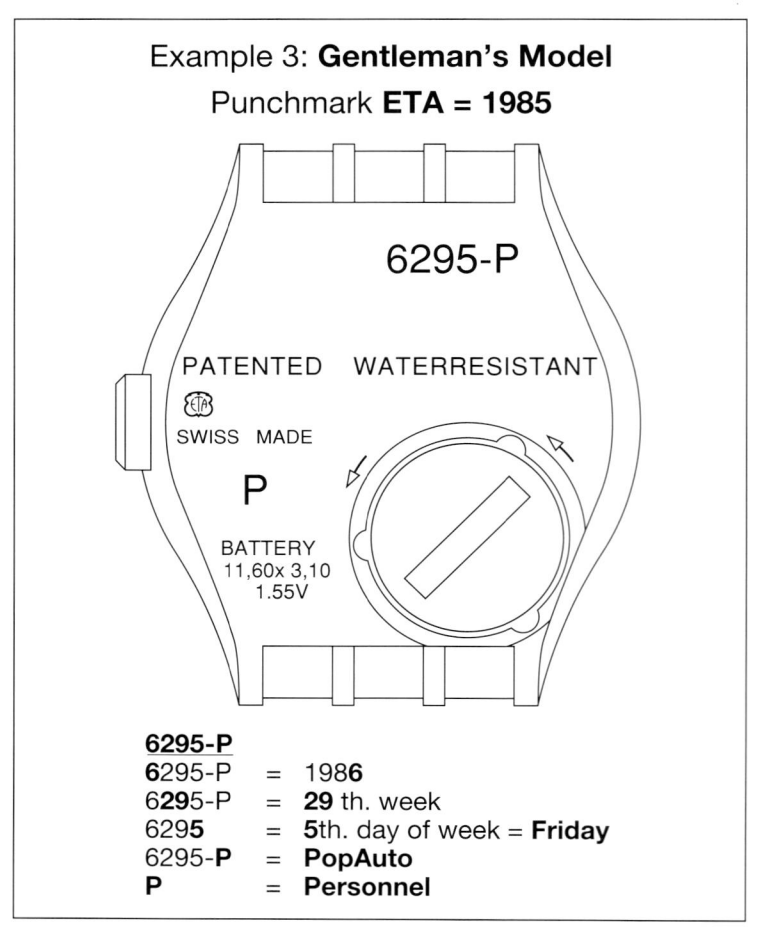

6295-P
6295-P = 198**6**
62**95**-P = **29** th. week
629**5** = **5**th. day of week = **Friday**
6295-P = **PopAuto**
P = **Personnel**

Example 4: **Lady's Model**
Punchmark **ETA = 1985**

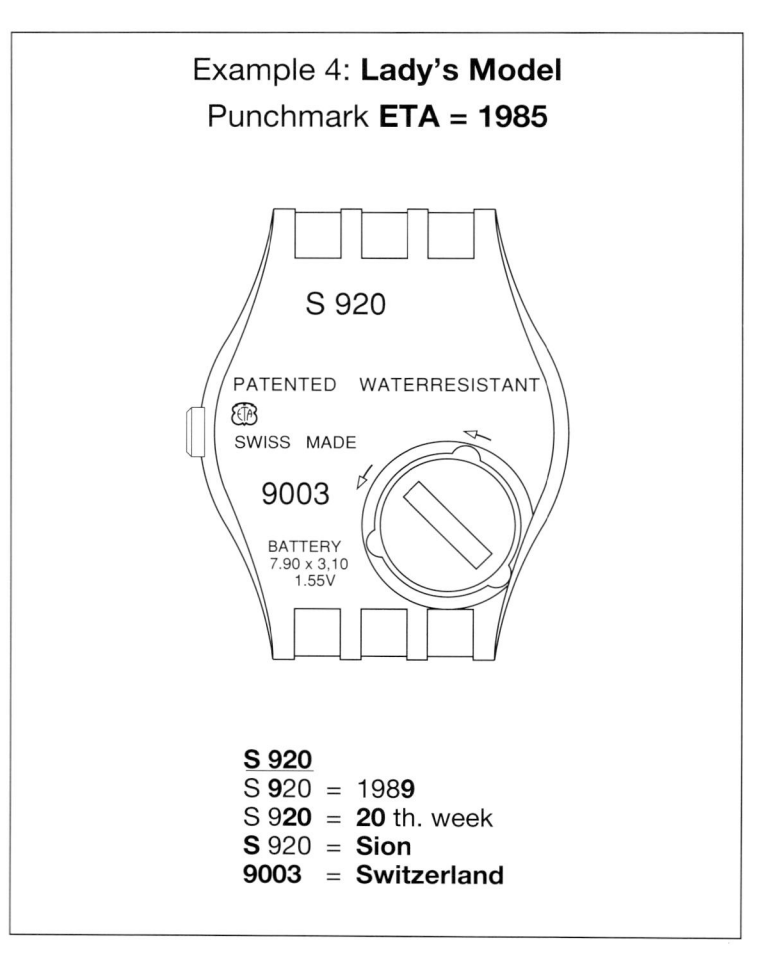

S 920
S **9**20 = 198**9**
S 9**20** = **20** th. week
S 920 = **Sion**
9003 = **Switzerland**

DATING AND IDENTIFYING A PRODUCTION MODEL SWATCH
FROM THE STAMPS ON THE BACK OF THE CASE.

Punchmark **ESA EBAUCHES SA** = **1982-1985** (See example 1).
Punchmark **ETA** = **1985-** (See example 3).

Gentleman's Models

In **1982/83** and continuing in partial use until **1985**, a **3** digit code was used to indicate the month and year of manufacture. The **first** digit indicates the **month** and the **second** and **third** digits the **year** (See example 1). The months **January** to **September** were numbered **1-9**, but as the first digit never exceeded 9 in this system, the letters **A**, **B**, **C** were used to indicate the months of **October**, **November** and **December**. (See example 2).

Example 1: **883**
883 = **August**
883 = 19**83**

Example 2: **A83**
A83 = **October**
A83 = 19**83**

In **1984** a **4** digit code was introduced and continues in use to date for standard models. The **first** digit indicates the **year** of manufacture, the **second** and **third** digits indicate the **week** of manufacture, and the **fourth** digit the **day of the week** (See example 3). The middle **two** digits are therefore never greater than **52** and the **last** digit never greater than **7** (**Monday** = **1** to **Sunday** = **7**).
A suffix letter **P** may appear after the code standing for **Pop**(ularis)-**Auto**(matique), the name of the factory in Grenchen, Switzerland where the watch was made (See example 3).

Example 3:
6295-P
6295-P = 1986
6295-P = **29** th. week

6**29**5 = 5th. day of week = **Friday**
6295-**P** = **PopAuto**

Lady's Models

From **1983** a **3** digit code was introduced and continues in use to date. The **first** digit indicates the **year** of manufacture, and the **second** and **third** digits the **week** of manufacture (See example 4). The last two digits are therefore never greater than **52**. From **1984** the prefix **S** in front of the code was introduced, standing for **Sion**, Switzerland, the town of the factory.

Example 4: **S 920**
S 920 = **Sion**
S **9**20 = 1989
S 9**20** = **20** th. week

Country Codes

Below the punchmark **ESA** or **ETA**, the code of the country for which the watch was originally destined for sale is normally stamped(See example 4). Codes have been changed periodically, either by the addition of a suffix or completely. Occassionally this number may be **overstamped** with a different code, indicating that the watch was returned to the factory and re-marked for a different destination. Some common examples are listed below with variations shown by brackets:

541	– Switzerland	**(5)755**	– U. S. A.
9003	– Switzerland	**(6)549**	– Italy
5753	– Belgium/Luxembourg	**(5)742**	– Germany
5284	– Hong-Kong	**6129**	– Spain
6131	– Japan	**7448**	– France

Example 4: **9003** = Switzerland

POP Swatch

The POP Swatch, introduced in 1986, conforms exactly to the dating system used for the **standard Lady's production models** (See example 4, and explanation above).

'Chrono' Swatch

The Swatch chronograph is stamped with only **2** digits to indicate the **year** and **month** of manufacture. The **first** indicates the **year**, and the **second** the **month** of production. The months follow the system used for the Gentleman's watches in 1982/3 (the months **January** to **September** being numbered **1** - **9**), but although **October** and **November** appear to be shown by the letters **A** and **B**, the month of **December** is apparently represented by a **C** instead of a **C**.

Example:
(not illustrated)
19
19 = 1991
1**9** = **September**

0B
0**B** = 1990
0B = **November**

Note: The country code is normally stamped on the chronograph Swatch, and follows the accepted conventions.

Scuba 200

The Scuba 200 Swatch has been produced with both Gentleman's and Lady's size movements. The examples made with the Lady's movement (clearly visible on those with transparent cases) use the numbering code for **standard lady's production models** (See example 4, and explanation given above). The examples produced with the Gentleman's size movement do **not** appear to have any date code stamped on the back. The country code is normally stamped on the Scuba 200 Swatch, and follows the accepted conventions.

Swatch Automatic

The Swatch Automatic, being fitted with a transparent back, is not stamped in the convential place. However, a 2 digit code is stamped on the point where the lug meets the band of the case. The system adopted appears to be the same as for the Swatch Chronograph. No space is available on the current models for a country code.

Notes:

1. A **P** punched at the bottom left of the case indicates that the watch was made for sale to a member of the Swatch **Personnel** (See example 3).

2. Swatch cases made between **1982** and mid-**1984** have a smaller size battery cover bezel.

3. With the introduction of the **ETA** punchmark in **1985**, **Ebauches SA** was no longer marked on the back.

4. **Special** and **Art** Swatches often have individual, different or no numbering series (when known, these are explained at the appropriate point in the following section of this book). **Prototypes** and **Hybrids** may be marked or unmarked.

5. Details given above for the Chronograph, Gentleman's Scuba and Automatic Swatch are based on information available at the time of going to press, and may not be completely accurate. Anomalies have been noticed, and it should be borne in mind that with the very large production figures and the different factories, these are bound to occur with all models.

AN EXPLANATION OF THE REFERENCE LETTERS
AND NUMBERS USED TO IDENTIFY THE DIFFERENT SWATCH MODELS.

Since the first Swatch was launched on the market in 1982, virtually every model (See note 1) has been given a reference in the form of a series of letters and numbers. From 1983 a name was added, and in the case of standard production models, a title refering to a particular group in the collection (See example). The reference never appears on the watch itself, but may be found on the bar-coded sticker on the box (assuming this is original), and sometimes on the guarantee card. They are used in the Swatch Journal and throughout this book. It is also the standard form of description for auction catalogues.

Example :   **Indigo Blues**   = Group in the Collection
            NEWPORT TWO   = Name of the watch
            GW 108   = Reference code

The **letters** and **numbers** in the Reference translate as follows:

If the **first letter** is a **G** = **Gentleman's** model.
If the **first letter** is an **L** = **Lady's** model.

The **second letter** refers to the **colour** of the **case** using the following codes:

A	= Anthracite	**O**	= Orange
B	= Black	**P**	= Pink
C	= Chocolate	**R**	= Red
F	= Feathers (amber)	**S**	= Surf blue (turquoise)
G	= Green	**T**	= Tan
I	= Indigo blue	**V**	= Violet
J	= Yellow	**W**	= White
K	= Kristal (transparent)	**X**	= Metal cap
L	= Light blue	**Y**	= Light metal (polished) with metal bracelet
M	= Mouse grey		
N	= Navy blue	**Z**	= Special and Art models

The **first number** following the letter code refers to the technical specification of the watch and translates as follows:

0 = 2 Hands
1 = 3 Hands
4 = Date + 3 Hands
7 = Date + Day of the Week + 3 Hands

The **last two numbers** refer to the chronological sequence of production of a particular model as defined by its technical attributes, i. e. colour of case, complication of movement + other features.

Example 1:   **Rotor**   = Name of model
             GS 400
             GS 400 = **Gentleman's** model
             G**S** 400 = **Surf Blue**
             GS **4**00 = **Date + 3 Hands**
             GS 4**00** = **1st.** model in **Surf Blue** case with **Date + 3 Hands***

*The second model with the same colour case and complications, but with a different dial or strap would have the code GS 401

Example 2:   **VASILY**   = Name of model
             LW 111
             LW 111 = **Lady's** model
             L**W** 111 = **White**
             LW **1**11 = **3 Hands** (hours, minutes and centre-seconds)
             LW 1**11** = **11th.** model in **White** case with **3 Hands***

*The first number of the code for the lady's models is always a 0 or a 1, as they have never been produced with a Date or Day of the Week calendar.

The **POP, Chrono, Scuba 200** and **Automatic** models of Swatch follow the same principles, but with certain differences in the lettering codes as shown by the examples given below:

POP SWATCH

Introduced in 1986, the **POP** Swatch, although conforming with the usual numbering codes, has at various times during its production been given a 2, a 4 and a 3 letter pre-fix coding. The examples below explain the significance of all the various combinations used to date:

Example 1:   **FIRE SIGNAL** = Name of model (1986/87)
             BR 001
             BR 001 = **Big**
             B**R** 001 = **Red**
             BR 001 = **2 Hands** (hours and minutes)
             BR **001** = **1st.** model in **Red** case with **2 Hands**

Example 2:   **BLUE RIBBON** = Name of model (1988)
             BS 101
             BS 101 = **Big**
             B**S** 101 = **Surf Blue**
             BS **1**01 = **3 Hands**
             BS **101** = **1st.** model in **Surf Blue** case with **3 Hands***

*The POP Swatch series begin with the number code **01** signifying the 1st. model, and not with **00** as is usual with all other models-see examples above.

Example 3:   **BLUE ZEBRA** = Name of model (1989)
             PWBK 110
             PWBK 110 = **POP Watch**
             PWB**K** 110 = **Big**
             PWB**K** 110 = **Kristal** (transparent)
             PWBK **1**10 = **3 Hands**
             PWBK **110** = **10th.** model in **Kristal** case with **3 Hands**

Example 4:   **DILE** = Name of model (1990)
             PWC 104
             PWC 104 = **POP Watch**
             PW**C** 104 = **Chocolate**
             PWC **1**04 = **3 Hands**
             PWC **104** = **4th.** model in **Chocolate** coloured case with **3 Hands**

Example 5:   **VERDU(H)RA** = Name of model (1991)
             PWZ 102
             PWZ 102 = **POP Watch**
             PW**Z** 102 = **Art**
             PWZ **1**02 = **3 Hands**
             PWZ **102** = **3rd. Art** model with **3 Hands***

*The POP Art Swatch series begin with the number code **00** for the 1st. model, in the conventional manner, and not with **01** as is the case with the standard POP models

'CHRONO' SWATCH

Example 1:   **WHITE HORSES** = Name of model
             SCW 100
             SCW 100 = **Swatch**
             S**C**W 100 = **Chrono**
             SC**W** 100 = **White**
             SCW **1**00 = **3 Hands** (hours, minutes and seconds)
             SCW **100** = **1st.** model in **White** case with **3 Hands**

Example 2:   **SIGNAL FLAG** = Name of model
             SCN 101
             SCN 101 = **Swatch**
             S**C**N 101 = **Chrono**
             SC**N** 101 = **Navy Blue**
             SCN **1**01 = **3 Hands** (hours, minutes and seconds)
             SCN **101** = **2nd.** model in **Navy blue** case with **3 Hands**

SCUBA 200

Example 1:   **BORA BORA** = Name of model
        SDN 400

        SDN 400 = **Swatch**
        S**D**N 400 = **Diving**
        SD**N** 400 = **Navy Blue**
        SDN **4**00 = **Date** + **3 Hands**
        SDN 4**00** = **1st.** model in **Navy Blue** case
                  with **Date** + **3 Hands**

Example 2:   **MEROU** = Name of model
        SDK 101

        SDK 101 = **Swatch**
        S**D**K 101 = **Diving**
        SD**K** 101 = **Kristal** (transparent)
        SDK **1**01 = **3 Hands**
        SDK 1**01** = **2nd.** model in **Kristal** case with **3 Hands**

AUTOMATIC SWATCH

Example 1:   **RUBIN** = Name of model
        SAM 100

        SAM 100 = **Swatch**
        S**A**M 100 = **Automatic**
        SA**M** 100 = **Mouse Grey**
        SAM **1**00 = **3 Hands**
        SAM 1**00** = **1st.** model in **Grey** with **3 Hands**

Notes:

1. The three models of Swatch produced to date that do not have a reference code are the **Original Jelly Fish,** the **Kiki Picasso** and the **Puff.**

2. There are some possible anomalies between the published codes for certain watches and the actual colour of their cases, although these are rare.

3. When a watch of identical specification is re-issued, even some years after the original model first appeared on the market, it will have the same codes as before. To date such a watch, reference must be made to the stamps on the back of the case. A good example is the **Jelly Fish GK 100**, first issued into the market in **1985**. After some minor changes (hands and the copyright mark) it was re-issued continually from 1986 to 1989 in exactly the same form and always under the same reference code. The date of production can however be ascertained from the stamps, and clearly the earlier examples are potentially of greater interest to collectors.¨

SOME POSSIBLE VARIANTS
IN SWATCH PRODUCTION MODELS

The following list details certain of the variations that may be found, either singly or in combination, in numerous of the production models. Examples, where cited below appear in this volume.

1. Cases of different colours from the usual (OSIRIS GM102).

2. Hands may be broad or fine in profile, of non-standard colour and with different seconds (NAUTILUS GK102 & HEARTSTONE GX100).

3. Models usually equipped with the date but often appearing without (PETRODOLLAR GG402).

4. Gentleman's-size watches with Lady's-size movements (HANG TWELVE GJ102).

5. Coils of different colours (ICE DREAM PWBK 122).

6. Dials of non-standard design (BAR ORIENTAL GR104).

7. Bracelets of different colour or design, or of broad or narrow pattern (SAND STORM SCB104).

8. Bracelets with either a matt or polished finish (GREY LINE GB411).

9. Glass of different colour or finish.

It should be noted that not all variants are rare, and it is certain that many more exist than have been listed here. Good hunting!

LES DIX COMMANDEMENTS DE SWATCHISSIMO

1. Achète la SWATCH qui te plaît!

2. Porte ta SWATCH; si tu désires collectionner achète-en deux!

3. Devient membre du Club "SWATCH Collector's of SWATCH"!

4. Procure-toi des informations précises sur SWATCH, ne consulte que des livres de référence approfondis!

5. Achète la SWATCH de tes rêves lorsque tu le peux, demain il sera peut-être trop tard et elle trop chère!

6. Respecte ta SWATCH, elle est une expression de l'art et du design du 20ème siècle.

7. Soigne ta SWATCH comme toi-même; les piles plates et les rayons intenses du soleil peuvent endommager ta montre à la longue!

8. Soit le promoteur de ta SWATCH mais essaie de tolérer les agnostiques, ils seront aussitôt convertis!

9. Soit fidèle à SWATCH, comme ta SWATCH t'es fidèle!

10. SWATCHEZ SWATCHISSIMEMENT SWATCHISSIMO!

I DIECI COMANDAMENTI DI SWATCHISSIMO

1. Compra lo SWATCH che ti piace!

2. Usa il tuo SWATCH; se li vuoi collezionare acquistane due!

3. Iscriviti al Club "SWATCH Collectors of SWATCH".

4. Procurati delle informazioni precise su SWATCH e consulta solo i libri attendibili!

5. Compera lo SWATCH dei tuoi sogni appena puoi; domani può essere troppo tardi o troppo caro!

6. Rispetta il tuo SWATCH! è un' espressione artistica del XX secolo.

7. Ama il tuo SWATCH come te stesso! le pile scariche o i raggi solari troppo intensi possono rovinarlo.

8. Sii promotore del tuo SWATCH, ma sii indulgente verso gli agnostici, saranno presto convertiti!

9. Sii fedele a SWATCH come ti è fedele il tuo SWATCH!

10. Sii SWATCHISSIMEVOLMENTE SWATCHISSIMO!

THE TEN COMMANDMENTS OF SWATCHISSIMO

1. Buy the SWATCH that you like!

2. Wear your SWATCH, if you want to collect buy two!

3. Join the SWATCH collectors Club!

4. Obtain accurate SWATCH information, consult only well researched books!

5. Buy the SWATCH of your dreams when you can, tomorrow it may be too late or too expensive!

6. Respect your SWATCH, it is an expression of 20th century art and design!

7. Look after your SWATCH - flat batteries and bright sunlight can be damaging after long periods!

8. Be a promoter of your SWATCH, but understanding towards the agnostics, they will soon enough be converted!

9. Be faithful to SWATCH, as your SWATCH is faithful to you!

10. Support SWATCHISSIMO 'cos is i most SWATCHISSIMISSIMOst!

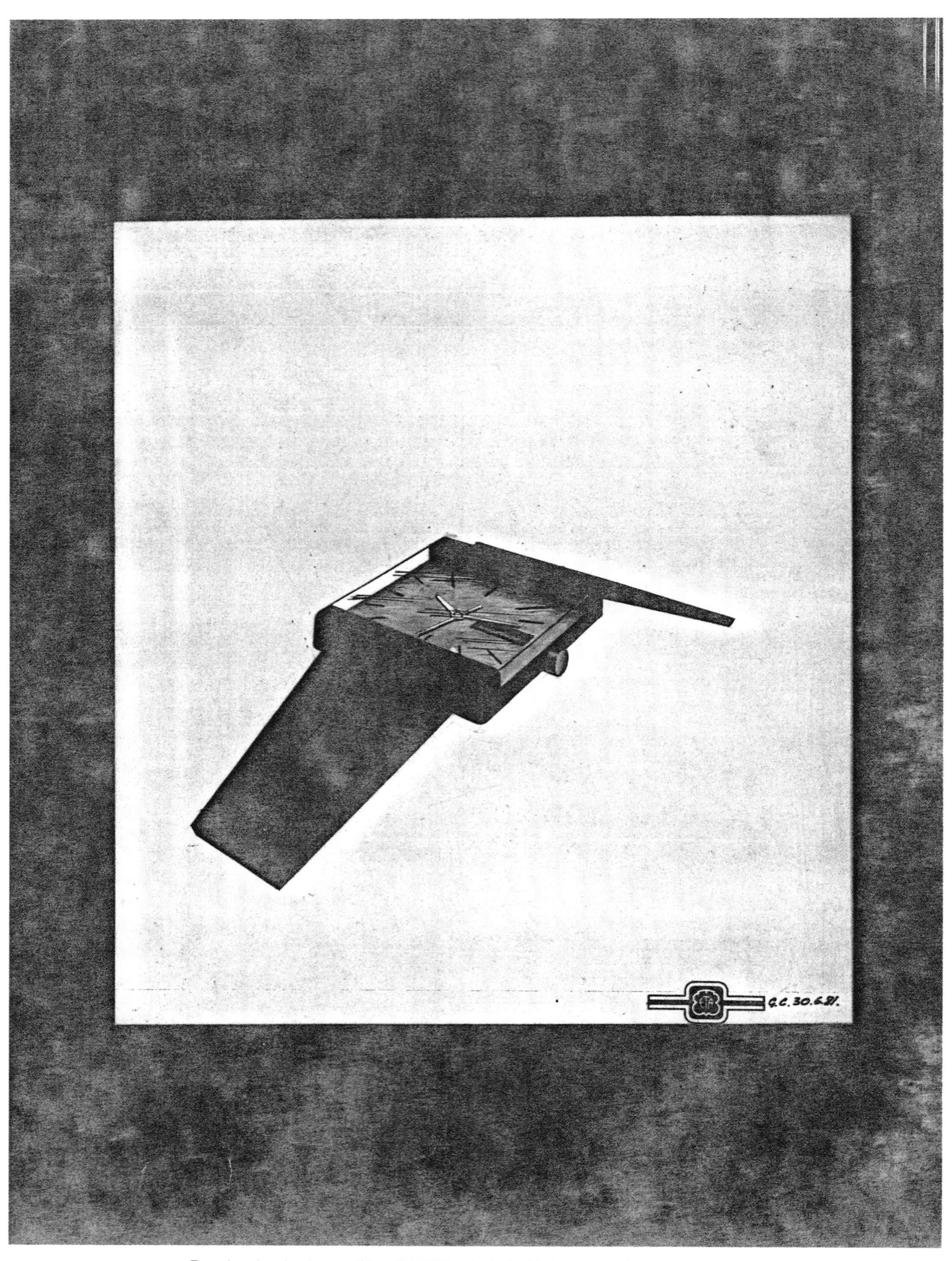

Premier dessin du modèle «CARRE» daté du 30.06.81 signé G. Coulin.
Primo disegno del modello «CARRE» datato 30.06.81 firmato G. Coulin.
First design drawing of the "SQUARE" model, dated 30.06.81,by G. Coulin.

Prototypes ETA précédant le développement esthétique de la SWATCH.
Prototipi ETA precedenti lo sviluppo estetico dello SWATCH.
Prototypes produced by ETA before the aesthetic development of the SWATCH.

Premiers dessins du logo SWATCH.
Primi disegni del marchio SWATCH.
First designs for the SWATCH logo.

Premiers dessins du logo SWATCH.
Primi disegni del marchio SWATCH.
First designs for the SWATCH logo.

Premiers développements esthétiques qui ont déterminé la forme définitive. Modèle sans charnières et premier logo avec Croix Suisse. Novembre 1981.
Primi sviluppi estetici che hanno portato alla forma definitiva. Modelli senza cerniere e primo marchio con la Croce Svizzera. Novembre 1981.
First stylistic prototypes which were to be developped into the definitive shape. Made without hinge but the first appearance of the Swiss Cross. November 1981.

Premiers modèles de cadrans. Boîtes avec et sans charnières pour les attaches du bracelet.
Primi modelli di quadranti. Casse con e senza cerniera per la sede del cinturino.
First dials mounted into cases both with and without hinges for the bracelet.

GB 101   GR 100   GT 101   GG 100   GC 101

GR 102   GN 101

GB 700   GB 702   GN 701

GT 700   GG 400   GG 700   GC 700   GR 101

GB 401   GB 701   GG 701   GT 701

GT 100   GB 001   GN 100

GR 700   GN 700   GT 702   GB 100   GC 100

GN 400   GT 402

128

Etude de cadrans pour les modèles «TENNIS STRIPES» et «PATRIOTIQUES».
Ricerche per quadranti dei modelli «TENNIS STRIPES» e «PATRIOTIQUES».
Various trials for the "TENNIS STRIPES" and "PATRIOTIQUES" models.

Etude de cadrans pour le modèle « TENNIS GRID », Mars 1983.
Ricerche per quadranti del modello « TENNIS GRID », Marzo 1983.
Various trials for the " TENNIS GRID " model, March 1983.

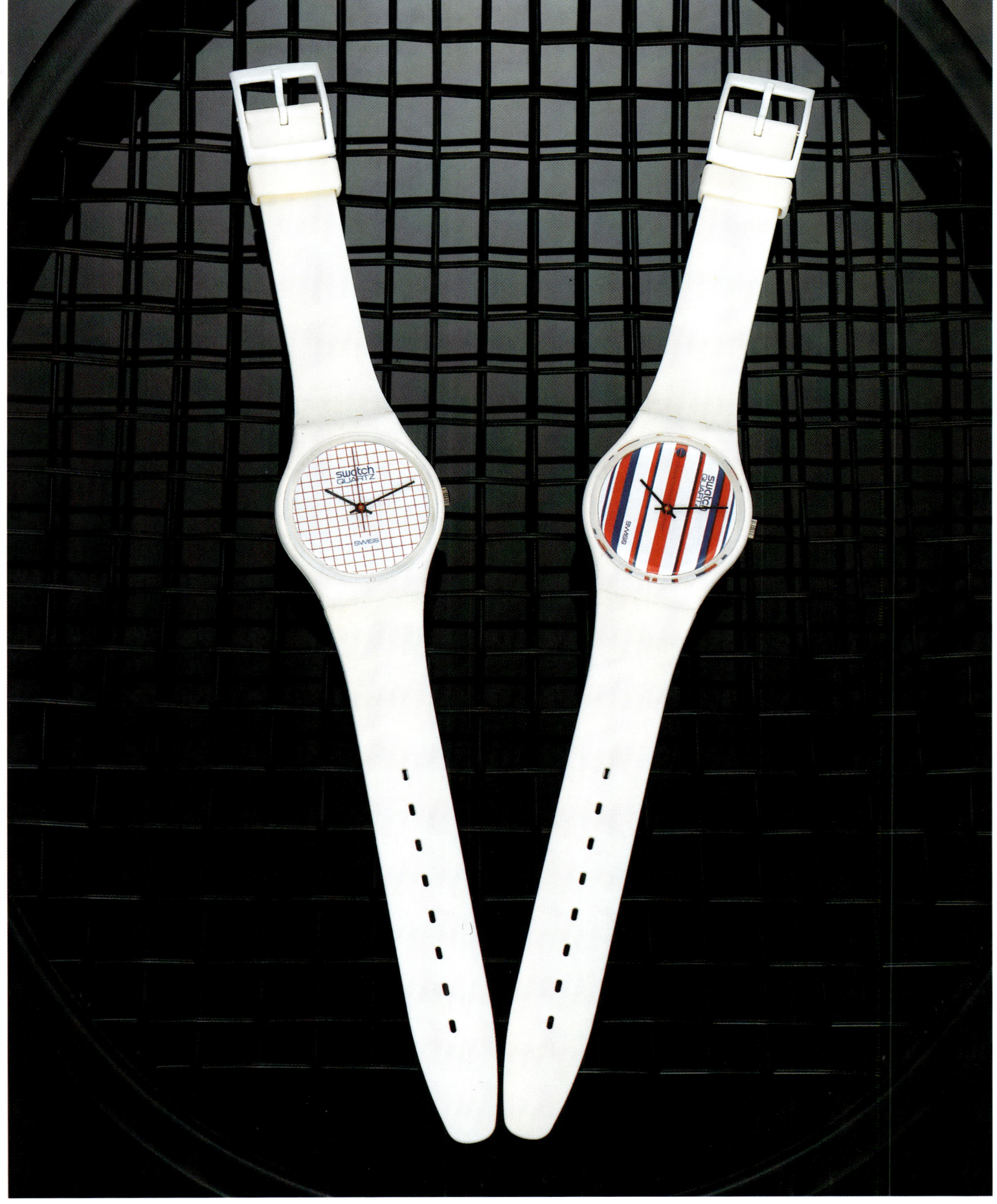

TENNIS GRID
GW 100

TENNIS STRIPES
GW 101

GB 101   GB 402   GN 701   GC 700

GB 703   GG 702   GM 700   GR 103   GN 001

GN 700   GT 403

Etude de cadrans en «Noir et Blanc».
Ricerche per quadranti in «Bianco e Nero».
Design prototypes for "Black and White" dials.

Etude de cadrans en « Noir et Blanc ».
Ricerche per quadranti in « Bianco e Nero ».
Design prototypes for "Black and White" dials.

Etude de cadrans en «Noir et Blanc».
Ricerche per quadranti in «Bianco e Nero».
Design prototypes for "Black and White" dials.

GB 103

Le modèle GB 103 est le premier exemple du changement imposé par les stylistes quant à l'iconographie des chiffres qui deviennent la partie la plus importante de la décoration du cadran. Testé sur le marché allemand en 1983, le GB 103 fut par la suite vendu avec succès dans le monde entier.

Il modello GB 103 è il primo esempio del cambiamento imposto dagli stilisti sull'iconografia nella numerazione. Le cifre diventano parte primaria nella decorazione del quadrante. Test di mercato in Germania nel 1983, è stato in seguito venduto con successo nel mondo intero.

The model GB 103 was the first major stylistic change in the "numerals" which were the dominant feature of the dial decoration. Test launched on the German market, the GB 103 was subsequently to sell successfully throughout the world.

GB 103

LB 100   LR 101   LR 101 *   LM 101 *   LB 101 *   LW 101 *   LG 101 *
                                VARIANT

* Vendues exclusivement aux USA.   * *Venduti esclusivamente negli USA.*   * Sold exclusively in the USA.

TENNIS GRID

LR 100   LN 100   LM 100   LW 100

Première étude d'un modèle « squellette », 6 décembre 1982.
Primi studi per un orologio « squellette », 6 dicembre 1982.
First studies for a "skeleton" model, 6 December 1982.

Gauche : prototype pour gauchers.
Droite : prototype pour droitiers.

Les stylistes ont fourni a Swatch 32 cadrans spéciaux pour gauchers, mais on ne connaît malheureusement pas la quantité des modèles terminés. Cette montre n'a jamais été produite en série. 11 juillet 1983.

Sinistra : prototipo per mancini.
Destra : prototipo per destri.

Sono stati consegnati dagli stilisti alla Swatch 32 quadranti speciali per mancini e, purtroppo, non si conosce la quantità di pezzi terminati. Questo modello non è mai stato prodotto in serie. 11 luglio 1983.

Left : prototype for lefthanded.
Right : prototype for righthanded.

The designers delivered 32 dials to Swatch especially made for "left-handed" watches, but the exact number terminated is unknown. This model was never produced in series. 11 July 1983.

Bien que le modèle original des « 4 FLAGS » ait été retiré, une brochure de vente ayant déjà été éditée, elle fut corrigée avec le nouveau numéro de référence des « 12 FLAGS » GS 101 et LS 101 au lieu de GS 100 et LS 100.

Locandina pubblicitaria della Swatch, corretta con il nuovo numero di referenza per il « 12 FLAGS » GS 101 e LS 101, che sostituiscono il modello ritirato « 4 FLAGS », referenza GS 100 e LS 100.

Although the original model had to be withdrawn, a sales brochures had already been prepared for the "4 FLAGS" and was therefore overstamped with the new "12 FLAGS" reference numbers GS 101 and LS 101, in place of GS 100 and LS 100.

Novembre 1983 : « 4 FLAGS ».
Planche de références des couleurs pour la production des cadrans et de leurs variantes. Le modèle « 4 FLAGS », ressemblant trop au « SKIPPERS » de Corum fut immédiatement retiré du marché.Il fut remplacé par le modèle « 12 FLAGS ». Le message des drapeaux du cadran signifie « Swatch Quartz ». (Voir page 145.)

*Novembre 1983 : « 4 FLAGS ».
Tavola di referenza dei colori per la produzione dei quadranti e le varianti. Questo modello essendo troppo rassomigliante allo « SKIPPERS » della Corum è stato immediatamente ritirato dal mercato e sostituito con il modello «12 FLAGS». Il messaggio delle bandiere sul quadrante significa: «Swatch Quartz». (Vedere pagina 145.)*

November 1983: "4 FLAGS".
Colour guide for the production of the dials along with various prototypes for the "4 FLAGS". Unfortunately, the dial design resembled too closely the Corum "SKIPPER" watch, and was immediately withdrawn from the market. It was replaced by the "12 FLAGS" model, where the flags surrounding the dial signify: Swatch Quartz". (See page 145.)

12 FLAGS
GS 101

4 FLAGS
GS 100   LS 100

12 FLAGS
LS 101

	WINDROSE		*COMPASS*	
	GW 103	LW 103	GR 400	LR 102

Prototype de « BLACK DIVERS » avec aiguille des secondes phosphorescente au tritium. Jamais commercialisée, car l'aiguille était trop lourde.
Prototipo di «BLACK DIVERS» con lancetta dei secondi luminosa al tritium. Mai commercializzato perché troppo pesante.
Prototype of "BLACK DIVERS" with luminous seconds hand in tritium. Never produced, as the hand was too heavy.

FRANKFURT

La montre la plus grande du monde (figure dans le «Guiness Book of Records»). Créée par P. GSCHWIND à la demande de J. IRNIGER, Directeur du Marketing.
Longueur totale avec boucle 147 mètres
Poids total   13 tonnes
Poids du mouvement   2,5 tonnes
La fixation au mur résiste à des vents de 250 km/h. La façade a été assurée pour la somme de 8 millions de francs suisses (5 millions de dollars). Elle a été exposée en Allemagne (COMMERZBANK Frankfurt - du 29 mars au 5 avril 1984).

L'orologio più grande del mondo (appare nel libro «Guiness Book of Records»). Creato da P. GSCHWIND su richiesta di J. IRNIGER Direttore del Marketing.
Lunghezza totale, fibia compresa, 147 metri
Peso complessivo 13 tonnellate
Peso del movimento, 2,5 tonnellate
L'aggancio al muro resiste a dei venti di 250 km/h. La facciata è stata assicurata per 8 milioni di franchi svizzeri (5 milioni di dollari). Esposto alla COMMERZBANK di Francoforte dal 29 marzo al 5 aprile 1984.

The largest watch in the world, and recorded in the "Guiness Book of Records". Created by P. GSCHWIND at the request of J. IRNIGER, Director of Marketing.
Total length with buckle 147 metres
Total weight   13 tonnes
Movement weight   2,5 tonnes
When fixed to the wall it was designed to withstand winds of up to 250 km/hr., and the facade of the building was insured for 8 million Swiss francs (5 million US$). It was exhibited in Germany on the COMMERZBANK building, Frankfurt from 29 march to april 1984.

TOKYO

Une «Mega Swatch» similaire fut exposée sur l'un des gratte-ciel les plus haut de Tokyo, hauteur 165 m, poids 25 tonnes, de septembre à décembre 1985. La «Mega Swatch» fut aussi présentée à l'Exposition Universelle de Vancouvers de mai à septembre 1986, elle pesait 25 tonnes! (Voir page 151.)

Un «Mega Swatch» simile è stato esposto sulla facciata di uno dei grattacieli più alti di Tokyo. Altezza di 165 m., peso 25 tonnellate da settembre a dicembre 1985. Il «Mega Swatch» fu anche presentato all'esposizione Universale di Vancouvers da maggio a settembre 1986. (Vedere pagina 151.)

A similar "Mega Swatch" was displayed in Tokyo on one of the highest skyscrapers from September to December 1985, being 165 meters long by then. The "Mega Swatch" exhibited at the Universal Exhibition in Vancouver from May to September 1986, had a weight of 25 tons! (See page 151.)

YELLOW RACER
GJ 400   LJ 100

BLACK DIVERS
GB 704

RED 12-3-6-9
LR 103

GREY MEMPHIS
GM 100

WHITE MEMPHIS
LW 102

DON'T BE TOO LATE!
GA 100

MISS CHANNEL
LA 100

HIGH TECH		**PIRELLI**
LB 102	GB 002	GM 101 LM 102

| *CLASSIQUE* | | *GREY MARKERS* | *ART DECO* |
| GB 703 | LB 103 | GM 400 | LM 103 |

NAVY ROMAN

GN 702   LN 102

BEIGE ARABIC

GT 102   LT 100

COMPU-TECH
GR 401

SQUIGGLY
LR 104

MAH-JONG
LA 101

CHRONO-TECH
GB 403   LB 104

12 FLAGS
GS 101   LS 101

TENNIS GRID
GW 100   LW 100

BLACK DIVERS
GB 704

YELLOW RACER
LJ 100

*HIGH
TECH II*
GA 101

HIGH TECH

GB 002   LB 102

PIRELLI

GM 101   LM 102

DON'T BE TOO LATE!
GA 100

MISS CHANNEL
LA 100

DON'T BE TOO LATE!
GA 100

NOUVEAU: SWATCH 83/84.
À PARTIR DE FR. 39.90.

GB 101
Fr. 44.90

GB 703
Fr. 49.90

GT 403
Fr. 49.90

GB 103
Fr. 44.90

GG 702
Fr. 49.90

GR 103
Fr. 44.90

GN 001
Fr. 39.90

GN 700
Fr. 49.90

GN 701
Fr. 49.90

GB 402
Fr. 49.90

GC 700
Fr. 49.90

GM 700
Fr. 49.90

SWATCH. *Étanche. Antichoc. Super-légère. Dans le vent, à quartz.*

SWATCH.
LE NOUVEAU LOOK
POUR L'AUTOMNE ET HIVER 84/85.

GT 103
Fr. 44.90

GB 101
Fr. 44.90

GN 702
Fr. 49.90

GA 100
Fr. 44.90

GM 101
Fr. 44.90

GR 401
Fr. 49.90

GB 403
Fr. 49.90

GB 703
Fr. 49.90

GM 400
Fr. 49.90

GB 002
Fr. 39.90

GB 704
Fr. 49.90

GB 701
Fr. 49.90

SWATCH. Etanche. Antichoc. Ultra-légère.
Ultra-mode et ultra-quartz. Swiss Made.

swatch
+QUARTZ

SWATCH. LA MONTRE SUISSE EN LIBERTÉ.

Reproduction d'une publicité SWATCH.
Riproduzione di una pubblicità SWATCH.
Reproduction of a SWATCH publicity brochure.

| NICHOLSON | BLACK MAGIC | CLASSIC | |
| GB 701 | GB 101 | GB 703 | LB 103 |

GREY MARKERS	ART DECO	NAVY ROMAN	GOLDEN TAN	BEIGE ARABIC
GM 400	LM 103	GN 702 LN 102	GT 103	LT 100

Prototypes des 30 exemplaires homme et femme, à chiffres arabes de style différent, jamais commercialisés.
Prototipi dei 30 esemplari per uomo e 30 per donna, con numeri arabi di stile differente, mai commercializzati.

168   Prototype made in 30 examples each, for men and women, with unusual Arabic numerals, never commercialised.

JELLY FISH   RASPBERRY   ICE MINT   BANANA
GK 100   LW 107   LW 105   LW 106

JELLY FISH

ETUDE POUR UNE JELLY FISH COLORÉE.

Prototypes de montres transparentes JELLY FISH avec coloration par trempage. Selon les stylistes, les montres pouvaient être colorées selon le goût du client, au moment de l'achat dans le point de vente. Ce projet ne fut jamais réalisé.

STUDIO PER DEI JELLY FISH COLORATI.

Prototipo di orologio trasparente JELLY FISH tinto tramite immersione in un liquido speciale. L'idea era di personalizzare l'orologio al momento dell'acquisto. Purtroppo il progetto non fu mai realizzato.

STUDIES FOR A COLOURED JELLY FISH.

Prototypes for the transparent JELLY FISH watch coloured by immersion. Originally the intention was for the colour to be applied according to the clients request, at the time of purchase. The project was never realised.

Série de montres originales

Serie di orologi originali

A selection of genuine swatch

Photo R. Sautebin

Copies des mêmes modèles, produits et commercialisés un peu partout dans le monde.

Copie degli stessi modelli, prodotti e commercializzati in vari paesi.

Commercially produced copies of the same models from around the world.

Photo R. Sautebin

DOTTED SWISS

GW 104   LW 104

CHRONO-TECH

GB 403   LB 104

YAMAHA RACER   TRI-COLOR RACER   CALYPSO DIVER
GJ 700   LS 102   GM 701

| PINSTRIPE | MISS PINSTRIPE | BLACK MAGIC | |
| GA 102 | LA 100 | GB 101 | LB 106 |

CLASSIC
GB 706   LB 107

NICHOLSON
GB 705

NICHOLETTE
LB 105

GREY FLANNEL
GM 401   LM 104

OXFORD NAVY
GN 401   LN 103

GOLDEN TAN
GT 103   LT 101

177

Etude de prototypes à cadran en tissu et bracelet de carton.
Sudio per prototipi, quadrante in tessuto, cinturino di cartone.
Studies for a prototype with tartan cloth dial and cardboard bracelet.

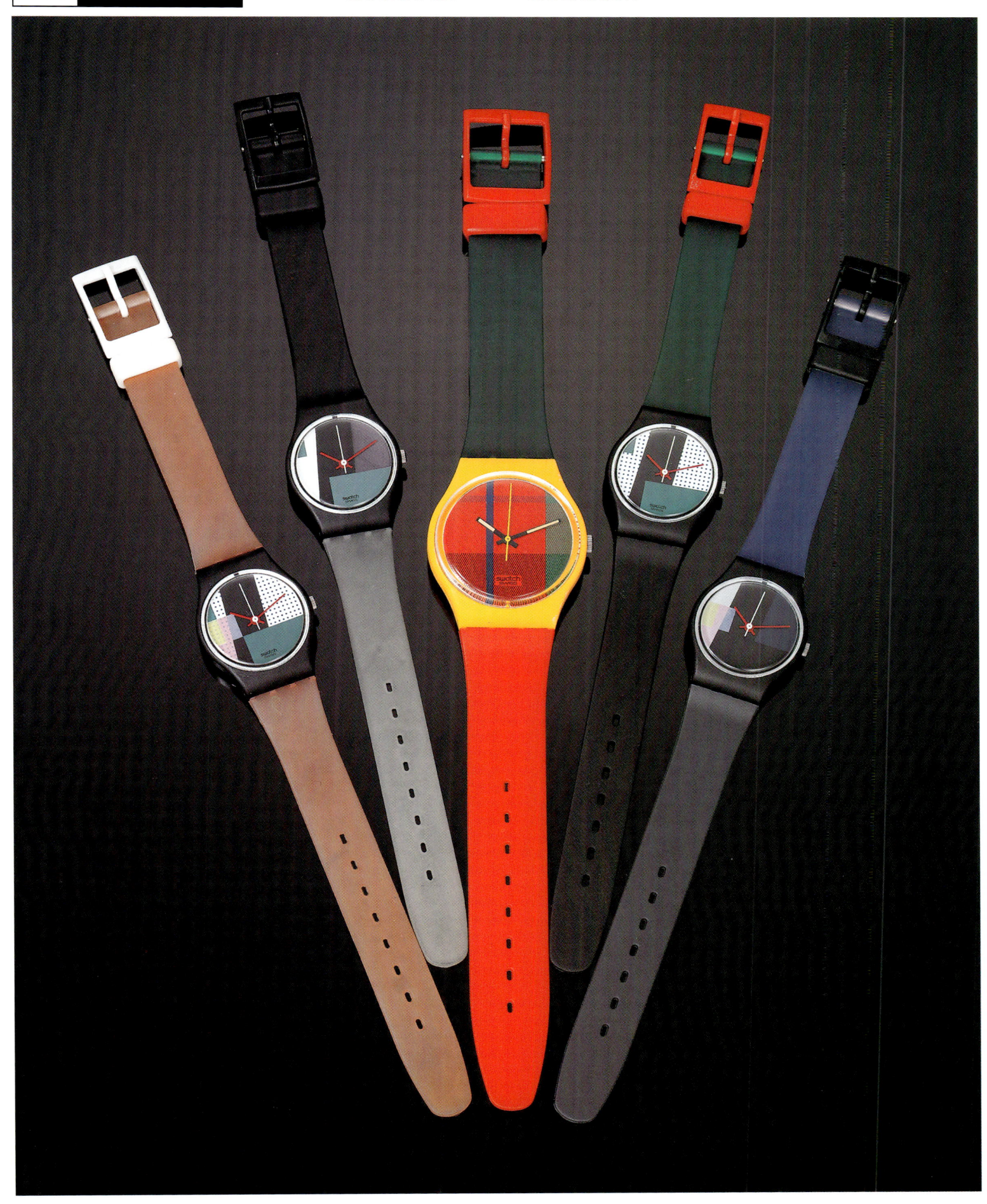

Boîte transparente.   *Cassa trasparente.*   **Transparent case.**

MCGREGOR GJ 100   MCSWATCH LR 105   VELVET UNDERGROUND LB 108   SHEHERAZADE LM 105

| *DOTTED SWISS* | | *YAMAHA RACER* | *TRI-COLOR RACER* | *CHRONO-TECH* |
| GW 104 | LW 104 | GJ 700 | LS 102 | LB 104 |

PINSTRIPE MISS PINSTRIPE INC. BLACKOUT BLACK MAGIC
GA 102 LA 100 GA 103 GB 105 LB 106

CLASSIQUE		NICHOLSON	NICHOLETTE	JAEGERMEISTER	BC/BG
GB 706	LB 107	GB 705	LB 105	GB 404	LT 102

Prototypes du modèle dame TECHNO-SPHERE cadrans en Plexiglas vert, Octobre 1984.
Prototipi del modello da donna TECHNO SPHERE quadranti in Plexiglas verde, Ottobre 1984.
Prototypes for the lady's TECHNO-SPHERE model with green Plexiglass dials, October 1984.

Prototypes du modèle homme TECHNO-SPHERE cadrans en Plexiglas vert, Octobre 1984.
Prototipi del modello da uomo TECHNO-SPHERE quadranti in Plexiglas verde, Ottobre 1984.
Prototypes for the gentleman's TECHNO-SPHERE model with green Plexiglass dials, October 1984.

IT'S TIME TO TRUST ME.

Publicité Swatch parue en 1985.
Pubblicità Swatch apparsa nel 1985.
Publicity photograph for Swatch, 1985.

187

Publicité Swatch parue en 1985.
Pubblicità Swatch apparsa nel 1985.
Publicity photograph for Swatch, 1985.

TECHNO-SPHERE
GK 101

NEO-QUAD
LB 109

Prototype de boîte phosphorescente sur des chutes de cadrans estampés.
Prototipo di cassa fosforescente su degli scarti di quadranti stampati.
Prototype for a phosphorescent case, with residual dial stampings.

NAUTILUS	BLACK CORAL	AQUA DREAM	NAUTILUS
GK 102	LK 101	LK 100	GK 102
(1st series)			(2nd series)

TONGA
GL 100

GAMBELA
LG 102

Swatch commémorative jamais commercialisée.
Swatch commemorativo mai commercializzato.
Commemorative Swatch never commercialised.

OSIRIS
GM 102

HORUS
LL 101

COSMIC ENCOUNTER
GS 102

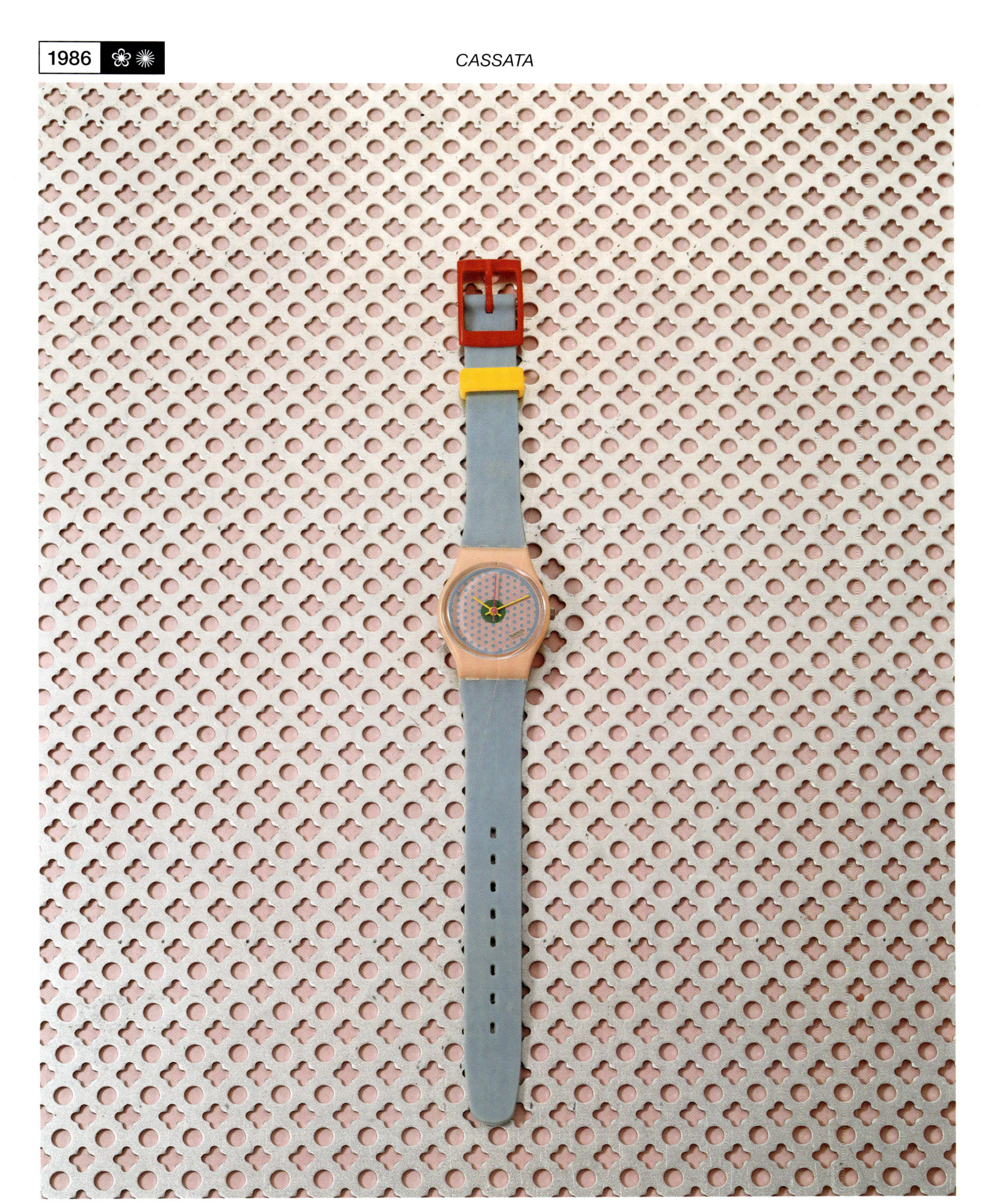

PINK FLAMINGO
LP 100

| *PING PONG WHITE* | *VASILY* | *ROTOR* | *RADAR* |
| GW 105 | LW 111 | GS 400 | LR 106 |

RITZ	CARLISLE	MEZZA LUNA	SOTO	CHELSEA
GA 400	LG 103	GB 107	GB 109	LB 112

| PINSTRIPE | MISS PINSTRIPE | INC. | BLACK MAGIC | CLASSIQUE | |
| GA 102 | LA 100 | GA 103 | LB 106 | GB 706 | LB 107 |

TECHNO-SPHERE
GK 101

RUFFLED FEATHERS   RUNNING WATER
GF 100   LS 103

SIR SWATCH *   *LIONHEART*   *LANCELOT*   *VALKYRIE*
GB 111   LK 102   GB 110   LP 101

* Le blason incorpore le mot «SWATCH». / Il blasone incorpora il nome «SWATCH». / Shield incorporates the word "SWATCH".   201

PINK FLAMINGO
LP 100

PINK DOTS
LL 100

ROTOR
GS 400

EMERALD DIVER
GG 703

RADAR
LR 106

PING PONG BLUE
GW 106

VASILY
LW 111

SOTO
GB 109

MISS PINSTRIPE
LA 100

CHELSEA
LB 112

Made to be Superior

MORGANS

Publicité Swatch parue en 1986.
Pubblicità Swatch apparsa nel 1986.
Publicity photograph for Swatch 1986.

BLUE NILE

Made to seduce

Publicité Swatch parue en 1986.
Pubblicità Swatch apparsa nel 1986.
Publicity photograph for Swatch 1986.

Variantes de couleurs.
Varianti di colore.
Colour variants.

CLASSIQUE	RITZ	CLUB STRIPE	CARLISLE
GB 706	GA 400	GG 401	LG 103
	VARIANT		

JELLY FISH
GK 100

LITTLE JELLY
LK 103

© SWATCH AG 1986

swatch
SWISS

WAIPITU
GB 113

NAFEA
LK 104

Bora Bora

MADE FOR MOMENTS OF GLORY

Publicité Swatch parue en 1987.
Pubblicità Swatch apparsa nel 1987.
Publicity photograph for Swatch 1987.

Journey to Samoa

MADE FOR NEW HORIZONS

Publicité Swatch parue en 1987.
Pubblicità Swatch apparsa nel 1987.
Publicity photograph for Swatch 1987.

PAGO PAGO
GL 400

BLUE HORIZON
LF 100

BLUE NOTE
GI 400

NEWPORT TWO
GW 108

NEWPORT
LW 115

RASPBERRY SHORTCAKE   KIR ROYALE
LP 102   LW 113

| TUTTI FRUTTI | KASIMIR | NAVIGATOR | BLUE RACER | BANDOS DIVER |
| GW 109 | LW 114 | GB 707 | LR 107 | GB 710 |

VULCANO
GB 114

MISS PINSTRIPE
LA 100

GRAY FLANNEL
GA 104

SILVER CIRCLE
GA 105

BIG ECLIPSE
GW 400

LITTLE ECLIPSE
LW 112

WHITE OUT
GW 107

BLACK PEARL
LB 114

CLASSIC TWO
GB 709   LB 115

RITZ   NICHOLETTE
GA 400   LB 105

TURQUOISE BAY
GK 103

LITTLE JELLY
LK 103

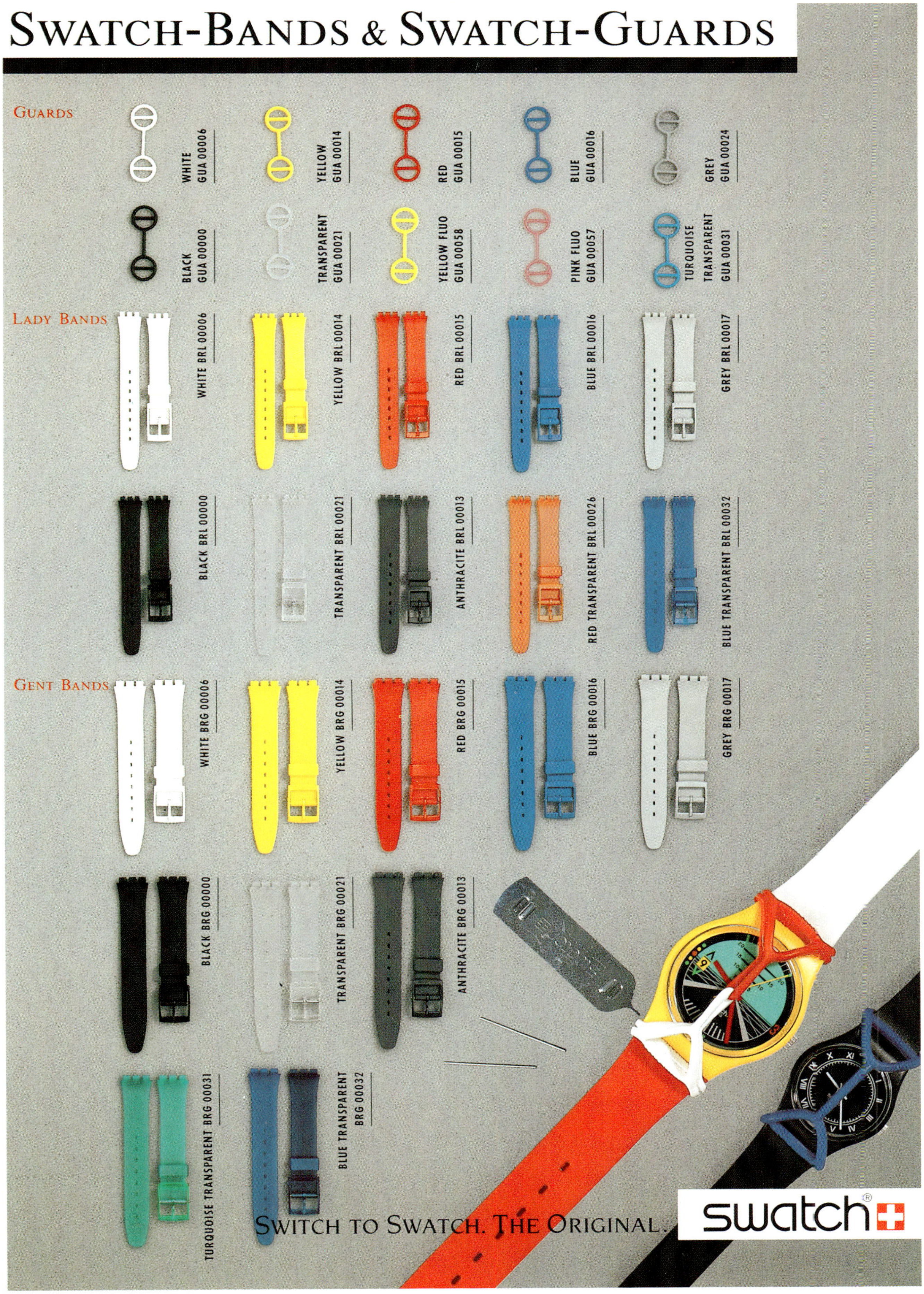

SWATCH-BANDS & SWATCH-GUARDS

GUARDS

WHITE GUA 00006

YELLOW GUA 00014

RED GUA 00015

BLUE GUA 00016

GREY GUA 00024

BLACK GUA 00000

TRANSPARENT GUA 00021

YELLOW FLUO GUA 00058

PINK FLUO GUA 00057

TURQUOISE TRANSPARENT GUA 00031

LADY BANDS

WHITE BRL 00006

YELLOW BRL 00014

RED BRL 00015

BLUE BRL 00016

GREY BRL 00017

BLACK BRL 00000

TRANSPARENT BRL 00021

ANTHRACITE BRL 00013

RED TRANSPARENT BRL 00026

BLUE TRANSPARENT BRL 00032

GENT BANDS

WHITE BRG 00006

YELLOW BRG 00014

RED BRG 00015

BLUE BRG 00016

GREY BRG 00017

BLACK BRG 00000

TRANSPARENT BRG 00021

ANTHRACITE BRG 00013

TURQUOISE TRANSPARENT BRG 00031

BLUE TRANSPARENT BRG 00032

SWITCH TO SWATCH. THE ORIGINAL.

swatch

Première sélection de bracelets de rechange.
Prima selezione di cinturini di ricambio.
First selection of replacement bracelets.

NEO GEO

MADE TO AGITATE

swatch

Publicité Swatch parue en 1987.
Pubblicità Swatch apparsa nel 1987.
Publicity photograph for Swatch, 1987.

X-RATED	NINE TO SIX	SPEED LIMIT
GB 406	GB 117	LW 117

MACKINTOSH
GB 116

CALAFATTI
GK 105

BELVEDERE
LK 105

BORGO NUOVO
GF 102

SPIGA
LF 101

PINK CASSATA
LL 102

BLUE CASSATA
LP 103

TUTTI FRUTTI	NIKOLAI	NAVIGATOR	FOLLOW ME	BLUE RACER	COMMANDER	SKYRACER
GW 109	LW 116	GB 707	GJ 101	LR 107	GB 115	GK 106

HIGH MOON   SILVER CIRCLE   BLACK PEARL   SNOWWHITE   LAZULI   MARMORATA
G.A 107   GA 105   LB 114   GK 104   GF 101   GB 119

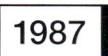

| CLASSIC TWO | | PULSOMETER | TREVI |
| GB 709 | LB 116 | GA 106 | LB 117 |

TURQUOISE BAY
GK 103

BLUE BAY
LD 106

TINTARELLA
GK 108

O'SOLE MIO
LK 108

LUNA DI CAPRI
LK 109

NEEDLES
GB 408

ST. CATHERINE POINT
GB 121

NAB LIGHT
LW 118

CORAL GABLES COCONUT GROVE FLAMINGO DELI
GB 407 GB 120 LK 107

DEAUVILLE   ANTIBES   BIARRITZ
GW 401   LW 120   LN 104

WHITE KNIGHT
GW 110

WHITE LADY
LW 119

GREEN WAVE
GW 402

RED WAVE
LW 121

BACKSLASH
GS 700

SPEEDWEEK
GK 112

FRONTLOOP
LK 110

BACKSLASH
VAR ANT
(no date)

WHITE WINDOW
GB 711

SNOWWHITE
GK 104

CLASSIC TWO
GB 709

MONEYPENNY
LB 116   LB 118

TURQUOISE BAY	BLUE BAY	ANDROMEDA	DARK VADER
GK 103	LK 106	GK 111	GK 110

NEO RIDER
GG 103

FLUMOTIONS
GN 102

HOT RACER
LK 115

LIQUID SKY
LG 104

COLOURED LOVE
GB 122

FROZEN DREAMS
LB 120

OLD BOND	SOUTH MOULTON	SLOAN RANGER	BEAUCHAMPS PLACE
GG 102	LL 103	GX 104	LF 102

PINK LOLLY BLUE LOLLY   RED WAVE   GREEN WAVE
LL 104   LP 105   LW 121   GW 402

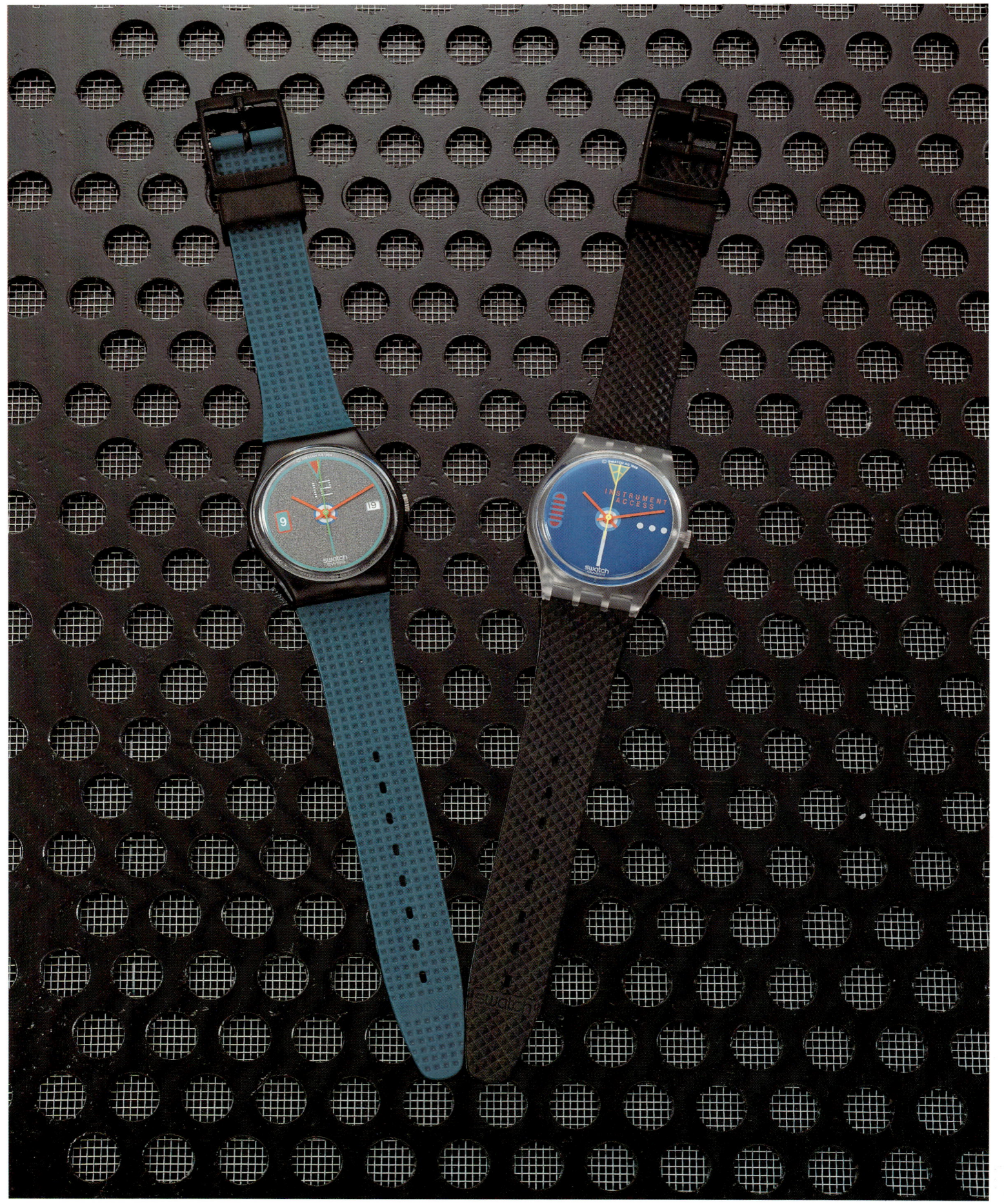

TOUCH DOWN
GB 409

TAKE OFF
GK 114

KAILUA DIVER
GB 712

BACKSLASH
GS 700

SPEEDWEEK
GK 112

FRONTLOOP
LK 117

SNOWWHITE
GK 104

LITTLE SNOWWHITE
LK 116

BLACK MAGIC
LB 119

WHITE WINDOW
GB 711

SIGN OF SAMAS
GX 105

MIDAS TOUCH
LK 112

TICKERTAPE
GB 713

CLASSIC TWO
GB 709

CLASSIC TWO
LB 116

MONEYPENNY
LB 118

BLACK HAWK
GX 702

ALBATROSS
GX 700

TIGER MOTH
GX 701

COURIER
GX 703

JELLY FISH	LITTLE JELLY	ANDROMEDA	DARK VADER	DISQUE BLEU	DISQUE ROUGE
GK 100	LK 103	GK 111	GK 110	GK 113	LK 114
	VARIANT				

HEARTBREAK
GX 101

HEARTSTONE
GX 100

GOLDEN SPHERE
GX 102

HEARTSTONE
VARIANT
(seconds hand)

SEVENTEEN-SEVEN
LW 123

NOTEBOOK
LR 108

CAMOUFLAGE
LP 106

PAINT BY NUMBERS
LW 122

ST-GERMAIN
GB 123

BAR ORIENTAL
GR 104

CASBAH ROCK
LN 105

BAR ORIENTAL
GR 104
(2nd series)

TAXI-STOP
GB 410

LOBRO
LB 123

SHIBUYA
GG 104

HARAJUKU
GB 124

ROSEHIP
GP 100

PINKDRIP
LP 107

GEOGLO
GW 403

GREENGO
LW 124

AQUA CLUB   PINK CHAMPAGNE
LP 108   LL 105

KAILUA DIVER   BONDI DIVER FRONTLOOP TWO
GB 712   GK 115   LK 117

WIPEOUT
GB 714

PINK BETTY
LK 118

HANG TWELVE
GJ 102

GREENROOM
GN 103

257

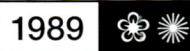

GLOWING ARROW	COLOR WINDOW	SILVER THREAD	GREY LINE	
GX 109	GB 715	LB 121	GB 411	GB 411
			(Polished band)	(Matt band)

WHITE WINDOW   *MIDAS TOUCH*   *SNOWWHITE*   *LITTLE SNOWWHITE*
GB 711   LK 112   GK 104   LK 116

TICKERTAPE II   *CLASSIC TWO*

PROTOTYPE   GB 713*   GB 709   LB 116

*Postiche. *Posticcio.* Dummy.

| BLACK HAWK | ALBATROSS | HIGH FLYER |
| GX 702 | GX 700 | GX 704 |

TANGO AZUL
GX 401

BOCA VERDE
GX 402

| METALSPHERE | STEELTECH | COLDSTEEL |
| GY 102/103 | GY 100/101 | GY 104/105 |

ECLIPSES
GB 128

RUSH FOR HEAVEN
GN 105

SUN LADY
LB 125

BLUE LEAVES
GN 104

BEAUJOLAIS
LR 109

BLUE LEAVES
VARIANT

| FIGUEIRAS | CROQUE MONSIEUR | CROQUE MOISELLE |
| GB 125 | GX 112 | LN 107 |

MEDICI'S	LUCRETIA
GB 127	GB 126

CHIC-ON
GX 111

GREENIE
GX 110

MBA
GX 403

NOBLESSE OBLIGE
LX 100

BRIGHT LIGHTS
GX 706

BIG CITY
PROTOTYPE

BIG CITY
LB 124

LEMON ICEBERG
GK 116

ICEBREAKER
GX 113

MINT ICICLE
LG 105

ALPINE
GW 113

FROST
LW 125

SANDY MOUNTAINS   *STORMY WEATHER*   *PINK HURRYCANE*   *PEAK SEASON*
GG 105   GV 100   LN 106   LJ 101

PETRODOLLAR
GG 402

BLUE JET
GS 701

PETRODOLLAR
VARIANT
(No date)

MOONQUAKE
GX 404

METROPOLIS
GX 405

PLUTO
LX 101

GOLDEN BOND
GP 101/102

DAY OFF
GY 400/401

IRON MAN
GY 116/117

ROBIN
GJ 103

BETTY LOU
LN 111

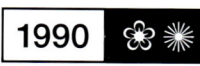

TUTTI
GW 700

FRUTTI
LW 126

SOGNO
GV 101

SIGNORINA
LN 108

AUDREY
LL 106

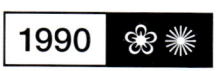

PASSION FLOWERS	MANGO DREAM	PAPAYA SWING
GN 703	GR 105	LN 113

AFRICAN-CAN
GK 120

BONGO
LN 110

GILDA'S LOVE
GB 133

JOHNNY GUITAR
GX 116

| TRAFFIC JAM | BMX | FITLESS |
| GB 412 | GP 103 | LJ 102 |

DEPTH.m   N.D.TIME
12 200   30   25
15 100   33   20
18   60   36   15
21   50   39   10
24   40   42   10
27   30   45   5

BLUE NEPTUN   *SCOOB-A-DOO*   *PINK MERMAID CORAL BEACH*
GB 718   GV 102   LN 109   LN 112

TENDER TOO
GB 131

TOP SAIL
GB 132

FORSAIL
LI 100

THE BURGLAR *BLACK NIGHT* *THE BURGLAR*
GB 717 LB 127 VARIANT
(No date)

KNIGHT OF THE NIGHT   *LADY GLANCE*   *KNIGHT OF THE NIGHT*
GB 716   LB 126   VARIANT
                                        (No date)

STEEL FEATHERS
GX 406

TURBINE
GK 117

| *STOPLIGHT* | *RED LINE* | *FREEWAY* |
| GY 402/403 | GK 118/119 | LY 100 |

RAVENNA
GR 107

BYZANTHIUM
LG 106

TRISTAN
GB 135

ISOLDE
LK 120

STUCCHI
GN 107

LOUIS LOUIS
GR 106

BRODE D'OR
LA 102

BROADCAST
GB 720

BLUE TUNE
GX 119

SHORT WAVE
LF 105

COUNTRY-SIDE
GX 114

REAL STUFF
GX 115

TRUE WEST
LF 104

COSMESIS   METROSCAPE
GM 103   GN 109

SHORT LEAVE   *PORT-O-CALL*
GW 701   LW 127

HACKER'S REWARD
GK 122

COMPUTRIP
GN 108

SATURNIAC
LL 107

NEUTRINO
LJ 103

WORLD RECORD
GB 721

HONOR RIDE
GJ 104

PINK PODIUM
LK 119

HOPSCOTCH
GN 106

GOOD SHAPE
GN 704

GYM SESSION
LI 101

GOOD SHAPE
VARIANT
(No date)

ENGLISH BREAKFAST
GX 707

DARJELLING
LX 103

ASCOT
GX 117

STIRLING RUSH
GX 407

BOOKEY'S BET
GX 118

TOUGH TURF
LX 104

COOPER DUSK   *SILVER RIVET*   *BLADE RUNNER*
GK 121/128   GG 107/108   LK 121

R.S.V.P. GOLDEN BRIDE
GK 129 LK 123

FORTNUM MASON
GB 136 LN 114

OBELISQUE LUTECE NERO JULIA
GM 104 LX 106 GB 722 LB 128

TIP TAP
GB 138

ONE STEP
GX 708

BE BOP
GX 120

POLKA
LP 109

REFLECTOR
GK 130

SKYCHART
GN 705

STRAWBERRY FIELDS
LK 122

IBISKUS
GL 101

EXOTICA
LR 110

DAHLIA
LL 109

THE BOSS
GR 109

AMNERIS
GK 132

MARK
GM 106

FRANCO
GG 110

ENGINEER   *VINCIS TWIST*   *THE GLOBE*   *COMPASS*
GB 139   LK 124   GB 137   LV 100

SAPPHIRE SHADE
GN 110/111

PINK NUGGET
LP 110

| *TYPESETTER* | *BOLD FACE* | *BERMUDAS* | *BIKINI* | *HULA* |
| GK 131 | GN 112 | GK 133 | GJ 105 | LL 108 |

FIXING
GB 413

INVESTMENT
LB 129

GENJI
GB 723

BEAU
GX 408

DEBUTANTE
LM 106

HIGH BEAM SPOT FLASH GALLERIA PLAZA BOUTIQUE
GM 107 GB 414 GG 114 GX 121 LX 108

ASETRA	*KARABURUN*	*SEVRUGA*
GK 137/138	GK 135/136	LL 111

GIRO
GK 700

TOUR
GL 102

CHAMP
GJ 106

STALEFISH
GG 113

NOSEWEELIE
GN 115

STIFFY
LK 127

HICE-SPEED
LL 110

GOLD INLAY
GB 141

BLUE FLAMINGO
GN 114

GULP !!!
GK 139

CRASH !!!
GG 111

RARA AVIS
GV 103

MONTEBELLO
LK 126

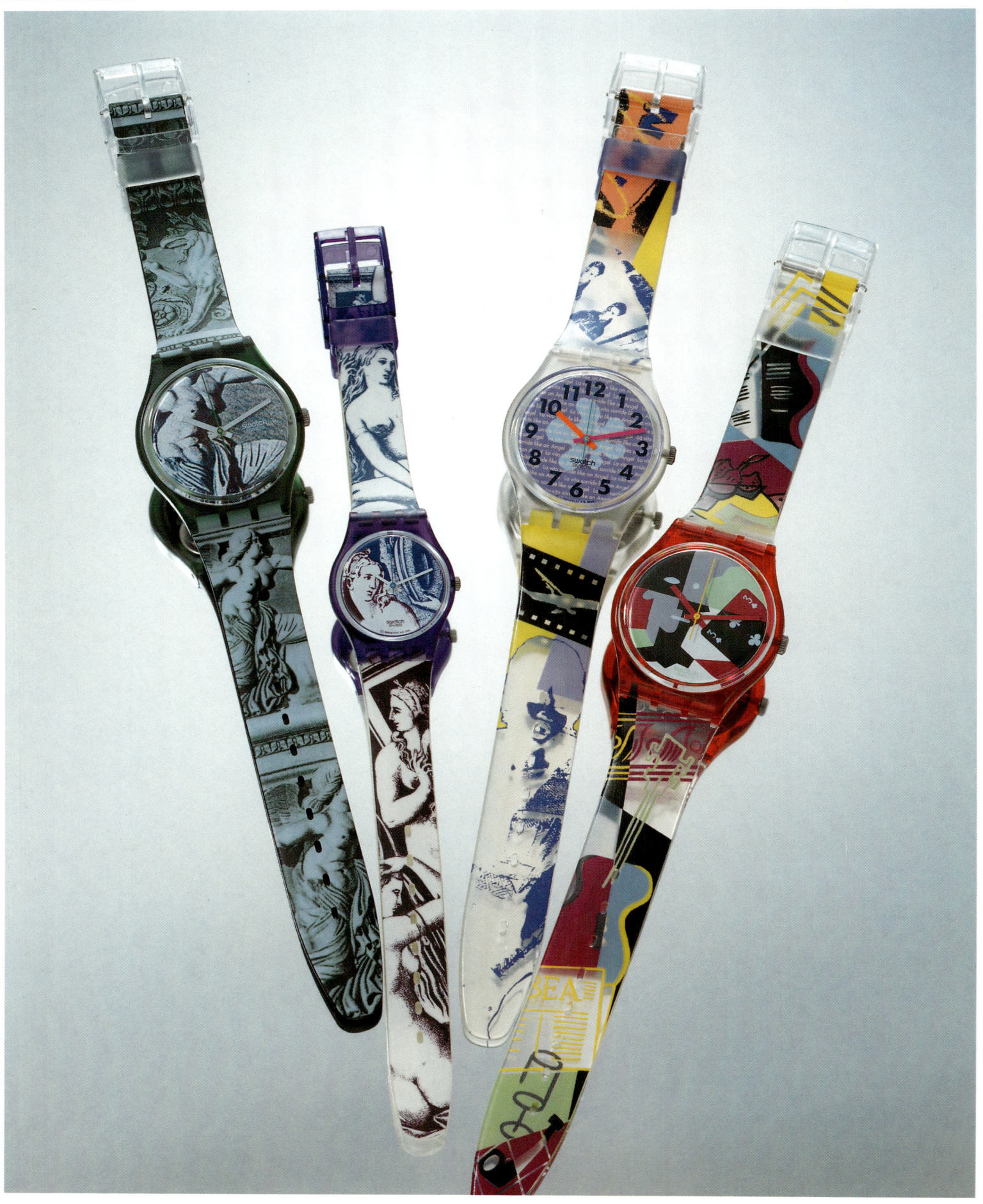

CUPYDUS
GG 112

SAPPHO
LV 101

RAVE
GK 134

CUBISTIC RAP
GR 110

EDITIONS SPECIALES

Les Swatch "Editions Spéciales" sont réalisées pour des occasions particulières, comme anniversaires, fêtes ou événements, et sont généralement produites en séries limitées, voire numérotées.

EDIZIONI SPECIALI

Gli Swatch "Specials" sono realizzati per occasioni particolari come anniversari, festivitá, avvenimenti, ecc. Generalmante prodotti in serie limitata, a volte numerati.

SPECIAL EDITIONS

The Swatch "Special Editions" are produced to celebrate particular occasions, anniversaries or events, and are usually manufactured in limited series, sometimes numbered.

FACHHANDEL LOGO

Les FACHHANDEL LOGO ont été produites durant une brève période, afin de distinguer les Swatch vendues dans les horologeries-bijouteries de celles vendues dans les super-marchés.

FACHHANDEL LOGO

FACHHANDEL LOGO è un marchio utilizzato per un breve periodo per distinguere gli Swatch prodotti per essere venduti nei negozi d'orologeria e gioielleria, da quelli venduti nei supermercati.

FACHHANDEL LOGO

The FACHHANDEL LOGO used for only a short time, was designed to distinguish those Swatch destined for sale through selected watch and jewellery shops, as distinct from those sold in "Supermarkets".

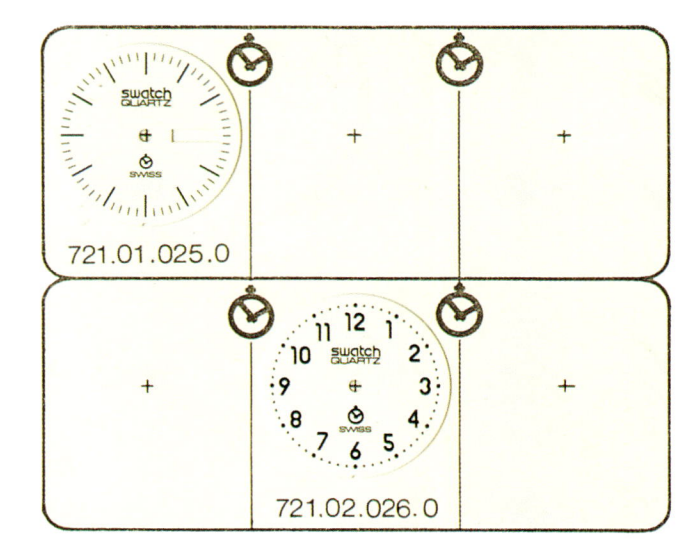

721.01.025.0

721.02.026.0

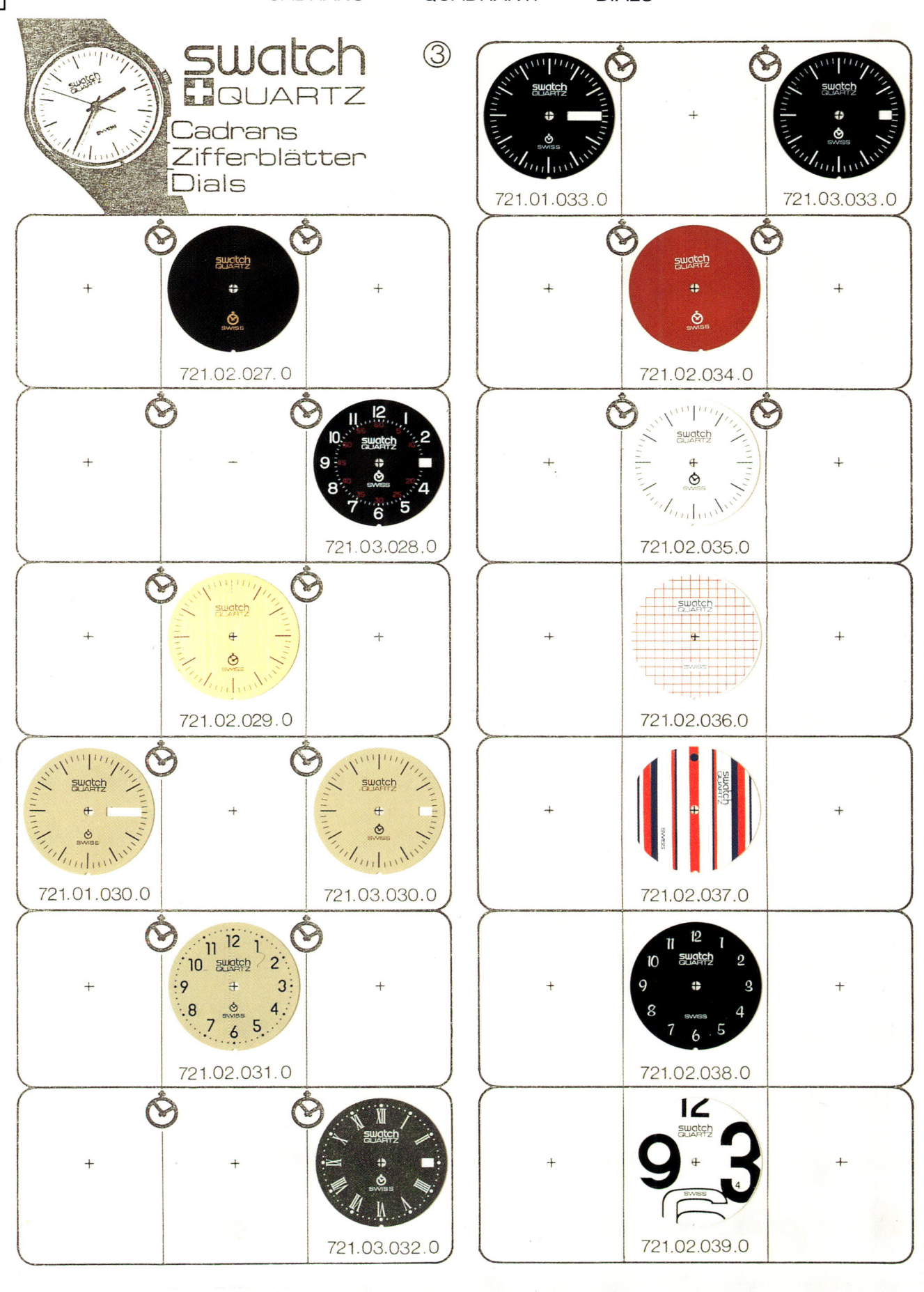

swatch +QUARTZ

Cadrans
Zifferblätter
Dials

③

721.01.033.0

721.03.033.0

721.02.027.0

721.02.034.0

721.03.028.0

721.02.035.0

721.02.029.0

721.02.036.0

721.01.030.0

721.03.030.0

721.02.037.0

721.02.031.0

721.02.038.0

721.03.032.0

721.02.039.0

Echantillonnage de cadrans
Campionario di quadranti
Pattern board for dials

GT 702 GN 400 GB 401 GB 001
Modèles avec FACHHANDEL LOGO *Modelli con FACHHANDEL LOGO* **Models with FACHHANDEL LOGO**

ORIGINAL JELLY FISH

JELLY FISH

Modèle crée par Marlyse Schmid qui, malgré le refus du département technique de le construire, le présenta au Dr. Thomke à l'issue d'une séance. Celui-ci, enthousiaste, ordonna la réalisation de 200 pièces, destinées aux journalistes de la conférence de presse de Zürich en 1983. (Voir page précédente).

JELLY FISH

Modello creato da Marlyse Schmid, che nonostante il rifiuto di costruirlo da parte del dipartimento tecnico, lo presentó al Dottor E. Thomke. Quest'ultimo entusiasta ordinó la realizzazione di 200 esemplari che furono destinati ai giornalisti della conferenza stampa di Zurigo nel 1983. (Vedi pagina precedente).

JELLY FISH

A model that has become synonymous with the name Swatch. In common with several of the more revolutionary designs, the Jelly Fish had to swim upstream to reach the production stage. Initially rejected by the technical department on the valid grounds that it would present considerable technical difficulties, Marlyse Schmid nevertheless presented a prototype at the end of a meeting to discuss the forthcoming collection. Dr. Ernst Thomke seized upon the idea enthusiastically, and insisted that 200 examples be made ready to be given to the journalists at a Press Conference in Zurich in 1983. (See preceeding page).

OLYMPIA

Prototypes exécutés à la demande du Comité Olympique International. Au centre, le modèle réalisé pour la chaîne de magasins "7 Eleven" aux Etats-Unis, sponsors des Jeux Olympiques de Los Angeles. Les dessins sont datés de 17 novembre 1982. Ces montres furent produites en une première série en 1984, ensuite, sur demande spéciale du Comité Olympique. Elles ne furent jamais commercialisées.

OLYMPIA

Prototipi eseguiti su richiesta del Comitato Olimpico Internazionale. Al centro modello realizzato per la catena di negozi "7 Eleven" negli U.S.A. sponsor dei Giochi Olimpici di Los Angeles. Disegni datati 17 nov. 1982. Prodotti in una prima serie nel 1984 e, in seguito, su richiesta speciale del Comitato Olimpico; mai commercializzati.

OLYMPIA

Series of prototypes made at the request of the International Olympic Committee. In the centre is the model produced for the "7 Eleven" chain of shops in the United States, among the sponsors for the Los Angeles Olympic Games. The original designs date from 17 November 1982, and the first series was produced in 1984, and subsequently at the request of the Olympic Committee. They were never on general sale.

OLYMPIA LOGO
GZ 400

OLYMPIA LOGO
LZ 100

WHITE OLYMPIA
LZ 101

OLYMPIA LOGO

GZ 400   LZ 100

1987-1989

OLYMPIA II

GZ 402   LZ 102

1990

BREAKDANCE

Modèle réalisé par Schmid et Muller à la demande de M. Max Imgrueth alors directeur de Swatch aux Etats-Unis, présenté à l'occasion du 1er championnat du monde de "Breakdance" à New York, au "Roxy" en Septembre 1984. Pour la première fois, Swatch a utilisé des couleurs fluorescentes pour les cadrans et pour les boîtes, une matière plastique luminescente aux rayons U.V. Elle fut produite en 9999 exemplaires pour homme et autant pour dame.
C'est à cette occasion qu'un premier contact fut pris avec l'artiste américain Keith Haring, alors chargé de la couverture publicitaire de l'événement.

BREAKDANCE

Modello realizzato da Schmid et Muller su richiesta di Max Imgrueth, all'epoca Direttore di Swatch USA. Fu presentato all'occasione del 1° campionato mondiale di "Breakdance" a New York al Roxy il 20 settembre 1984. Per la prima volta Swatch ha utilizzato dei colori fluorescenti per i quadranti e le casse, prodotte in materia plastica luminescente ai raggi ultra-violetti. Furono prodotti 9999 esemplari per uomo e altrettati per donna.
In quell'occasione si prese un primo contatto con l'artista Keith Haring, a quei tempi incaricato della copertura pubblicitaria dell'evento.

BREAKDANCE

For the first "Breakdance" worldchampionship to be held at the Roxy in September 1984 in New York, Max Imgreuth, then director for the U.S.A. asked Schmid and Muller to create a special model in keeping with the style of the event. The eventual design made use of fluorescent colours for the first time on a Swatch dial and the cases were made of a special plastic that glowed in the dark when exposed to ultra-violet light. A series of 9999 was produced for gentlemen and the same for ladies.

It was on that occasion that a first contact was established with Keith Haring who was responsible for the advertising campaign.

Prototype de cadran dans une boîte jaune.
Prototipo di quadrante in cassa gialla.
Prototype of dial in yellow case.

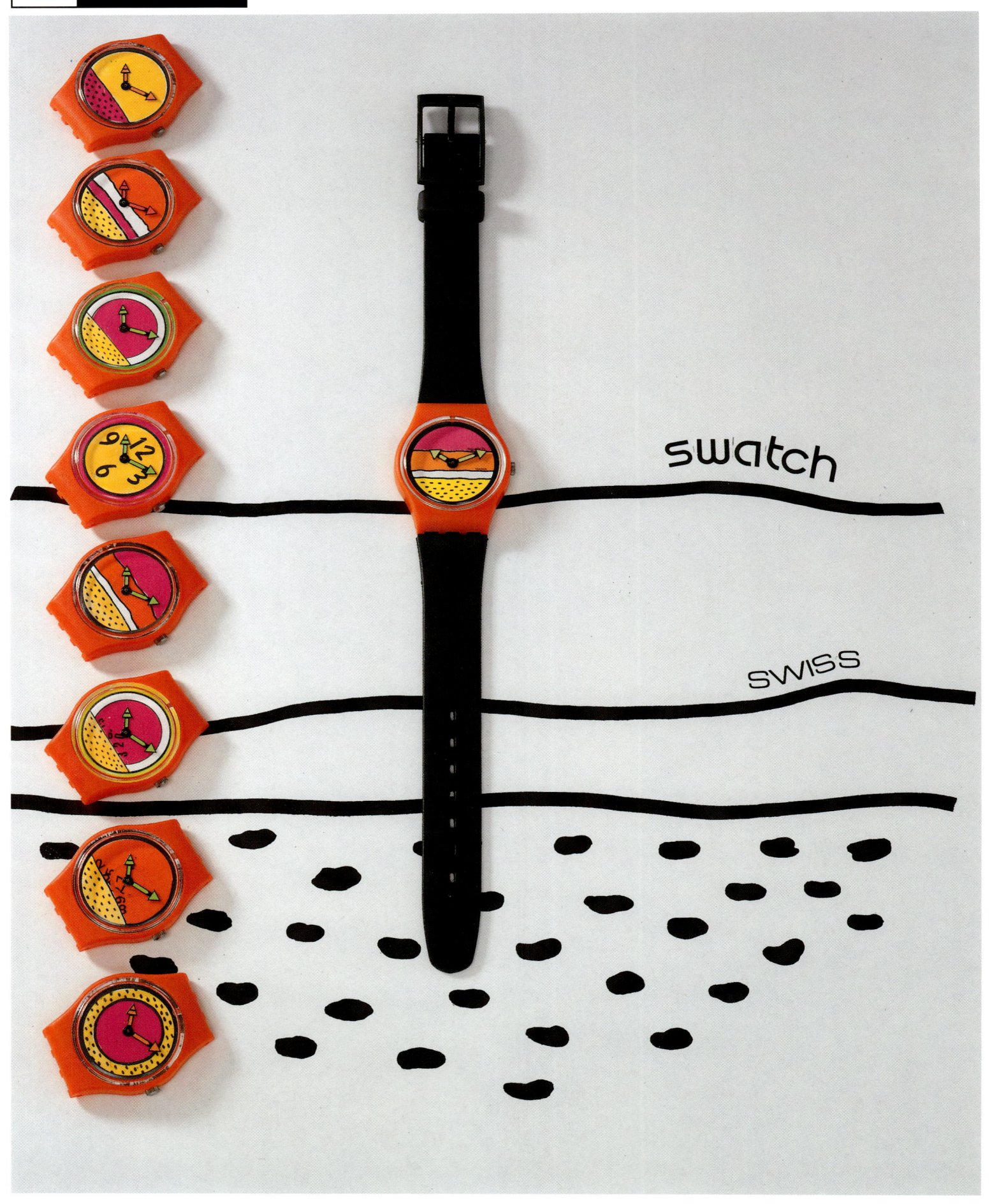

Prototypes sur fond du dessin original (25 octobre 1984).
Prototipi. Sullo sfondo il disegno originale (25 ottobre 1984).
Prototypes with the original design in the background (25 october 1984).

BREAKDANCE
GO 001

BREAKDANCE
LO 001

VELVET UNDERGROUND
GZ 999

VELVET UNDERGROUND
GZ 999

Prototypes réalisés avec de vrais brillants, 1985.
Prototipi realizzatl con brillanti veri, 1985.
Prototypes using real diamonds on the dials, 1985.

SIR LIMELIGHT
GB 106

LADY LIMELIGHT
LB 110

LIMELIGHT II

GB 112   LB 113

SIR LIMELIGHT
GB 106

LADY LIMELIGHT
LB 110

LIMELIGHT II
GB 112

LIMELIGHT II
LB 113

SIR LIMELIGHT
GB 106

LADY LIMELIGHT
LB 110

LIMELIGHT II
GB 112

LIMELIGHT II
LB 113

BERGSTRÜSSLI

Modèle inspiré des traditions artistiques du canton d'Appenzell (CH). Le motif "Edelweiss" pouvant être porté à l'oreille.

Production: 9999 pièces numérotées.

BERGSTRÜSSLI

Modello ispirato dalle tradizioni artistiche del cantone d'Appenzello (CH). Il soggetto "Edelweiss" può essere portato all'orecchio.

Prodotto in 9999 esemplari numerati.

BERGSTRÜSSLI

Design inspired by the artistic traditions of the canton of Appenzell (CH). The "Edelweiss" flowers can be worn as ear-rings.

Production 9999 numbered pieces.

BERGSTRÜSSLI
GZ 105

PUFF

Ce modèle fut dessiné à l'origine en qualité de "special" pour les VIP, afin de célébrer le 5ème anniversaire de Swatch en 1988. Les 120 pièces furent terminées à la main et recouvertes d'une fourrure de couleur différente pour chaque montre. Elles sont numérotées, sauf les "épreuves d'artistes". Elles sont présentées dans un écrin de feutrine destiné à protéger les fourrures. Le tout est positionné sur un présentoir en bois laqué noir. La carte de présentation qui l'accompagne porte le texte suivant:

"In times of constant change trends in the arts come and go with ever greater speed. What remains though is the quest for beauty, the quiescent pole in all that haste. The centre around which our lives evolve. But where would beauty be without humour? So here's to you, one of the chosen few, a puffy SWATCH because we think your work a milestone in the right direction. Yours sincerely, SWATCH."

Ces pièces sont extrêment rares et très peu d'entr'elles furent distribuées.

PUFF

Questo modello in origine fu disegnato come "Special" per i VIP, per celebrare il V anniversario della SWATCH nel 1988. I 120 esemplari sono terminati a mano e ricoperti da una pelliccia di colore differente per ogni modello. Sono presentati in un astuccio di feltro destinato a proteggere la pelliccia. Il tutto è posto su un supporto di legno laccato nero. Il cartoncino d'accompagnamento contiene il testo seguente:

"In times of constant change trends in the arts come and go with ever greater speed. What remains though is the quest for beauty, the quiescent pole in all that haste. The centre around which our lives evolve. But where would beauty be without humour? So here's to you, one of the chosen few, a puffy SWATCH because we think your work a milestone in the right direction. Yours sincerely, SWATCH."

Questi esemplari sono rarissimi, perché solamente alcuni di essi furono distribuiti.

PUFF

This model was originally created as a "special" to be presented to VIP's on the occasion of the 5th. anniversary of Swatch in 1988. Only 120 pieces were produced, finished by hand with a "fur" covering of different colours, and every one numbered with the exception of the designers "trials". They were presented in a felt tube to protect the "fur", and housed in a black lacquer box, with an accompanying card inscribed as follows:

"In times of constant change trends in the arts come and go with ever greater speed. What remains though is the quest for beauty, the quiescent pole in all that haste. The centre around which our lives evolve. But where would beauty be without humour? So here's to you, one of the chosen few, a puffy SWATCH because we think your work a milestone in the right direction. Yours sincerely, SWATCH."

They are extremely rare with very few examples having reached the open market.

DESERT PUFF   ROYAL PUFF   CARDINAL PUFF
PETROL PUFF   HAVANA PUFF
BLACK PUFF

Modèle réalisé pour le bi-centenaire de la Révolution Française
Modello realizzato per il bicentenario della RIvoluzione Francese.
Model produced for the Bicentenary of the French Revolution.

BONAPARTE
GX 106

Modèle réalisé pour le bi-centenaire de la Révolution Française
Modello realizzato per il bicentenario della Rivoluzione Francese.
Model produced for the Bicentenary of the French Revolution.

POMPADOUR
GX 107

MOZART

Montre réalisée en mémoire de Wolfgang Amadeus Mozart. Le verre en relief de ce modèle représente l'effigie du musicien autrichien. Elle fut produite en 7500 exemplaires.

MOZART

Modello realizzato in memoria di Wolfgang Amadeus Mozart. Il vetro porta in rilievo l'effigie del musicista austriaco. Prodotto in 7500 esemplari.

MOZART

Model produced in memory of Wolfgang Amadeus Mozart, the glass with a profile portrait of the Austrian musician. Production: 7500 pieces.

MOZART
GZ 114

CONTRÔLE OFFICIEL SUISSE DES CHRONOMÈTRES

Epreuves pour montres bracelets à quartz
Pruebas para relojes de pulsera de cuarzo

Tests for quartz-crystal wristwatches
Prüfungen für Quarz-Armbanduhren

QUARTZ · CHRONOMETER

Bulletin de marche
Rating certificate
Boletin de marcha
Gangschein

Nº 4002465

SWATCH SA

A déposé la montre dont le mouvement porte le No
Has submitted the watch whose movement bears the No
Ha consignado el reloj cuya màquina lleva el No
Hat die Uhr eingehändigt mit der Werknr.

2465

Cette montre a passé avec succès les épreuves statiques et dynamiques pour chronomètres-bracelet à quartz et a obtenu les résultats suivants :
This watch has successfully passed the static and dynamic tests for quartz-crystal wristlet chronometers and has obtained the following results :
Este reloj ha pasado con éxito las pruebas estáticas y dinámicas para cronómetros de pulsera de cuarzo, obteniendo los resultados siguientes :
Diese Uhr hat die statischen und dynamischen Prüfungen für Quarz-Armbanduhren erfolgreich bestanden, wobei folgende Ergebnisse erzielt wurden :

CRITÈRES - CRITERIA - CRITERIOS - KRITERIEN		Sigle - Symbol Sigla - Sigel	Résultat en sec/jour Result in sec/day Resultado en sec/dia Resultat in s/Tag	Limite pour le titre Limit for Chrono- meter status Limite para el título Grenzwert für den Titel
Marche diurne moyenne à 23 °C Mean daily rate at 23 °C	Marcha diaria media a 23 °C Mittleiter täglicher Gang bei 23 °C	$\overline{M}$	0,06	+ 0,20 − 0,20
Marche à 8 °C Rate at 8 °C	Marcha a 8 °C Gang bei 8 °C	M 8	− 0,83	+ 0,30 − 1,50
Marche à 38 °C Rate at 38 °C	Marcha a 38 °C Gang bei 38 °C	M 38	− 0,28	+ 0,30 − 1,00
Stabilité de marche en position horizontale Stability of rate in horizontal position	Estabilidad de marcha en posición horizontal Gangbeständigkeit in horizontaler Lage	SM	0,05	0,05
Effet de l'épreuve dynamique sur la marche Effect of dynamic test on rate	Efecto de la prueba dinámica sobre la marcha Auswirkung des dynamischen Tests auf den Gang	ED	0,05	± 0,05
Effet des chocs sur l'affichage Effect of shocks on display	Efecto de los choques sobre la fijación de la hora Auswirkung der Stösse auf die Zeitanzeige	Ct	0,01	± 0,10
Effet des chocs sur la marche Effect of shocks on rate	Efecto de los choques sobre la marcha Auswirkung der Stösse auf den Gang	Cr	0,01	± 0,05
Effet de l'ensemble des épreuves sur la marche Effect of all the tests on rate	Efecto del conjunto de las pruebas sobre la marcha Auswirkung sämtlicher Prüfungen auf den Gang	R	0,01	± 0,10

L'institution du CONTRÔLE OFFICIEL SUISSE DES CHRONOMÈTRES atteste que la montre portant le numéro de mouvement indiqué ci-dessus peut porter le titre de

«CHRONOMÈTRE À QUARTZ»

The SWISS OFFICIAL CHRONOMETER-TESTING INSTITUTION hereby certifies that the watch whose movement bears the number indicated above may be described as a

«QUARTZ-CRYSTAL CHRONOMETER»

La institución del CONTROL OFICIAL SUIZO DE CRONOMETROS atestigua que el reloj llevando el número de máquina arriba mencionado tiene derecho al título de

« CRONOMETRO DE CUARZO »

Die Institution der OFFIZIELLEN SCHWEIZERISCHEN CHRONOMETERKONTROLLE bestätigt hiermit, dass die mit obenstehender Werknummer versehene Uhr berechtigt ist, den Namen

«QUARZCHRONOMETER» zu tragen.

Date de fin des épreuves : 9.5.90
Testing completed on :
Fecha del fin de las pruebas :
Die Prüfungen wurden abgeschlossen am :

CONTRÔLE OFFICIEL SUISSE
DES CHRONOMÈTRES
Léopold-Robert 65, 2301 la Chaux-de-Fonds – CH

LE DIRECTEUR :

Paul Marmier

voir au verso - turn please - véase al dorso - siehe Rückseite

LE CHRONOMETRE SWATCH
Une perspective historique

Les premières études sur des garde-temps transportables de précision ont été effectuées dès le 17ème siècle pour les besoins de la navigation. De tels instruments sont en effet indispensables pour trouver la longitude en mer. Si la latitude, position d'un navire par rapport au Pôle et à l'Equateur peut aisément être déterminée en mesurant la hauteur du soleil par rapport à l'horizon lors de son passage au méridien, la longitude, position tenant compte de la distance parcourue depuis le point de départ, impose l'usage d'un chronomètre susceptible de conserver l'heure de ce lieu.

Les premiers résultats probants dans ce domaine ont été obtenus en Angleterre par John Harrison en 1737 et quelques années plus tard C'est à John Arnold que nous devons l'invention du mot "chronomètre", terme tiré de la combinaison des mots grecs "chronos" (le temps) et "mètre" (mesure).

Il fallut attendre le 19ème siècle pour que de tels instrument puissent être produits en quantité suffisante pour satisfaire les besoins des navigateurs, tant de la marine marchande que militaire. Dans la plupart des Observatoires du monde, des services spécialisés ont alors été chargés de contrôler ces chronomètres et de délivrer des certificats attestant de leur précision et de leur fiabilité. L'Observatoire de Kew, près de Londres, en Angleterre, ceux de Genève et de Neuchâtel en Suisse, étaient alors les plus réputés dans ce domaine. Aujourd'hui, les montres sont soumises aux épreuves dans des centres d'essais officiels tels que le C.O.S.C. à la Chaux-de-Fonds (Centre Officiel Suisse de Chronométrie) où quelques 500'000 montres sont testées chaque année. Ces épreuves ne consistent pas simplement à contrôler leur précision, mais ont été étudiées spécialement pour mesurer la régularité moyenne de leur marche, sur une longue période, dans différentes positions et à des températures extrêmes.

Il est en effet indispensable de mesurer les variations, si petites soient-elles, susceptibles d'intervenir en ces différentes circonstances. Cela permet en effet de corriger, en + et en — jour après jour, les informations fournies par le garde-temps. Si les variations éventuelles s'avéraient imprévisibles et incontrôlables, l'instrument serait ipso-facto impropre à la navigation. Il est inutile de préciser que des montres, capables de nos jours d'obtenir un tel certificat, doivent satisfaire aux épreuves les plus sévères. Les réglements imposés aux garde-temps à Quartz stipulent que l'erreur journalière doit être inférieure à 1 seconde. Swatch a soumis 5'000 montres aux concours de l'Observatoire, 4843 d'entr'elles ont été admises après avoir subi les épreuves suivantes :
Marche diurne moyenne à 23°C
Marche à 8°C
Marche à 38°C
Stabilité de marche en position horizontale
Effet de l'épreuve dynamique sur la marche
Effet des chocs sur l'affichage
Effet des chocs sur la marche
Effet de l'ensemble des épreuves sur la marche

IL CRONOMETRO SWATCH
una prospettiva storica

Lo sforzo per sviluppare un orologio di altissima precisione e, al medesimo tempo, trasportabile, risale al XVII secolo, scaturito dalla necessità della marina mercantile di poter confidare in uno strumento capace di assicurare una navigazione accurata.

Questo genere di strumento è indispensabile per reperire la longitudine nel mare. Se la latitudine, la posizione di una nave in rapporto al polo e all'Equatore, può essere facilmente determinata misurando l'altezza del sole rispetto all'orizzonte al momento del suo passaggio sul meridiano, la longitudine, la posizione che tiene conto della distanza percorsa dal punto di partenza, impone l'uso di un cronometro suscettibile di conservare l'ora di questo luogo.

I primi tentativi riusciti furono dell'inglese John Harrison (1693-1776) e in seguito di John Arnold che, infatti, coniò il termine cronometro per descrivere i suoi orologi per la marina (nella combinazione dei termini greci per definire il tempo e la misura). Nel corso del XIX secolo furono prodotte quantità significative di orologi meccanici, capaci di alta precisione per soddisfare le esigenze della Marina ma anche per l'uso comune; vennero così creati, nel mondo intero, dei laboratori specializzati, gli Osservatori, incaricati di controllare e certificare i "cronometri" specificando la loro precisione e affidabilità. Gli osservatori di Kew, in Inghilterra, di Ginevra e Neuchâtel in Svizzera, erano forse i centri più noti. Oggi tuttavia i certificati vengono rilasciati da centri di prova ufficiali quali il C.O.S.C. (Centro Ufficiale Svizzero di Cronometria) a La Chaux-de-Fonds, dove 500'000 orologi all'anno vengono sottomessi al test. Queste prove non consistono semplicemente nel verificare la precisione dei cronometri, ma soprattutto nel misurare la regolarità media d'errore (anticipo o ritardo quotidiano) nelle diverse posizioni, temperature estreme e soprattutto la resistenza agli urti. E' in effetti indispensabile misurare le differenze di funzionamento, impercettibili che siano, suscettibili di intervenire in queste circostanze, giorno dopo giorno (13 nel caso dello Swatch) e definire la media finale. E' grazie a quest'ultima che, aggiunta o sottratta al tempo indicato dal cronometro, si può stabilire l'esatta longitudine.

Inutile a dirsi, gli orologi che ottengono oggi un certificato sono precisissimi sotto ogni punto di vista. Le regole applicate per gli orologi a quarzo ammettono un errore quotidiano inferiore al secondo. Swatch ha sottomesso ai test 5'000 orologi, 4843 dei quali sono stati promossi dopo aver passato le prove seguenti:
Marcia diurna media a 23°C
Marcia a 8°C
Marcia a 38°C
Stabilità di marcia in posizione orizzontale
Effetto della prova dinamica sulla marcia
Effetto dei colpi sull'affissione oraria
Effetto dei colpi sulla marcia
Effetto dell'insieme dei test sulla marcia

THE SWATCH CHRONOMETER
An historical perspective

The struggle to develop a highly accurate and transportable timekeeper dates back to the 17th Century, spurred on by the particular demands of the naval and merchant marine to have instruments capable of being used for accurate navigation. Put in the simplest of terms, you can tell how far up on down the world you are by the sun, but to calculate how far round you are from where you started requires the services of a timekeeper.

The first successful attempts were in fact made in England by John Harrison (1693-1776) and not long after John Arnold actually coined the word "chronometer" to describe his marine watches and clocks (a combination of the Greek words Chronos - time, and meter - measure). During the 19th Century mechanical watches capable of keeping time to a high degree of accuracy began to be produced in significant numbers, and observatories around the world established departments specifically to test and certificate "chronometers". Geneva and Neuchâtel , along with Kew in England were perhaps the most famous, but today the trials are held at official testing centres such as COSC (Centre Officiel Suisse de Chronométrie) in La Chaux-de-Fonds, where some 500'000 watches are submitted each year. The tests are not simply confined to checking the accuracy but are designed to establish the true average time-keeping - the "rate" as it is called. For purposes of finding your longitude at sea, it does not in fact matter if your chronometer gains an hour every day! What is far more important, is that it gains (or loses) at a consistent "rate" regardless of changes in temperature or position. Providing you know how many days elapsed since the chronometer was accurately set to time, it is a simple matter of adding or subtracting the daily change. If however the amount changes unpredictably every day then clearly such an instrument would be useless to the navigator.

Needless to say, watches capable of gaining a certificate today are accurate in every sense, and the standards applied to quartz timepieces specify a daily error of less than 1 second. Swatch submitted 5000 watches for examination of which 4843 passed after undergoing the following tests:
Mean daily rate at 23°C
Rate at 8°C
Rate at 38°C
Stability of rate in horizontal position
Effect of dynamic test on rate
Effect of schocks on display
Effect of schocks on rate
Effect of all the tests on rate

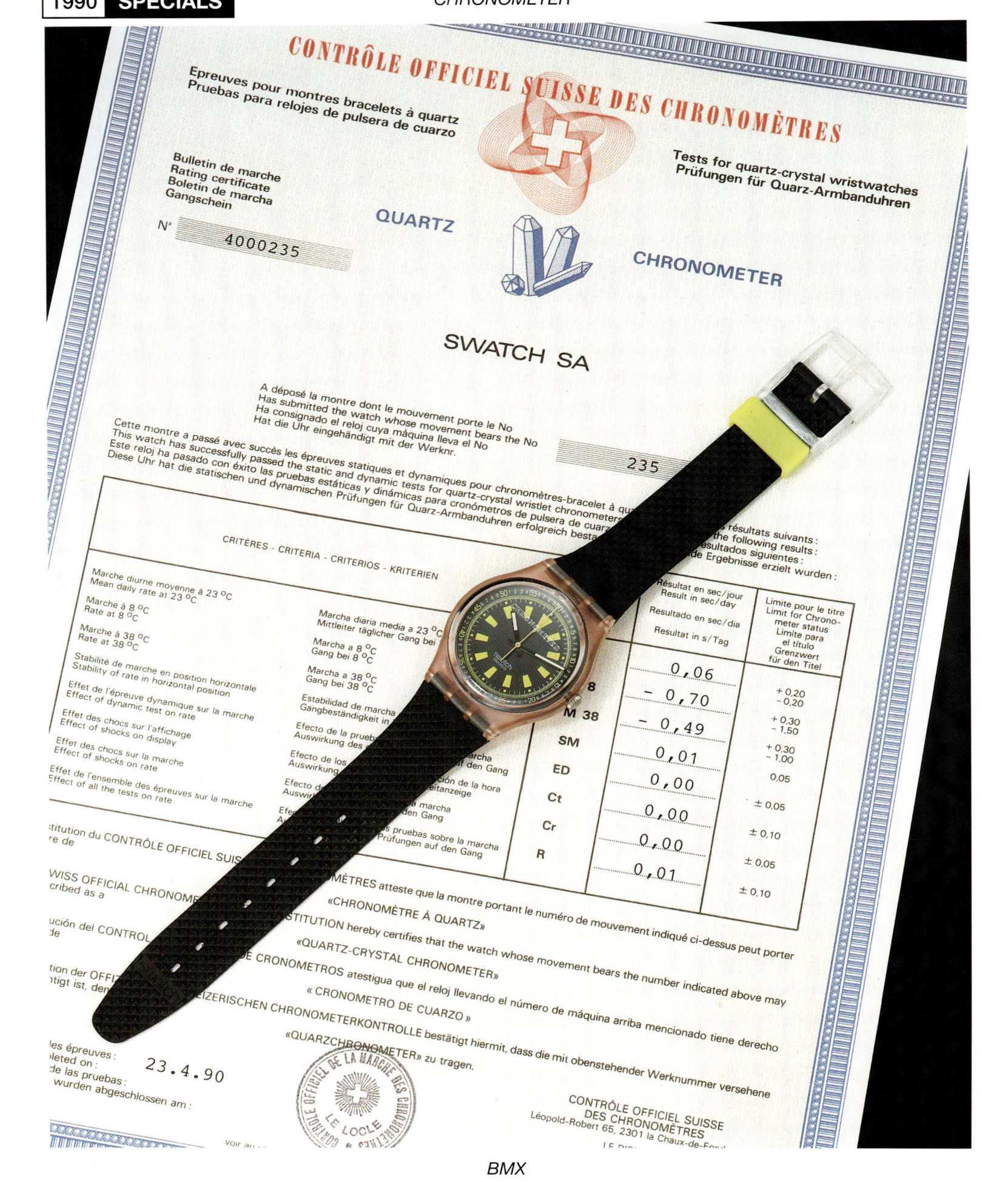

CONTRÔLE OFFICIEL SUISSE DES CHRONOMÈTRES

Epreuves pour montres bracelets à quartz
Pruebas para relojes de pulsera de cuarzo

Tests for quartz-crystal wristwatches
Prüfungen für Quarz-Armbanduhren

Bulletin de marche
Rating certificate
Boletin de marcha
Gangschein

QUARTZ

CHRONOMETER

N° 4000235

SWATCH SA

A déposé la montre dont le mouvement porte le No
Has submitted the watch whose movement bears the No
Ha consignado el reloj cuya máquina lleva el No
Hat die Uhr eingehändigt mit der Werknr.

235

Cette montre a passé avec succès les épreuves statiques et dynamiques pour chronomètres-bracelet à q
This watch has successfully passed the static and dynamic tests for quartz-crystal wristlet chronometers
Este reloj ha pasado con éxito las pruebas estáticas y dinámicas para cronómetros de pulsera de cuarz
Diese Uhr hat die statischen und dynamischen Prüfungen für Quarz-Armbanduhren erfolgreich besta

CRITÈRES - CRITERIA - CRITERIOS - KRITERIEN		Résultat en sec/jour Result in sec/day Resultado en sec/dia Resultat in s/Tag	Limite pour le titre Limit for Chronometer status Límite para el título Grenzwert für den Titel
Marche diurne moyenne à 23 °C Mean daily rate at 23 °C	Marcha diaria media a 23 °C Mittleiter täglicher Gang bei	0,06	+ 0,20 − 0,20
Marche à 8 °C Rate at 8 °C	Marcha a 8 °C Gang bei 8 °C	− 0,70	
Marche à 38 °C Rate at 38 °C	Marcha a 38 °C Gang bei 38 °C	− 0,49	+ 0,30 − 1,50
Stabilité de marche en position horizontale Stability of rate in horizontal position	Estabilidad de marcha Gangbeständigkeit in	0,01	+ 0,30 − 1,00
Effet de l'épreuve dynamique sur la marche Effect of dynamic test on rate	Efecto de la prueba Auswirkung des	0,00	0,05
Effet des chocs sur l'affichage Effect of shocks on display	Efecto de los Auswirkung	0,00	± 0,05
Effet des chocs sur la marche Effect of shocks on rate	marcha Gang	0,00	± 0,10
Effet de l'ensemble des épreuves sur la marche Effect of all the tests on rate	pruebas sobre la marcha Prüfungen auf den Gang	0,01	± 0,10

...titution du CONTRÔLE OFFICIEL SUIS
...re de

...WISS OFFICIAL CHRONOME
...cribed as a

...ución del CONTROL
...de

...tion der OFFIZI
...ntigt ist, den

...MÈTRES atteste que la montre portant le numéro de mouvement indiqué ci-dessus peut porter

«CHRONOMÈTRE À QUARTZ»
...STITUTION hereby certifies that the watch whose movement bears the number indicated above may

«QUARTZ-CRYSTAL CHRONOMETER»
...DE CRONOMETROS atestigua que el reloj llevando el número de máquina arriba mencionado tiene derecho

«CRONOMETRO DE CUARZO»
...EIZERISCHEN CHRONOMETERKONTROLLE bestätigt hiermit, dass die mit obenstehender Werknummer versehene

«QUARZCHRONOMETER» zu tragen.

...les épreuves:
...leted on:
...de las pruebas:
...wurden abgeschlossen am:

23.4.90

CONTRÔLE OFFICIEL SUISSE
DES CHRONOMÈTRES
Léopold-Robert 65, 2301 la Chaux-de-Fond

BMX
GP 104
1'500 ex.

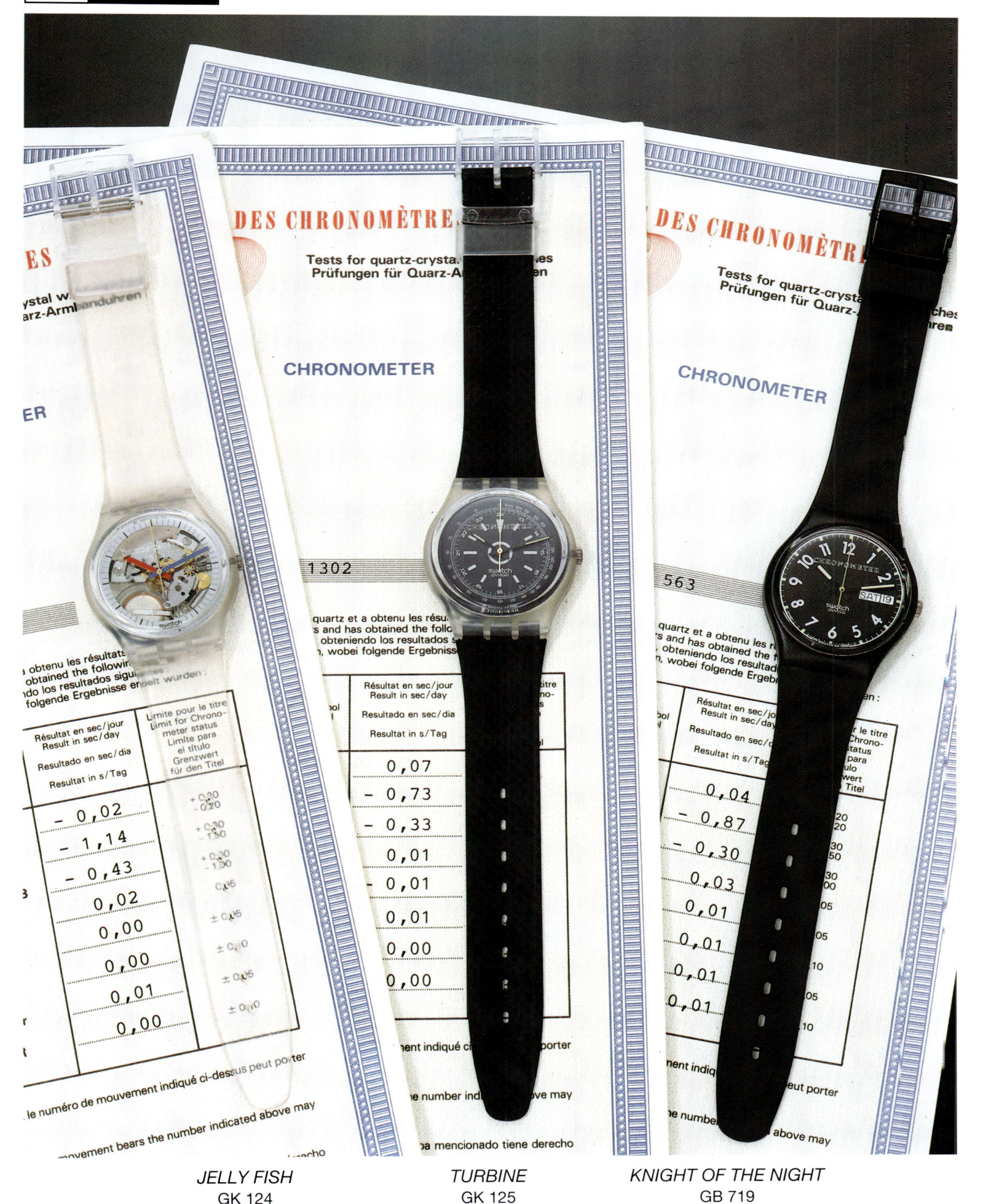

JELLY FISH
GK 124
2'000 ex.

TURBINE
GK 125
1'500 ex.

KNIGHT OF THE NIGHT
GB 719
1'500 ex.

HOLLYWOOD DREAM

Edition spéciale de Noël 1990 produite en 9999 exemplaires.

Le bracelet et le cadran comportent 190 strass, le mouvement est entièrement doré. Le lancement de cette montre a été fait dans une discothèque milanaise qui porte le même nom.

A cette occasion Swatch a créé un coffre-fort en plastic transparent rempli de pièces de monnaie avec, au centre, sur une pyramide: la "Hollywood".

Le coffre, entouré de chaînes et fermé par un cadenas, devait être ouvert par le public...

En trouvant la combinaison magique, le gagnant remporte la montre!

HOLLYWOOD DREAM

Edizione speciale per Natale 1990, prodotto in 9999 esemplari. Il cinturino e il quadrante portano "190" strass.

Il movimento é interamente dorato. Il lancio di questo orologio é avvenuto in una discoteca milanese che porta lo stesso nome.

Per questa occasione Swatch ha creato una cassaforte in plexiglas transparente riempita di monete, con al centro su una piramide: l'Hollywood. La cassaforte era incatenata e bloccata da un grosso lucchetto, il quale doveva essere aperto dal pubblico...

Trovando la combinazione "magica" il vincitore riceveva in premio l'orologio!

HOLLYWOOD DREAM

A Special Edition for Christmas 1990, produced in 9999 examples. The dial and bracelet are set with 190 "diamanti", and the movement completely gilded.

The launch of the watch took place in a discotheque in Milan, Italy, which bears the same name. For the occasion Swatch made a safe in plexiglas filled with a pyramid of money surmounted by the "Hollywood". The safe, bound with chains and secured by a padlock was there to be opened by any of the guests who could find the magic combination: the winner was to get the watch!

HOLLYWOOD DREAM
GZ 116

HOCUS POCUS
GZ 122

NOSTRADAMUS

Des ombres dorées dansent sur les murs. Dans le profond silence de la nuit, on entend le bruissement d'une plume qui glisse sur du papier. Un homme est assis à une table et il écrit de mystérieux vers à la lumière d'une bougie. Cet homme, c'est Nostradamus, médecin et astrologue, qui en réalité s'appelle Michel de Nostredame. Il vécut en France de 1503 à 1566, à l'époque des saints, des démons, des sages, des vagabonds et des vieilles sorcières. Il écrivit plusieurs ouvrages de médecine, et avec l'aide des mathématiques, calcula les horoscopes. Toutefois, ce sont ses prophéties, qu'il publia dès 1555, qui le rendirent célèbre. Au cours des siècles, leur mystérieuse signification devint en effet motif à d'audacieuses spéculations. On dit que la plus grande partie d'entre elles ce sont déjà réalisées et que d'autres vont se réaliser bientôt…

NOSTRADAMUS

Ombre dorate danzano sui muri. Nel profondo silenzio della notte, si ode il rumore di una penna che scorre sulla carta. Un uomo è seduto a un tavolo e scrive dei versi misteriosi al lume di candela. Quest'uomo è Nostradamus, medico e astrologo, il cui vero nome è Michel de Nostredame. Visse in Francia dal 1503 al 1566, all'epoca dei santi, dei demoni, dei saggi, dei catari e delle streghe. Scrisse varie opere di medicina e con l'aiuto della matematica calcolò gli oroscopi. Tuttavia, sono state le sue profezie, che pubblicò ogni anno a partire dal 1555, a renderlo famoso. Nel corso dei secoli, il loro significato misterioso è stato in effetti motivo di audaci speculazioni. Si dice che la maggior parte di esse si siano già avverate e che altre si realizzeranno presto…

NOSTRADAMUS

Golden shadows flicker against the walls. In the deep silence of the night, the scratch of a quill on paper can be heard. A man is seated at a table writing mysterious verse by the light of a candle. The man is Nostradamus, doctor and astrologer, whose real name was Michel de Nostredame. He lived in France from 1503 to 1566, in the age of Saints, demons, sages itinerants and ancient sorcerers. He wrote several works on medecine, and with the aid of his mathematical knowledge calculated horoscopes. Above all, it is his prophesies, published in 1555, which have made him famous. Over the centuries, their mysterious meaning has been the subject of wide speculation. It is said that for the most part they have proved to be true, and that others will come to pass…

HOCUS POCUS

"Il semble que Hocus Pocus était une formule employée par Nostradamus pour prédire l'avenir. Aujourd'hui, il suffit - abracadabra - de jeter un coup d'oeil sur votre Swatch pour connaître l'heure exacte. Hocus Pocus, le chef-d'oeuvre en bleu et or, nous fait pénétrer à travers son verre bombé, dans l'univers des signes magiques. Le temps c'est l'espace. Nous nous immergeons dans cet espace infini et le présent devient l'avenir."

Extrait d'une annonce publicitaire de Swatch.

HOCUS POCUS

"Hocus Pocus pare fosse una delle formule impiegate da Nostradamus per predire l'avvenire. Oggigiorno basta - abracadabra - gettare uno sguardo sul nostro Swatch per sapere esattamente l'ora. Hocus Pocus, il capolavoro in blu e oro, ci introduce attraverso il suo vetro bombato nell'universo dei segni magici. Il tempo è spazio. Noi c'immergiamo in questo spazio infinito e il presente diventa avvenire."

Estratto da un annuncio pubblicitario di Swatch.

HOCUS POCUS

"It is said that Hocus Pocus was a formula employed by Nostradamus to predict the future. Today - abracadabra - it's enough to throw a glance at your Swatch to know the time exactly. Hocus Pocus, a masterpiece in blue and gold lets you penetrate into the magic signs of the Universe behind its bombe crystal. Time is space. We merge into infinity and the present becomes the future"

Extract from SWATCH pre-launch publicity.

1991 COLLECTORS

Collectors # 1, "GOLDEN JELLY".

Première montre crée en 1990 pour les membres du Club "The Swatch Collectors of Swatch". (Voir page suivante).

Collectors # 1, "GOLDEN JELLY".

Primo orologio creato nel 1990 per i membri del Club "The Swatch Collectors of Swatch". (Vedi pagina seguente).

Collectors # 1, "GOLDEN JELLY".

First watch produced exclusively for members of the "Swatch Collectors of Swatch" Club. (See following page).

1992 COLLECTORS

Collectors # 2, "LOTS OF DOTS".

Conçue par Alessandro Mendini pour son "Interno di un Interno", un rapprochement tachistique à l'espace sans limites qui fut présenté en 1991 au Spazio Dilmos, à Milan. (Voir page suivante).

Collectors # 2, "LOTS OF DOTS".

Alessandro Mendini l'ha disegnato per il suo "Interno di un Interno", un accostamento informale alla spazio infinito, presentato a Milano nel 1991 all'occasione di Spazio Dilmos. (Vedi pagina seguente).

Collectors # 2, "LOTS OF DOTS".

The watch was designed by Alessandro Mendini for his "Interno di un Interno" a tachistic approach to unlimited space, which was presented on the "Spazio Dilmos" in Milan 1991. (See following page).

GOLDEN JELLY   LOTS OF DOTS
GZ 115   GZ 121

LA COLLECTION ART

Parmi les nombreuses idées promotionnelles conçues par Swatch, la Art Collection a représenté le plus grand succès publicitaire. Nous pouvons affirmer que le premier "Art" Swatch fut, en réalité, le modèle GB 103, lancé en 1983, qui, avec ses chiffres stylisés, se détachait totalement des idées traditionnelles du cadran d'une montre. Mais le premier modèle Art reconnu comme tel, fut dessiné par Kiki Picasso en mai 1984 et présenté en 1985. Au moins un modèle Art fut commandé chaque année suivante, sauf en 1990, lorsque tout le monde se concentrait sur les fameux Chrono et Scuba. La philosophie Swatch d'anticiper les modes et les tendances se reflète dans leur choix des artistes et, bien que la plupart des modèles furent produit en série limitée, ces montres, en groupe, représentent une opportunité pour les collectionneurs les plus acharnés d'acquérir un morceau d'art original qui, sous une autre forme, coûterait beaucoup plus cher; mais encorte faut-il pouvoir rejoindre la tête de la file!

LA COLLEZIONE ART

Fra le molteplici trovate promozionali , la Art Collection fu senz'altro il più grosso successo pubblicitario di Swatch.
Si può affermare che il primo"Art" fu, indirettamente, il modello GB 103 del 1983 che, con le cifre stilizzate, usciva per la prima volta dai canoni tradizionali di design per un quadrante d'orologio. Ma il primo modello Art riconosciuto in quanto tale, fu disegnato da Kiki Picasso nel maggio 1984 e lanciato nel 1985. Almeno un modello di Art venne comandato ogni anno successivo ad un artista diverso, salvo nel fatidico 1990 quando tutta l'attenzione si concentrava sul lancio dei famosi Crono e Scuba. La filosofia Swatch di anticipare mode e tendenze si riflette perfettamente nella scelta degli artisti e, malgrado buona parte dei modelli venne prodotta in serie limitata, questi orologi in gruppo rappresentano un modo assai gradevole di acquisire un pezzetto d'arte che, sotto qualsiasi altra forma, risulterebbe assai più caro; ammesso e non concesso che si arrivi all'inizio della fila!

THE ART COLLECTION

Among the many promotional ideas conceived by Swatch , the Art Collection has been one of the most successful in attracting publicity. It could be said that the first 'art' Swatch was home-grown, for the GB103 model, launched in 1983 with its highly stylised and overbalanced numerals represented a radical departure from that traditional idea of a watch dial. In the event, the first art model was designed by Kiki Picasso in May 1984 and presented in 1985. In subsequent years at least one art model has been commissioned, with the notable exception of 1990, when all eyes were clearly focussed on the new Chrono or Scuba models. The Swatch philosophy of trying to anticipate trends and fashions in their product is reflected in the choice of artists commissioned, and although several of the models were only produced in limited numbers, as a group they present an opportunity for the most impoverished of collectors to acquire an "original" work of art that in any other form would surely command a considerable sum - always assuming that he can get to the front of the queue !

KIKI PICASSO

Artiste français né à Nice en 1956

Cet artiste s'intéresse tout particulièrement à l'expression artistique liée à la Télévision. Il a été choisi par Jack Lang pour sa campagne électorale. Avec des amis, dont Loulou Picasso il a fondé le Journal "Bazooka".

Son art consiste avant tout à médiatiser les images que ce soit par des procédés traditionnels de l'art ou par d'autres faisant appel à la technologie contemporaine ou à l'audiovisuel. Kiki Picasso a comme but fondamental de propulser l'image dans le monde. Il n'est donc attaché à aucune technique particulière et en varie selon ses besoins.

Dans ces conditions, on comprend aisément qu'il n'est pas primordial pour Kiki Picasso de parfaire un style, mais de trouver les moyens les plus adéquats par rapport à l'impact visuel qu'il recherche et d'exploiter, de la manière la plus démonstrative, les techniques à sa disposition.

Quand après la publication du premier journal "Bazooka", il poursuit avec ses amis des Beaux-Arts, une activité de groupe pendant plusieurs années, il attire la notoriété du groupe sur son propre nom. Cela presque malgré lui. Peut être parce qu'instinctivement son besoin d'exhibitionnisme concentre les regards et que sa puissance d'expression en fait une perpétuelle démonstration d'activités percutantes et spectaculaires.

KIKI PICASSO

Artista francese, nato a Nizza nel 1956.

Questo giovane artista si interessa più specificamente a l'espressione artistica legata alla televisione. Jack Lang (Ministro della Cultura Francese) lo scelse per la sua campagna elettorale. Ha fondato, con alcuni amici fra i quali Loulou Picasso, il giornale Bazooka.

La sua arte consiste nel mediatizzare le immagini attraverso, sia dei procedimenti tradizionali dell'arte, sia impiegando la tecnologia contemporanea o le tecniche audiovisive. Il suo scopo principale e di propulsare l'immagine nel mondo; non è quindi legato a una tecnica particolare che anzi varia a seconda dei bisogni.

Per Kiki Picasso non è primordiale perfezionare lo stile, ciò che conta è poter trovare i mezzi adeguati per rapporto all'impatto visivo che cerca, e di poter sfruttare nel modo più dimostrativo possibile, le tecniche a sua disposizione.

Quando, in seguito alla pubblicazione del primo numero di Bazooka, porta avanti assieme ad alcuni amici delle Belle Arti un'attività di gruppo, egli attira totalmente la notorietà di quest'ultimo sul suo nome. Questo quasi malgrado lui. Forse perché il suo esibizionismo concentra le attenzioni e che la potenza della sua espressione dà una continua dimostrazione d'attività percutanti e spettacolari.

KIKI PICASSO

Kiki Picasso. French artist, born in Nice in 1956.

His particular and personal interest has been in the field of artistic expression as it relates to television. With a group of friends, including Loulou Picasso, he founded the journal Bazooka.

In his own work, Kiki Picasso has above all attempted to promote images, be it by traditional methods or for that matter, any other means, including contemporary technology and the audio-visual and with the image itself superseding all, he has never felt obliged to remain faithful to any one method or system.

Bearing this in mind, it is easy to see why Picasso has never adopted a definitive style, but striven always to maximise the visual impact of his work.

After the publication of the first issue of Bazooka, he co-operated in working for several years with a group of his friends from the Beaux-Arts, but most of the attention was focussed upon himself. This was to some extent not specifically by his own volition, but as much a result of the explosive and spectacular nature of his activities.

PROMOTION "COPY ART" PARIS

A l'occasion de la présentation de la collection Eté 85, une promotion "Copy Art" sur le thème Swatch fut organisée à laquelle plus de 30 artistes ont participé. Un grand vernissage eut lieu le 20 mars au Centre Pompidou à Paris, salle Ircam. Pour cette manifestation, le marketing Swatch demanda à l'artiste Kiki Picasso (Christian Chapiron) de réaliser une Swatch spéciale.

Dès le 15 mai 1984, les stylistes furent mis en contact avec Kiki. De cette rencontre naquit une série de 140 pièces, toutes différentes, dont 120 d'entre elles furent distribuées aux personnalités les plus en vue dans le monde des arts, lors de la dite fête.

En plus de son graphisme exceptionnel, compte tenu des techniques ambitieuses à mettre en oeuvre pour le réaliser. Au lieu d'être fait de métral selon l'usage, est en feuilles de plexiglas extra-mince.

Deux disques portant habituellement les indications du quantième et du mois, imprimés du même motif que le cadran, apparaissent à travers les réserves transparentes ménagées dans le graphisme de ce dernier. Ces disques, tournant en direction opposée, bouleversent le graphisme du cadran qui ne se reconstitue qu'une fois tous les 217 jours.

Afin de mettre au point les techniques mises en oeuvre pour la réalisation des 140 pièces produites un grand nombre d'essais ont été nécessaires pour réaliser le cadran maintenu en place par le verre selon la technique Swatch. Chaque montre est unique par la diversité de couleur du cadran et des aiguilles, les boîtes et les bracelets transparents. Les 140 montres "Kiki Picasso" sont montées dans des boîtes et bracelets de couleur verte transparente à la lumière naturelle qui deviennent couleur améthyste à la lumière artificielle, d'où la difficulté de les photographier.

PROMOZIONE "COPY ART" A PARIGI

In occasione della presentazione della collezione Swatch Estate 85, fu organizzata una promozione "Copy Art" sul tema Swatch, alla quale parteciparono più di trenta artisti. Per questa manifestazione il marketing di Swatch chiese all'artista Kiki Picasso (Christian Chapiron) di realizzare uno speciale modello Swatch.

A partire dal 15 maggio 1984, gli stilisti furono messi in contatto con Kiki; da quegli incontri nacque una serie di 140 orologi, tutti diversi, 120 dei quali vennero distribuiti alle personalità più in vista nel mondo dell'arte, della politica e dello sport in occasione di un ricevimento al Centro Pompidou (Beaubourg) a Parigi.

Oltre alla grafica eccezionale, il quadrante comporta delle particolarità tecniche che lo hanno reso difficile da realizzare. Invece di usare il solito disco in metallo è stata usata una lastra sottilissima in Plexiglas.

All'interno di quest'ultima, laddove il disegno lo permette, sono state aperte delle finestrelle, per dare la possibilità di vedere i dischi sottostanti, normalmente usati per indicare il giorno e la data. In questo caso i dischi hanno un ruolo fondamentale perché, stampati con lo stesso disegno del quadrante e girando in senso opposto uno all'altro, lo scompongono per ricomporlo 217 giorni dopo.

Al fine di perfezionare le tecniche necessarie per la realizzazione dei 140 pezzi prodotti, un gran numero di prove si sono rese necessarie, sia per evitare che il quadrante si deformasse, convesso o concavo, sia per fissarlo correttamente secondo il montaggio del vetro in base ai procedimenti Swatch. Ogni orologio è unico per la diversità dei colori del quadrante, stampato a mano, e delle lancette. I 140 orologi Kiki Picasso sono costituiti da delle casse e dei cinturini di un colore che risulta verde trasparente alla luce naturale e che diventa color ametista alla luce artificiale. Da qui le difficoltà per fotografarli.

"COPY ART" PROMOTION PARIS.

To coincide with the launching of the Summer 1985 Collection, a "Copy Art" promotion was arranged, based on the theme of the Swatch, in which some 30 artists took part. A grand opening took place in the Ircam hall of the Pompidou Centre on the 20th. of March, and to celebrate the event Swatch marketing commissioned the artist Kiki Picasso (Christian Chapiron) to create the design for a special Swatch.

Following an initial meeting on the 15th May 1984, the designers worked to produce a series of 140 pieces, each one different, of which 120 were to be distributed to the best known figures in the art world on the occasion of the opening.

Apart from its unique design, the dial itself was also to be an ambitious and technically challenging feature. Instead of being made in metal as is usual, they were in fact of extra thin plexiglas printed with the design.

Several holes were left in the picture enabling the two disks behind to be seen through this clear section of the plexiglass. The disks, themselves, would in a normal Swatch have carried the date and week-day information visible through and aperture at 3 o'clock, but in this case were printed with the same design in identical colours. Turning in opposing directions, they "derange" the design, only lining up in perfect unison with the dial once in 217 days.

In order to perfect the techniques needed to make the definitive 140 pieces, a sequence of tests were necessary to establish whether the dial (which, in common with every Swatch, is retained in place by the glass) would withstand the final soldering of the glass without buckling.

Each watch is unique, with variations in the colouring sequence of every dial. The cases and bracelets are of dark green translucent colour in daylight, taking on an amethyst hue when exposed to artifical light.

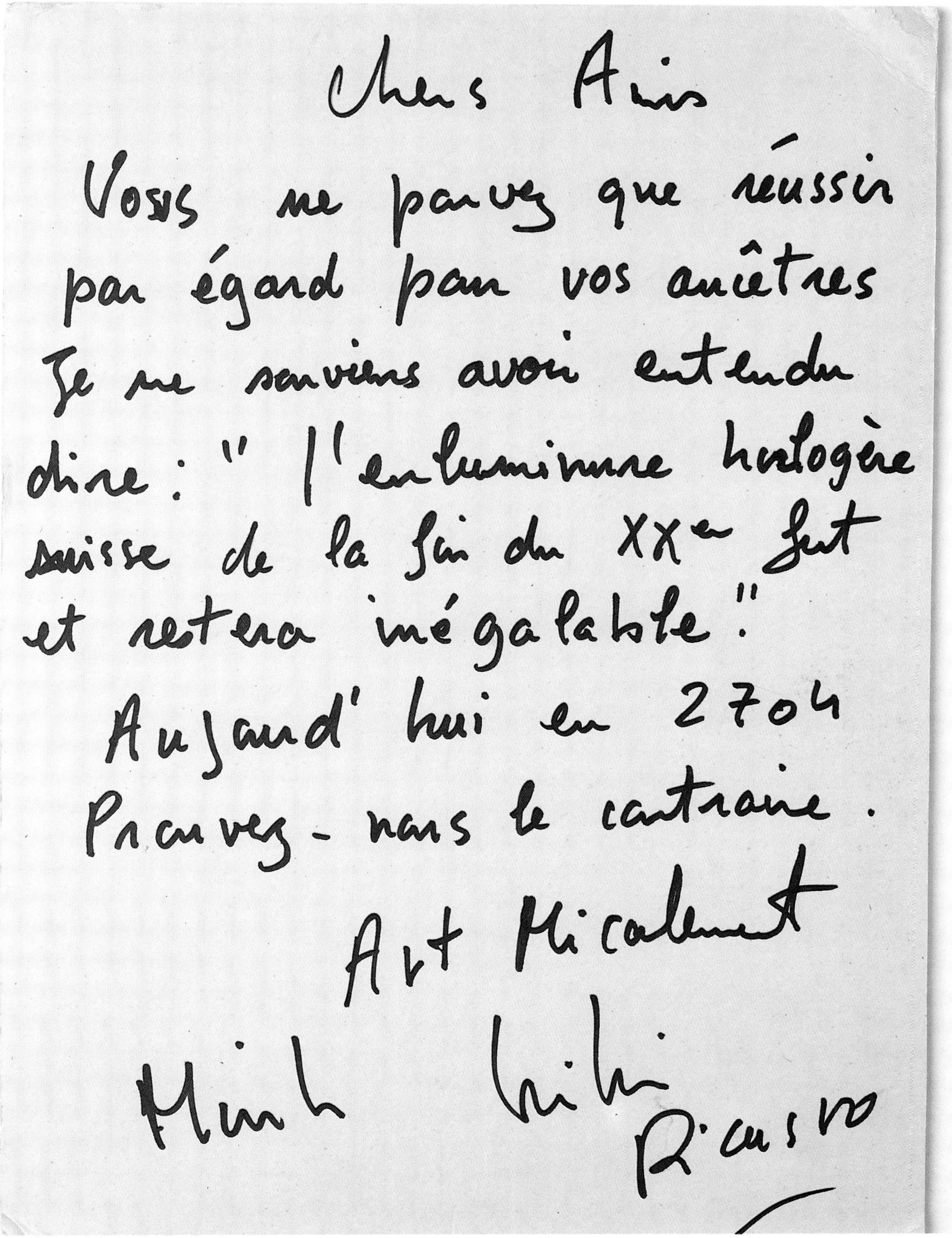

Chers Amis

Vous ne pouvez que réussir par égard pour vos ancêtres Je me souviens avoir entendu dire : " l'enluminure horlogère suisse de la fin du XXe fut et restera inégalable."

Aujourd'hui en 2704 Prouvez-nous le contraire.

Artistiquement

Minh William Picasso

Lettre de Kiki Picasso envoyée en "2704" à Marlyse et Bernard. Reçue en juin 1984 avec les dessins originaux.
Lettera di Kiki Picasso spedita nel "2704" a Marlyse e Bernard. Ricevuta in giugno 1984 con i disegni originali.
Letter from Kiki Picasso, sent from the year "2704" to Marlyse and Bernard. It was received in June 1984 with the original des gn.

Tableau: matériel d'étude monté en tableau par Marlyse Schmid et Bernard Muller.
Quadro montato da Marlyse Schmid e Bernard Muller con materiale di studio del modello Kiki Picasso.
Picture montage, by Marlyse Schmid and Bernard Muller, based on material from the original for the "Kiki Picasso" model.

Prototypes en noir et blanc des deux oeuvres proposées à Swatch par l'artiste, afin de définir le choix du modèle. Swatch a choisi la pièce de droite. Fin 1984.
Prototipi in bianco e nero delle due opere proposte dall'artista. Swatch ha scelto il modello di destra. Fine 1984
Prototypes in black and white for the two models proposed to Swatch by the artist. Swatch chose the model on the right. Late 1984.

➡

Ci-contre, étude et prototypes de cadrans. Le premier représente la variété des couleurs du dessin original de l'artiste. Le second et le troisième sont des variantes élaborées par les stylistes de Swatch.

A destra, studi e prototipi, di quadranti: Il primo, riproduce la varietà dei colori del disegno originale dell'artista. Il secondo e il terzo sono delle varianti elaborate dagli stilisti della Swatch.

Right, prototype and studies for prospective dials. The first utilizes the range of colours on the artist's original design. The second and third are variations created by the Swatch stylists. ➡

Ci-dessus, cadran classique.

Ci-contre, cadran en plexiglas transparent, reproduisant le dessin de Kiki Picasso, monté à l'envers.

In alto, quadrante classico.

A destra, quadrante in plexiglas trasparente che riproduce il disegno di Kiki Picasso montato al contrario.

Above the classic dial.

Right, transparent plexiglas dial with Kiki Picasso design reproduced in reverse.

A gauche et en bas,

Détail des cadrans et des disques tournant qui recomposent le motif (e dessin) tous les 217 jours.

A sinistra e in basso,

Dettagli dei quadranti e dei dischi rotanti che ricompongono il disegr o ogni 217 giorni.

Left and below,

Details of two dials with revolving discs. The design reconstructs itself once every 217 days.

"Illumination totale" et "Illumination partielle" ainsi baptisées par les stylistes pour contrôler l'effet cinétique du dessin. Février 1985.

A sinistra,

"Illuminazione totale" e "Illuminazione parziale" così battezzati dagli stilisti per controllare l'effetto cinetico del disegno. Febbraio 1985.

Left,

"Total Illumination" and "Partial Illumination" so called by the stylists, to test the kinetic effect of the design. February 1985.

Modèles définitif portant la marque de fabrique "Swatch Swiss" et bracelet signé.
Modelli definitivi con il marchio di fabbrica "Swatch Swiss" e cinturino firmato.
Definitive models bearing the factory mark "Swatch Swiss", with signed bracelets.

ERFINDERNENNUNG / DESIGNATION OF INVENTOR / DESIGNATION DE L'INVENTEUR

(falls Anmelder nicht oder nicht allein der Erfinder ist) / (where the applicant is not the inventor or is not the sole inventor) / (si le demandeur n'est pas l'inventeur ou l'unique inventeur)

Zeichen des Anmelders oder Vertreters
Applicant's or representative's reference
Référence du demandeur ou du mandataire
(max. 15 Positionen/max. 15 spaces/
15 caractères au maximum)

Cas 427

Nr. der Anmeldung oder, falls noch nicht bekannt, Bezeichnung der Erfindu
Application N° or, if not yet known, title of the invention
N° de la demande ou, si ce dernier n'est pas encore connu, titre de l'inven

(51) G 04 B – 45/00   (21) 86103382.7   (11) 0 195
(25) Fr   (26) Fr
(22) 13.03.86   (43) 24.09.86
(30) 18.03.85 CH 1189/85
(84) DE, FR, GB
(54) Uhr mit besonderen ästhetischen Effekter
Time piece with special esthetical effects
Pièce d'horlogerie à effets esthétiques s
ciaux
(71) ETA S.A. Fabriques d'Ebauches, Schild-R
Strasse 17, CH-2540 Grenchen, CH
(74) Gresset, Jean, et al, SMH Société Suisse
Microélectronique et d'Horlogerie S.A. Dépa
ment Brevets et Licences 6, Faubourg du l
CH-2501 Bienne, CH
(72) Schmid, Marlyse, CH-2054 Chézard, CH

(57) Le cadran (10) de la montre porte un décor et est pe
de fenêtres (i, j, k, l) dans des zones qui ne touchent pas
décor lui-même. Le disque (12) qui, dans une montre
male, sert à afficher le jour de la semaine, porte un dé
correspondant à la portion centrale du décor du cad
L'anneau (14) qui, dans une montre normale, sert à affi
la date, porte un décor correspondant à la portion du d
du cadran qui n'est pas sur le disque. Grâce à cette di
sition, le décor du cadran apparaît seul (16), sans qu'auc
image parasite ne soit présente dans les fenêtres, tou
217 jours. Le reste du temps, le disque (12) et l'anneau
font apparaître dans les fenêtres des portions du déco
donnent à l'ensemble un aspect confus.

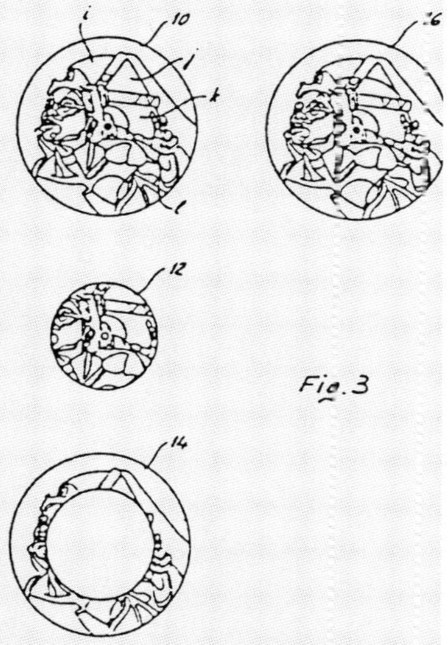

In Sachen der obenbezeichneten europäischen Patentanmeldung nennt (nennen) der (die) Unterzeichnete(n)[1]
In respect of the above European patent application I (we), the undersigned[1]
En ce qui concerne la demande de brevet européen susmentionnée le (s) soussigné(s)[1]

ETA SA Fabriques d'Ebauches

als Erfinder[2]:
do hereby designate as inventor(s)[2]:
désigne(nt) en tant qu'inventeur(s)[2]:

Marlyse SCHMID
La Chatière

CH-2054 Chézard

Suisse

Fig.3

☐ (Weitere Erfinder sind auf einem gesonderten Blatt angegeben)/(Additional inventors indicated on supplementary sheet)/
(les autres inventeurs sont mentionnés sur une feuille supplémentaire).

☐ Der (Die) Anmelder hat (haben) das Recht auf das europäische Patent erlangt[3]
The applicant(s) has (have) acquired the right to the European patent[3]
Le(s) demandeur(s) a (ont) acquis le droit au brevet européen[3]

☒ gemäß Vertrag vom __03.09.1981__   ☐ als Arbeitgeber   ☐ durch Ert
under an agreement dated _____   as employer(s)   as succes
par contrat en date du _____   en qualité d'employeur(s)   par trans

☒ Für jeden Erfinder, der nicht zugleich Anmelder ist, ist eine Kopie der Erfindernennung beigefügt[4].
A copy of the designation of inventor is enclosed for each inventor who is not also an applicant[4].
Une copie de la désignation de l'inventeur à l'intention de chaque inventeur, sauf s'il est en même temps de
jointe à la présente[4].

Ort/Place/Lieu   2501 Bienne   Datum/Date   11 mars 1986

Unterschrift(en) des (der) Anmelders (Anmelder) oder Vertreters (Vertreter)
Signature(s) of applicant(s) or representative(s)
Signature(s) du (des) demandeur(s) ou du (des) mandataire(s)

Jean Gresset

— Bitte Namen des (der) Unterzeichneten mit Schreibmaschine wiederholen / Please supplement signature(s) by typewritten name(s) /Prière de dactylographier le(s)
nom(s) du (des) signataire(s) au-dessous de la signature —

Fußnoten befinden sich auf der Rückseite/Footnotes overleaf/Le texte des renvois figure au verso

KEITH HARING

Artiste Pop américain. Né à Kutztown, Pennsylvanie en 1958, mort en 1990.

Keith Haring est généralement considéré comme le plus grand artiste en graffitis de notre temps.

Fils d'un électricien de Kutztown, il s'échappe à Pittsburg à l'âge de 18 ans, puis à New York peu de temps après, où il s'inscrit à l'Ecole des Beaux-Arts. Il y suit des cours de sémiotique (étude des signes et des symboles).

Son tempérament subversif le pousse à apporter son travail dans des manifestations artistiques publiques. Il garde des contacts avec les dessinateurs de graffitis qui sont régulièrement invités dans son atelier. Il devint célèbre par les graffitis qu'il peint sur les murs du métro de New York, pour lesquels il est d'ailleurs arrêté. Son remarquable talent devait toutefois transcender les frontières étroites du Monde de l'Art. A l'instar de Basquiat, qui symbolise avec lui la nouvelle école américaine des années 1980, il interprète l'expression "brute" de la rue. Ses petits bonhommes gigoteurs ont recouvert maintes palissades de New York avant d'envahir par bâches de 2 x 3 mètres les galeries branchées de Soho et d'ailleurs. Cette pictographie simple et efficace transporte de fresque en fresque, de blouson en tee-shirt, les angoisses collectives (nucléaire, Sida, guerre, etc.) et les désirs d'une culture de masse.

En 1986, Haring dessine quatre modèles de Swatch produits en 9999 exemplaires chacun. Une série de prototypes de différentes couleurs sont connus, ainsi que deux exemplaires avec sujets différents.

KEITH HARING

Artista Pop americano. nato a Kutztown, Pensilvania, nel 1958, morto nel 1990.

Keith Haring è meglio conosciuto come uno dei più grandi artisti del nostro tempo grazie ai suoi graffiti.

Figlio di un elettricista di Kutztown, scappa a Pitsburg all'età di 18 anni, poco tempo dopo si stabilisce a New York, dove si iscrive alla scuola delle Belle Arti. Segue dei corsi di semiotica (studio dei segni e dei simboli).

I suo temperamento sovversivo lo spinge ad avvicinare il suo lavoro alle manifestazioni artistiche pubbliche. mantiene comunque i suoi contatti con i deisegnatori di graffiti che sono regolarmente invitati nel suo laboratorio. Assieme a Basquiat, simboleggia la nuova scuola americana degli anni 80, interpreta l'espressione "grezza" della strada. I suoi "omini agitati" hanno ricoperto i muri di New York prima di invadere, su tavole di 2x3m le gallerie d'arte di Soho. Diventato famoso grazie a una serie di grafitti dipinti nella metropolitana della città di New York (per i quali venne persino arrestato) ha in seguito trasceso gli stretti confini del mondo artistico per raggiungere e influenzare un'intera generazione di giovani. Questa pittografia semplice e efficace, trasportata dai giubbetti, dalle T-Shirt ai cappellini, richiama le angoscie collettive (nucleare, AIDS, guerre, droga, sesso, ecc...) e anche i desideri di una cultura di massa.

Nel 1986 Haring ha disegnato 4 modelli di Swatch tutti prodotti in serie numerate da 1 a 9999. Si conoscono di lui anche una serie di prototipi di diversi colori e alcuni esemplari di orologi con soggetti differenti da quelli prodotti in serie. Due sono illustrati nel presente volume.

KEITH HARING

American Pop artist, born in 1958 in Kutztown Pennsylvania, died in 1990.

He is generally considered as the greatest graffiti artist of our time, although he died at the age of only 32.

The son of an electrician, Haring went to Pittsburg at the age of 18, and shortly afterwards moved to New York where he enrolled at the School of Fine Arts for a course in Semiotics (the study of signs and symbols).

His rebellious nature led him to join up with the street painters of New York, and indeed graffiti artists were always regular visitors to his studio. Initially he attained a certain notoriety for his graffiti drawings in the city's subway, being in fact cought and arrested.

Following in the footsteps of Bosquiat, who also stood as a symbol of the new American school of the 1980's, Haring seemed to interpret the brutality of street power. His little dancing men covered innumerable hoardings throughout New York, before appearing as 2x3 meter large panels in the galleries of Soho and elsewhere. Their simple but effective form graduated from paintings to tee-shirts and became a collective symbol of the anguish of the young (nuclear, AIDS, war, etc...) and the aspirations of a mass culture.

In 1986 Haring designed 4 models of Swatch produced in a series numbered from 1 to 9999. A series of prototypes in various colours is also known as well as some examples with different subjects. Two of them are illustrated in this book.

Affiche publicitaire
Manifesto pubblicitario
Publicity Poster

Ci-dessus, prototypes pour la recherche de couleurs "Modèle avec personnages" de K. Haring.

In alto, prototipi per la ricerca dei colori "Modèles avec personnages" di K. Haring.

Above, prototypes for colour tests for the "Personnages" model of K. Haring.

Ci-contre, prototype: Boîte transparente et cadran avec les couleurs définitives sur fond métallissé

A destra, prototipo con cassa trasparente e quadrante con i colori definitivi su fondo metallizzato.

Right, prototype, with transparent case, the dial in the final colours on metallic ground.

Les deux premiers modèles avec boîte transparente sont des pièces uniques; dans la troisième, les couleurs du serpent et du fond ont été interverties. Le modèle avec boîte noire est une variante.

I primi due modelli con cassa trasparente sono pezzi unici. Nel terzo sono stati invertiti i colori del serpente e del fondo. Il modello con cassa nera é una variante.

The first two models in transparent cases are unique; on the third, the colours of the background and snake are inverted. The example with a black case is a variant.

Variante
Variante
Variant

Modèle avec personnages, GZ 100 signé par l'artiste
Modello con personaggi, GZ 100 firmato dall'artista.
Model with personages, GZ 100 signed by the artist.

KEITH HARING

MODÈLES AVEC PERSONNAGES
GZ 100

MILLE PATTES
GZ 103

SERPENT
GZ 102

BLANC SUR NOIR
GZ 104

Produits en 9999 exemplaires *Prodotti in 9999 esemplari.* Produced in 9999 examples.

Prototype jamais produit
Prototipo mai prodotto
Prototype never produced

Prototype jamais produit
Prototipo mai prodotto
Prototype never produced

Montage de Marlyse Schmid et Bernard Muller inspiré du dessin de Keith Haring.
Quadro montato da Marlyse Schmid e Bernard Muller ispirati dal disegno di Keith Haring.
Picture montage by Marlyse Schmid and Bernard Muller based on the designs of Keith Haring.

JEAN-MICHEL FOLON.

Artiste surréaliste belge. Né à Bruxelles en 1934.

Après des études d'architecture il fut d'abord connu comme dessinateur humoristique. Il a travaillé pour diverses revues - Ce n'est que plus tard que son oeuvre a pris un aspect plus proprement pictural.

En peu de temps, il a réussi à imposer son univers à la fois nostalgique et critique, aussi bien "à la une" des hebdomadaires français et américains, au générique d'émissions télévisées, qu'aux cymaises des Galeries. Cet artiste belge installé à Paris dénonce avec une cruauté d'autant plus implacable qu'elle est impassible, la solitude de l'homme moderne étouffé par la multitude, par la confusion de la société contemporaine.

La Galerie FINE ARTS de Bruxelles présentait en juin 1989, une quarantaine d'oeuvres de l'artiste, aquarelles et dessins réalisés ces dernières années. A Monaco, pendant l'été, le Centre de Congrès a reçu une très importante tapisserie de l'artiste "Métamorphose" tissée par Robert Four à Aubusson.

En 1987, trois modèles de Swatch furent dessinés par Jean-Michel Folon, et une série limitée de 5000 exemplaires de chaque fut produite. Non-numérotés et initialement prévus pour le marché belge, ils furent par la suite également vendus en France et en Italie.

JEAN-MICHEL FOLON

Artista surrealista belga, nato a Bruxelles nel 1934.

Dopo gli studi d'architettura si fa conoscere come disegnatore umoristico, lavorando per diverse riviste. E' soltanto più tardi che le sue opere hanno assunto un aspetto professionale e pitturale.

In poco tempo è riuscito a imporre il suo universo al tempo stesso nostalgico e critico, sia sulle pagine dei giornali specializzati francesi e americani, alle trasmissioni d'attività culturale televisive e a diversi galleristi. Questo artista belga, stabilito a Parigi, denuncia con una crudità implacabile quanto impassibile, la solitudine dell'uomo moderno soffocato dalla moltitudine e la confusione della società contemporanea.

La galleria "Fine Arts" di Bruxelles presentò nel giugno 1989 una quarantina di opere dell'artista, acquarelli e disegni realizzati in questi ultimi anni. A Monaco, durante l'estate il centro dei Congressi ha ricevuto un'importante tappezzeria dell'artista "Metamorfosi" tessuta da Robert Four a Aubeisson.

Nel 1987 Folon disegnò tre modelli di Swatch e ne furono prodotte altrettante serie di 5000 esemplari ognuna; non numerate e inizialmente previste per il mercato Belga, furono in seguito vendute anche in Francia el in Intalia.

JEAN-MICHEL FOLON

Belgian surrealist artist, born in Brussels in 1934

After completing his studies as an architect, Folon initially attained recognition as a humorous cartoonist, working for several periodicals.

Later on, his work assumed more of a truly pictorial style, and within a short time he succeeded in transplating his own altogether critical and nostalgic world onto the front covers of French and American magazines, into television as a backdrop for the title sequences and into the halls of the art gallery. This Belgian artist, living in Paris, depicted the loneliness of modern man, suffocated by the masses and buried by the confusion of modern life, in a style that was cruel beyond belief.

A retrospective exhibition of his work, including some 40 watercolours and designs was presented at the Fine Arts Gallery in Brussels throughout June 1989, and a highly important tapestry, designed by the artist and woven by Robert Four in Aubusson, with the title "Metamorphosis" exists in the Centre de Congrès, Monaco.

In 1987 three Swatch models were created by Jean-Michel Folon, and a limited series of five thousand of each was produced. Unnumbered and originally intended for the Belgian market only, they were later also sold in France and Italy.

Sur ce fond, les photos des dessins originaux utilisés pour la réalisation des cadrans.
Sul fondo, le foto dei disegni originali utilizzate per la realizzazzione dei quadranti.
Background photograph of the original designs used to create the dials. ➡

No 1
GZ 109

No 2
GZ 106

No 3
GZ 108

RORRIM 5

GZ 107

TADANORI YOKOO

Né en 1936 à Hyôgo, Japon

Il débuta sa carrière comme graphiste, et se fit une réputation comme illustrateur dans les années 60. Ses affiches étaient très connues au Japon. Dès 1981, son oeuvre fut largement étendue à la peinture, et il est aujourd'hui l'un des artistes contemporains les plus importants au Japon.

Il dessina une Swatch pour célébrer le 5ème anniversaire de Swatch et la production de la cinquante millionième montre en 1988. Connue sous le nom de Rorrim 5, la Swatch de Yokoo Tadanori fut produite en 1987, en édition limitée de 5000 pièces et vendue uniquement au Japon.

TADANORI YOKOO,

Nato nel 1936 a Hyôgo, Giappone.

Tadanori Yokoo ha iniziato la sua carriera come artista grafico, costruendo la sua fama come illustratore. I suoi manifesti sono conosciuti in tutto il Giappone. A partire dal 1981 si è dedicato alla pittura e oggi è senz'altro il più noto artista contemporaneo giapponese.

Ha disegnato uno Swatch per celebrarne il quinto anniversario e il 50 milionesimo orologio prodotto nel 1988. Conosciuto come Rorrim 5, l'orologio di Tadanori Yokoo venne prodotto nel 1987 in una serie limitata e numerata di 5'000 esemplari venduti esclusivamente in Giappone.

TADANORI YOKOO,

Born in 1936 in Hyôgo, Japan.

Tadanori Yokoo started his career as a graphic artist, building his reputation in the 1960's as an illustrator, his posters being well known throughout Japan. Since 1981 his work has been largely in the field of painting, and today he is without doubt one of the most important contemporary artists in Japan.

To celebrate the 5th anniversary of Swatch and the 50 millionth watch produced, an event which took place in 1988, Yokoo was commissioned to design a special model. A limited edition of 5000 pieces were produced in 1987, under the name Rorrim 5, which were sold only in Japan.

VARIANT

LA FONDATION MAEGHT

En accord avec leur époque Aimé et Marguerite Maeght avaient choisi de défendre des artistes qui parlent le langage de leur temps, sachant d'instinct qu'il faut accepter de vivre dans le présent et anticiper, si cela se peut, le futur.

La Fondation est un ensemble architectural spécialement conçu pour faire aimer l'art contemporain sous toutes ses formes. Elle comprend actuellement une série de salles d'exposition ouvrant sur des patios et des jardins, une salle de cinéma, une librairie d'art, une bibliothèque de consultation, une cafétéria, des terrasses et un vaste parcours de sculptures réparties dans les jardins.

C'est en raison de leurs liens amicaux avec Monsieur Aimé Maeght et Monsieur Jean-Louis Prat que Pierre Alechinsky, Pol Bury et Valério Adami ont été choisis pour dessiner les 3 montres Swatch de la Fondation Maeght.

POL BURY, artiste belge
Né à Haine-Saint-Pierre, Belgique, en 1922
Ce sculpteur belge, installé près de Paris depuis 1961, s'est surtout fait connaître par ses réalisations d'oeuvres monumentales, de fontaines en particulier. D'abord proche des surréalistes, il appartient ensuite au groupe COBRA de 1949 à 1952, abandonne la peinture en 1953, se consacre alors aux recherches sur le mouvement dans la sculpture, puis expose chez Denise René avec les artistes cinétiques, Agam, Tinguely, Soto. A partir des années 1960, il trouve son propre langage et invente ce qu'il appellera plus tard dans un de ses ouvrages "les horribles mouvements de l'immobilité". En janvier 1983, il a été nommé professeur de sculpture monumentale aux Beaux-Arts de Paris, succédant à Etienne-Martin. Il a reçu en 1985 le Prix national pour la sculpture.

VALERIO ADAMI, artiste italien
Né à Bologne en 1935, il a fait ses études à l'Académie Brera de Milan de 1953 à 1957. Tout d'abord membre du Cercle de MATTA il fut influencé par BACON et le Pop Art pendant son séjour à Londres de 1961 à 1962.

Adami fait aujourd'hui figure de maître à penser de la Figuration narrative. Le peintre illustre avec justesse une période dans l'histoire de la peinture du XXe siècle. Oeuvre à la fois "littéraire" et novatrice, ses "constats" sont à rapprocher du Nouveau Roman en littérature: sa figuration, mariage hybride entre la BD et le dessin industriel, décrit aussi froidement l'environnement anonyme et préfabriqué des années 1960-1970 avec un certain érotisme sous-jacent. L'usage qu'il fait de la couleur est une des caractéristiques de son oeuvre. Il est actuellement considéré comme l'artiste italien le plus connu parmi ceux qui travaillent hors de son pays d'origine.

PIERRE ALECHINSKY. artiste belge
Né à Bruxelles en 1927, il a quitté la Belgique pour Paris en 1951.

En mars il rencontra Dotremont et découvra le mouvement Cobra auquel il participe très activement. Les peintures à l'huile sur toile de cette période et celles des années 1950 à 1965 sont les plus marquantes de son oeuvre de jeunesse. 1965: au cours d'un long séjour aux USA, sa peinture franchit une étape technique et plastique décisive avec l'adoption de l'acrilyque sur papier. La légèreté du support, la fluidité des matériaux lui procurent une liberté que la peinture à l'huile ne lui avait pas encore offerte aussi totalement.

LA FONDAZIONE MAEGHT

In sintonia con la loro epoca, Aimé e Marguerite Maeght scelsero di difendere gli artisti che parlavano la lingua del loro tempo, sapendo istintivamente che bisogna accettare di vivere nel presente e , se possibile, anticipare il futuro.

La Fondazione Maeght è uno spazio architetturale concepito al fine di far amare e apprezzare l'arte contemporanea sotto tutti i suoi aspetti. Allo stato attuale la Fondazione comprende una serie di sale da esosizione che si aprono su patio e giardini, una sala cinematografica, una libreria d'arte, una biblioteca, una caffetteria, diverse terrazze e un vasto percorso di statue nei vari giardini.

Fu grazie al loro legame d'amicizia con Almé Maeght e Jean-Louis Prat che Pierre Alechinsky, Pol Bury e Valerio Adami vennero selezionati per disegnare i tre Swatch della Fondazione Maeght.

POL BURY, artista belga
Nato nel 1922 a Haine-Saint-Pierre.
Questo scultore belga, che vive vicino a Parigi dal 1961, è soprattutto noto grazie alle sue sculture monumentali, di fontane in particolare. In un primo tempo legato ai surrealisti, appartiene in seguito al gruppo Cobra dal 1949 al 1952, abbandona la pittura nel 1953 per consacrare la sua ricerca al movimento nella scultura e in seguito espone le sue opere presso Denise René assieme a Agam, Tinguely e Soto. A partire dal 1960 trova il suo proprio linguaggio e inventa quello che in seguito nominerà in un suo libro "gli orribili moti dell'immobilità". Nel gennaio del 1983 è nominato professore di scultura monumentale alle Belle Arti di Parigi e succede a Paul Martin. Nel 1985 ottiene il premio nazionale per la scultura.

VALERIO ADAMI, artista italiano
Nato a Bologna nel 1935, ha studiato all'Accademia di Brera a Milano dal 1953 al 1957. Inizialmente membro della cerchia di Matta, fu influenzato da Bacon e dalla Pop Art ai suoi albori, durante il suo soggiorno a Londra fra il 1961 e il 1962.

Adami è oggi una delle figure principali nell'ambito della figurazione narrativa. L'artista illustra giustamente un'epoca nella storia della pittura del XX secolo. Opera allo stesso tempo "letteraria e innovatrice, i suoi "constats" vanno paragonati al "Nouveau Roman" in letteratura: la sua arte figurativa, matrimonio ibrido fra il fumetto e il disegno industriale, descrive con freddezza l'ambiente circostante, anonimo e prefabbricato, degli anni 60-70 con un ché di erotismo soggiacente. L'utilizzazione dei colori è una delle caratteristiche principali dell'artista e la qualità del suo lavoro ne ha fatto uno degli atristi italiani più riconosciuti al di fuori del suo paese.

PIERRE ALECHINSKY, artista belga
Nato nel 1927 a Bruxelles, ha lasciato il Belgio per Parigi nel 1951.
In marzo incontra Dotremont e scopre il movimento Cobra al quale partecipa attivamente. Le sue tele di quell'epoca e quelle degli anni 1950-1965 restano le più significative della sua opera giovanile. E' nel 1965, durante un lungo viaggio negli Stati Uniti che la sua pittura supera una tappa tecnica decisiva; la scelta dei colori acrilici su carta. La leggerezza del supporto e la fluidità dei materiali, gli procurano una libertà che la pittura ad olio non gli aveva mai concesso. Le sue opere sono esposte un po' ovunque in Europa e negli Stati Uniti.

THE MAEGHT FOUNDATION

In keeping with their beliefs Aimé and Marguerite Maeght chose to support the Art and artists of their age, instinctively realising the need to accept and encourage that which is of the present and if possible anticipate something of their future.

The Foundation consists of an architectural complex especially conceived to enhance the appeal of contemporary art in all its forms. There are a series of exhibition galleries opening out onto patios and gardens, a cinema, an art library, a reference library, a cafeteria, terraces and a vast array of sculpture displayed in the gardens.

It was by virtue of their artistic connections with Aimé Maeght and Jean-Louis Prat that Pierre Alechinsky, Pol Bury and Valerio Adami were chosen to design the three Swatch models for the Maeght Foundation.

POL BURY, belgian sculptor
Born in Haine-Saint-Pierre in 1922.
Living in Paris since 1961, Bury is best known for his monumental sculptures, most particularly his fountains. Initially a follower of the surrealists, he belonged to the Cobra group between 1949 and 1952, before abandoning painting in 1953 when he decided to dedicate himself to the study of movement as applied to sculpture; he then exhibited at the gallery of Denise René in the company of the kinetic artists Agam, Tinguely and Soto. From the 1960's onwards, he discovered his true form of expression and devised, what he was later to christen in one of his writings "the horrible movements of immobility".

VALERIO ADAMI, italian artist
Born in Bologna in 1935. Adami studied at the Brera Academy in Milan between 1953 and 1957. Initially a member of the circle of Matta, he was subsequently to be influenced by Bacon and the Pop Art movement during his stay in London from 1961 to 1962.

Adami is today a central figure of the figurative style, his work demonstrating in a just fashion a period in the history of 20th century painting. At once scholarly and innovative, his guiding hand has been an affinity with the modern approach to the litterary novel. Stylistically a mixed marriage between the cartoon and industrial design, starkly portraying the anonymous and pre-fabricated environment of the years 1960-1970 but with a certain erotic undercurrent. Powerful use of colours is a characteristic of his work. He is furthermore considered to be the best known Italian artist working outside his native land.

PIERRE ALECHINSKY, belgian artist
Born in Brussels in 1927. Moving to Paris in 1951.
He met Dotrement and became an active participant in the Cobra movement. His paintings in oil on canvas dating from the years 1950 to 1965 are considered to be his finest works from this early period. In 1965 Alechinsky remained for some considerable time in America, where his style was transformed both in technique and form with his adoption of acrylic on paper as a medium. The lightness of the ground and flexibility of the paint brought to his work a freedom that could not be attained so completely by painting in oils. His work has been widely exhibited throughout Europe and the United Sates.

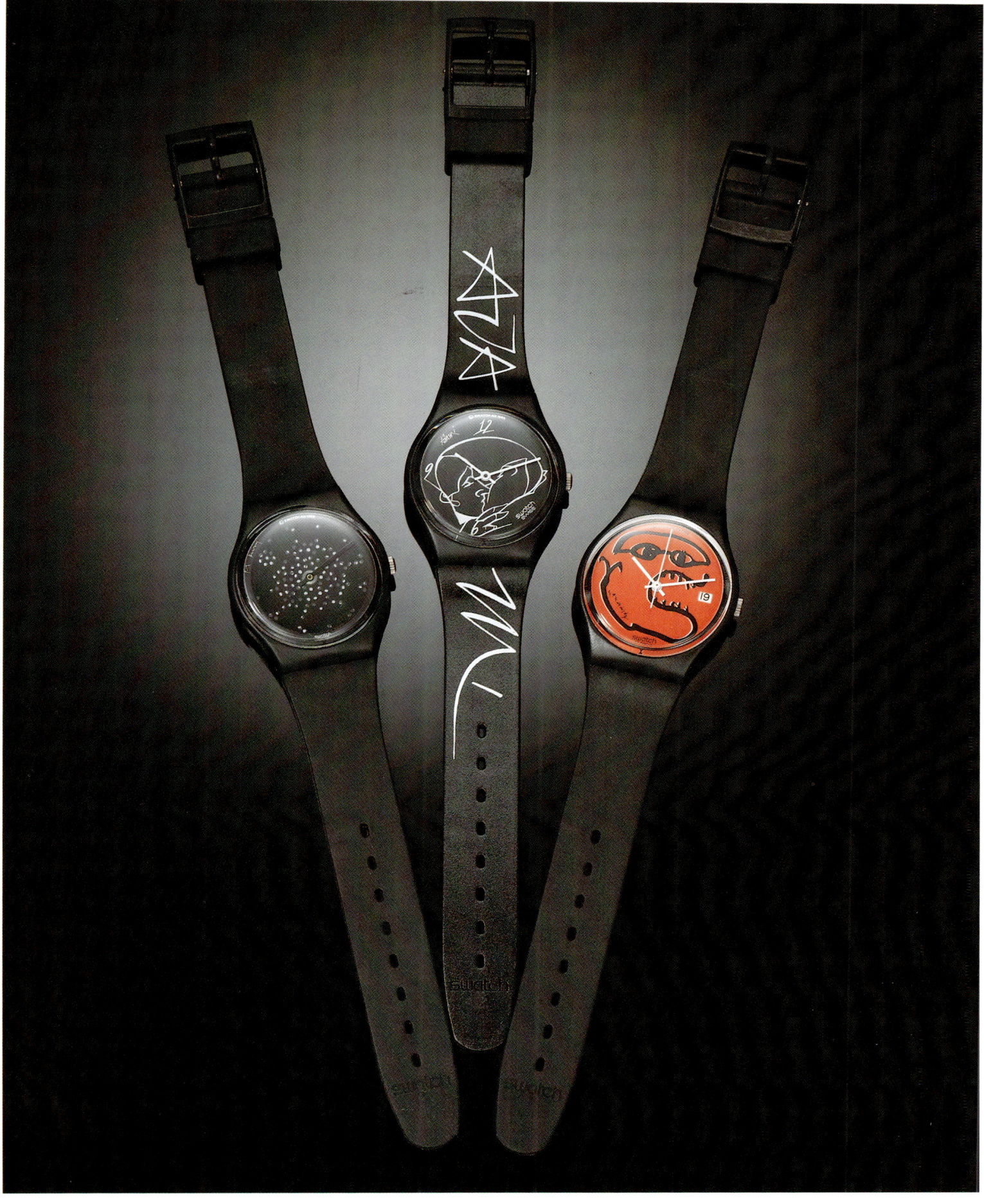

POL BURY

GZ 110

VALERIO
ADAMI
GZ 111

PIERRE
ALECHINSKY
GZ 401

Présentoir de la collection "Fondation Maeght"
Espositore della collezione "Fondation Maeght"
Display cabinet for the collection "Fondation Maeght".

MIMMO PALADINO

Artiste transavant-gardiste Italien.

Né à Paduli, Italie, en 1948

Avec Clemente, Chia et Cucchi, Paladino participe sur le plan international, au renouveau de la peinture italienne dans les années 1980. Son oeuvre - peintures sur bois, bois peints, sculptures polychromes et travaux sur papier - illustrait les théories critiques de la Trans-avant-garde d'Achille Bonito Oliva qui opposait à l'art de réflexion et de rigueur des décennies précédentes une expression purement subjective, un retour à la figure peinte, au métissage des styles et des cultures.

L'artiste évoque une sorte de mythologie personnelle, en tout cas dans un sens individuel, où l'image de la tanière, des objets familiers, rappelle quelques tombes étrusques. A côté de toutes les spéculations esthétiques, commerciales ou intellectuelles, reste, ou disparait, la force plastique de l'oeuvre.

L'année 1989 a vu l'addition d'une montre dessinée par Mimmo Paladino à la collection Swatch. Production limitée à 140 exemplaires dont les 100 premières numérotées avec des chiffres arabes. 99 de ces montres furent offertes aux personnalités les plus éminentes du monde, dont le Dalaï Lama, Mikhail Gorbatchev, Leonhard Bernstein, Carl Lewis, Michael Jackson, Madonna, Lady Di, Nigel Mansell et le gagnant du Concours de dessin organisé par Swatch.

Quarante modèles numérotés de 1 à 40, réservés au collaborateurs du projet, se caractérisent par la numérotation de la boîte à chiffres romains. Plusieurs prototypes et épreuves d'artiste sont par ailleurs connues.

MIMMO PALADINO

Artista transavanguardista italiano.

Nato a Paduli, Italia nel 1948.

Con Clemente, Chia e Cucchi, Paladino partecipa sul piano internazionale al rinnovo della pittura italiana negli anni 1980. Le sue opere -pittura su legno, sculture policrome e lavori su carta- illustrano le teorie critiche della transavanguardia di Achille Bonito Oliva che opponeva all'arte di riflessione e di rigore dei decenni pecedenti, un'espressione puramente soggettiva, un ritorno alla figura dipinta al miscuglio di stili e culture.

L'artista evoca una sorta di mitologia personale, in tutti i casi in maniera individuale dove l'immagine del rifugio, degli oggetti familiari , richiama le tombe etrusche. Accanto a tutte le speculazioni estetiche, commerciali o intellettuali, resta, o scompare, la forza plastica dell'opera. Le opere di Mimmo Paladino sono state esposte in tutto il mondo.

Nel 1989 si aggiunge un nuovo orologio disegnato da Mimmo Paladino alla collezione Swatch. Produzione limitata a 140 pezzi dei quali 100 a numerazione araba, di cui 99 vengono offerti ai maggiori esponenti della politica, dello sport, della cultura e dell'arte, a livello mondiale tra i quali: Dalaï Lama, Mikhail Gorbachof, Leonard Bernstein, Carl Lewis, Michael Jackson, Madonna, Lady Di, Nigel Mansel oltre che al vincitore del concorso: "Disegna il tuo Swatch", organizzato da Swatch.

Quaranta modelli numerati da 01 a 40, riservati ai collaboratori del progetto si caratterizzano per la numerazione della cassa con cifre romane. Si conoscono anche numerose prove d'artista e diversi prototipi.

MIMMO PALADINO

Trans-avant-garde italian artist.

Born in Paduli, Italy in 1948.

Along with Clemente , Chia and Cucchi, Paladino took part in the revival of Italian painting, on an international level, during the 1980's. His art -paintings on wood, painted wood, polychrome sculpture and works on paper- illustrates the critical theories about the Trans-avant-garde of Achille Bor ito Oliva which opposed the reflective art and the strictly subjective expressionism of the proceedings decades, advocating a return to the painted figure with a mixture of styles and cultures.

The artist evokes the idea of a kind of personal archaism, individual in every sense, w th images of the earth or familiar objects recalling elements from the Etruscan tombs. Alongside all the aesthetic, commercial or intellectual considerations, remains or dematerialises the "plastic" strenght of the work. Paladino is today one of the few artists deserving of this title.

1989 saw the addition of a Swatch designed by Mimmo Paladino, which was produced in a limited edition of 140 -the first one hundred with an Arabic numbering code, of which ninety-nine were distributed to prominent world personalities, including the Dalai Lama, Mikhail Gorbachev, Leonhard Bernstein, Carl Lewis, Michael Hackson, Madonna, Lady Di, Nigel Mansell and one of the wirner of a Swatch design contest.

Forty Paladino's were produced for the project collaborators, with a Roman numbering code; a few prototypes and artist proofs are also known.

Seconde au centre. Aiguille des heures dorée.
Secondi al centro, lancetta delle ore dorata.
Centre seconds, and gilt hour hand.

Domenico Paladino nasce il 1...
Nel 1964, a quindici anni, v...
particolarmente colpito dalle...
stesso anno si iscrive al Lice...
nel 1968. In questo periodo...
Max Ernst.
Dal 1970 al 1973 si dedica...
ti sono prevalentemente mi...
caro).
Negli anni che seguono sog...
nel 1977, conosce il critico T...
sass: incontri fondamentali...
Nel 1978 si reca per la prim...
grande successo i suoi pri...
Appartiene, dal 1980, a que...
terminologia coniata da Ach...
"Transavanguardia".
Dal 1982 al 1985 Paladino...
giche manifestazioni, nate c...
cana, lo affascinano e ispi...
"... in Brasile" dice Paladino...
lora diventa questo strano...
magico della magia africar...
Mimmo Paladino vive e lav...
costituito di quadri, acquare...
bronzo, legno e pietra) offre...
re "en plein air".
Negli ultimi anni gli sono sta...
e musei in Europa e negli S...
voro è stata tenuta nel 198...
delle esposizioni principali a...
Venezia (1980); la Bienna...
(1982); importantissima ne...
nale di Venezia con una g...
Sue opere sono presenti in...
come l'Australian Nation...
seum (Amsterdam); la No...
Modern Art (New York); i...
Attualmente sta preparando...
il Museum of Contempora...

C E R T I F I C A T O

autore   Mimmo...
titolo   oigol O...
tiratura   è costitu...
              100 nur...
              Concors...
              SWATCH...
              all'artis...
anno   1989

Esemplare nr. **093/100**

oigol ORO
GZ 113

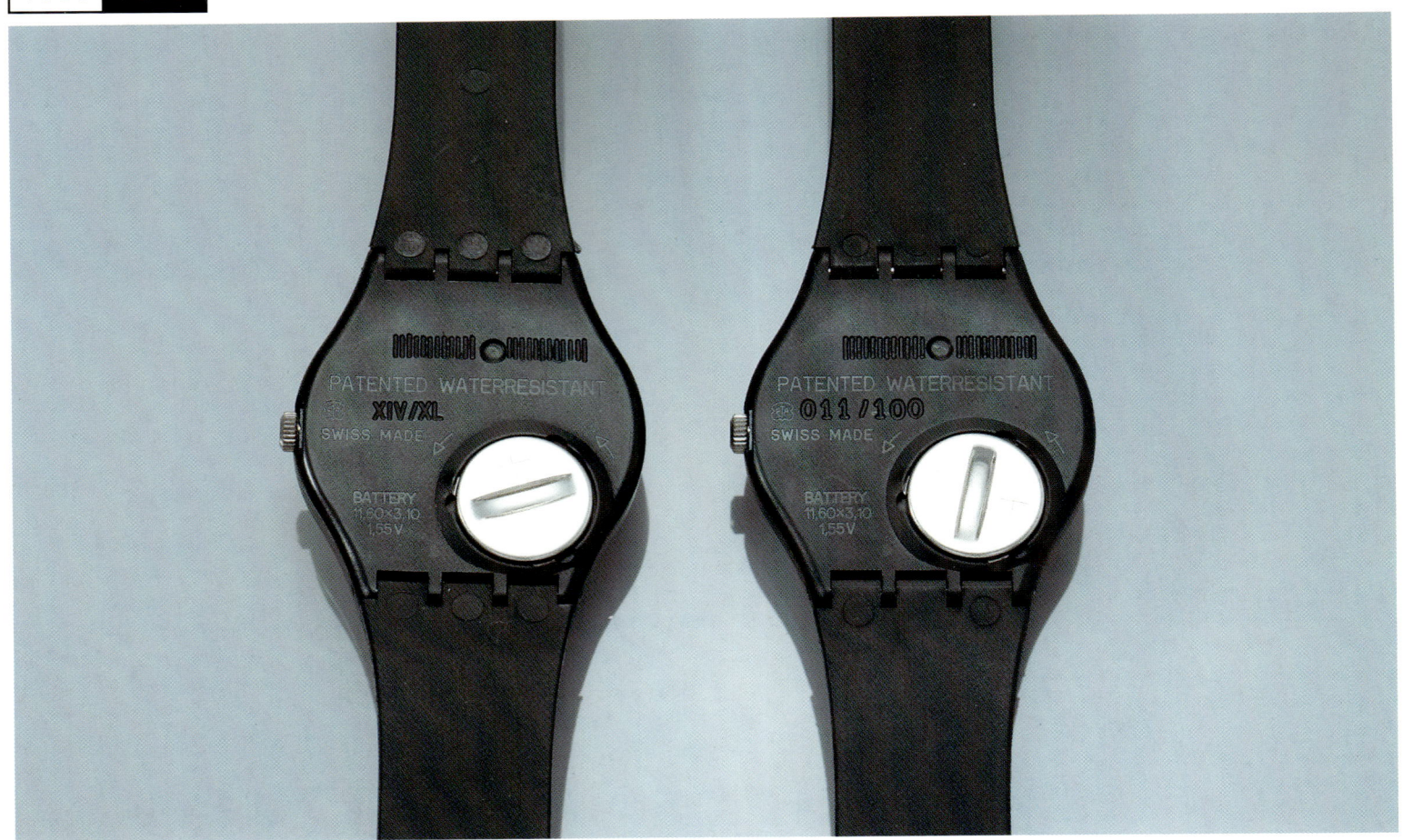

Deux Swatch Mimmo Paladino à numérotations
différentes. Ci-dessus à gauche, le No 14 des
40 modèles à chiffres romains produites pour
l'artiste et Swatch (XIV/XL). A droite le No 11
des 100 modèles à chiffres arabes produites
pour les 99 V.I.P. (011/100).

*Gli Swatch Mimmo Paladino hanno due diffe-
renti numerazioni. A sinistra, il 14° dei 40 modelli
con cifre romane prodotti per l'artista e la
Swatch (XIV/XL). A destra, 11° dei 100 modelli
a cifre arabe prodotti per i 99 VIP (011/100).*

The Swatch Mimmo Paladino model had two
different numbering systems. Above on the
left is the number 14 of the 40 examples with
Roman numerotation (XIV/XL) made for the
artist and Swatch. On the right is number 11
of the 100 with Arabic numerotation made for
the 99 V.I.P.'s (011/100).

UN PEU D'HISTOIRE

Le concept d'alliance d'Etats qui s'associent tout en conservant leur souveraineté était déjà bel et bien au rendez-vous de 1291, avec ces hommes des cantons montagnards d'Uri, Schwyz et Unterwald qui se jurèrent assistance mutuelle créant du même coup la Confédération helvétique. Ces paysans de la Suisse Centrale vont ensuite se lancer dans une série de guerres pour former une Confédération de huit, puis de treize cantons en 1513. Leur politique d'expansion est pourtant arrêtée brutalement à Marignan, dans la pleine lombarde en 1515, et l'élaboration d'une politique commune va être bloquée longtemps pour cause de mésentente entre Confédérés.

Après l'occupation de la Suisse par les troupes du Directoire en 1798, une République helvétique unitaire est créée qui voit la suppression de tous les privilèges et l'octroi des libertés de culte et de presse.

En 1803 Napoléon mit fin à la lutte qui oppose fédéralistes et centralisateurs en édictant un Acte de médiation par lequel la Suisse devient une République fédérative de 19 cantons. mais la chute de l'Empereur aboutit de nouveau à une confédération d'Etats assez lâche de 22 cantons.

c'est à cette époque, en 1815, que la neutralité de la Suisse est reconnue sur le plan international.

En 1848, au terme d'une brève guerre civile entre, d'une part les sept cantons catholiques conservateurs et les cantons protestants déjà pourvus de gouvernements libéraux, la fondation de l'Etat fédératif suisse marque la réalisation d'idées républicaines progressistes en plein coeur de l'Europe des monarchies restaurées.

La Constitution de 1848, dont les traits essentiels conservent toute leur actualité, a donc concrétisé sur le plan juridique les leçons qu'on avait tirées de l'histoire. L'unité de cet Etat helvétique ne pouvait être réalisée que dans la sauvegarde de la diversité de ses parties.

L'Etat fédératif -formé aujourd'hui de 26 cantons et demi-cantons souverains- a ainsi été doté d'une structure fédéraliste ménageant une part considérable de liberté, de décision politique et d'autonomie en matière administrative aux cantons en leur qualité d'Etats confédérés.

UN PO' DI STORIA

Il concetto di alleanza fra Stati che mantengono la sovranità, era già noto nel 1291 quando alcuni uomini dei cantoni di montagna Uri, Svitto e Untervaldo, giurarono di garantirsi una mutua assistenza e crearono la Confederazione elvetica.

Questi paesani della Svizzera centrale, in seguito, si ingaggiano in una serie di guerre per formare una Confederazione di otto, poi di tredici cantoni nel 1513.

La politica espansionista di questi ferventi confederati viene bruscamente arrestata a Marignano, sulla pianura lombarda, nel 1515. Anche l'elaborazione di una politica comune subisce un lungo arresto a causa delle divergenze fra i confederati. Dopo l'occupazione della Svizzera da parte delle truppe del Direttorio nel 1798, si crea una Repubblica elvetica unitaria che vede la soppressione di ogni privilegio e la concessione della libertà di culto e di stampa.

Nel 1803, Napoleone mette fine alla lotta che oppone federalisti e centralizzatori decretando un Atto di mediazione, secondo il quale la Svizzera diventa una Repubblica federativa di 19 cantoni. Ma la caduta dell'Imperatore riporta la Svizzera a una confederazione, piuttosto debole, di 22 cantoni. E' a quest'epoca, 1815, che si riconosce su un piano internazionale la neutralità della Svizzera.

Nel 1848, al termine di una breve guerra civile fra, da una parte i sette cantoni cattolici conservatori e, dall'altra i cantoni protestanti che già vantavano dei governi liberali, la fondazione dello Stato svizzero segna la realizzazione degli ideali repubblicani progressisti nel cuore dell'Europa delle Monarchie restaurate. La Costituzione del 1848, i cui tratti essenziali conservano tutta la loro attualità, ha quindi concretizzato, su un piano giuridico, la lezione dataci dalla storia: l'unità di questo Stato elvetico non si poteva realizzare che conservando la diversità delle parti.

Lo Stato federativo, come quello attuale di 26 cantoni e semi-cantoni sovrani, si è dotato d'una struttura federalista che mantiene una parte considerevole di libertà politica e d'autonomia in materia amministrativa per ogni cantone nella loro qualità di stati confederati.

A BIT OF HISTORY

The idea of an alliance between States, with each retaining rights over their sovereignty dates back to the year 1291, when the inhabitants of the mountain districts of Uri, Schwyz and Unterwald formed an alliance together for mutual self-protection, unintentionally sowing the seed that was later to grow into the Swiss Confederation. The citizens of this central massif were soon to launch into a series of wars resulting in the establishment of a Confederation of eight and subsequently thirteen cantons by 1513. Their agressive expansionist plans were brought to a bloody end on the plains of Lombardy in 1515, and the concept of a political alliance was to be blocked for many years as a result of mistrust between the various members of the Confederation. Different attitudes towards the numerous European princelings, and their employment of Swiss mercenaries were a major cause, alongside the religious strife that was everywhere as a result of the Reformation.

After the occupation of Switzerland by the troops of the French Directoire in 1798, a unified Swiss Republic was created, but as a result all privileges and freedoms of worship and the press were suppressed. In 1803, Napoleon imposed an Act of Mediation, putting an end to the objections of those opposed to federal and central government, and Switzerland became a Republic of 19 cantons. However, with the fall of the Emperor it returned to the position of a loosely associated Confederation, now totalling some 22 cantons. In 1815 the neutrality of Switzerland was to be internationally recognised.

A short civil war in 1848, between the seven catholic cantons and thier more liberal protestant counterparts, ended with the formation of the Swiss federal states, a triumph for the progressive federalists, and a marked turn-up in a Europe that was busily re-establishing the monarchies. The resulting Constitution is largely intact to this day, and in effect officially recognised the ideas that history had already made clear: Switzerland could only remain united if the differing needs of its component members were respected.

Today the federal State - numbering 26 sovereign cantons and half-cantons - is administered by a system that preserves a considerable part of the decision making both political and administrative for the individual cantons that make up the Confederation.

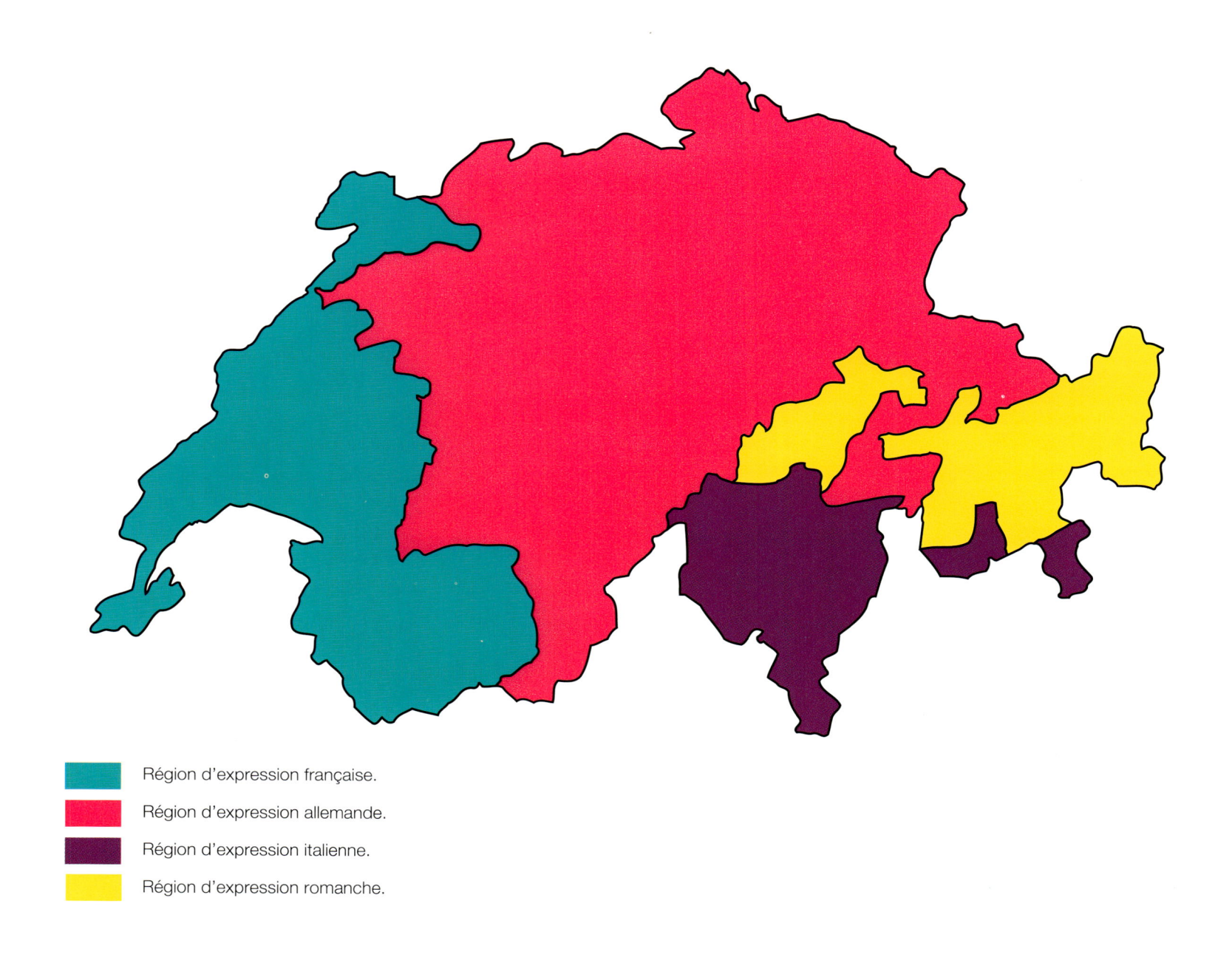

■ Région d'expression française.

■ Région d'expression allemande.

■ Région d'expression italienne.

■ Région d'expression romanche.

A l'occasion des 700 ans de la Confédération Helvétique, Swatch a proposé quatre montres dessinées par quatre artistes des quatres régions linguistiques du pays.

La première série numérotée de 1 à 700 fut distribuée par tirage au sort aux membres du "Swatch Collectors of Swatch". Les séries suivantes sont numérotées de 1 à 5555 et recommencent à 0001 à chaque édition.

In occasione dei 700 anni della Confederazione Elvetica, Swatch ha proposto quattro orologi disegnati da quattro artisti delle quattro regioni linguistiche del paese.

La prima serie numerata da 1 a 700 venne distribuita, tramite tiraggio a sorte, ai membri dello "Swatch Collectors of Swatch". Le serie seguenti sono numerate da 1 a 5555 e ricominciano da 0001 ad ogni edizione.

On the occasion of the 700th anniversary of the Swiss Confederation, Swatch launched four models, each designed by an artist native to one of the four linguistic distincts of the country.

The first series of 700 pieces were numbered 1 to 700 and distributed by drawing lots to members of the "Swatch Collectors of Swatch" Club. Subsequent editions have each been of 5555 pieces, numbered 0001-5555.

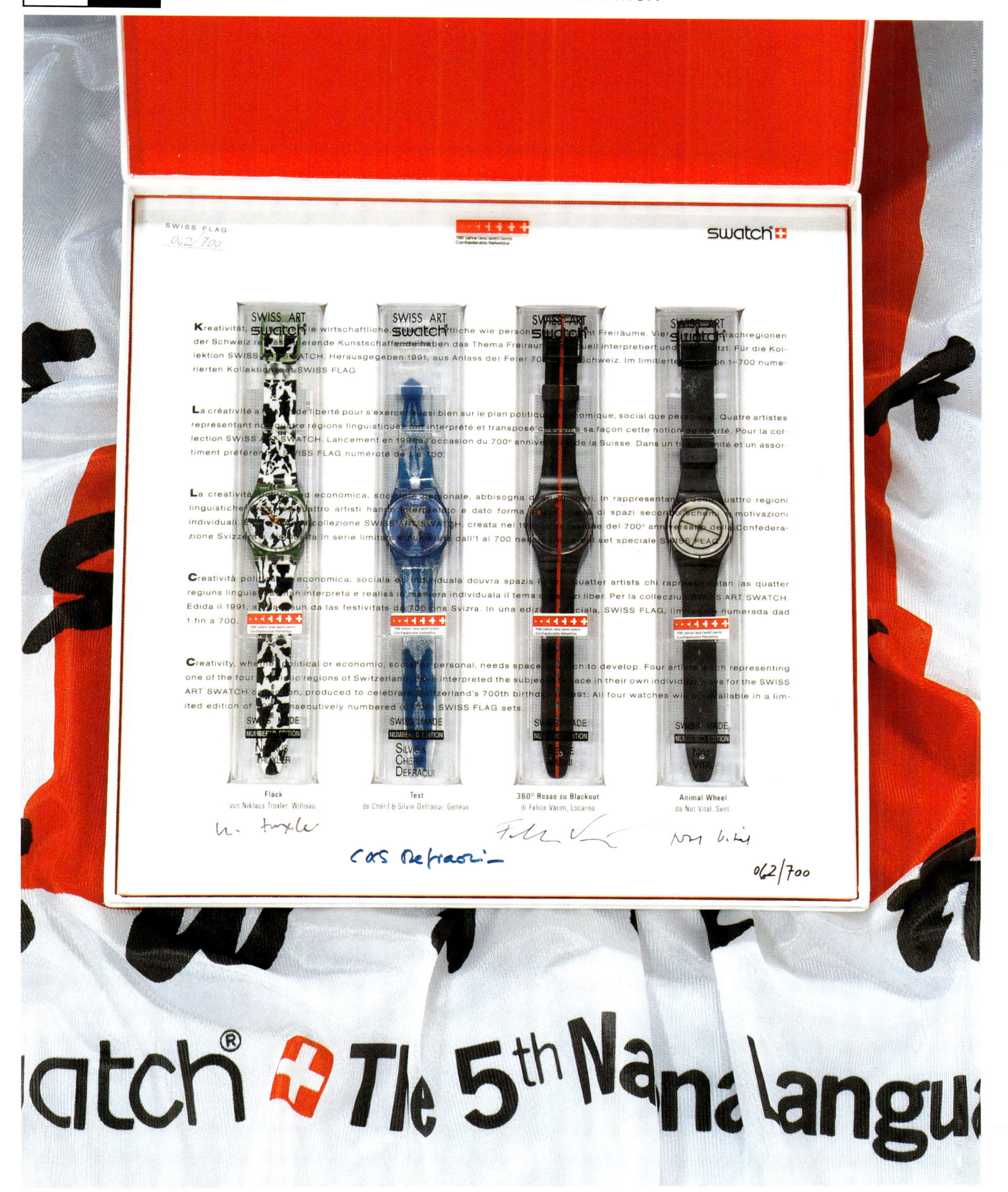

1ère Edition
1a Edizione
1st Edition

NIKLAUS TROXLER, Willisau.

Né en 1947. Illustrateur et peintre. Fondateur du Willisau Festival Jazz. Des exemples de ses travaux sont exposés au Museum of Modern Art, à New York.

"Je veux que les gens trouvent mon design - "FLACK" - irritant. A première vue, les zones blanches et les points noirs semblent abstraits, mais si vous regardez de plus près, vous reconnaissez les marques typiques de bétail tacheté. Et pour moi, c'est un symbole contemporain de la Suisse - un pays moderne et créatif, mais encore fermement enraciné dans les traditions."

NIKLAUS TROXLER, Willisau

Nato nel 1947. Illustratore e pittore; fondatore del Festival Jazz di Willisau. Alcune delle sue opere possono essere ammirate al Museum of Modern Art di New York.

"Voglio che la gente trovi che il design del mio "Fläck" sia irritante. A prima vista le aree bianche e le macchie nere sembrano astratte, ma se le guardate attentamente riconoscerete le caratteristiche del bestiame chiazzato. Per me questo è il simbolo contemporaneo della Svizzera, un paese moderno e creativo ma sempre fermamente attaccato alle tradizioni".

NIKLAUS TROXLER, Willisau.

Born in 1947. Illustrator and painter. Founder of the Willisau Jazz Festival. Examples of his work are on exhibit in the Museum of Modern Art, New York.

'I want people to find my design - "FLACK" - irritating. At first sight, the white areas and the black spots seem abstract, but if you look closely you recognised the typical markings of spotted cattle. And for me that's a contemporary symbol of Switzerland - a country that's modern and creative, but still firmly rooted in tradition.'

CHERIF & SILVIE DEFRAOUI, Genève et Barcelona.

Nés respectivement en 1935 et 1932. Vivant à Genève et à Barcelone, ils signent dès 1975 leurs travaux en commun et participent à de nombreuses expositions nationales et internationales.

"Bien avant l'invention de la chronométrie, les hommes ont lu le temps à l'aide des éléments naturels. Le projet "TEST" superpose deux façons de voir, rappelant à sa manière que la lecture du destin reste la mesure du temps."

CHERIF & SILVIE DEFRAOUI, Ginevra e Barcellona.

Nati nel 1935 e 1932 rispettivamente. Vivono a Ginevra e Barcellona, dal 1975 firmano in comune il loro lavoro e partecipano a numerose mostre nazionali e internazionali.

"Molto prima dell'invenzione della cronometria, gli uomini leggevano il tempo grazie agli elementi della natura. Il progetto "Test" sovrappone due punti di vista e ricorda a modo suo che la lettura del destino resta la misura del tempo".

CHERIF & SILVIE DEFRAOUI, Geneva and Barcelona.

Born in 1935 and 1932 respectively. Living in Geneva and Barcelona, they have jointly signed their work since 1975 and participated in many national and international exhibitions.

'Before watches were invented, Man knew the time simply by observing the natural elements around him. The "TEST" project presupposes two ways of seeing things, and in its own way reminds us that the measurement of time is simply another way of divining our destinies.'

FELICE VARINI, Locarno.

Né à Locarno en 1952, il vit et expose ses oeuvres dès 1980 à Paris, Milan et Frankfort.

"En général, mes oeuvres se développent dans des espaces tri-dimensionnels. Dans ce cas, l'espace que j'ai choisi est la SWATCH "BLACKOUT". Il y a une ligne rouge qui part du haut jusqu'en bas, de 12 heures à 6 heures. Cela crée un cercle fixe autour du poignet, contrastant fortement avec les cercles rouges qui peuvent être décrits par les points rouges. "360° ROSSO SU BLACKOUT" est une amusante combinaison entre l'objet et la fonction."

FELICE VARINI Locarno.

Vive a Parigi. Espone dal 1980, tra l'altro a Parigi, Milano e Francoforte.

"Il mio lavoro evolve generalmente in spazi tridimensionali. In questo caso, lo spazio scelto è lo Swatch "Blackout", sul quale traccio una linea rossa che va da cima a fondo sull'asse mezzogiorno-sei. Intorno al polso si crea un cerchio fisso che si contrappone ai cerchi potenziali descritti dai punti-lancetta rossi. "360° Rosso su Blackout" rivela l'oggetto giocando con la sua funzione.

FELICE VARINI, Locarno.

Born in Locarno in 1952, living and exhibiting his work since 1980 in Paris, Milan and Frankfurt.

'Generally speaking, my work evolves in three-dimensional spaces. In this case, the space I've chosen is the "BLACKOUT" SWATCH. There's a red line that goes across it from top to bottom, from 12 o'clock to 6. This creates a fixed circle around the wrist, in sharp contrast to the red circles which can be described by the red dots. "360° ROSSO SU BLACKOUT" is a playful combination of object and function.'

NOT VITAL

Né en 1948 à Sent. Ses oeuvres ont été exposées aux Etats-Unis, au Canada, en France, Allemagne, Italie, Egypte et Suisse.

"WHEEL ANIMAL est une sorte de cadran solaire, car elle ne montre pas l'heure exacte: il n'y a pas d'aiguille pour les minutes ni de cadran. Le disque effectue deux tours complets par jour et est supposé transmettre le sentiment du temps qui passe, plutôt qu'une précision absolue. Je voulais que cette montre symbolise le fait que nous pouvons seulement créer l'espace pour nous-même si nous sommes libre de toute pression que nous nous imposons dans la forme du temps."

NOT VITAL

Nato nel 1948 a Sent. Ha esposto negli Stati Uniti, in Canada, Francia, Germania, Italia, Egitto e Svizzera la sua opera, all'occasione di mostre personali.

"Wheel Animal è come una meridiana perchè non dà l'ora esatta: non ha la lancetta dei minuti nè il quadrante. La ruota compie due giri al giorno e si suppone che dia la sensazione del tempo che passa piuttosto che la precisione assoluta. Ho voluto simbolizzare il fatto che possiamo soltanto creare lo spazio per noi stessi se siamo liberi dalle pressioni che ci imponiamo sotto forma di tempo."

NOT VITAL

Born in 1948 in Sent. One man exhibitions of his work have been held in the United States, Canada, France, Germany, Italy, Egypt and Switzerland.

'WHEEL ANIMAL is like a sundial because it doesn't show the exact time: there's no minute hand and no dial. The disc completes two revolutions per day, and is supposed to convey the feeling of time passing rather than absolute accuracy. I wanted it to symbolize the fact that we can only create space for ourselves if we're free from the pressures we impose on ourselves in the form of time.'

FLÄCK GZ 117
NIKLAUS
TROXLER

TEST GZ 118
CHERIF E SILVIE
DEFRAOUI

360° ROSSO SU
BLACKOUT GZ 119
FELICE VARINI

WHEEL ANIMAL
GZ 120
NOT VITAL

 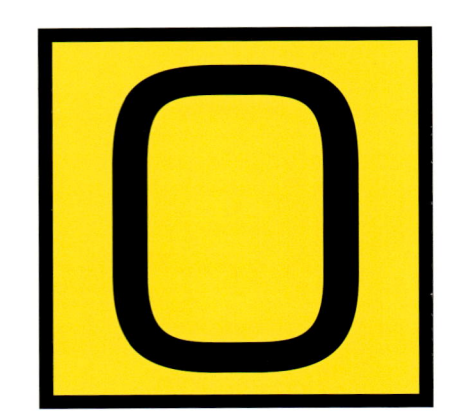 

CLASSIC

POP

La POP est une montre étudiée pour être utilisée de multiples façons: sur un vêtement, posée sur le téléphone, sur un bureau ou le tableau de bord de la voiture,... voire même portée au poignet! Une série de montres de poche également est disponible. Les premières études de la POP datent e 1983 et ce n'est qu'en 1986 qu'elle fût mise sur le marché.

La POP, plus grande que la "Swatch" homme, curieusement, fonctionne avec le même mouvement que celui de la "Swatch" dame.

POP

L'orologio "POP" è stato studiato per essere utilizzato in molti modi: sopra un vestito, sopra la scrivania, fissato al telefono oppure al cruscotto della macchina e anche portato al polso! I primi studi del "POP" risalgono al 1983 malgrado non fosse lanciato sul mercato fino al 1986.

Il "Pop", più grande del modello Swatch da uomo, curiosamente funziona con lo stesso movimento dello Swatch da donna.

Esiste anche una serie di "Pop" da taschino.

POP

The Pop Swatch was conceived and designed to be used in a variety of ways: fixed to a garment, stuck to a telephone, or on the dash-board of a car... it can even be worn on the wrist! Part of the range are in the form of pocket watches. First studies date back to 1983, although it was not launched onto the market until 1986.

The Pop , although larger in diameter than the gentleman's Swatch, is curiously enough fitted with the Lady's size movement.

Prototypes en bois
Prototipi in legno
Wooden Prototypes

JET-BLACK	*BLUE RIBBON*	*FIRE SIGNAL*
BB 001	BS 001	BR 001
Plus tard avec logo ©	Poi con logo ©	Later with ©

JET BLACK   *BLUE RIBBON*   *FIRE SIGNAL*
BB 001   BS 001   BR 001

JET BLACK
BB 001

BLUE RIBBON
BS 001

FIRE SIGNAL
BR 001

© Copyright Swatch AG

MAGNET
BR 001

STICKER
BB 101

SNOWFLAKE
BW 001

BURNING SUN
BY 001

POCKET
BB 001

JET-BLACK
BB 101

BLUE RIBBON
BS 101

FIRE SIGNAL
BR 101

SNOWFLAKE
BW 101

| *ACID POP* | *BLUE POP* | *HOT TURQ* | *COOL PINK* |
| BK 101 | BK 105 | BK 102 | BK 104 |

BLACK DOTS
BB 103

GREY DOTS
BB 102

ROSES ARE FOREVER
BC 101

| *ABRAXAS* | *TRIFOLI* | *CALLISTO* | *PLUTELLA* |
| BK 103 | BB 104 | BB 105 | BC 102 |

CITY BLUES
BB 110

RED LIGHTS
BB 108

RUSH HOUR
BB 109

| *YELLOW ZEBRA* | *BLUE ZEBRA* | *RED ZEBRA* | *WHITE ZEBRA* |
| PWBK 112 | PWBK 110 | PWBK 109 | PWBK 111 |

JET-BLACK TWO
PWBB 111

SNOWFLAKE TWO
PWBW 102

GREY DOTS TWO
PWBB 113

RUSH HOUR
PWBB 109

FLUO MEX
PWBB 117

AZTEC RED
PWBB 116

FOX-TROT
PWBR 102

PC/ONE
PWBB 115

RAINBOW DOTS
PWBK 113

PASTE DOMINO
PWBK 114

PINK JAM
PWBK 106

NEON BLACK
PWBB 107

AQUA PINK
PWBK 120

BETTER RED
PWBR 103

BASIC BLACK
PWBB 120

SPOTLIGHT
PWBB 122

PARADE
PWBB 121

CHROMOLUX
PWBB 123

MUSIC WAVES

TING-A-LING
PWBB 125

MOOG MOOD
PWBB 126

MONO TRACK
PWBB 124

AIR WALKER
PWBR 104

WRISTPAD
PWBB 129

BLACK SPIDER
PWBB 131

WINNER CIRCLE
PWBK 125

FINISH LINE
PWBB 132

BLACK MOON
PWBB 127

GOLDEN POISON
PWBK 124

ICE DREAM
PWBK 122

POLAR PAW
PWBW 103

BLUE WORDS
PWBB 136

RED GAME
PWBB 135

PLAY BACK
PWBB 137

INK	*MOCCA*	*SILVERSILK*	*COPPERMINE*
PWBB 133	PWBB 134	PWBK 129	PWBK 128

BUNGY
PWBK 126

SKATE
PWBJ 100

ANIMALO
PWBB 143

AMAZONIA   *GAUGUIN*

                          PINA COLADA   *ALOHA*   *TROPICAL NIGHT*
                          PWBK 127   PWBB 141   PWBS 104

RED EYE
PWBB 140

KNOCK OUT
PWBB 139

DJELLABAH
PWB 146

DESERT
PWB 145

NIGHT
PWB 144

PAROS	NAXOS	CROCCO	DILE
PWB 147	PWB 149	PWM 100	PWC 104

| *FORMULA UNO* | *PHOTOFINISH* |
| PWK 130 | PWN 101 |

CALEIDOSCOPE
PWR 105

ICECAPADE
PWN 100

MOONDANCER
PWJ 101

SPUTNIK
PWR 106

COLOR STORY
PWK 132

PATCHWORK
PWB 150

JUNGLE ROAR
PWK 135

MAHARAJAH
PWK 134

GENGIS KHAN
PWB 148

ODALISQUE
PWK 133

LETTERHEAD	*SECRET RED*	*LEGAL BLUE*
PWK 141	PWK 142	PWK 144

BLUE NIGHT
PWB 154

BLACKTOP
PWB 152

RED STOP
PWB 153

| *QUISISANA* | *RAFFLES* | *AQUA CLUB* | *PHANTASY WAVES* |
| PWF 100 | PWK 140 | PWK 138 | PWK 143 |

AQUABA
PWN 102

PROVENÇAL
PWK 137

NYMPHEA
PWK 146

JUMPING
PWK 139

RUNNING
PWK 100

GUNPOWDER
PWB 155

SHANGRI-LA
PWB 156

GREEN TIKI
PWB 157

POLE VAULT	*COUNTDOWN*	*CHECKPOINT*
PWK 147	PWJ 102	PWK 148

ACROBAT
PWK 149

LADY OCTOPUS
PWK 150

MILANO
PWK 151

CONTESSA
PWN104

ART DECO
PWR 107

FIREWORKS
PWB 158

PLEASURE GARDEN
PWK 152

BLUE VELVET
PWB 159

RED VELVET
PWB 160

POP SPECIAL

POP SPECIALS

Comme nous l'avons déjà expliqué pour les modèles "Swatch Specials", les "Pop Specials" sont également produites pour des occasions telles que les anniversaires, les fêtes, ou pour célébrer des événements, etc. Toujours produites en série limitée, les pièces ne sont pas numérotées.

POP SPECIALS

Questi orologi, così come gli "Swatch Special" sono prodotti solamente per delle occasioni quali, anniversari, feste, o per celebrare degli eventi. Sempre prodotti in serie limitata, i pezzi non sono numerati.

POP SPECIALS

As has already been explained in the section entitled "Swatch Specials", the "Pop Specials" were also produced for anniversaries, special occasions and to celebrate particular events, etc. Always manufactured in a limited numbers, they were usually not numbered.

POP DIVA
BB 106
9999 ex.

HAUTE COUTURE

BLANC DE BLANC
PWBW 104

COCO NOIR
PWBB 142

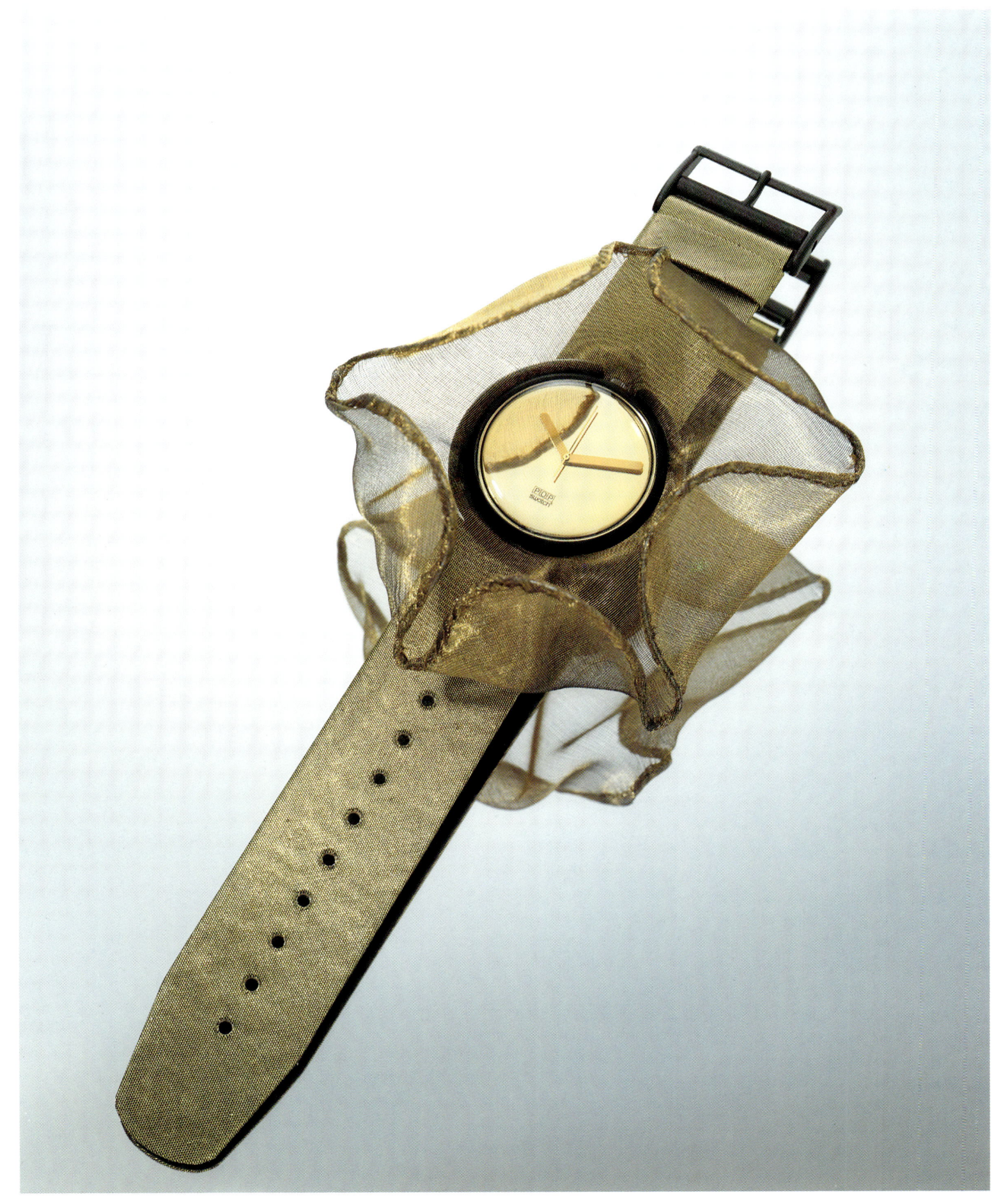

ENCANTADOR
PWB 151

BOTTONE
PWK 153

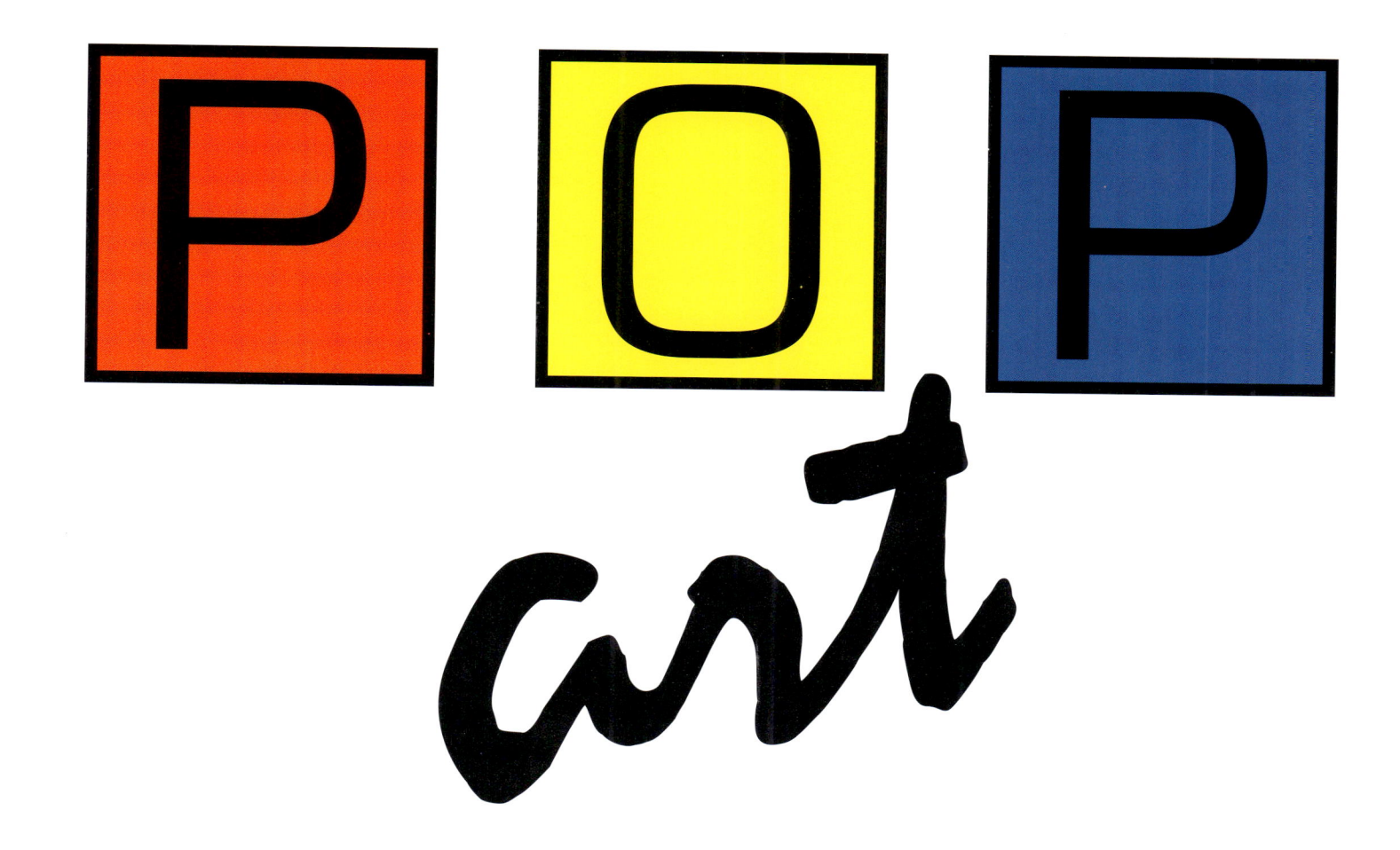

ALFRED HOFKUNST

Dessinateur autrichien.

Né le 30 décembre 1942, il s'est installé en Suisse en 1948. Il travaille d'abord en tant que peintre de théâtre et compositeur de 1959 à 1963. Son style précis donne l'impression que tout est suspendu dans une isolation planifiée et les plus étourdissants exemples de son travail révèlent son véritable individualisme dans le monde de l'art moderne.

En 1991, trois modèles de Swatch connus sous le nom de "Food" ou "Vegi" furent dessinés par l'artiste.

Disponibles en édition limitée de 9999 exemplaires de chaque, elles furent d'abord vendues dans les marchés aux légumes de diverses villes du monde. Une édition d'art spéciale, devant être signée par l'artiste et numérotée de 1 à 333 fut prévue, mais jamais officiellement livrée.

ALFRED HOFKUNST

Designatore austriaco

Nato il 30 dicembre 1942, Alfred Hofkunst si è stabilito in Svizzera nel 1948. Ha iniziato la sua carriere, fra il 1959 e il 1963, come pittore di teatro e compositore. Suoi dipinti parlano del suo isolamento pianificato e alcuni esempi impressionanti della sua opera mostrano come egli sia un vero individualista nel mondo dell'arte moderna. Oggi vive in Francia.

Nel 1991 l'artista ha disegnato 3 modelli di Swatch chiamati "food" o "vegi".

Disponibili in edizione limitata di 9999 esemplari per ciascun modello, furono dapprima venduti sulle bancarelle dei mercati alimentari in diverse città attraverso il mondo. Un'edizione speciale Art, che avrebbe dovuto essere firmata dall'artista, in 333 esemplari numerati, fu pianificata ma mai ufficialmente realizzata.

ALFRED HOFKUNST

Austrian designer

Born on 30 December 1942, he moved to Switzerland in 1948. He initially worked as a theatre painter and composer from 1959 to 1963. His precise style gives the impression that everything is suspended in a planned isolation, and the more stunning examples of his work reveal that he is truly an individualist in the world of modern art.

In 1991 three models known as the "food" or "vegi" Swatches were designed by the artist.

Available in a limited edition of 9999 of each model, they were first sold from market stalls in various cities throughout the world. A special art edition, to be signed by the artist and numbered 1-333 was planned but never officially released.

GU(H)RKE
PWZ 100

BONJU(H)R
PWZ 101

VERDU(H)RA
PWZ 102

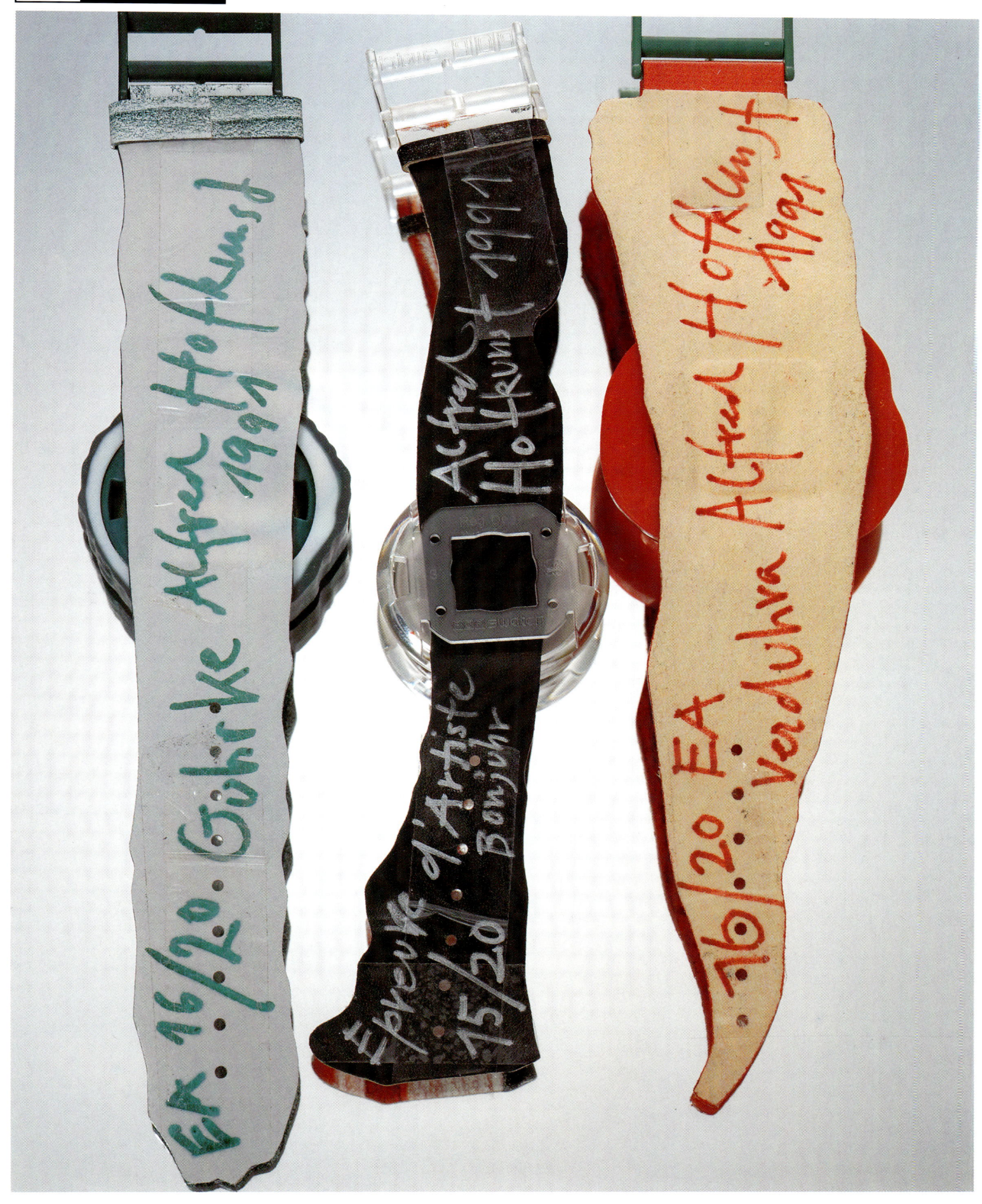

GU(H)RKE
PWZ 100
EPREUVE D'ARTISTE

BONJU(H)R
PWZ 101
PROVA D'ARTISTA

VERDU(H)RA
PWZ 102
PROOF ARTIST

LES CHRONOGRAPHES
Une perspective historique

Comme l'indiquent les racines grecques de leur nom, les chronographes -"Chronos= le temps; "Graphos"= écrire - sont des appareils conçus pour indiquer la mesure d'un espace de temps.

En 1777, Jean-Moïse Pouzait, présenta à la Société des Arts de Genève, un ingénieux dispositif avec une aiguille de secondes au centre qui était conduite par un train de roues auxiliaire. Le 9 mars 1822, l'horloger parisien Rieussec déposa le brevet d'un instrument qui, par sa conception, est littéralement un chronographe, car il marque véritablement des espaces de temps, en déposant, à la demande, une petite goutte d'encre sur le cadran. Ce dispositif a été perfectionné en 1823 pour Breguet par son élève Frédérick Louis Fatton.

Le chronographe, tel que nous le connaissons aujourd'hui, a été inventé par Adolphe Nicole, horloger suisse de la Valée de Joux, établi à Londres, qui déposa un brevet en 1844 pour un ingénieux dispositif, grâce à une came en forme de coeur, la remise à zéro de l'aiguille des secondes. cette dernière, pour la première fois, pouvait à volonté, être remise en marche, arrêtée, remise en marche ou remise à zéro. Ce type de chronographe, depuis son invention, n'a été perfectionné que par l'adjonction d'une ou plusieurs autres aiguilles.

C'est Patek-Philippe qui, le premier, commercialisa dès 1927, une montre bracelet dotée d'un chronographe. Le calibre de cette montre a été mis au point en 1926 par Victorin Piguet, sur un mouvement de 13 lignes. Dans les années 30, Valjoux a mis au point un calibre de chronographe pour montres-bracelet qui équipe encore la plupart des modèles mécaniques produits de nos jours.

A la demande des utilisateurs, aviateurs, marins, militaires, sportifs, scientifiques ou médecins, les cadrans chronographes ont été dotés de diverses indications auxiliaires telles que: compteurs-totalisateurs, sur 30, 60 minutes et même 12 et 24 heures, de télémètres permettant de lire des distances en se basant sur la vitesse du son dans l'air, ou tachymètres, instrument de mesure des vitesses au moyen d'un cadran.

La Société Swatch, filiale du même groupe que Valjoux, mettant en oeuvre une technique nouvelle, est parvenue à mettre à la portée de tous depuis 1990 des chronographes présentant les mêmes fonctions que les précédents, mais d'une esthétique révolutionnaire, tout en conservant la même efficacité et la même fiabilité.

I CRONOGRAFI
Una prospettiva storica

Come lo indica il nome, il cronografo -"Chronos = tempo, "Graphos" = scrivere - ha radici greche; il cronografo è uno strumento che indica la misura di un lasso di tempo.

Nel 1777, Jean-Moïse Pouzait presentò alla Società delle Arti di Ginevra un ingegnoso dispositivo con una lancetta dei secondi al centro che ruotava con una serie di ingranaggi ausiliari. Il 9 marzo 1822, l'orologiaio parigino Rieussec depositò il brevetto per uno strumento che risultava essere letteralmente un cronografo; esso infatti segnava degli spazi di tempo depositando, su richiesta, una goccia di inchiostro sul quadrante. Il dispositivo fu perfezionato nel 1823, per Breguet, dal suo allievo Frederick Louis Fatton.

Adolphe Nicole ha inventato il cronografo odierno; l'orologiaio svizzero, della celebre Vallée de Joux, residente a Londra, depositò nel 1844 il brevetto d'un ingegnoso dispositivo che permetteva, grazie ad una camma a forma di cuore, la rimessa a zero della lancetta dei secondi. Fu grazie a lui che la lancetta dei secondi poté essere azionata, arrestata e rimessa a zero a piacimento o dopo un rilevamento. Questo tipo di cronografo da allora fu solamente perfezionato, con l'aggiunta di una o più lancette.

Il primo vero movimento creato apposta per un orologio da polso fu messo sul mercato da Patek Philippe nel 1927, con un movimento 13 linee concepito nel 1926. Durante gli anni 30, la fabbrica di movimenti Valjoux mise a punto un calibro di cronografo per orologi da polso che é tuttora utilizzato da alcune fabbriche.

Su richiesta del consumatore finale, aviatori, marinai, militari, sportivi, scienziati e medici, i quadranti dei cronografi furono disegnati con molte indicazioni ausiliarie: contatori totalizzatori a 30-45-60 minuti e 12 o 24 ore, telemetro che permette di leggere la distanza basandosi sulla velocità del suono nell'aria, tachimetro, per misurare la velocità in metri o chilometri orari, ecc...

La Swatch, filiale dello stesso gruppo di Valjoux, mise a punto una tecnica nuova e commercilizzata a partire dal 1990. Cronografi con le stesse funzioni dei precedenti ma con una precisione e affidabilità superiori.

THE CHRONOGRAPH
An historical perspective

As the original Greek roots of the word explain, a chronograph (Chronos = Time, Graphos = write) is an instrument designed to measure intervals of time.

It was in 1777 that Jean-Moïse Pouzait presented to the Geneva Society of Arts an ingenious watch which made use of an additional wheel train to power a separate chronograph hand. In 1822 Rieussec, a Parisian watchmaker, patented an instrument that was literally a chronograph, for it actually marked the time by depositing a drop of ink on the dial when operated; the system was perfected in 1823 for Breguet by his pupil Frederick Louis Fatton.

The chronograph, as we know it today, was actually invented by Adolphe Nicole, a Swiss watchmaker from the Vallée de Joux, and working in London, who patented in 1844 a system which, thanks to a heart-shaped cam at the center, allowed the center-seconds hand to be returned to zero. It could in fact be started, stopped, re-started and returned to zero at-will, and subsequent improvements have only resulted in the addition of extra recording hands.

The first true chronograph movement specifically for a wristwatch was lounched on the market by Patek Philippe in 1927, being fitted to a 13 line movement constructed by Victorin Piguet. From the 1930's, the Valjoux company introduced a wrist chronograph movement that has been used as the basis for the majority of such watches up to the present day.

The needs of the various professions -aviators, mariners, soldiers, sportsmen, scientists and doctors- resulted in a variety of different dials being designed for the chronograph, including the telemeter enabling a distance to be measured as a function of the speed of sound, the tachometer also for speeds, the pulsometer for medical use, and subsidiary recorders for minutes and hours in various stages up to 24.

Swatch, a part of the group that included Valjoux, has radically altered the public's view of the chronograph, and has since 1980 produced watches that are equipped with all the functions of their predecessors, but employing a new technological and aesthetic approach.

Première présentation du "Chrono" au public par le Dr. Bosisio, Administrateur délégué de SMH Italie, pendant la transmission de l'émission "Nonsolomoda", début mai 1990.

Prima presentazione del "Chrono" al pubblico da parte del Dott. Bosisio (Amministratore Delegato della SMH Italia) durante la trasmissione televisiva "Nonsolomoda" all'inizio di maggio 1990.

The first presentation of the "Chrono" to the public was given by Dr. Bosisio, Chairman of SMH Italy, during a transmission of the television programme entitled "Nonsolomoda" in early May 1990.

Vue arrière: détail du mouvement. A noter la séparation du mouvement et des quatres bobines qui actionnent autant de moteurs indépendants reliés par un circuit imprimé.

Particolare del movimento visto da dietro. Si noti la separazione dello stesso e delle 4 bobine che azionano altrettanti motori indipendenti collegati da un circuito stampato

Back view, detail of movement. Note the four separate coils which drive separate motors lincked to a printed circuit.

SAND STORM
SCB 104
VARIANT

BLACK FRIDAY
SCB 100
VARIANT

SKIPPER
SCN 100

SAND STORM
SCB 104

BLACK FRIDAY
SCB 100

SKATE BIKE
SCB 105

SIGNAL FLAG
SCN 101

WHITE HORSES
SCW 100

NEO WAVE
SCJ 100

FLASH ARROW
SCL 100

NAVY BERRY
SCR 100

SKIPPER
SCN 100

BLACK FRIDAY
SCB 100

GOLDFINGER
SCM 100

SILVER STAR
SCN 102

WALL STREET
SCB 106

ROLLERBALL
SCB 107

SCUBA 200

Après avoir élargi la gamme de montres avec l'annonce et le lancement du très recherché "CHRONO", SWATCH satisfait aussi les exigences de celui qui veut porter avec soi, dans les plus grandes profondeurs de l'eau, cet objet tellement en vogue, en présentant le modèle "SCUBA 200".

Une nouvelle montre, qui comme le sous-entend son nom, peut descendre à une profondeur de 200 mètres. Pensée avec la traditionnelle philosophie SWATCH, la SCUBA a une boîte très semblable au modèle habituel, légèrement plus robuste pour résister aux grandes pressions de l'eau et avec la lunette classique qui ne doit tourner, comme toute montre pour plongeur qui se respecte, que dans le sens contraire des aiguilles d'une montre. Cette lunette et sa rotation à sens unique sont indispensables pour calculer avec exactitude la durée d'une plongée, élément fondamental pour la sécurité des plongeurs.

Comme déjà dans le passé, le lancement de ce nouveau produit eut lieu sur le marché américain au début de l'été 1990. Tout de suite très recherchée, la SCUBA devient elle aussi un objet de collection.

SCUBA 200

In seguito all'amliamento della gamma degli orologi con l'annuncio e il lancio dell'attesissimo "Chrono", Swatch soddisfa anche le esigenze di coloro che intendono portare il loro Swatch anche negli abissi e presenta il modello "Scuba 200".

Il nuovo orologio può, come lo dice il suo nome, sopportare una profondità di 200 metri. Concepito secondo la tradizionale filosofia Swatch, lo Scuba è dotato di una cassa molto simile al modello tradizionale ma leggermente irrobustita per resistere alle forti pressioni dell'acqua, oltre che della tradizionale lunetta girevole unidirezionale, simbolo distintivo di ogni orologio da sommozzatore. La lunetta infatti è essenziale per poter calcolare esattamente la durata di un'immersione e l'unidirezionalità serve a evitare spiacevoli sorprese ai sommozzatori.

Il lancio dello Scuba ha luogo sul mercato statunitense all'inizio dell'estate 1990. Subito ricercatissimo diventa anch'esso un oggetto da collezione.

SCUBA 200

After enlarging their product range with the addition of the "Chrono", now much sought after, Swatch went on to satisfy the whims of those amongst their customs who wished to wear their watches when diving in water to enormous depths, with the Scuba 200. A new watch, which, as its title explains, remains water-proof to a depth of 200 meters.

In keeping with Swatch philosophy, the Scuba has a case of similar style to the classic model, although somewhat more robust to withstand the tremendous water pressure, and with the classic divers "bezel" which, in common with all such watches, can only be set in an anti-clock wise direction. Such a bezel is fundamental for the exact calculation of how long a diver has been underwater and therefore an essential aid to his safety.

As has been the case in the past, the launch of this new product took place in America at the beginning of the summer of 1990. Much sought after, the Scuba became an instant collectors item.

SCUBA
DANS LA BOITE DE CONSERVE

Cette idée fut conçue par le marketing pour le lancement du premier "SWATCH SHOP" en Italie (1er décembre 1990). Il en existe seulement 1000 exemplaires.

Personne ne peut savoir quel modèle se trouve à l'intérieur de cette fameuse "bombe", ainsi appelée par les collectionneurs à cause du tictac qu'elle produit. Attention: il ne faut en aucun cas l'ouvrir, car elle perdrait de sa valeur.

SCUBA IN LATTINA

Questa idea è stata concepita dal Marketing per il lancio del primo Swatch Shop in Italia (1 dicembre 1990). Ne esistono solamente 1000 pezzi.

Nessuno può sapere quale sarà il modello di Scuba contenuto nella "bomba" e non bisogna assolutamente aprirla.

SCUBA IN A TIN

An idea thought up by the marketing department to publicise the opening of the first 'SWATCH POP' in Italy on the 1st of December 1990. Only 1000 examples were produced.

In effect the owner has no idea which model of SWATCH is inside this infamous "bomb" - so called by the collectors because of its tick-tick. Beware - it should never be opened as the value will be substantially reduced !

BARRIER REEF
SDB 100
VARIANT

DEEP BLUE
SDK 100
VARIANT US MARKET

BORA BORA
SDN 400
VARIANT US MARKET

461

| *MEROU* | *BARRIER REEF* | *BORA BORA* | *DEEP BLUE* |
| SDK 101 | SDB 100 | SDN 400 | SDK 100 |

HAPPY FISH
SDN 101

HYPPOCAMPUS
SDK 103

La "Bombe"
La "Bomba"
The "Bomb"

BLUE MOON
SDN 100

MEDUSA
SDK 102

HYPPOCAMPUS
SDK 103

HAPPY FISH
SDN 101

SWATCH AUTOMATIQUE

Les origines de la montre automatique remontent au 18ème siècle. Elles furent, semble-t-il inventées vers 1770 par A.L. Perrelet au Locle. Seules quelques pièces furent produites par des horlogers célèbres tels que A.L. Breguet et Louis Recordon, un vaudois travaillant à Londres.

Ce n'est qu'après la première guerre mondiale suite à l'évolution des moeurs, que l'on prit l'habitude de porter la montre au poignet. Cette révolution marque le début de l'essai de nouvelles techniques. les horlogers commencèrent à chercher les solutions pour remplacer le remontoir manuel. La première montre automatique conçue par John Harwood et réalisée par Blancpain et ETA (la mère de la Swatch) fut lancée en 1926. Le mouvement était remonté par une masse oscillante pivotée au centre du mouvement. En 1931 Rolex présente l'Oyster Perpetual, la première montre à remontage automatique par Rotor. Cependant le remontage était mono-directionnel. Le rotor, actif dans les deux sens ou bi-directionnel, fût quand à lui une invention e la maison Ebauches SA, l'une des soeurs de la Société ETA. Ce mouvement automatique fût appelé "bidynator" et sa production commença en 1942. Dès lors les recherches portèrent sur les moyens de réduire les coûts de production, tout en améliorant la fiabilité des divers éléments.

Vers le milieu des années 50 la production des montres automatiques se développa rapidement, atteignant le chiffre record de 11'600'000 exemplaires en 1974. Entre 1969 et 1976, la maison ETA qui, tout comme aujourd'hui, occupait une position de leader dans le domaine des mouvements automatiques, produisit le Calibre 2770 à 18 millions d'exemplaires.

SWATCH AUTOMATICO

Le origini dell'orologio automatico risalgono al XVIII secolo. Fu probabilmente inventato da A.L. Perrelet a Le Locle nel 1770 circa. Soltanto alcuni esemplari furono prodotti grazie a dei celebri orologiai come A.L.Breguet e Louis Recordon, un orologiaio del canton Vaud che lavorava a Londra.

Con l'evoluzione degli usi e costumi, dopo la prima guerra mondiale, si prese l'abitudine di portare l'orologio al polso. Questa moda segna l'inizio dei tentativi di trovare nuove tecniche. Gli orologiai cercarono la soluzione per sopprimere l'obbligo di ricaricarlo manualmente.

Il primo orologio automatico, concepito da John Harwood e realizzato da Blancpain con ETA (la madre dello Swatch) fu lanciato nel 1926. Il movimento era ricaricato da una massa oscillante centrale. Nel 1931 Rolex presentava l'Oyster Perpetual, il primo orologio dotato di un rotore. La ricarica era tuttavia monodirezionale. Il rotore attivo nei due sensi o bi-.direzionale, fu inventato dalla Ebauches SA, una sorella dell' ETA. Questo movimento automatico venne chiamato "Bidynator" e fu prodotto a partire dal 1942. Da quel momento le ricerche si concentrarono sui sistemi di riduzione dei costi di produzione senza però smettere di migliorare l'affidabilità dei diversi elementi.

Verso la metà degli anni 50, la produzione degli orologi automatici visse un rapido sviluppo e raggiunse la cifra record di 11'600'000 esemplari nel 1974. Fra il 1969 e il 1976 l'ETA che già allora occupava una posizione dominante nel campo dei movimenti automatici, produsse il Calibro 2770 in18 milioni d'esemplari.

SWATCH AUTOMATIC

The origins of the self-winding watch can be successfully traced back to the latter half of the 18th century and existing evidence indicates that the first examples were produced by A.L. Perrelet of Le Locle in approximately 1770. During the following hundred years a very limited number of automatic watches were produced by such celebrated makers as Abraham-Louis Breguet (who used the word "Perpetuelle" to describe his own examples) and Louis Recordon, a Vaudess working in London.

It was in fact only at the end of the First World War that the wearing of a wristwatch was invented by John Harwood, manufactured by Blancpain and E.T.A. (later to become the parent company of Swatch), and launched on the market in 1926. The movement was wound by a rotor pivoted from the center and oscillating between stops. In 1931 Rolex produced the Oyster Perpetual model, in which the rotor was able to turn in a full circle, but the winding of the mainspring was still only mono-directional. Bi-directional re-winding was the invention of Ebauches SA, a sister company to E.T.A., and the caliber was known as the "bidynator", being put into production in 1942. The following decades, research concentrated on reducing manufacturing costs and improving the reliability of individual components.

Towards the middle of the 1950's, the production of automatic movements began to increase rapidly, eventually leading up to a record figure of 11'600'000 pieces in 1974. Between 1969 and 1976, E.T.A. , which has always been amongst the leading manufacturers of self-winding movements, produced some 18'000'000 examples of their caliber 2770.

HARAJUKU

Prototype automatique, cadran Swatch quartz
Pototipo automatico, quadrante Swatch quartz
Protoype automatic, dial Swatch quartz

BLACK HAWK
Cadran avec numérotation arabique

Quadrante con numerazione in arabico

CHIC-ON
Dial with Arabic numerals

BLUE MATIC
SAN 100

RUBIN
SAM 100

BLACK MOTION
SAB 100

BLACK MOTION
SAB 100

1986/1987

Sir Swatch	GB111
Vasily	LW 111
Pink Flamingo	LP100
Rotor	GS400
Nautilus	GK 102
Radar	LR 106
Mezza Luna	GB 107
Pinstripe	GA102
Ritz	GA 400
Blue Racer	LR 107
Vulcano	GB 114

1988

Hot Racer	LG 104
Red Wave	LW 121
Machintosh	GB 116
Speedweek	GK 112
Heartstone	GX 100
Albatross	GX 700

1989

Harajuku	GB 124
Bondi Diver	GK 115
Pink Hurrycane	LN 106
Eclipses	GB 128

1990

Neutrino	LJ 103

1991

Franco	GG 110
Mark	GM 106
Stalefish	GG 113

Environ 30 modèles officiels de Maxi Swatch ont été produits.

Au début, ces montres géantes n'étaient pas prévues pour la vente au public, mais destinées à des fins promotionnelles et d'exposition. Cependant, la demande populaire amena une production petite mais régulière.

Une pile classique actionne le mouvement à quartz. Comme le plexiglas sur le cadran n'est pas soudé mais peut se dévisser, un nombre illimité de variantes du cadran a été produit par les propriétaires eux-mêmes, rendant impossible une analyse détaillée de leur histoire.

In tutta la produzione Swatch si contano circa 30 modelli di Maxi Swatch, prodotti ufficialmente.

Originariamente questi orologi giganti non furono creati per il pubblico, ma a semplice scopo promozionale; tuttavia , a grande richiesta del consumatore, Swatch intraprese una piccola ma solida produzione.

Il movimento di base è un quarzo convenzionale azionato da una pila classica. Il vetro in Plexiglas non è fissato alla cassa, il che permette un gran numero di varianti direttamente realizzate dai proprietari. E' quindi difficile tracciarne una storia precisa.

Some thirty official Maxi Swatch models have so far been produced.

Initially these giant watches were not intended for general sale to the public, but destined for promotional and display use. Nevertheéess popular demand led to a small but steady production run. The movement employs a conventional battery operated quartz controller with seconds beating sweep hand.

As the plexiglass over the dial is not welved in situ, but can unscrewed, a limitless number of variants to the dial have been produced by the owners themselves making a detailed analysis of their history virtually impossible.

PROTOTYPES NON-REALISES

Ces prototypes sont, pour la plupart, des recherches techniques ou études graphiques, faites par les ingénieurs ou par les designers, dans le but de les présenter au "Marketing" pour une collection future.

Pour des raisons telles que: coût de fabrication, complication technique, divergences d'opinion ou simplement par surplus de propositions, ces pièces ne furent jamais produites.

PROTOTIPI NON REALIZZATI

Questi prototipi sono per la maggior parte delle ricerche tecniche o studi grafici, fatti dagli ingegneri o dai disegnatori, al fine di presentarli al marketing in vista di una collezione futura.

Per diverse raagioni, fra cui: costi di fabbricazione, complicazioni tecniche, divergenze d'opinione o semplicemente per sovrappiù di proposte, questi orologi non sono mai stati prodotti.

PROTOTYPES-NEVER DEVELOPED

Such prototypes were, for the most part, made to study either technical or graphic ideas, and were produced by the engineers or the designers, with the view to being presented to the marketing department for inclusion in a future collection.

For such reasons as: cost of production, technical complication, differing views as to their market potential, or simply because of a surplus of proposed new models, they were never put into production.

Pièces avec huile. Essais d'élimination du "tic-tac" de la Swatch
Esemplari con olio. Prove per eliminare il "tic-tac" dello Swatch
Test piece with oil. Trials to eliminate the "tic-tac" of the Swatch.

Prototypes essai d'injection de verres colorés, septembre 1983
Prototipi per i test d'iniezione di vetri colorati, settembre 1983
Prototypes to test the effect of coloured crystals, september 1983

SWATCH BRICOLEUR

Indications:
Sur le cadran:
- Diamètre de percage et de taraudage.
- Rapporteur.

Sur le bracelet:
- Jauge à mèche de diamètre extérieur.
- Jauge de diamètre intérieur.
- Réglette.

SWATCH PER IL FAI DATE

Indicazioni:
Sul quadrante:
- *Rapporto tra la punta del trapano e la filettatura.*
- *Goniometro.*

Sul cinturino:
- *Misura punte da trapano.*
- *Misura diametri interni.*
- *Centimetro.*

HANDYMAN'S SWATCH

Functions:
On the dial:
- Drill and tap sizes in mm.
- Protractor.

On the bracelet:
- Drill sizes 1-10mm.
- Internal diameters 10-15mm.
- Measure in mm.

SWATCH BRICOLEUR

Octobre 1983
Ottobre1983
October 1983

HOLOGRAMMES

Tous ces prototypes avec cadran portant des hologrammes différents par leur aspect, ont pourtant un point commun: ils sont tous réalisés par rayon laser selon des techniques différentes. La curiosité que représentaient ces images pour les designers à l'époque de leur sortie sur le marché, ne fut pourtant pas assez intéressante pour le marketing qui refusait de les produire.

OLOGRAMMI

Tutti i prototipi con quadrante con ologramma si differenziano per il loro aspetto, ma hanno comunque un punto in comune: sono tutti realizzati tramite raggio laser, secondo delle tecniche differenti. La curiosità che rappresentavano queste immagini per i disegnatori, all'epoca del loro lancio sul mercato, non fu abbastanza interessante per il marketing che ne rifiutò la produzione.

HOLOGRAMS

This group of prototypes all have holograms on the dials, which present a different aspect of the subject depending upon the angle from which they are viewed, all have one thing in common: they were produced by various forms of laser technology. Curiosity on the part of the designers, led to their producing these samples, but the marketing department did not feel them to be sufficiently interesting, and production was not proceeded with.

Prototypes de différents types d'hologrammes
Prototipi di diversi quandranti con ologrammi
Prototypes for different dials with holograms.

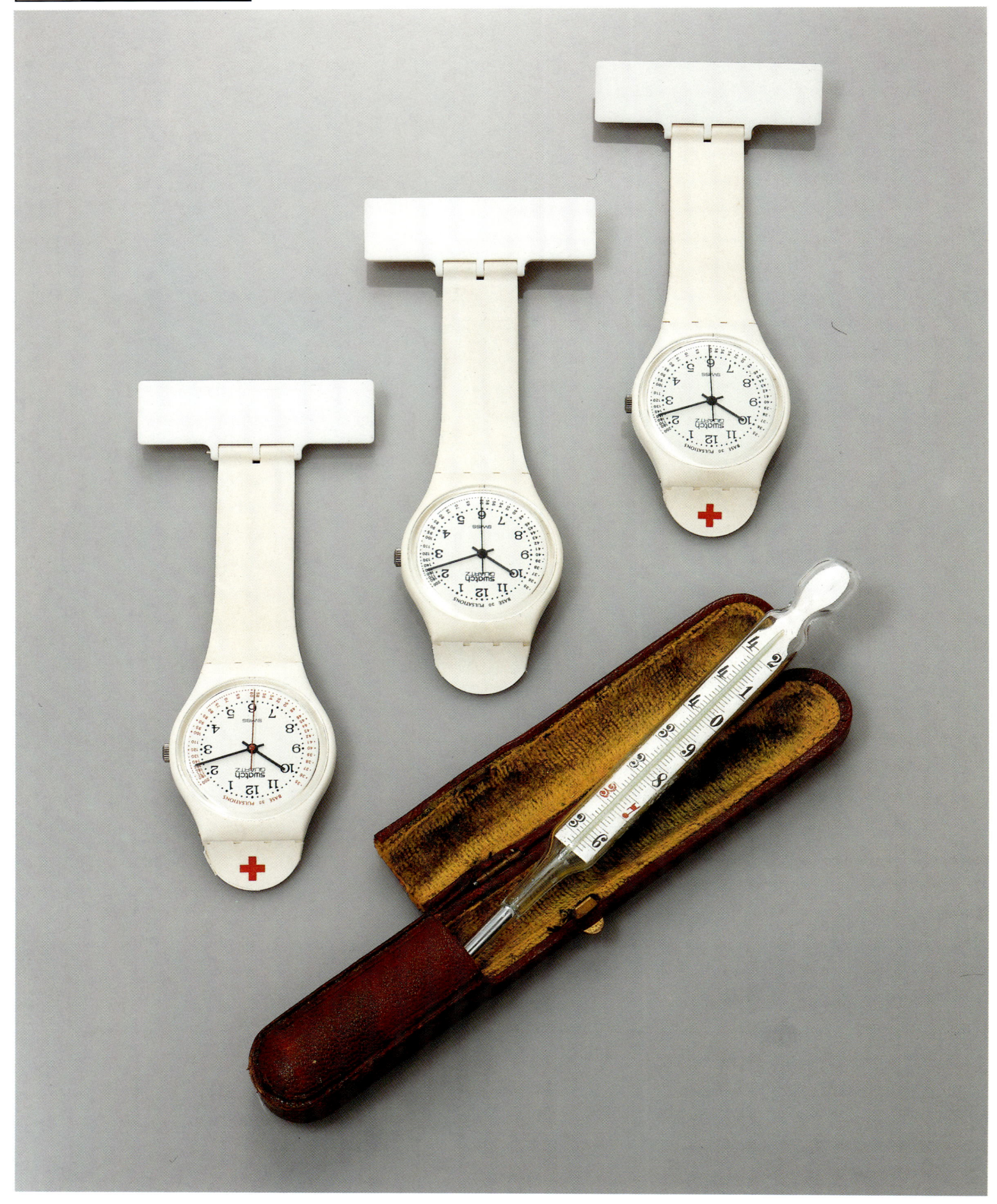

Prototypes de la Swatch "Infirmière" jamais produites, 21 février 1983
Prototipi dello Swatch "Infermiera" mai prodotti, 21 febbraio 1983
Prototypes for the "Nurse" Swatch, never produced, 21 February 1983

Montres-réveil, 3 mai 1985
Orologi con sveglia, 3 maggio 1985
Alarm-watches, 3 May 1985

CADRANS PERFORES

Prototypes à cadrans perforés: Etant trop coûteux à la fabrication, ils ne sont pas mis en production mais aboutiront au modèle "Dotted Swiss". (Voir page suivante).

QUADRANTI PERFORATI

Prototipi con quadranti perforati: risultando troppo costosi alla fabbricazione non verranno prodotti ma daranno vita al modello "Dotted Swiss". (Vedi pagina seguente).

PERFORATED DIALS

Prototypes for pierced dials: too expensive to manufacture, these models were never produced, instead they led to the model known as "Dotted Swiss". (See following page).

MONTRES COMMEMORATIVES

La première fut dédiée à monsieur P. Arnold à l'occasion de la présentation de la Swatch MMM (Migros), en juin 1983.

Les autres furent créees pour l'EMF à l'occasion du "Davos Symposium" de 1985.

OROLOGI COMMEMORATIVI

Il primo dedicato a P. Arnold in occasione della presentazione dello Swatch MMM (Migros), in giugno 1983.

Gli altri furono realizzati per l'EMF in occasione del"Davos Symposium" del 1985.

COMMEMORATIVE WATCHES

The first example was dedicated to Mr. P. Arnold, on the occasion of the launch of the MMM Swatch (Migros chain of Stores) in June 1983.

The others were created for the EMF "Davos Symposium" in 1985.

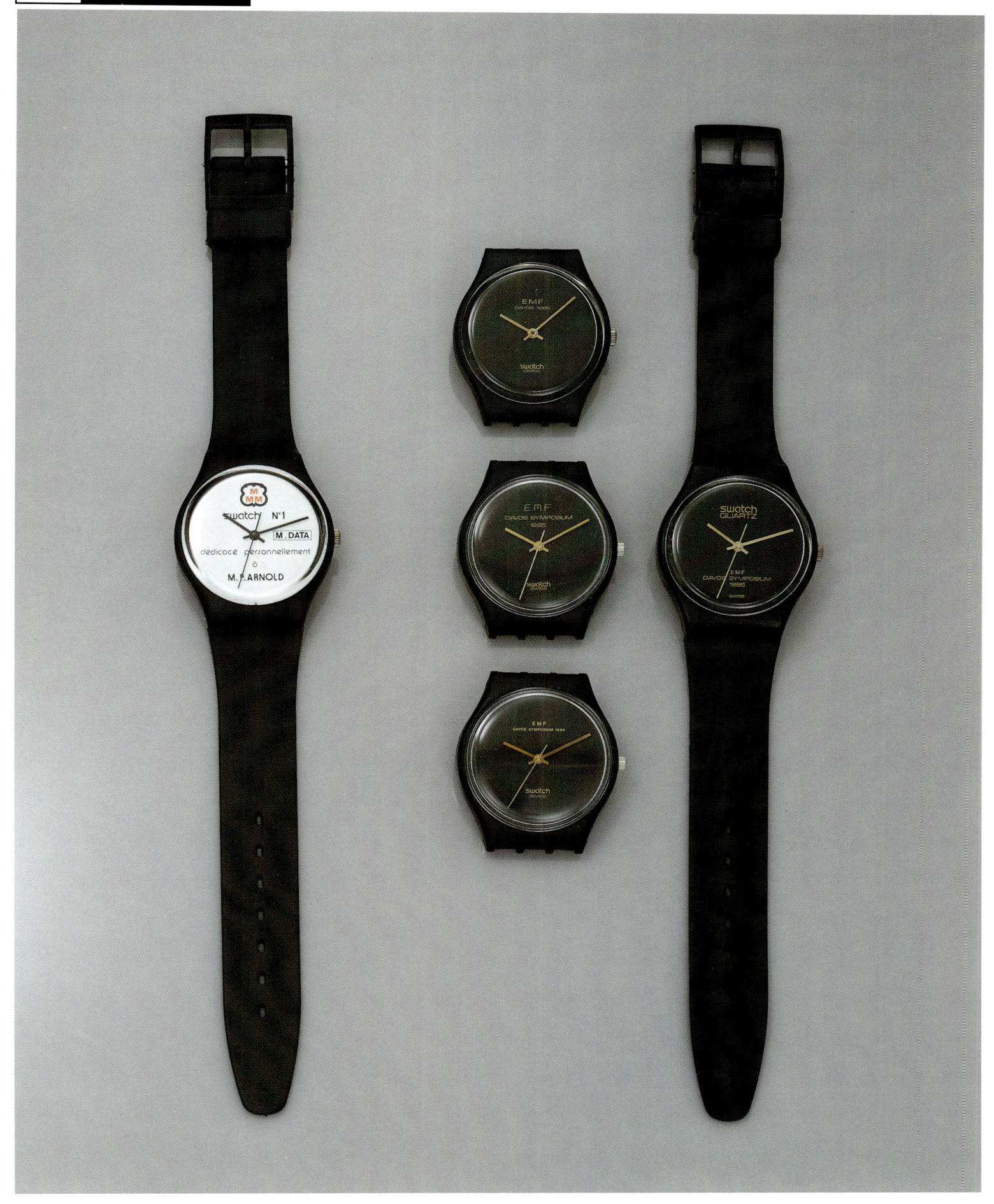

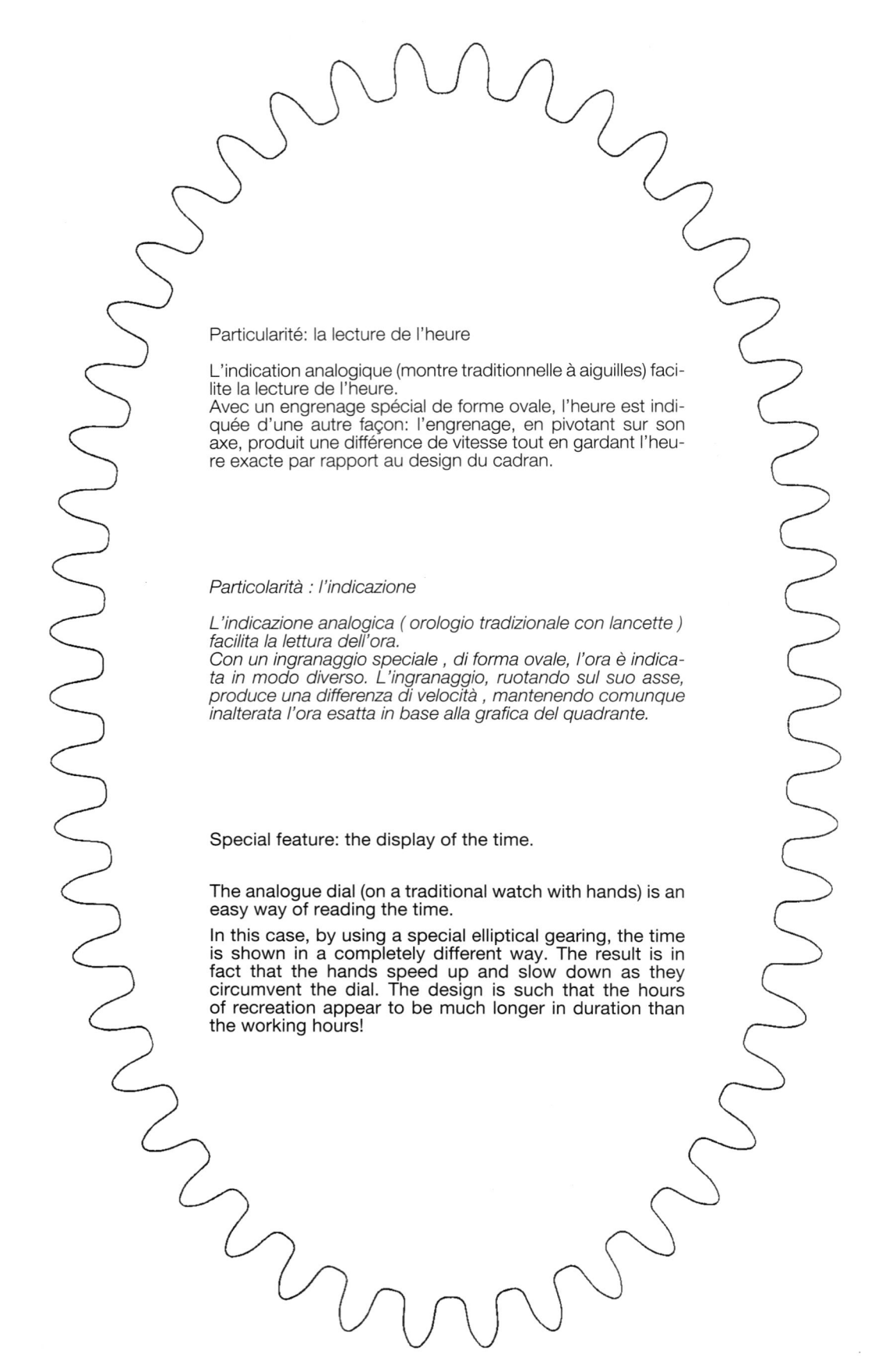

Particularité: la lecture de l'heure

L'indication analogique (montre traditionnelle à aiguilles) facilite la lecture de l'heure.
Avec un engrenage spécial de forme ovale, l'heure est indiquée d'une autre façon: l'engrenage, en pivotant sur son axe, produit une différence de vitesse tout en gardant l'heure exacte par rapport au design du cadran.

Particolarità : l'indicazione

L'indicazione analogica (orologio tradizionale con lancette) facilita la lettura dell'ora.
Con un ingranaggio speciale , di forma ovale, l'ora è indicata in modo diverso. L'ingranaggio, ruotando sul suo asse, produce una differenza di velocità , mantenendo comunque inalterata l'ora esatta in base alla grafica del quadrante.

Special feature: the display of the time.

The analogue dial (on a traditional watch with hands) is an easy way of reading the time.

In this case, by using a special elliptical gearing, the time is shown in a completely different way. The result is in fact that the hands speed up and slow down as they circumvent the dial. The design is such that the hours of recreation appear to be much longer in duration than the working hours!

Mars 1986
Marzo 1986
March 1986

Prototypes avec cadran à fond ou motif en paillettes
Prototipi di quadranti con fondo o motivo di pagliuzze
Prototypes for dials with "spangled" decoration.

Prototypes de verres injectés de paillettes pour essais d'étanchéité
Prototipi con vetri iniettati di pagliuzze e prove per l'impermeabilità
Prototypes for glasses injected with spangles and for waterproof tests.

Selon une idée des Schmid-Muller, projet de cadran photo, printemps 1986
Da un idea di Schmid-Muller, progetto di quadranti-fotografici, primavera 1986
Following an indea of Schmid-Muller, project for photo-dials, Spring 1986

Essais de couleur sur cadrans-photo, 20 février 1986
Prove di colore per quadranti-fotografici, 20 febbraio 1986
Tests of colours for photo-dials, 20 February 1986

Recherche technique sur les cadrans-photos, printemps 1986
Ricerca tecnica per quadranti-fotografici, primavera 1986
Technical research for photo-dials, Spring 1986

Mire de télévision pour contrôle de contrastes des couleurs.
Disegno ripreso dallo schermo televisivo per il controllo dei contrasti dei colori.
Television colour-chart for the control of colour contrasts.

Cadrans photo (dessin Simon Tschopp)
Quadranti fotografici (disegno di Simon Tschopp).
Dials created in photolithographic material (designed by Simon Tschopp)

Projet des Schmid-Muller pour le centre Pompidou à Paris, octobre 1986
Progetto di Schmid-Muller per il Centro Pompidou a Parigi, ottobre 1986
Project by Schmid-Müller for the Centre Pompidou in Paris, October 1986

Test de fiabilité.
Prova di affidabilità.
Reliability testing models.

Essai technique
Prove tecniche
Technical trials

496

Dessin de Bernard Muller et essais de coloration sur cadrans en aluminium éloxé.
Disegno di Bernard Muller e prova di colorazione su quadranti di alluminio anodizzato.
Design by Bernard Muller, with prototype dials coloured on anodised aluminium.

437

HYBRIDES

Ces pièces dites "hybrides", ont été pour la plupart réalisées par des employés ou des ouvriers, voire des designers pour leur plaisir, par jeu ou par curiosité! Ces modèles n'ont pratiquement jamais été mis en production.

Cadran classique défectueux avec aiguilles du modèle INC: monté à la main.

IBRIDI

I pezzi chiamati ibridi sono per la maggior parte realizzati dagli impiegati, dai disegnatori o dagli operai, per il loro piacere personale, per gioco o per curiosità! Questi modelli non sono praticamente mai stati messi in produzione.

Quadrante classico difettoso con lancette del modello INC. Montato a mano.

HYBRIDS

These watches, known as hybrids, were for the large part made by, or for employees and workers, or by the design staff for their amusement or pleasure, as a joke or simply out of curiosity to see the effect. As such they almost never reached the production stage and seldom exist in more than a handful of examples.

Defective classic model dial, assembled by hand with hands from the INC. model.

Cadrans signés par quelques ingénieurs de Swatch
Quadranti firmati da alcuni ingenieri di Swatch
Dials signed by some of the engineers from Swatch

Marbrures résultant d'un nettoyage de la machine à injecter
Casse marmorizzate realizzate con il materiale che la macchina normalmente scarta durante la pulizia
Marbled effect cases resulting from clearing the injection moulding machine with scrap material.

Marbrure résultant d'un nettoyage de la machine à injecter
Cassa marmorizzata realizzata con il materiale che la macchina normalmente scarta durante la pulizia
Marbled effect case resulting from clearing the injection moulding machine with scrap material.

Essai d'impression d'un cliché ancien gravé à la main
Prova di stampa con un cliché d'epoca inciso à mano.
Test dials made by using an old hand engraved stamp.

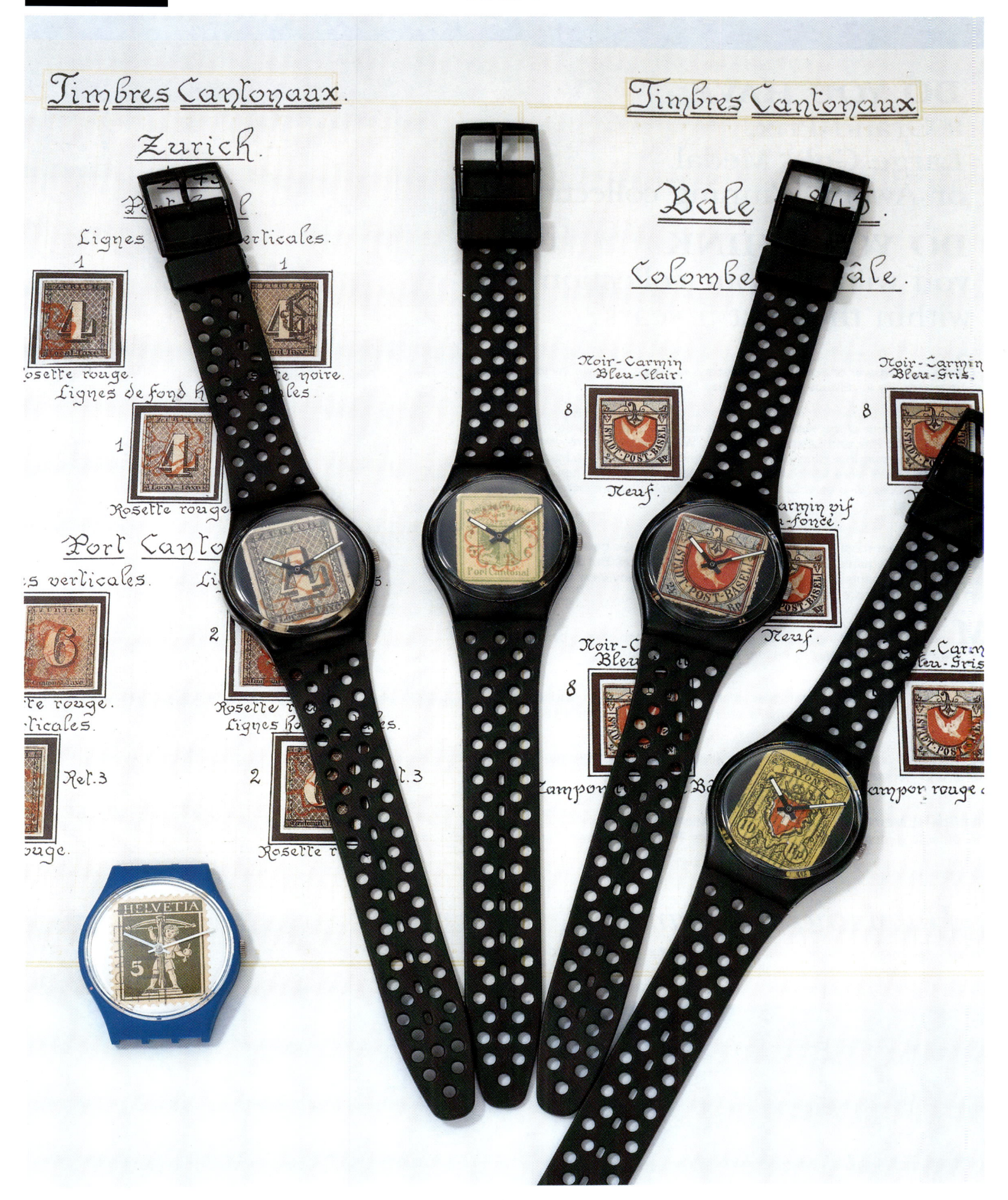

Timbres
Francobolli
Stamps

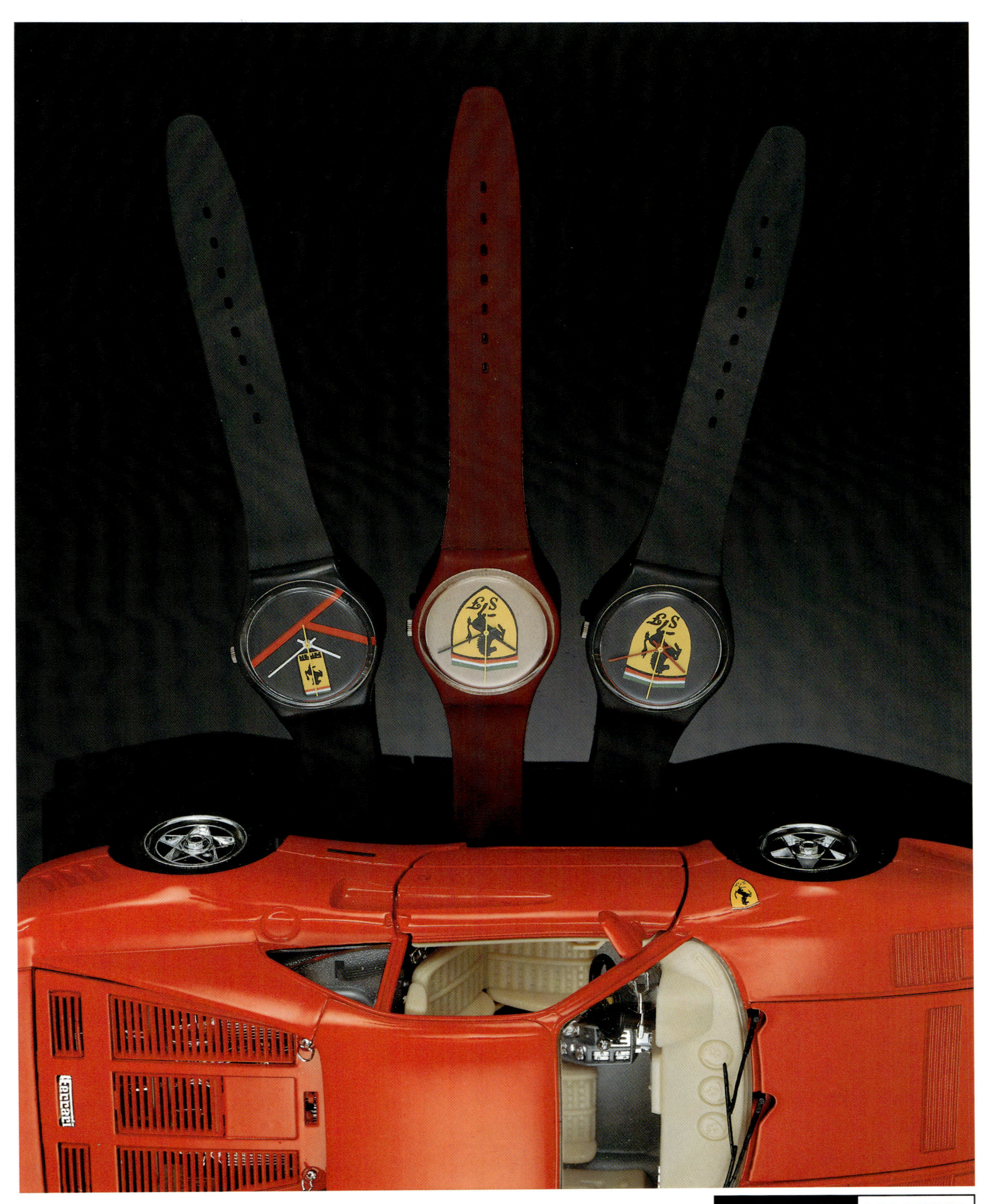

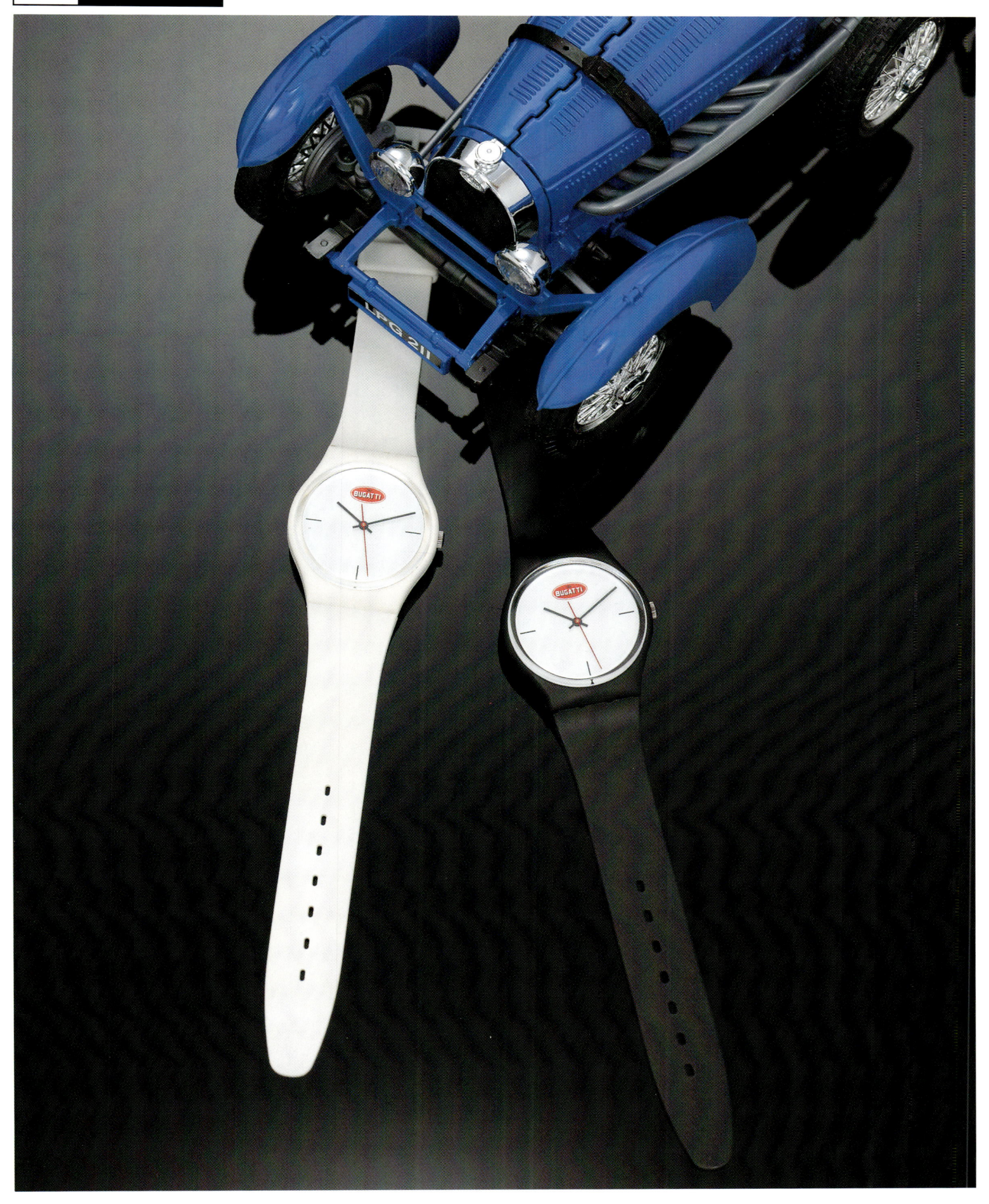

16 septembre 1983
16 Settembre 1983
16 September 1983

PINK PANTHER

Panthère rose
Pantera rosa
Pink Panther

Mickey, Juin 1984
Topolino, Giugno 1984
Mickey, June 1984

Schtroumpf, Juin 1984
Puffi, Giugno 1984
Smurfs, June 1984

Modèle crée par Schmid-Muller a l'occasion de la fête de fin d'année du personnel de Swatch et offerte aux cadres d'ETA.
Modello creato da Schmid-Muller in occasione della festa di Capo d'Anno organizzata dal personale Swatch, e offerta ai dirigenti d'ETA.
Model designed by Schmid-Muller for the year-end party for the personel and offered to the ETA Directors.

LES TROIS SINGES

Dans l'art Chinois, la Sagesse représentée par trois singes dont, l'un se bouche les yeux, l'autre les oreilles et le troisième la bouche, constituent l'expression symbolique du principe de Tchouang-rseu selon lequel le Taoïste doit abolir en lui la raison raisonnante, vomir son intelligence:

"Que tes yeux n'aient plus rien à voir, tes oreilles plus rien à entendre, ton coeur plus rien à savoir".

LE TRE SCIMMIE

Nell'arte cinese la saggezza è rappresentata da tre scimmie, delle quali una si tappa la bocca, l'altra le orecchie e la terza gli occhi, costituendo così l'espressione simbolica del principio di "Tchouang -Rseu", secondo il quale il Taoista deve soffocare in se stesso la propria logica razionale e vomitare la sua intelligenza.

"Che i tuoi occhi non abbiano più nulla da vedere, le tue orecchie nulla da sentirte, il tuo cuore nulla da sapere"

THE THREE MONKEYS

In Chinese artistic tradition, the Three Monkeys, of which one is hiding his eyes, the other covering his ears and the third one cupping his mouth, are symbolic of wisdom in Tchoung philosophy. Accordingly , the Taoist must abandon his preconceived logic and suppress his intelligence:

"That your eyes should no longer see, your ears no longer hear and your heart no longer seek".

Décembre 1984
Dicembre 1984
December 1984

Achevé d'imprimer
en décembre 1991 à Genève

Impression: Roto-Sadag SA, Genève
Photocomposition: Hiestand Photocomposition, Genève
Photolitho: Burggraf, Genève
Reliure: Schumacher AG, Schmitten

ISBN 2-940019-00-2